U0361252

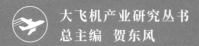

大飞机产业研究丛书

总主编 贺东风

结构与变迁

全球商用飞机产业

The Global Commercial
Aviation Industry

【瑞典】索伦·埃里克松
(Sören Eriksson)

【荷兰】哈姆-扬·斯廷赫伊斯 / 编
(Harm-Jan Steenhuis)

张 军

王 翾 /等译

上海交通大学出版社
SHANGHAI JIAO TONG UNIVERSITY PRESS

内容提要

本书是研究商用飞机产业的学者专家的一个论文合集，全书从经济、地理、政治和技术等多个角度梳理了全球商用飞机产业的各个细分领域，全面概述了全球商用飞机产业，包括民机制造业和民航运输业的最新发展变化情况，对于相关专业学生和研究人员来说，具有重要参考价值。

图书在版编目(CIP)数据

结构与变迁：全球商用飞机产业／（瑞典）索伦·埃里克松,(荷) 哈姆-扬·斯廷赫伊斯编；张军等译.
一上海：上海交通大学出版社，2022.11
（大飞机产业研究丛书）
书名原文：The Global Commercial Aviation Industry
ISBN 978-7-313-27157-0

Ⅰ.①结… Ⅱ.①索… ②哈… ③张… Ⅲ.①民用飞机－产业发展－研究－世界 Ⅳ.①F416.5

中国版本图书馆 CIP 数据核字(2022)第 166676 号

上海市版权局著作权合同登记号：09-2021-453

结构与变迁：全球商用飞机产业
JIEGOU YU BIANQIAN: QUANQIU SHANGYONG FEIJI CHANYE

编　　者：	[瑞典]索伦·埃里克松(Sören Eriksson)	译　者：张军　王翾　等	
	[荷兰]哈姆-扬·斯廷赫伊斯(Harm-Jan Steenhuis)		
出版发行：上海交通大学出版社		地　址：上海市番禺路 951 号	
邮政编码：200030		电　话：021-64071208	
印　　制：上海万卷印刷股份有限公司		经　销：全国新华书店	
开　　本：710 mm×1000 mm　1/16		印　张：34.25	
字　　数：423 千字			
版　　次：2022 年 11 月第 1 版		印　次：2022 年 11 月第 1 次印刷	
书　　号：ISBN 978-7-313-27157-0			
定　　价：158.00 元			

版权所有　侵权必究
告读者：如发现本书有印装质量问题请与印刷厂质量科联系
联系电话：021-56928178

丛书编委会

本书译校团队

张　军　王　翾　童　悦　彭英杰　李莉娜
屠方楠　陈　冬　姚潇尧　许　延　张梦绮
李文秀　窦红娟　李攸阳

.

总　序

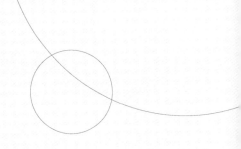

飞翔是人类共同的梦想。从中国神话的列子御风、古希腊神话的伊卡洛斯飞天，到圣本笃修会僧人艾尔默的翅膀、明朝万户的火箭，人类始终未能挣脱地面的束缚。20世纪初，美国莱特兄弟驾驶自己制造的飞行者1号飞上天空，第一次实现了重于空气的动力飞行器可操纵、可持续飞行，人类文明一举迈入航空时代。从两次世界大战期间军用飞机大爆发，到和平年代商用飞机大发展，全球航空产业历经百年演进，孕育出大型客机（以下简称"大飞机"①）这一人类工业的皇冠。

大飞机的发展，是一部追逐梦想的不懈奋斗史。

几个世纪以来，无数科学家、梦想家、实践家用智慧、奋斗、奉献、冒险、牺牲铺就了人类飞天之路。从第一个开展飞行科学研究的达·芬奇，到开创流体动力学的丹尼尔·伯努利，从提出现代飞机布局思想的乔治·凯利，到首次将内燃机作为飞机动力的塞缪尔·兰利，经过前赴

---

① 大飞机这一术语并没有严格的定义。在本丛书中，学者们用到了商用飞机、民用飞机、大飞机等术语，商用飞机、民用飞机往往是相对于军用飞机而言的，民用飞机的概念相对宽泛，不仅包括航空公司用于商业运营的商用飞机，而且包括各种小型的民用飞机。大飞机一般指100座以上特别是150座以上的喷气式商用飞机。

后继的探索，经过两次工业革命的积淀，到 20 世纪初，飞机已经呼之欲出。继莱特兄弟之后，巴西的杜蒙、法国的布莱里奥、加拿大的麦克迪、中国的冯如、俄国的西科斯基，先后驾驶飞机飞上蓝天，将梦想变为现实。

百年来，从科学家、工程师到企业家，大飞机行业群星璀璨，英雄辈出。英国德·哈维兰研制了全球首款喷气客机，将民用航空带入喷气时代。美国比尔·艾伦领导波音公司推出波音 707、727、737、747 系列喷气客机，奠定了波音大飞机的霸主地位。法国伯纳德·齐格勒应用数字电传操纵和侧杆技术打造空客公司最畅销的机型 A320，奠定空客崛起的坚实基础。苏联图波列夫研发世界首款超声速客机图-144，安东诺夫推出世界上载重量最大、飞行距离最长的安-225 超重型运输机，创造了苏俄民用航空的黄金时代。

大飞机的发展，是一部波澜壮阔的科技创新史。

天空没有边界，飞机的发展就永无止境。战争年代的空天对抗、和平年代的市场竞争，催动大飞机集科学技术之大成，将更快、更远、更安全、更舒适、更经济、更环保作为始终追求的目标，不断挑战工程技术的极限。飞机问世不久，很多国家就相继成立航空科学研究机构，科学理论探索、应用技术研究、工程设计实践、产品市场应用的紧密结合，使得飞机的面貌日新月异。

从双翼机到单翼机，飞机的"体态"愈加灵活；从木布、金属材料到复合材料，飞机的"骨骼"愈加轻盈；从传统仪表驾驶舱到大屏幕玻璃驾驶舱，飞机的"眼睛"愈加清晰；航空电子从分散连接到一体化高度集成，飞机的"大脑"愈加高效；飞行控制从机械液压到电传操纵，飞机的"肌肉神经"愈加敏锐；发动机从活塞式到涡喷式再到大涵道比、高推力的涡扇式，使人类的足迹从对流层拓展至平流层。现代经济高效、安全舒适的大飞机横空出世，承载着人类成群结队地展翅于蓝天之上，深刻改变了人类交通出行的方式,创造出繁荣的全球民用航空运输市场。

大飞机的发展,是一部追求极限的安全提升史。

安全是民用航空的生命线,"不让事故重演"是这个行业的基本准则。据不完全统计,20 世纪 50 年代以来,全球民用航空发生九千余起事故,其中致命事故近两千起,造成六万余人遇难。事故无论大小,民用航空都会进行充分的调查、彻底的反思,一次次的浴火重生,换来一系列持续扩充、高度复杂、极为严苛、十分宝贵的适航条例,让大飞机成为世界上最安全的交通工具。今天,世界民用航空百万小时重大事故率低于 1,相当于人的自然死亡率,远远低于其他交通工具,但仍然不是零,因此,确保安全永远在路上。

适航性①是大飞机的基本属性,不符合适航条例要求、没有获得适航认证的飞机,不允许进入市场。美国是世界上第一个拥有系统适航条例和严格适航管理的国家,美国联邦航空管理局(FAA)历史悠久,经验丰富,其强大的适航审定能力是美国大飞机成功的关键因素之一。1990 年,欧洲国家组建联合航空局(JAA),后发展为欧洲航空安全局(EASA),统一管理欧洲航空事务,力促欧盟航空业的发展,为空客的崛起发挥了重要的支撑保障作用。我国自 20 世纪 80 年代以来,已逐步建立完备的适航体系,覆盖了从适航法规、航空营运到事故调查等民用航空的方方面面。今天,适航条例标准不断提升、体系日益复杂,不仅维护着飞行安全,也成为一种极高的技术壁垒,将民用航空显著区别于军用航空。

大飞机的发展,是一部激烈竞争的市场争夺史。

大飞机产品高度复杂,具有显著的规模经济性、范围经济性和学习经济性,促使飞机制造商努力扩大规模、降低成本。虽然大飞机的单价

---

① 适航性,指航空器能在预期的环境中安全飞行(包括起飞和着陆)的固有品质,这种品质可以通过合适的维修而持续保持。

高，但全球市场容量较为有限，相比智能手机年交付上十亿台、小汽车年交付上千万辆，大飞机年交付仅两千架左右，不可能像汽车、家电等行业容纳较多的寡头企业。大飞机的国际贸易成为典型的战略性贸易，各国飞机制造商纷纷以客户为中心、以技术为手段、以产业政策为支撑，在每个细分市场激烈角逐，谋求占据更大的国际市场份额。很多研制成功的机型没能通过市场的考验，而一款机型的失利，却可能将一家飞机制造商带向死亡的深渊。

20 世纪 50 年代，波音 707 力压道格拉斯 DC-8，打破了道格拉斯在客机市场近 30 年的垄断。60 年代，波音 747、麦道 DC-10 和洛克希德 L-1011 争雄，L-1011 不敌，洛克希德退出客机市场。70 年代，欧洲联合推出 A300，在可观的财政补贴下，逐步站稳脚跟，空客公司成为大飞机领域的二号玩家。80 年代，空客推出 A320，与波音 737 缠斗数十年，而麦道 MD-80/90 在竞争中落败，导致企业于 90 年代被波音公司兼并。进入 21 世纪，加拿大庞巴迪力图进军大飞机领域，曲折艰难地推出 C 系列飞机并获得达美航空 75 架订单，引发波音公司诉讼而止步美国市场，遂将 C 系列出售给空客公司，彻底退出商用飞机领域。

大飞机的发展，是一部全球协作的产业变迁史。

早期的客机，技术相对简单、成本相对较低，有着众多的厂商。伴随着喷气飞机的出现，产业集中度快速提升。美国的马丁、洛克希德、康维尔、道格拉斯等一大批飞机制造商在激烈的厮杀中一一退出，最终仅波音公司一家存活。欧洲曾经孕育了一大批飞机制造商，如德·哈维兰、英宇航、达索、法宇航、福克、道尼尔等，最终或退出市场，或并于空客公司。今天，全球大飞机产业形成了波音、空客双寡头垄断格局，波音覆盖 150～450 座，空客覆盖 100～500 座，两家公司围绕全产品谱系展开竞争。在两大飞机制造商的牵引下，北美和欧洲形成两个大飞机产业集群。

在产业格局趋于垄断的同时,大飞机的全球分工也在不断深化。出于降低成本、分担风险以及争夺市场等方面的考虑,飞机制造商在全球化的时代浪潮下,通过不断加大业务分包的比例,建立和深化跨国联盟合作,形成飞机制造商—供应商—次级供应商的"金字塔"产业格局,将企业的边界外延到全球,从而利用全球的科技、工业、人才和市场资源。在此过程中,新兴经济体通过分工进入产业链的低端后,不断尝试挑战旧秩序,逆势向飞机制造商的角色发起了一次次冲锋。然而无论是采取集成全球资源、直接研制飞机的赶超战略,还是选择成为既有飞机制造商的供应商、切入产业链后伺机谋求发展的升级战略,以塑造一家有竞争力的飞机制造商的目标来衡量,目前成功者依然寥寥。

大飞机研制投入大、回报周期长、产品价值高、技术扩散率高、产品辐射面宽、产业带动性强,是典型的战略性高技术产业。半个多世纪以来,各国学者围绕大飞机产业的发展,形成了琳琅满目、浩如烟海的研究成果,涉及大飞机产业发展历程、特点规律、战略路径、政策效果等方方面面,不仅凝聚了从大量失败案例中积累的惨痛教训,也指引着通往成功的蹊径,成为后发国家汲取智慧、指导实践以及开展理论创新的重要参考。相比之下,中国的研究相对较少,可以说凤毛麟角。为此,我们策划了这套"大飞机产业研究丛书",遴选、编译国外相关研究,借他山之石以攻玉,帮助更多的人了解大飞机产业。

我们的工作只是一个开始,今后将继续努力推出更多优质作品以飨读者。在此,感谢参与本丛书出版工作的所有编译者,以及参与审校工作的专家和学者们,感谢所有人的辛勤付出。希望本丛书能为相关人员提供借鉴和启迪。

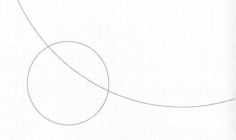

译者序

　　经过大半个世纪的发展，全球商用飞机产业已成为一个高度复杂的产业，其知识壁垒之高、牵涉范围之广、影响因素之多，若非全面深入开展系统性研究，实难窥其全貌、究其本源。

　　复杂性首先体现在飞机产品上——百万级零部件数量、多系统耦合、多学科交联，叠加航空业对安全性和可靠性的严苛要求。

　　复杂性也体现在产业结构上——制造端有飞机和发动机制造商、大量供应商，运输端有航空公司、机场、维修企业，产业链条长，参与主体多，且高度全球化。

　　复杂性更体现在产业活动的驱动因素上——国家战略、地缘政治、市场供需、技术创新、跨国贸易等多维度因素共同推动全球商用飞机产业格局的演变。

　　那么，能否对全球商用飞机产业做一个全局扫描？能否既面向当下，盘点该产业主要细分领域的最新发展情况，又结合历史，分析产业格局演变背后的一系列因素和机理？《结构与变迁：全球商用飞机产业》一书便承担了这一重任。

　　该书由瑞典延雪平国际商学院的经济地理学教授索伦·埃里克松

和美国夏威夷太平洋大学商学院国际商务管理学教授哈姆-扬·斯廷赫伊斯担任总编。这两位学者邀请了学术界关注商用飞机产业的一批专家，分主题撰写各章节，因此该书可谓集大成者，内容丰富翔实，基本涵盖了该产业的主要领域和热点问题。

第1章概述了全球商用飞机产业的总体情况和发展趋势，为全书的讨论开篇。第2至第6章探讨了支线飞机、航空公司、发动机、机场，以及飞机维护、维修和大修等产业主要细分领域的发展现状和趋势。随后，在第7章，研究焦点转向航空领域极为重要的方面——安全，系统分析了影响航空安全的关键因素和问题。第8至第10章则是从地理学和政治经济学的角度出发，聚焦分析世界特定国家和地区发展商用飞机产业的成败及得失，分别是亚洲的新兴工业化经济体、俄罗斯和乌克兰、中东欧国家。最后，围绕环境保护和减排这一热点，第11章探讨了航空公司在环境治理方面所做的努力及其成效。

尽管各章节的执笔人不同，该书仍具有较为统一的叙述逻辑和语言风格，可见两位总编的深厚功底。该书倚重大量的统计数据和历史案例，论述严谨，善用比较，极具说服力；语言平实，深入浅出，哪怕在讲述航空发动机原理、航空安全因素等专业性较强的内容的章节，读者也丝毫不会感到晦涩难懂。该书出版于2016年，围绕商用飞机产业的很多观点和推断都极具前瞻性，书中的大量资料和数据对于业内学者们具有宝贵的参考价值。

值得一提的是，该书还为读者们提供了探讨商用飞机产业格局的一个独特视角。无论是介绍产业细分领域的格局演变，还是分析特定国家和地区的产业发展实践，该书都能坚持全球思维、抓住区域特点，透过现象深挖背后的地缘发展动因。

"世界上大多数大型飞机制造商和技术领导者都位于欧洲和北美。……从阿根廷到印度尼西亚，甚至中国，这些国家都进行了尝试，但都未能实现最终目标——批量生产国产飞机。即便有过成功，也只是暂时的。"作者的这一论断发人深省。商用飞机产业到底有多大、有多复杂，培育这一产业到底有多难、有多少经验可循，借助本书来纵览全局、洞鉴今昔，也许是一个不错的选择。

本书概述了全球商用飞机产业，包括民机制造业和民航运输业的最新发展情况，从经济、地理、政治和技术等多个角度全面介绍了商用飞机产业在全球范围内的发展变化和结构状况。

飞机制造业的主要特征是产品高度复杂、科技含量高、市场规模小。科技含量高意味着必须进行大强度的研发。很少有其他行业比飞机制造业应用了更多互相关联、互相交织的先进技术。世界上大多数大型飞机制造商和技术领导者都聚集在欧洲和北美。过去几十年里，许多发展中国家都试图建立具有国际竞争力的飞机制造业。

本书研究的重点问题主要包括飞机制造业相关的政治经济学，飞机制造业的全球化及技术创新，新兴工业化经济体与飞机制造业的关系。本书还探讨了支线飞机和大型飞机，中欧和东欧航空产业的转型，也包括发动机、航空公司、机场和航空安全等方面的内容。对于想要查找有关飞机制造业及其在不同地区发展情况等信息资料的学生和研究人员来说，本书具有很大的价值。

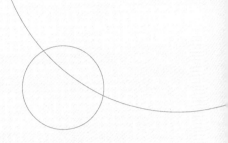

撰稿人简介

哈马德·阿尔卡比（Hamad Al-kaabi）博士是英国卡迪夫大学物流系统动力学团队成员，研究方向主要为航空供应链、航空维修和航空公司物流架构。他是巴林大学供应链管理和运营管理专业讲师，曾担任巴林空军飞机工程师，而后聚焦研究物流领域。他曾负责大量航空、供应链和医疗保健项目。

兹比格涅夫·博赫尼亚什（Zbigniew Bochniarz）是美国西雅图华盛顿大学埃文斯公共事务学院特邀教授。他的教学和研究重点是航空航天业的可持续发展、竞争力和产业集群战略，以及中东欧转型过程中经济、环境、制度和社会层面的可持续性研究。

伊莎贝尔·多斯塔勒（Isabelle Dostaler）是加拿大蒙特利尔康考迪亚大学约翰莫尔森商学院管理系副教授。她的研究方向为航空公司竞争战略、全球航空航天供应链管理以及航空航天产品研发管理。

索伦·埃里克松（Sören Eriksson）是瑞典延雪平国际商学院经济地理学教授。他的教学和研究重点是全球经济和产业变化、东亚和东南亚经济技术发展，以及包括产业集群和物流问题在内的区域发展，研究主要聚焦于航空航天产业。他曾在全球多所大学和研究机构演讲、主持研讨会，并被任命为博士论文委员会成员。

约翰·菲塞特（John Fiset）是加拿大蒙特利尔康考迪亚大学约翰莫尔森商学院管理系助理教授兼讲师。他的研究方向为领导者如何影响组织内职场动力、组织双元性、职场排斥和工作中的多语现象。

汉斯·希尔肯斯（Hans Heerkens）是公共管理硕士和决策理论博士，欧洲无人机货运平台的董事长。他研究重要性评估过程，重点关注航空产业。他开设了一门课程，旨在改进战略组织决策过程参与者的重要性评估过程。他在荷兰特温特大学和其他几所商学院教授研究和设计方法，并为荷兰经济事务部和其他机构提供航空产业咨询，重点关注决策过程中技术、经济和管理问题的相互作用。他在荷兰国内和国际期刊上就决策和航空产业发表了大量文章。

兹比涅克·赫鲁斯卡（Zbyněk Hruška）是捷克布拉格航空航天制造商协会的执行董事。在协会内，他参与促进和保护航空航天产业利益相关工作。他是捷克工业联合会委员会成员和捷克飞机历史爱好者。

阿尔玛·洛扎诺（Alma Lozano）是新加坡南洋理工大学战略研究博士。他是一名顾问、培训师和教员，研究战略组织的有效性和现状，并与全球多产业领域高绩效组织开展合作。

詹姆斯·马奎尔（James Maquire）是美国东华盛顿大学工商管理硕士。

穆罕默德·纳伊姆（Mohamed Naim）是英国卡迪夫大学商学院副院长。他还是卡迪夫大学物流系统动力团队主任、卡迪夫先进制造系统中心主任。他目前是卡迪夫欧洲基金办公室投资2 700万英镑发起的卡迪夫先进可持续制造技术（ASTUTE）项目的牵头人。他当前的研究方向为创新开发业务系统工程方法以建立弹性供应链，研究可持续供应链以及灵活性在精益、敏捷和精敏系统中的作用。

　　格热戈日·皮萨尔奇克（Grzegorz Pisarczyk）是波兰热舒夫大学商学院博士生、研究员和项目经理。他的教学和研究侧重于管理、群体流程促进、竞争力和产业集群，重点关注航空航天产业。

　　安德鲁·波特（Andrew Potter）是英国卡迪夫大学运输和物流专业副教授。他的大部分研究重点在于如何促进供应链中货运功能一体化，对航空航天产业也有研究。他是英国皇家物流与运输协会成员，英国威尔士委员会成员。他还是《欧洲管理杂志》和《国际物流管理杂志》的编委，经常就交通运输相关问题向媒体发表评论。

　　玛丽-乔西·罗伊（Marie-Josée Roy）是加拿大拉瓦尔大学工商管理学院战略管理教授。她的研究方向包括企业社会责任和公司治理，并撰写了数篇文章，重点关注实施中的问题和绩效衡量。

　　艾米莉亚·芭芭拉·西恩科-库瓦科沃斯卡（Emilia Barbara Sienko-Kulakowska）博士是波兰热舒夫大学商学院研究员。她的教学和研究侧重于金融、管理、竞争力和集群方面，重点关注航空航天产业。

　　哈姆-扬·斯廷赫伊斯（Harm-Jan Steenhuis）是美国夏威夷太平洋大学国际商务管理学教授。他教授过"国际业务运营""运营策略""战略、竞争力和经济发展""运营和供应链管理"等相关课程。他主要的研究方向包括技术和经济发展、国际商务、技术转移和航空航天产业。

　　丹尼尔·托德（Daniel Todd）退休前是加拿大温尼伯大学地理学教授。他的专业领域是经济地理学，研究方向为运输和运输装备行业。

　　丹尼尔·韦尔泰希（Dániel Vértesy）是意大利伊斯普拉的欧盟委员会联合研究中心的博士后研究员。他的专业领域包括航空航天产业的发展、细分市场创新系统动态及研究和创新绩效衡量。他毕业于布达佩斯考文纽斯大学，并获得马斯特里赫特大学创新与技术经济研究所博士学位，攻读博士期间对新兴经济体的后发飞机产业进行了研究，并深入中国和巴西等国开展实地考察。

约瑟夫·兹博里尔(Josef Zbořil)是比利时布鲁塞尔的欧洲经济和社会委员会的成员,居住在捷克。他的研究聚焦工业和交通事务与变革、可持续性和战略规划、行业整体竞争力。他在 20 世纪 90 年代参与捷克工业转型,是捷克工业联合会荣誉会员。他是航空历史和航空制造业爱好者。

前　言

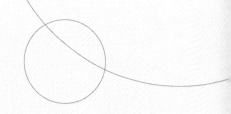

索伦·埃里克松和哈姆-扬·斯廷赫伊斯

2011 年 2 月,我们在瑞典延雪平大学会面,之后开始共同商讨编写一本涵盖航空产业各个方面的书,对全球商用飞机产业进行一个全面的概述,并将产业活动的地理因素考虑在内。所以本书的一些章节将论述航空产业的全球经济变化和产业变迁。由于航空产业规模庞大,子行业种类繁多,我们无法覆盖这个产业的方方面面,空中交通管理、专业的工程技术和融资等一些领域将不在本书讨论范围之内。另外,因为已经有大量文献对空中客车公司和波音公司进行了分析,所以本书也不再对大型飞机制造商和其在该领域的发展多加赘述。

基于上述考虑,我们决定聚焦一些重要而有趣的话题,从一些全新且有意思的维度对该产业进行阐述。我们邀请了对航空产业有共同研究兴趣的专家学者,他们为全球商用飞机产业研究提供了很多丰富翔实的资料。

第 1 章,丹尼尔·韦尔泰希所写的"全球商用飞机制造业概况"为本书的讨论提供了一个起点。本章全面介绍了这个全球性产业的发展情况,特别提供了第二次全球化浪潮期间的相关统计数据。主要结论是全球商用飞机产业正在经历重大转型。

第 2 至第 6 章，对航空产业的各个细分领域进行了探讨。第 2 章，哈姆-扬·斯廷赫伊斯所写的"支线飞机"，分析了自 1980 年以来支线飞机制造业的发展情况。结果表明，发展中国家的制造商正日益崛起。第 3 章，伊莎贝尔·多斯塔勒和约翰·菲塞特所写的"航空公司"，着眼于飞机的用户，即航空公司，深入分析了美国航空运输业放松管制的后果、航空公司数量变化的趋势以及三大航空联盟的形成。得出的结论是，在不断变化的竞争格局中生存下来的航空公司，要么成功抓住了机遇创造出新商业模式，要么成功化解了放松管制所造成的威胁。第 4 章，丹尼尔·托德和索伦·埃里克松所写的"发动机"，深入探讨了航空产业的一个主要分支，即发动机产业。该章介绍了发动机技术的演变和不同的飞机发动机布局，并对发动机领域的全球合作进行了分析，结论是发动机领域依然由少数几家工业化国家的企业占据主导地位。第 5 章，丹尼尔·托德、詹姆斯·马奎尔和哈姆-扬·斯廷赫伊斯所写的"机场"，介绍了商用飞机产业的另一个重要组成部分。该章介绍了不同的机场及其分类，分析了机场数量的增长情况。就全球最繁忙机场的变化情况来看，发展中国家的机场正在实现高速增长，前 30 名全球最繁忙机场中，美国机场的占比正在下降。第 6 章，安德鲁·波特、哈马德·阿尔卡比和穆罕默德·纳伊姆研究了"飞机维护、修理和大修"（maintenance，repair and overhaul，MRO）。该章阐述了航空公司外包 MRO 业务正在显著增长，但航线维护等关键环节仍由航空公司自己掌控。

随后，本书的研究焦点转向航空领域一个独特且非常重要的方面，即安全。第 7 章，汉斯·希尔肯斯所写的"民航安全"对影响航空安全的因素进行了广泛探讨，并分析了最近的几起航空事故。该章得出的结论是，全球航空安全水平已得到提升，当前最重要的影响安全的因素是人机交互相关技术(或者说对人为因素的管理)。

第8~第10章从地理学的角度出发,聚焦几个特定地区展开讨论。第8章,索伦·埃里克松所写的"新兴工业化经济体及其飞机制造业",介绍了亚洲新兴工业化国家及其航空产业。在航空航天领先国家的"阴影"下,试图培育本国航空产业的国家正在不断增加。尤其是亚洲国家,经常把发展飞机制造业视为发展本国经济和工业的目标和手段。这些国家的政策获得了不同程度的成功或失败。

第9章,阿尔玛·洛扎诺和索伦·埃里克松所写的"俄罗斯和乌克兰的商用飞机产业",描述了冷战对苏联航空产业的影响。冷战结束后,全球范围内航空实力较强的主要是俄罗斯和乌克兰。该章讨论了两国的现代化战略和政策变迁,以及两国尚存的飞机、发动机制造商及其产品。

第10章,兹比格涅夫·博赫尼亚什、兹比涅克·赫鲁斯卡(Zbyněk Hruška)、艾米莉亚·芭芭拉·西恩科-库瓦科沃斯卡、格热戈日·皮萨尔奇克和约瑟夫·兹博里尔共同撰写了"中东欧国家航空产业的转型",进一步介绍了苏联成员国,以及冷战对这些国家造成的影响。捷克和波兰的飞机制造商在苏联撤军后发生了很大的变化。历史上,这些国家航空产业发展的主要驱动力来自军队的发展。事实表明,试图以市场经济取代计划经济给航空产业发展带来了重重困难,但这些国家的航空产业已经表现出了韧性和增长前景。

如果少了对环境的关注,本书就不够完整。第11章,玛丽-乔西·罗伊、伊莎贝尔·多斯塔勒和约翰·菲塞特所写的"环境治理政策方针与表现",讨论了航空公司对环境的影响,表明航空公司董事会越来越被要求在实现环境治理绩效目标中发挥更大作用。该章介绍了几家航空公司在环境方面所做的努力和取得的成效。

我们向所有支持本书出版和为其作出贡献的作者们表示感谢,同时还要向为本书提供信息的企业管理人员及员工表示衷心的感谢。

目　录

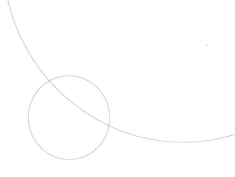

第 6 章
飞机维护、维修和大修

安德鲁·波特、哈马德·阿尔卡比和穆罕默德·纳伊姆　247

第 7 章
民航安全

汉斯·希尔肯斯　275

第 10 章
中东欧国家航空产业的转型
捷克共和国和波兰

兹比格涅夫·博赫尼亚什、兹比涅克·赫鲁斯卡、艾米莉亚·

芭芭拉·西恩科-库瓦科沃斯卡、格热戈日·皮萨尔奇克和

约瑟夫·兹博里尔   451

第 11 章
环境治理政策方针与表现
航空公司视角

玛丽-乔西·罗伊、伊莎贝尔·多斯塔勒和约翰·菲塞特   489

第 1 章
全球商用飞机
制造业概况

丹尼尔·韦尔泰希

1.1 引言

如今，飞机设计制造企业遍布全球，航线上任意一架主流航空公司的飞机，都是由欧美和亚洲国家生产的先进零部件组装起来的。纵观商用飞机制造的历史，情况并非一直如此。甚至在20世纪60年代，一架飞机的设计工程、制造和产品支持活动通常都是封闭在同一个国家内部进行的，而美国的制造商在所有这些环节上都具有压倒性优势。

影响全球飞机制造业发展的事件往往会成为新闻头条，无论是新技术问世、市场变化，还是全球产业调整，都会引起大众广泛关注。例如，中国飞机制造商——中国商用飞机有限责任公司（以下简称"中国商飞公司"）以风险共担合作伙伴关系的模式研制C919中程喷气式客机，与波音、空中客车（以下简称"空客"）公司直接竞争；巴西航空工业（以下简称"巴航工业"）公司与空客公司在中国开设飞机总装线；加拿大飞机制造商庞巴迪公司在墨西哥①建立零部件制造中心，这些新闻都会引发激烈的讨论。许多人认为，传统的产业参与者会更担心技术能

---

① 参见 Crooks，Ed，'GE to sign slew of China deals in jobs boost'，*Financial Times*，18 January，2011；Reed，John 'Aerospace：manufacturing takes off'，*Financial Times*，16 April，2012。

力和生产资源在全球重新分布所带来的潜在影响。例如,麦克弗森(MacPherson)和普里查德(Pritchard)将全球供应商数量增多与美国航空航天业的就业岗位显著减少联系起来,担心此现象会对美国的未来竞争力产生影响。有些人则认为航空航天这一高科技产业是价值链升级的工具,是摆脱中等收入陷阱的一种方式(Wade,2010)。商用飞机制造业不仅是国家声望与国家安全的一种展现,还是一项重要的经济活动,可以为一国带来可观的出口收益,提高高技能人才就业率。

暂且不论其影响如何,飞机制造业的国际化扩张不是近期才出现的新现象。本章讨论了国际化趋势的新动向及背后的驱动机制。当前商用飞机产业的国际贸易程度越来越高,对全球供应链的依赖已成为不争的事实。当然,在相关统计数据未经证实的情况下,商用飞机产业的国际贸易规模很容易被高估。

本章研究商用飞机领域不断变化的全球生产和贸易模式,旨在勾勒飞机产业①的总体概况和产业变迁的驱动机制。也就是说,本章内容是商用飞机制造,无关军用项目;核心是主制造商或大型飞机制造公司,而不是他们的用户——航空公司;主要关注的是国家层面的驱动因素。引导我们研究方向的问题有:

(1)当前的国际化浪潮与以往相比有何不同?

(2)全球商用飞机产业规模有多大? 过去50年是如何发展的?

(3)主要生产国和出口国有哪些?

(4)全球化如何塑造商用飞机产业? 我们能否发现商用飞机制造业国际化的模式?

本章将从经济学角度对全球商用飞机制造业的演变进行实证论述,并识别其基于地域分布的变化模式。

---

① 飞机产业(aircraft industry)一词指的是商用飞机制造业,除非文中另有说明。

第1章 全球商用飞机制造业概况

003

1.2 两次国际化浪潮

业内有关飞机制造业国际化进程的研究已经开展了一段时间。莫厄里(Mowery)和罗森堡(Rosenberg)论述了 20 世纪 70 年代后期,政策、市场和技术等方面发生的诸多变化如何共同催生了该产业国际化进程的起步。美国航空运输业放松管制,政府研发投入(主要是军事方面)削减(这部分投入对美国在商用飞机产业中确立主导地位至关重要),军用和商用技术共通性降低,技术复杂度和研发成本不断增加,这些因素都加剧了商用飞机制造企业的财务风险。此外,在全球新飞机市场中,美国新机需求占比开始下降,导致海外销售成为决定美国制造商能否实现商业成功的关键因素,从而催生了国际合作。正如戈利奇(Golich)指出的,到 20 世纪 90 年代,各国早期成立的头部企业之间开展合作,已成为在飞机制造业的唯一生存之道。因为此产业逐步形成以下特点:研发和生产的风险高、投入高;投资周期长,第二次世界大战(以下简称"二战")结束后延长了 2~3 倍,长达 10~15 年;市场特征明显,除了产品价格、性能和按时交付以外,政治博弈也是竞争中的一个关键因素。

埃里克松调查了商用飞机产业在一些新兴工业化经济体的发展情况,指出东亚和东南亚在全球飞机制造业中的地位正在变得日益重要。尼奥西(Niosi)和哲谷(Zhegu)强调,继初期美国称霸之后,飞机制造业的国际化进程主要分为三个阶段:一是欧洲在 20 世纪 70 年代和 80 年代的迎头追赶,二是空客、波音公司逐步形成双寡头竞争,三是该产业的全球化分布最终形成。

当前,飞机制造业在研发方面呈现出集中、竞争与合作三个特点,同时一些国家也新加入了全球飞机供应链。埃斯波西托(Esposito)指出,商用、军用飞机和发动机领域的国际合作是一个逐步增强的过程。首先是发动机制造商之间达成合作协议,接着从"协和"飞机项目中吸取经验教训,随后创建了欧洲空中客车联合体,继而演变成全球合作的复杂网络。哈格杜恩(Hagedoorn)进一步证明,航空航天和防务领域的国际研发合作在20世纪90年代显著增加,与之前30年的发展以及其他高科技产业的情况形成了鲜明对比。最新趋势是,处于欧美核心圈以外的国家正在沿着供应链进入飞机制造业。例如,中国运用市场准入规则形成强大的议价能力,成长为国际零部件供应商(Eriksson,1995,2011;Goldstein,2006)。

　　从另一个角度看,过去半个世纪,飞机制造业经历了两次国际化浪潮:首先是生产商之间加强合作,实现飞机设计和生产能力的垂直整合;然后是通过合资企业进行研发合作,公司间分拆、兼并和收购,促进了国际化进程,重塑了产业格局,使目前大部分生产商都主要专注供应链中的某一块业务。在这个多层级结构的产业中,最大的几个航空航天(和防务)生产商可能在某一层级上、特定产品领域中是竞争对手,而在其他产品领域又存在合作关系,例如在零部件和子系统领域是风险合作伙伴。对美国来说,即便许多合作伙伴都是美国公司,但国际化趋势仍不可避免,克雷波(Craypo)和威尔金森(Wilkinson)关于波音客机的发现很具说服力:20世纪60年代推出的波音707只有2%的零部件是非美国制造,90年代推出的波音777该比例增加到30%,最新的波音787梦想飞机大约65%的机体由国外供应商制造[1]。

　　飞机制造业的第一次国际化浪潮始于20世纪60年代,以20世纪90年代的大洗牌与整合而告终。这次国际化浪潮更多发生在已进入该产业的国家和北美、欧洲、日本的企业之间。近期,出现了飞机制造

---

① Peterson, K., 'Special report: A wing and a prayer: outsourcing at Boeing', *Reuters*, 20 January, 2011.

业的第二次国际化浪潮，性质有别于第一次。在第一次国际化浪潮中，参与国家基本上是已进入该产业的国家；而到了第二次浪潮则实现了该产业的全球化扩张。出现这种扩张的根本原因涉及产业结构、政治和经济等方面。20世纪90年代后期，新的产业结构已经成型，对行业新进入者更为有利。相比之下，那些在二战后试图进入飞机制造业的后来者，在启动大型项目并建立（模仿先行者的模式）整个垂直化生产体系时，往往面临着难以逾越的技术和资金壁垒。毫不意外，从阿根廷到印度尼西亚，甚至中国，都对此进行了尝试，但都未能实现最终目标——批量生产本国自主研制的飞机，即便有过一些成功，也只是暂时的（Eriksson，1995；Vertesy，2011）[1]。然而，如果新进入者沿着供应链逐步提升层级，这些技术和资本壁垒都会显著降低。在墨西哥、中国和东南亚等国家及地区，我们发现有许多新的生产商，为波音和空客等主制造商（也称为主承包商、系统集成商）提供高质量、高科技的零部件。和其他高科技产业一样，它们既生产也创新（Kim，1997；Amsden，2001；Hobday，1995）。这些不太引人关注、规模不大的项目，反而更能经济持续地发展[2]。

冷战结束后，从经济和政治意义上来说，世界秩序呈现多极化格局（Wade，2011）。在这种背景下，培育航空航天生产和创新能力被认为有利于增强一国的高科技竞争优势，成为许多希望扩大其区域或全球影响力的新兴经济体（如金砖国家和其他国家）的战略目标。由于这些国家的航空公司通常归政府管控，它们可以战略性地以市场准入换取

---

[1] 在20世纪70年代和80年代，只有巴航工业公司成功成为商用飞机出口商，究其原因，远不止结构性因素这么简单（参见Ramamurti，1987；Frischtak，1992；Cassiolato et al.，2002；Goldstein，2002；Marques，2004；Vertesy，2011）。

[2] 中国在这里是一个特例。与过去几十年的本土创新尝试相比，中国的生产商通过供应链更成功地进入了飞机产业。尽管如此，中国政府还在推动大规模的飞机研发项目，如ARJ21和C919项目。选择由现有（外国）供应商来设计飞机部件，表明中国同时在供应链各个层级获取能力的战略。

技术,这通常以抵销贸易协议的形式进行。一方面,经济高速增长往往伴随着交通运输需求的日益旺盛,不断增长的飞机使用需求为新兴经济体在飞机制造方面提供了有力的筹码。另一方面,现有的零部件供应商也发现了对外投资的增长潜力。即便需要更长的时间才能收回投资,或者被迫以合作伙伴方式与资金接收国政府建立合资企业,现有零部件供应商仍具有强烈的投资意愿。

第二次国际化浪潮由跨国公司推动,它们整合了分布在世界各地的设计工程、制造、销售和售后支持等业务(Aerostrategy,2009)。在获得投资的国家,政府建立航空航天产业园区,提供税收减免政策,甚至提供研发支持,以此来吸引供应链中的企业。

1.3 相关统计数据的溯源

虽然航空产业受到公众的广泛关注,但竟然没有口径一致的统计数据可以用来直观展示全球飞机生产国家的航空产业绩效。没有可比较的生产和出口统计数据,新进入者对现有产业结构带来的威胁就很容易被夸大,其取得的产业成就也易被高估——通常表现为新机型首飞成功但销售失败。为什么很难找到公开、可比的数据?这是由该产业的特点所决定的。航空航天产品生产商通常为大型企业,一般不会面临激烈的国内竞争,且生产商用产品和军用防务产品,保密极其关键。当然,各国可用数据非常有限的原因都不一样,但呈现出一些共同特征。大多数工业化经济体[如经济合作与发展组织(以下简称"经合组织")成员国]的数据可追溯到1970年,但在较早的年份,这些数据大多由综合性运输设备制造部门发布。冷战时期,由于航空产业的所有产品都被视为影响国家安全的战略性资产,苏联出于谨慎,限制了信息公开。美国中央情报局的解密报告对此一般都有很多深度分析（Maddison，1998），但在其中也没有发现苏联航空产业的任何数据（谍报机构对于航空航天产业的兴趣，更多是将其视为军事能力的来源，而非创造财富的来源）。即使是目前，俄罗斯联邦也不公布行业附加值或销售数据，这在一定程度上阻碍了我们对历史情况的分析和推测。

数据较难获得的另一个主要原因是产业活动高度集中，这一现象在新兴工业化经济体中尤为突出。通常，航空航天产业中新兴工业化经济体只有一家企业。当行业仅由少数几家公司组成时，统计机构会被强制要求发布政府部门层级的汇总数据，以保护调查对象的匿名权。还有另外一种情况是，产业中的制造活动层级太低，无法单独测算。对有些国家来说，虽然本土飞机制造业务是可测算的，但要么存续的历史非常短暂（例如一些拉丁美洲国家），要么无法与维护、维修和大修业务区分开来。总体来看，鉴于上述原因，缺少公开的关于航空航天制造业增长的比较研究也就不足为奇了（对于一个生产商数量少、产品知名度高的产业，国家统计出版物中缺失的商业数据，至少还可以从公司报告或二手信息源中获得）。

1.3.1 如何衡量一个国家的产业绩效

衡量全球商用飞机产业规模和地域分布变化情况，最常用的指标是出口统计和企业销售数据，这两类数据相对容易获得。出口统计指标的主要优势在于，覆盖了全球范围，并对贸易双方的数据都进行了系统收集和发布。但出口数据没有区分全新产品和二手产品。如果出口数据包含单机价格在百万美元左右的二手宽体飞机的销售数据，就会产生偏差，那么该数据只能算是评价一国本土制造飞机在海外销售情况的次佳指标。因此，对国际专业化分工和国家比较优势指标的计算存在很大困难。企业销售数据让我们可以更好地了解产品的表现情况。然而，并非所有航空航天企业都会公开或被强制要求公布详细的交易情况。关于飞机产业销售和附加值的国家综合统计数据可以更好地反映实际的飞机生产活动,然而,正如下文要讨论的,这些数据可能过于笼统,难以区分属于商用还是军用生产。

基于以上考虑,本章主要通过分析出口和生产(附加值)数据,来描绘商用飞机产业概况及其国际化的最新进展。

1.3.2　数据来源

本章的统计数据,展现了 20 世纪 70 年代以来 45 个国家/地区航空航天产业发展的历史概况。核心数据集来源于国家统计数据,直接取自统计年鉴中的国民核算数据。其他数据来源包括制造业调查数据,联合国工业发展组织、经合组织、欧洲统计局等其他国际组织的统计数据库,以及格罗宁根增长与发展中心(Groningen Growth and Development Centre,GGDC)汇编数据集。在某些案例中,企业报告中的数据也起到了补充作用。为便于进行跨国比较,这些数据集经过了核查和调整,尽可能地将以本国货币计算的价值换算为原产地单位价值比率。有关每个国家/地区的数据来源和外推方法的详细信息参见韦尔泰希的相关研究(Vertesy,2011)。

在研究分析过程中,我们的目标是提供研究时限范围内尽可能可靠的数据,并且涵盖尽可能多的国家在过去 25 年的附加值、总产出(销售)、就业和出口数据。但是,投资数据(如资本形成总额、研发投资)并不是每年都能获得。鉴于项目成功取决于数十年的累计投资,零星数据的意义不大。我们希望该产业的透明度可以增加(至少可在档案中呈现),以便未来能够填补这一研究空白。

1.3.3　对于术语和数据的说明

"商用飞机产业"这一类别并未在官方统计数据中出现。一方面,商用飞机的生产属于制造业，即"航空航天产品及零部件制造"；另一方面，航空运输业属于服务业，即"航空运输服务"。尽管本章只涉及制造业，但所包含的内容仍然非常复杂。"航空航天"本身涵盖飞机、航天器及其零部件（包括发动机和推进系统）。首先，很难根据用途（商用还是军用）来区分产业活动，因为所有大型生产商都同时活跃在这两个细分市场中，而且许多产品和部件都是军民两用的。一家企业的商用飞机研发，可以直接推动该企业获得防务产品研发补贴和军事订单。其次，将飞机和航天器的制造分开相对容易，但并不是所有统计机构都按照这种分类提供信息，也不是所有数据都是按年份进行划分的。美国人口普查局的《制造业年度调查》（2010 年）提供了美国的一个案例（见表 1.1）：航空航天产品及零部件制造中的前三个板块是飞机、发动机、其他飞机零部件及辅助设备（336411 至 336413），这三个板块占该产业工业附加值的 85％，就业人数的 82％；剩下的都与导弹和航天器制造相关。中国官方的统计数据显示，在少数能够区分的年份，航天板块约占该产业 15％的份额。但其他大多数西方制造国家的份额比例都不可知。在这种情况下，研究中考虑到这些国家的航天活动更为有限，可以合理地预估其航天板块的占比也自然就更低。

表 1.1　美国《制造业年度调查》（2010 年）中航空航天制造业基本情况

北美产业分类体系（NAICS）2007 代码和描述	各板块所占百分比	
	就业人数/％	工业附加值/％
3364　航空航天产品及零部件制造	100	100
336411　飞机制造	38	49
336412　飞机发动机和发动机零部件制造	17	15
336413　其他飞机零部件及辅助设备制造	27	21

（续表）

北美产业分类体系(NAICS)2007代码和描述	各板块所占百分比	
	就业人数/%	工业附加值/%
336414　导弹和航天器制造	12	11
336415　导弹和航天器推进装置和推进装置零部件制造	4	3
336419　其他导弹和航天器零部件及辅助设备制造	2	1

资料来源：美国人口普查局。

　　除了整体数据存在难以获得的问题，上述这些情况也为监测分析商用飞机产业的发展带来了额外挑战。在本章中，我们要解决整体数据难以获得这个难题，并概括介绍产业演变。我们可以利用航空航天业演变的综合性统计数据来展现主要趋势，勾勒产业面貌。这将非常有意思，因为公开发行的书中还从未涉及过。我们想强调，商用飞机制造业的规模比统计数据显示的要小，但我们无法提供确切的数据。

　　同时，贸易方面的统计数据区分了商用和军用情况，也区分了航空和航天不同领域。我们给出的进出口数据，都是商用飞机部分的情况。

1.4　商用飞机制造的现状及主要发展趋势

　　在讨论飞机生产和贸易模式的变化之前，我们先回顾过去几十年飞机市场需求发生了怎样的变化。航空运输量增长是新飞机销售的关键商业驱动力，是飞机制造业增长的主要拉动因素。

1.4.1 新飞机需求格局的变化

过去 40 年，全球航空运输量持续高速增长。从 1970 年到 2010 年，航空旅客量增长了 8 倍多。为了对全球航空旅客规模的增长有个直观的认识，我们假设每位旅客每年只乘坐一次飞机。1970 年，全球 1/12 的人乘坐了飞机，到 2010 年，全球大约 1/3 的人都能体验这种最快捷的出行方式。现实中，能否乘坐飞机出行取决于收入条件的好坏。直到 2000 年，大约 90％ 的全球航空旅客都来自高收入或中高收入国家。随着东亚经济强国的崛起，对航空运输服务的需求在地域分布上发生了变化。根据世界银行的《世界发展指标》，1970 年，3/4 的航空运输集中在西欧和北美；2010 年，该比例下降到一半；而同一时期内（1970—2010 年），拉丁美洲和加勒比地区平稳增长了 7％，东亚及太平洋地区占比至 2010 年已翻番，达到 1/3，航空客运量首次超过欧盟。

长久以来，许多新兴经济体虽幅员辽阔，但航空市场开发非常有限，中国就是一个典型案例。1980 年，中国航空运输的客千米水平仅与欧洲国家喷气式飞机时代之前的水平相近。1990 年，中国航空客运量与韩国相近。2006 年，中国航空客运量仍低于美国 1970 年的水平。然而，中国的国内和国际航空运输量的增长超过了许多拥有最大航空运输市场的国家。1990 年至 2007 年，中国航空运输市场年均增长率接近 15.8％，英国仅为 6.7％，美国仅为 3.1％。只有中国能够维持如此高的增长率。当然，部分原因是中国航空运输的起点低。之后如果进一步放开商用航空的空域、改善空中交通管制基础设施、解决飞行员短缺问题，中国航空运输仍有很大的增长潜力。

1980 年后，全球航空运输增速明显加快，一个主要的原因是 1978 年美国放松航空管制，导致新航空公司不断入场，航空服务不断扩展。欧洲也于 20 世纪 90 年代放松了管制。许多新兴航空运输市场至今仍处于严格管制的状态。航空运输的增长在很大程度上受到基础设施、机场能力和空中交通管理能力的限制。近几十年来,许多亚洲新兴经济体已经投入巨资来解决上述问题,并启动了一批最大的机场建设项目。

　　商业离港航班的绝对数量也能衡量航空运输量。新兴经济体航空运输量的增长率比工业化经济体要高得多。1973—1990 年,新兴经济体航空运输量平均增长率为 4.5%,而工业化经济体仅为 2%。1990—2007 年,两者增长率分别为 5.8% 和 3.8%,其间,航空运输量增长最快的是中国和韩国。航空运输量的变化与经济增长的变化密切相关,亚洲某国国内生产总值(gross domestic product,GDP)增长率高于平均水平的原因就是其航空运输量增长率高于平均水平。从历史数据来看,2007 年中国的离港航班数(175 万架次)仍低于 1973 年的西欧(185 万架次),更不用说美国(793 万架次)①。

　　经济增长预测(Maddison,2007)以及(与之相关的)世界四大飞机制造商的新飞机交付量预测(见表 1.2)表明,将飞机制造业引入亚洲的做法合情合理。亚太地区新飞机交付量预计将占未来全球新飞机交付量的 1/3,是最大的买家。未来 20 年,亚洲的新飞机需求价值将达 1 万亿美元(以 2009 年美元汇率计算)。所有主要飞机制造商均预测,未来 20 年,仅中国就能完成飞机总交付量的 11%～14%。两家大型商用飞机制造商预测,北美和欧洲的新飞机总需求量不分上下,各占全球需求总量的 1/4。北美仍将是支线飞机(包括喷气式飞机和涡桨飞机)的最大市场。但各家制造商对市场份额的预测存在显著差异,从 35% 到 47% 不等。根据其中三家制造商的预测,每四架新的支线飞机中就有一架降落亚洲,只有空客公司预测的比例略低。

---

①　基于世界银行的《世界发展指标》中的数据。

表 1.2　世界四大飞机制造商的新飞机交付量预测

公　司	波　音		巴航工业		空　客		庞巴迪	
预测周期	2009—2029 年		2010—2029 年		2009—2028 年		2010—2029 年	
A. 支线飞机								
座级	<90 座		30~120 座		<100 座		20~99 座	
市场价值/十亿美元	60		200		不可获取		约 239	
支线市场规模	合计/架	百分比	合计/架	百分比	合计/架	百分比	合计/架	百分比
未来 20 年新飞机交付	1 920	100%	6 875	100%[②]	8 221	100%	6 100	100%
北美洲	800	42%	2 400	35%	2 899	35%	2 860	47%
拉丁美洲	20	1%	575	8%	661	8%	350	6%
欧洲	310	16%	1 510	22%	2 160	26%	950（包括独联体）	16%
亚太地区	470	24%	575	22%	1 374	17%	1 580	26%
其中，中国	280	15%	950[①]	14%	不可获取	不可获取	860	14%
俄罗斯/独联体	200	10%	405	6%	467	6%	不可获取	不可获取
中东	70	4%	240	3%	154	2%	360（包括非洲）	6%
非洲	50	3%	220	3%	506	6%	不可获取	不可获取
B. 商用飞机市场总额								

（续表）

公　司	波　音	巴航工业	空　客	庞巴迪
预测周期	2009—2029 年	2010—2029 年	2009—2028 年	2010—2029 年
市场价值/十亿美元	3 590	不可获取	3 100	不可获取
支线市场规模	合计/架　百分比	合计/架　百分比	合计/架　百分比	合计/架　百分比
未来 20 年新飞机交付	30 900　100%[②]		30 175　100%	
北美洲	7 200　23%		7 675　25%	
拉丁美洲	2 180　7%		2 090　7%	
欧洲	7 190　23%		7 585　25%	
亚太地区	10 320　33%		8 726　29%	
其中,中国	4 330　14%		3 272　11%	
俄罗斯/独联体	960　3%		1 332　4%	
中东	2 340　8%		1 497　5%	
非洲	710　2%		1 270　4%	

资料来源：波音公司《2009—2029 年市场展望》；巴航工业公司《2010—2029 年市场展望》；空客公司《2009—2028 年全球市场预测》；庞巴迪公司《2010—2029 年商用飞机市场预测》。

注：① 巴航工业数据中,亚太地区并未计入中国数据。

　　② 表中所有百分比数据在录入时曾进行四舍五入,故实际加权值可能不为 100%。

如果这些预测都正确,那么每一个百分点的市场份额都代表着未来 20 年价值 3.1 亿～3.6 亿美元的飞机订单。该数据清楚地表明,亚太地区国家对飞机和零部件的需求在增加,同时对 MRO 服务的需求也在增加。这为进一步推进飞机制造的全球化发展提供了强大的驱动力,为像中国这样的国家战略性地吸引外国生产商在本国生产一部分零部件创造了有利的条件。

1.4.2　飞机制造业的商业周期

现在让我们从供应商的角度审视飞机制造业。全球航空航天业的变迁与重大宏观经济的变动、技术变革和政治事件的发生息息相关。二战后喷气发动机等技术创新成果的普及应用，先进客机设计的出现，促使航空运输业快速扩张，全球经济的增长进一步加速其发展。特别是在冷战的大环境下，得益于军用飞机和航天器领域的研发活动，民用飞机产业技术也持续改进。

尽管存在上文讨论过的官方统计数据的局限性，即对大多数国家来说，难以区分航空和航天、民用和军用生产的数据，但是绘制航空产业趋势图仍然非常有意义。虽然各国航空产业的规模不同，但商用飞机这个最大组成部分，都呈现出了相似的周期性趋势。表 1.3 显示了 1960—2010 年全球航空航天业的发展。在这些年里，行业总附加值增加了约 2.5 倍，达到 1 366 亿美元；总产值增加了约 3 倍，超过 3 000 亿美元。航空航天业的增长不是线性的，图 1.1 显示了一个周期性增长模式，增长分别在 1973—1974 年、1980—1981 年和 1991 年达到一个高峰，随后是下降期。附加值增长最快的是 1995—2007 年（年均 6.8%），降幅最大的是冷战结束后的几年（1990—1995 年，年均 7.7%）。目前，全球航空业提供了 140 多万个工作岗位，与 1990 年的峰值相比已经降低了 23%。1990—2010 年，全球减少了 50 多万个与航空航天业相关的就业岗位。

这种产业面貌是由主制造商的周期性经济扩张和收缩导致的，例如 20 世纪 70 年代末、80 年代末或 90 年代末的扩张时期，以及石油危机（1973—1975 年）、20 世纪 80 年代初、20 世纪 90 年代初和 2008 年后的收缩时期。由于我们关于航空制造商的统计截至 2010 年，所以无法看出该行业是否已经从 2008 年的危机中全面复苏。2012 年美国和欧

洲的数据显示,就实际附加值而言,航空航天业刚刚恢复到危机发生前的水平。

表1.3　1960—2010年全球航空航天业发展的关键指标

关键指标	年　份							
	1960	1973	1985	1990	1995	2000	2005	2010
总产值(GO)/百万美元	78 350	108 516	164 700	213 034	159 924	221 769	257 029	300 110
总附加值(VA)/百万美元	38 586	56 568	75 846	91 878	61 593	77 716	100 359	136 612
员工总数/千人	953	1 075	1 680	1 839	1 669	1 531	1 357	1 324
总产值样本中的国家数量/个	15	20	27	33	38	40	40	39
缺失重要制造商的数据①	6	6	7	5	1	0	0	0
总附加值样本中的国家数量/个	16	23	31	34	40	42	43	43
缺失重要生产商的数据②	3	4	4	3	0	0	0	0

资料来源:Vertesy于2011年发表的相关论文。
注:数据涵盖了除俄罗斯外所有航空航天产品生产国的情况。
① 样本中缺失的最有可能是超过1亿美元、总附加值超过5 000万美元国家的数据。
② 翻译时译者适当修改了本表。

冷战的40余年间,对国家安全的考虑往往优先于经济发展,防务开支数额巨大,航空航天业也从中极大受益。值得注意的是,在后冷战时代,商用板块销售额增加引发的产业增长,其速度比以往任何时候都

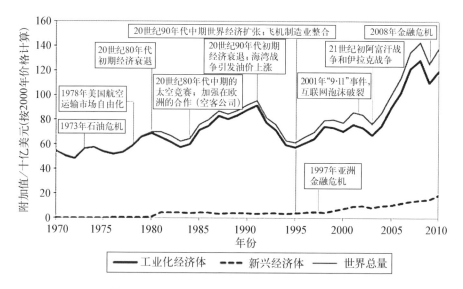

图 1.1　1970—2010 年航空航天产业的演变

（资料来源：根据官方的国家和国际商业统计数据自行计算）

注：数据包括商用、军用和太空部分。

要快。放眼历史，1990 年以总附加值计算的全球总产值是 1960 年的 2.4 倍，这一增长用了足足 31 年才得以实现。

　　这些汇总数据全面展示了工业化经济体和新兴经济体在航空航天业上的发展情况。但样本中缺少几个国家，对总数据有一定影响。俄罗斯（和苏联）没有公布具有可比性的航空航天业产值数据。据估计，在冷战期间，俄罗斯军工产值可能与美国相当。鉴于其航空运输业规模有限，商用板块的产值则低得多，无法估算俄罗斯和苏联的数据对全球汇总数据究竟有多大的影响①。

----

　　①　瑞典研究和平与安全等重要问题的学术机构——斯德哥尔摩国际和平研究所（SIPRI）公布的军用飞机出口趋势指标粗略值显示，1972 年和 1989 年之间的出口活动最活跃，在 1980 年达到高峰。这与最成功的商用飞机的生产模式相吻合。到 20 世纪 90 年代，军用和商用飞机的生产速度可能下降到以前的 2/3。如果我们把这些变化趋势都加到全球综合性数据上，20 世纪 70 年代和 80 年代的水平将至少高出 50%，1990 年和 1995 年之间的衰退将更加剧烈。从 20 世纪 90 年代中期开始，影响就会小得多。

表 1.3 还显示了样本量的不断增加，主要原因是行业的扩张，而非早期数据的缺失。虽然个别制造商的数据不完整，但对全球总量的影响是有限的。早期样本中缺失的国家是中国、以色列和中东欧一些国家。数据统计时间范围不一样的主要是中国，其数据始于 1981 年[①]。不过，中国对全球总量的影响也比较有限。1981 年，中国占全球总产值的 4.7%，1985 年为 3.9%。由于在中国生产的大部分飞机没有离开中国，其确切的产量不得而知。二手资料显示，中国军用飞机产量（迄今为止占中国飞机总产量的最大比例）在 20 世纪 60 年代中期开始增加，1980年左右达到顶峰。所以如果将中国算在内，估计只会使全球 1960 年的数值增加 1～2 个百分点，1973 年的数值增加 2～4 个百分点。其他未统计到的国家包括以色列（1990 年以前没有数据）和中东欧的捷克、波兰、罗马尼亚等（1995 年以前没有数据）。这些国家生产了大量的战斗机和教练机。在这一点上，我们无法评估其重要性，但有理由相信，这些国家所制造的飞机的总量在 1973 年低于中国，但在 1960 年高于中国。总而言之，1981 年以前产值估计的误差范围可能在 5%～8% 之间。

与附加值的统计情况一样，要量化商用飞机制造业的就业人数也非常困难。虽然我们考察了整个航空业，但无法从总的数据中区分民用和军用的，也未区分劳动力性质上的变化。从统计数据的变化趋势，可以了解一些情况。就业数据与附加值数据呈现周期性的同步，直到 20 世纪 90 年代中期，两者才出现偏离。从那时起，附加值增加而就业人数减少。事实上，航空航天业（按照广义的统计口径）的全球就业人数在 1990 年达到顶峰，大约有 180 万人；到 2010 年，该行业减少了 50 多万个就业岗位。这是多种因素综合作用的结果，包括冷战后军事开支下降、行业通过并购或外包活动进行整合，以及信息和通信技术在设计、生产、维修和管理等

---

① 官方数据仅从 1995 年开始。中国的生产统计数据可通过有限的军用和民用飞机交付信息和综合性生产指数回溯至 1981 年。详细信息见 Vertesy(2011) 的相关论文。

领域的普及。例如,随着计算流体力学和计算机辅助设计技术的进步,风洞试验和建模工作在一定程度上被取代。近 30 年航空航天业的就业情况发生了质变。观察就业岗位减少的地理分布情况也很有趣:美国航空航天业的就业岗位减少了约 40 万个,欧洲地区的国家和中国减少了约 10 万个。不可思议的是,航空企业集团的整合与集中,主要是通过减少次级非航空业务(以前也包括在统计中)而实现的。全球重组的问题将在论述国际化的相关章节中详细讨论。在此总结一下,整个航空产业(包括军用部分)的效率通过重组得到了显著提高,但流失了一批经验丰富的人力资源。

1.4.3　最大的产业参与者

飞机制造业面向一个高度集中的市场,全球市场如此,各个国家的国内市场也一样。在营业额和雇员数方面,欧美最大的航空航天和防务企业的体量相当于,甚至超过很多国家整体的航空航天业的规模。波音公司或欧洲宇航防务集团(European Aeronautic Defense and Space company,EADS),算上它们在全球各地航空(商用和军用)以及太空领域的全部业务,其年销售额和雇员数就超过了例如法国、德国或英国整个国家的航空航天产业规模。这种集中程度是历经几十年的产业整合,到 20 世纪 90 年代后期逐渐形成的结果。其间,全球航空航天产业经历了剧烈的兼并和收购,形成了多家将各种航空航天和国防生产业务与服务整合起来的大型跨国公司。

在该产业中,企业规模很重要,因为只有规模最大的参与者才能(通常以合资的形式)筹集到足够的资金,来投资新项目和研发新技术。

在航空航天领域规模最大的企业中(见图 1.2),不仅有那些以飞机设计、制造和销售为主营业务的企业,如波音公司、EADS、洛克希德·马丁公司、庞巴迪公司和巴航工业公司;还有发动机制造商,如联合技术公司、通用电气(以下简称"GE")公司、赛峰集团和罗尔斯-罗伊斯公司;以及航空电子设备和其他部件及系统供应商,如霍尼韦尔国际和泰雷兹集团。许多企业的经营范围非常多样,有些既是系统集成商,又承担部件设计工作;有些同时活跃在固定翼和旋翼飞机市场。排名前20的企业,大部分面向军用客户,少数顶级企业,如洛克希德·马丁公司、通用动力公司和诺斯罗普·格鲁曼公司在民用飞机市场上根本不活跃。剩下的企业,商用业务销售所占百分比(至少对主动报告的企业来说)存在很大的差异:有的大约占1/4或更少,如英国宇航系统公司(BAE Systems)或芬梅卡尼卡集团;有的大约占2/3,如波音公司、EADS和达索航空;有的则达到100%,如庞巴迪公司。如果根据制造商的商用业务销售额进行排名,前10名会发生很大的变化(图1.2中

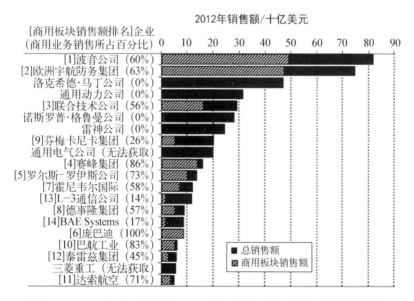

图1.2　2012年全球排名前20的航空航天制造商的总销售额和商用板块销售额

(资料来源:《国际飞行》杂志2013年9月24—30日的《航空航天和防务100强特别报告》,以及各公司2012年年度报告)

注:总销售额中排除了非航空航天市场业务板块的公司,但包括防务市场中的公司及其全球子公司的销售数据。商用板块销售包括所有民用方面销售,其中包括公务机市场。一些公司的财务报表中没有商业/防务的明细,用"不适用"表示。

公司前面的方括号中的数字即为排名)。在地域分布方面,大多数企业的总部设在美国(波音、洛克希德·马丁、通用动力、诺斯罗普·格鲁曼、联合技术、雷神和通用电气等公司)或欧洲(EADS、BAE Systems、芬梅卡尼卡集团、泰雷兹集团和赛峰集团等)。这些企业将越来越多的业务分布到全球各地。作为全球第四大商用飞机制造商,巴航工业是唯一一家总部位于新兴经济体国家的企业,这充分说明全球航空航天业的国际化模式正在逐步确立。

在全球 100 强航空航天企业名单中,有些企业来自欧洲或北美之外,例如中国航空工业集团有限公司(AVIC,以下简称"中航工业")、印度斯坦航空有限公司(HAL)、新加坡的新科宇航(ST Aerospace)公司和韩国航空航天工业(KAI)公司[①]。除新加坡的新科宇航公司外,这些企业都既是零部件供应商,也是为当地空军提供防务产品的主制造商。新科宇航公司隶属于新科工程集团,在 MRO 以及系统升级业务领域都具有较强的竞争优势,再次展现了航空制造企业大都涵盖了广泛的业务范围。新科宇航公司也是这些企业中国际化程度最高的。

1.4.4　飞机制造业对国民经济究竟有多重要

在拥有商用飞机制造业的先进工业化经济体中,商用飞机制造业规模直接占到 GDP 的 0.2%～0.4%。有些国家的占比更高,比如新加坡超过 1.5%,美国约 0.8%。考虑到飞机制造业与其他经济部门的联系,飞机制造业产生的间接影响,估计是其直接规模的 3 倍之多。

---

① 2012 年版本,可参见《国际飞行》2013 年 9 月 24—30 日的《航空航天和防务 100 强特别报告》。印度斯坦航空有限公司是排名第 33 位的大航空航天公司,收入为 31 亿美元;中航工业根据 2012 年首次公布审计过的财务报告——在直升机销售的推动下,收入为 27 亿美元,排名第 37 位;新科宇航公司以 15 亿美元的收入排名第 53 位;KAI 以 14 亿美元的收入排名第 55 位。我们还注意到,尽管与官方发布的年度报告相比,相关收入被高估了,但在《财富》世界 500 强排行榜中,中航工业排在许多公司之前。

1990 年之后,美国飞机制造业在其 GDP 中所占的比例有所下降,这是由于冷战结束后其防务和航天业务减少。其他大多数飞机制造国正好相反,如欧洲多国、加拿大和中国,这些国家飞机制造业的相对规模自 20 世纪 90 年代以来一直在扩大。

对于美国、法国、英国、以色列、乌克兰、加拿大、意大利和西班牙等国家来说,飞机制造业是促进贸易平衡最重要的一个行业。随着许多产业活动转移到成本更为低廉的地区,工业化经济体在高科技产业领域正面临日益激烈的全球竞争。今天,航空航天仍然是西方国家为数不多的最后几个优势产业之一,出口数据也清晰展现了这一点。这些行业领先的制造国在飞机贸易中具有明显的相对优势①,只有两个新兴工业化国家能够跻身其中:巴西(在飞机制造方面)和新加坡(在零部件出口方面)。

1.4.5　国际化的模式

令人不可思议的是,虽然商用飞机产业是全球化进程的重要驱动力,在过去 50 年里却一直集中于北大西洋地区。如今世界各地运营的飞机大多数来自波音或空客公司,大多数的零部件都是在欧美生产的。虽然亚洲和南半球的新兴工业化国家②通过建立低、中、高科技生产能力,提高了整体出口业绩,在世界商品出口总额中的占比从 1970 年的 10% 增加到 2010 年的 1/3,但这些国家的飞机出口额占全球出口总额的比例几乎不超过 10%。如果与其他资本密集、技术密集的运输装备制造业相比,这些数字就显得尤其扎眼。比如汽车工业,它在全世界的

---

①　基于巴拉萨公式计算。该公式用于衡量一组商品在一国商品出口总额中的相对优势。

②　"新兴工业化国家"是指在过去 50 年中的某个时刻制造飞机或零部件的共 20 个来自亚洲(除日本和俄罗斯外)、拉丁美洲和非洲的国家。

分布更为均匀，每两辆汽车或卡车中就有一辆是在亚洲生产的，仅在中国的产量就超过了 1/6[①]。

　　全球飞机需求日益增长还体现在进口数据的变化上[②]。20 世纪 60 年代，飞机的年平均进口额约为 80 亿美元（按 2005 年价格计算）；20 世纪 70 年代增加到 180 亿美元，20 世纪 80 年代和 90 年代连续翻番，到 1999 年超过 1 000 亿美元，2013 年达到近 1 600 亿美元。其间，欧洲国家一直是最大的进口国，20 世纪 60 年代占总额的 53％，20 世纪 90 年代由于短期经济衰退和大型民用飞机生产提速，降到 35％。在随后的几年里，由于欧盟国家内部协作更加紧密，进口再次增加，在 2010—2012 年达到全球进口总额的 65％。即使不包括内部贸易，如今欧盟也占全球飞机进口总额的 30％以上。北美是一个主要的飞机制造地区，但在进口上所占比例不大，20 世纪 60 年代飞机进口额占全球总额不到 1/4，21 世纪初也是如此，占比 23％，在 20 世纪 90 年代还有过短暂的下降。

　　飞机进口额增长最多的是东亚与太平洋地区。如果不算该地区的经合组织成员国，该地区在 20 世纪 60 年代飞机进口额仅占全球的 1.5％（几乎不超过 1 亿美元，低于拉丁美洲），从 20 世纪 80 年代开始强劲增长。随着东亚与太平洋地区国家经济的快速增长，该地区飞机进口额占全球的比例在 20 世纪 90 年代增加到 9.5％，2010—2012 年进一步增至 24％，如果算上该地区的经合组织成员国（且欧盟被视为一个集团），该比例将达到 31％。1986—1996 年，该比例增长了 8 倍，使

----

　　① 　数据来源：国际汽车制造商组织发布的 2011 年生产统计数据（http：//oica. net/category/production-statistics/2011-statistics，检索时间：2013 年 5 月）。需要注意的是，根据营业额或附加值计算，新兴经济体的份额可能会更小，但这些数据和真实的原产地的外汇汇率无法获取，以至于无法合理地进行全球性比较。

　　② 　下面提供的数据是指从联合国商品贸易统计数据中获得的飞机进口数据，并根据通货膨胀情况进行了调整。

得东亚与太平洋地区成为全球关注的焦点。1997年金融危机后（金融危机的影响持续到2000年），该地区的飞机进口贸易重拾增长动力，在2012年达到350亿美元，甚至超过了欧盟（不包括欧盟内部贸易）。

　　拉丁美洲在20世纪60年代的飞机进口额占全球总额的7%，20世纪70年代经历了一个增长期，进口额翻了一番，但在接下来的20年里始终保持在10亿美元左右。在相对疲软的20世纪90年代，该地区飞机进口额仅占全球总额的不到2%，21世纪初快速增长，占到全球的5%左右，到2011年达到74亿美元。

1.4.5.1　出口商和生产商

　　全球商用飞机的出口呈现出与其生产类似的急速增长和下降周期。如图1.3所示，北美和欧洲的出口商从不断增长的国外需求中获益最多。仅仅1980—2012年，按实际价值计算，欧洲的出口总额已经

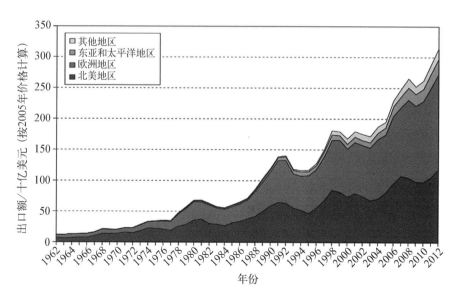

图1.3　按地区划分的商用飞机出口演变情况

（资料来源：联合国贸易委员会）

注：飞机出口定义对应国际标准产业分类体系（ISIC）第三版的792（不包括7925）、7131、714和87411分类号。

翻了3倍多。这种统计方法也存在一个重要缺陷,就是飞机出口数据可能包括二手飞机的销售数据。考虑到二手飞机的价格从几百万到超过一亿美元不等,这部分数据产生的影响可能很大。观察近50年的变化趋势,会发现不同地区的飞机出口额缓慢地呈现此消彼长的态势。

一个值得注意的现象是,北美飞机制造商逐渐失去了市场份额。在20世纪60年代和70年代,北美占据(资本主义国家的)商用飞机出口总额的61%,美国就占了一半以上。到2012年,北美只占38%,美国只占1/3。这些北美失去的市场份额大部分被欧洲拿走了,这一情况在20世纪80年代和90年代尤为明显。欧洲在全球市场的份额持续增加,从20世纪60年代的38%增加到20世纪90年代的48%,此后趋于平缓(2012年为49%)。大部分增长得益于欧洲国家在空客项目框架下加强了合作。事实上,如果我们只考虑欧盟以外的出口,欧洲和美国并驾齐驱,各占全球商用飞机出口总额的40%左右。如图1.4所示,

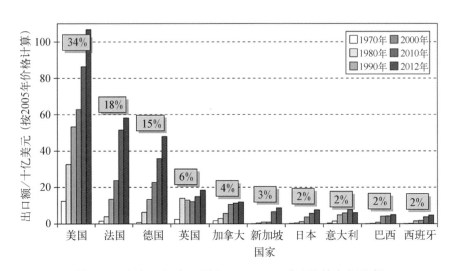

图1.4 十大飞机出口国(1970—2012年)及其市场份额

(资料来源:联合国贸易委员会)

注:飞机产业定义对应国际标准产业分类体系(ISIC)第三版的792(不包括7925)、7131、714和87411分类号。

排名前五的出口国分别是：美国、法国、德国、英国和加拿大，它们共占全球总出口额的 77％（2012 年），而且自 1980 年以来一直处于前五位。

分析 1990 年以来的全球增长趋势，我们发现工业化经济体（主要是经合组织成员国）飞机出口总额年均增长 3％左右；而新兴经济体，由于初始规模相对较小，年均增长率为 12.5％，这主要归功于巴西在飞机出口、亚洲国家在零部件出口方面取得的成功。观察新兴经济体可以发现，商用飞机的出口经历了全球东移，但没有出现南移。尽管巴航工业公司在巴西取得了成功，墨西哥航空航天产业集群在增长，但拉丁美洲的商用飞机出口额占全球的份额依然很小。20 世纪 70 年代，该地区占全球商用飞机出口额的比例仅为 0.5％，2012 年增长到 2.6％。相比之下，东亚和太平洋地区商用飞机出口额在 1962—2012 年的增长速度约为世界平均水平的两倍（实际年均增长约 13％），全球份额约达 8％。有三大动力带动该地区的增长：20 世纪 80 年代中期以来的日本，20 世纪 90 年代后期以来的新加坡，以及近年来的中国。韩国和印度尼西亚等其他东亚航空航天制造商，20 世纪 90 年代以来的出口额增长较为平缓。

详细考察国家层面的情况，通过比较十大飞机出口国名单（见图 1.4）与十大飞机制造国名单（见图 1.5），可深入了解各国的竞争力。美国在出口额和附加值方面都处于领先地位。法国、德国、英国和意大利四个国家，既是欧洲最大的出口国，也是最大的制造国。但它们附加值和出口额的排名次序差异很大，这是因为出口额受到内部合作战略以及中间产品、最终产品定价的影响。最引人注目的是，中国在最大制造国中排名第二。在此必须指出，中国的数值可能高于实际，因为中国企业的产值是基于广义产业活动计算的，而且还包括军事生产在内。这些产品大部分是在国内使用，中国还没有成为主要的飞机出口国。同时出现在两个榜单上的其他几个国家——加拿大、巴西、日本和新加

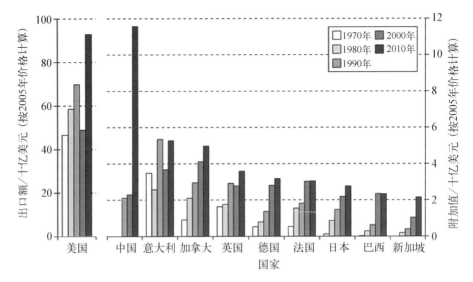

图1.5 附加值最高的十大航空航天制造国（1970—2010年）

［资料来源：经合组织、欧盟 KLEMS 数据库（EU-KLEMS）、欧盟统计局、联合国工业发展组织、各国的国家统计数据办公室］

注：航空航天包括飞机和航天器制造。

坡，在某些领域都具有竞争优势。加拿大的喷气式支线飞机和发动机产业，巴西的喷气式支线飞机产业，日本和新加坡的零部件制造以及 MRO、仓储和物流产业，都比较突出。

1.4.5.2 就业区域的再分布

美国航空航天业就业岗位急剧削减的趋势，对全球航空航天业的就业形势产生了重大影响。尚不清楚的是，这些就业岗位是转移到了其他国家，还是消失了，或是转移到了其他产业。粗略计算（即不区分航空航天和防务数据），1990—2011 年，全球航空航天业共减少了 47 万个工作岗位。由于冷战结束后相应国家削减了军事开支，加上航空航天产业内部整合，北美和欧洲地区失去的航空航天业就业岗位更多（甚至高于全球总量），达到 48 万个（美国占大多数，欧洲航空航天业的就业情况自 20 世纪 90 年代中期以来一直保持稳定）。其中只有一小部分的就业岗位是转移到了其他国家,这从另一个角度也说明工业化国家可能对人才外流过于担忧了。如图 1.6 所示,中国作为第二大航空航天雇主国家,遵循着自己的道路,就业水平由内部发展而不是全球趋势决定。20 世纪 90 年代初的增长和随后的下降很可能是中国国有企业改组的结果。一些主要面向军用生产的中国企业,即之前编号标识属于"机器制造行业"、业务活动多样且分散在全国各地的公司,在 1999年重新组合成两大企业集团,即中航工业第一集团和第二集团。在整合过程中,这两大企业集团逐渐向市场有限地开放,合并了一部分的重复业务,但是根据有关企业层面非常有限的信息来看,仍然存在所有权方面的复杂问题(Goldstein,2006;Eriksson,2011)。最近几年,中国航空航天业的就业率仍在增长,需注意的是,中国在劳动力的教育和技能培训方面一直与其他国家存在质的差异,将其放在国际框架下有些困

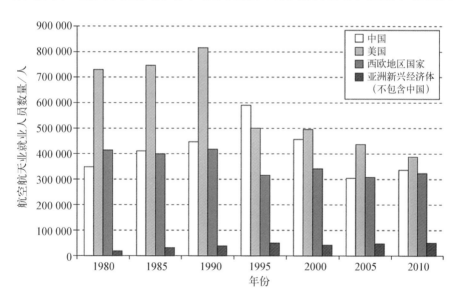

图 1.6　航空航天业就业的全球再分布趋势(1980—2010 年)

[资料来源:经合组织、欧盟 KLEMS 数据库(EU-KLEMS)、欧盟统计局、联合国工业发展组织、各国的国家数据统计办公室]

注:包括航空和航天。

难。与欧洲和北美地区相比，亚洲其他地方的航空航天业的就业率仍然相对较低。考虑到全球的发展水平，至少目前看来，航空航天业就业的区域再分布还十分有限。

1.4.5.3 对飞机制造业新进入者的特别关注

为了更好地理解国际化最新趋势，应进一步研究新兴经济体的发展。新兴经济体同时也属于新兴的飞机或零部件制造国。这些国家主要分布在亚洲，也有的在拉丁美洲。它们在全球飞机进口中的份额迅速增长，占比超过 1/4（见图 1.7）。虽然前面已提到，这些国家在全球产出中占比接近 10%，份额相对较小，但它们通过新形式的专业化出口，表现出快速增长的趋势。从多方面来看，这些国家几乎没有什么共同点，一些国家，比如巴西和墨西哥，在飞机领域实现了贸易顺差；而另一些国家，比如新加坡、中国、印度、韩国、泰国、马来西亚或土耳其，是

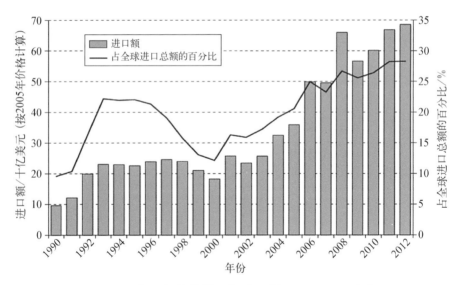

图 1.7 新兴经济体的飞机进口额（1990—2012 年）

［资料来源：联合国贸易数据库（UN Comtrade）］

注：飞机产业定义对应国际标准产业分类体系（ISIC）第三版的 792、7131、714 和 87411 分类号。

净进口国(见图1.8)。有些国家在飞机或零部件制造方面有较长的历史,比如巴西的巴航工业公司、新加坡的新科宇航公司和其他跨国公司、中国的军用和民用国有制造商以及印度尼西亚的印度尼西亚航空航天局(IAe);而有些国家则是行业新进入者,比如墨西哥、马来西亚。到目前为止,这些后发国家的飞机生产还没有跟上自身需求。对一些雄心勃勃的政府来说,这种(供需)不平衡事实上提供了一种对外谈判的筹码,迫使他国的飞机卖家至少在该国采购飞机的部分零部件,从而自身可以获取技术和生产能力。然而,改变这样一个高科技产业的国际分工并不是一蹴而就的,它取决于政策和商业战略能否成功实施。这些战略显示出一个共同的模式,或者是新一批后来者(后发国家)的进入方式,可以称为"通过供应链进入飞机制造业"。

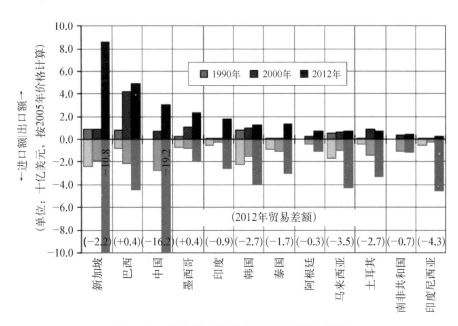

图1.8　部分新兴经济体的飞机贸易差额

[资料来源:联合国贸易数据库(UN Comtrade)]

注:飞机出口定义对应国际标准产业分类体系(ISIC)第三版的792(不包括7925)、7131,714和87411分类号。

当企业更为频繁地通过跨国供应链生产商品、提供服务时，传统的贸易统计方法就很难衡量每个国家对供应链中某种商品或服务总价值的贡献度。经合组织和世界贸易组织尝试基于出口最终用途产品的统计数据来解决这一问题(Zhu et al.，2013)。飞机中间产品的相关贸易数据，揭示了各国融入全球飞机制造业的多种方式。图 1.9 显示了两种不同的模式。第一种贸易模式中只有一个国家，巴西作为唯一的新兴市场飞机出口国，从事飞机组装和整机销售业务。这也对应于我们所说的第一种国际化战略，即从供应链顶端进入，成为自主研制飞机的制造商。巴西的巴航工业公司比其他大多数企业做得更为成功(Eriksson，1995；Vertesy，2011)。

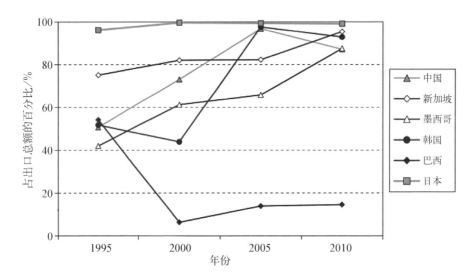

图 1.9　部分国家航空航天中间产品占航空航天出口总额的百分比

(资料来源：经合组织最终用途双边贸易数据库)
注：数据包括整个航空航天业。

其他国家的供应商逐步建立了专业化的零部件生产能力，比如，中国、韩国和墨西哥，主要是遵循了日本的发展模式。日本自主研制整机

（即日本财团研制的 YS-11）失败后,转而生产零部件,成为全球领先的先进复合材料供应商①。新加坡在 20 世纪 70 年代开始发展航空航天业时沿用了类似战略,摒弃单纯的进口贸易模式,成为 MRO 服务提供商以及重要零部件和子系统的生产商。图 1.9 进一步解释了中国在生产量和出口量之间的差异:在国内市场,中国能够销售飞机的整机,但在出口方面,中国的优势主要在飞机的零部件。如果中国自主研制的发展战略取得成功,中国商飞公司成功出口 ARJ21 或 C919 客机,情况就会发生改变。就目前而言,图 1.9 还是表明,与其他相关国家类似,中国飞机制造业的大部分出口产品,比如 2010 年超过 80%,都是用于他国合作伙伴生产商的中间生产过程。

后发国家融入全球供应链的方式存在重要差异。图 1.10 详细展示了中国和墨西哥两国的中间产品出口结构,识别出两国飞机制造业产品的主要境外用户,以及随时间推移发生的变化。中国融入全球供应链的起步较晚,但其中间产品出口结构的地理分布更平衡。2000年后中国才快速融入全球供应链,随后 10 年,中国的中间产品出口额迅速增长,其客户主要是欧美的制造商。2000 年,墨西哥航空航天业向美国出口了 3 亿美元,某种程度上是由于建立了北美自由贸易区。到2010 年,这一数字又翻了一番,美国仍然是其最主要的贸易伙伴。

1.5 国际化的局限性

飞机制造业与其他行业相比,国际化的速度相对较慢,这可能与一系列的经济、政治因素有关。首先,新进入的企业要想获得竞争力,绝

---

① 例如,川崎、富士和三菱重工为波音 787 梦想飞机生产结构部件。

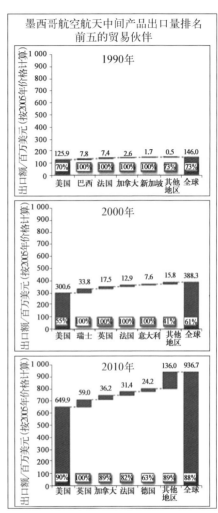

图 1.10 后发国家通过供应链进入全球航空航天业

（资料来源：经合组织最终用途双边贸易数据库、世界发展指标）

注：数据包括整个航空航天业。灰色框中的数据为中间产品在出口总额中的占比。译者翻译时对原表稍做了修改。

非一朝一夕之功，而是需要一个长期的学习过程。这取决于企业及其所在国政府的共同努力：应建立一个学习和创新体系，提供专业化的人力资源，保证教育、训练和研究机构等资源可用，以及能够与其他行

业还有领先的制造商保持联系。专业化的人力资源至关重要（Niosi & Zhegu，2005）。如果创新体系的关键要素之间缺乏互动（如资金流、技能人才、创意和产品等），那么只建立独立的研究机构是不够的（Vertesy，2011）。

其次，如果高资金投入不是后发者进入某行业的壁垒，那么严苛的标准和政治障碍等市场限制条件将会是其面临的巨大挑战。后发者的目标业务越复杂（如研制整机），面临的障碍就越大。同时，政治障碍是一把双刃剑，因为后发者可以通过允许外国制造商进入本国市场，进而换取技术以及高附加值生产业务的本土化。还需要强调的是，现代飞机的研发与制造是一个极其复杂的过程，供应链优化也是如此，因此任何一项决策都会对飞机项目的全生命周期产生影响。

最后，规模经济对既有的贸易模式较为有利，至少在短期和中期，造不如买，也就是说购买飞机及其部件，比制造它们要便宜得多。类似地，现有企业的研发投资回报也高于新进入者。这好比一个移动的终点竞赛，终点的移动速度比新进入者的成长速度还要快。在航空航天领域研发投入较多的国家，都处于产业优势地位，如美国、法国、德国和英国（如图 1.11 左侧所示）。迄今为止，美国企业在航空航天领域的研发支出最多，远远超过图 1.11 中排名靠后的 10 个国家的总和。需要说明的是，即使公布的数字包括了军事和太空领域的研发支出，其研发成果同样也是商用飞机领域新技术的重要来源。此外，最近研发方面的情况也发生了重要变化。中国正在日益成为一个主要的航空航天研发支出国，同时也是很多科学家和工程师的"雇主"。在一定程度上，印度也增加了其航空航天研发支出（主要用于太空领域），新加坡和巴西也是如此。如图 1.11 右侧所示，2000 年以来，新兴飞机制造商研发支出的年均增长率，比现有飞机制造商高出约 3%，其中公共资金直接或

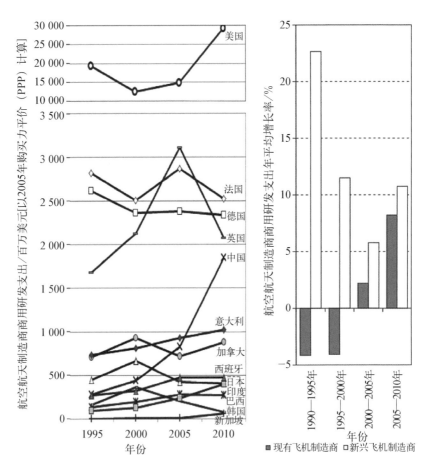

图 1.11　部分经济体的航空航天制造商商业研发支出变化情况

（资料来源：经合组织、各国的国家统计局）

注：新兴生产国包括巴西、中国、印度、新加坡和韩国。现有数据不区分民用和军用研发。

间接的支持起到了至关重要的作用。部分欧美的企业正在进行战略调整，希望从新兴国家的飞机制造商的研发项目中获益。在传统优势地域之外，正在不断涌现世界级的研发能力，各地政府竞相提供支持，增加了可供现有系统集成商选择的风险共担合作伙伴的数量，这将进一步提高航空产业供应链的国际专业化分工水平。

1.6　结语

　　全球商用飞机产业正在经历一场重大变革。新机型及其维修市场都实现了真正的全球化,这很大程度归因于东亚和波斯湾的航空公司对飞机特别旺盛的需求。目前,尽管全球多个国家的政府付出了巨大努力,但飞机制造业依然没有达到与其他高科技产业相当的国际化水平。航空产业的生产和出口统计数据显示,绝大多数商用飞机由欧美国家设计制造。飞机制造业已经开始向东亚扩张,变化虽然缓慢,但影响深远。新加坡、中国(上海、西安、成都、沈阳和哈尔滨)以及韩国都已形成了强大的航空航天产业集群,印度和马来西亚也开始出现航空航天产业集群,墨西哥(拉丁美洲)航空航天产业也正在崛起。这些新的生产中心给现有制造商带来了实实在在的竞争。

　　过去半个世纪,飞机制造业的新进入者尝试了两种截然不同的战略。第一种战略以建立飞机自主研制能力为目标,日本、中国和印度尼西亚于20世纪60年代到20世纪90年代初进行了巨额投资,却未能研发出能够实现商业成功的飞机,以市场补位为导向的巴航工业公司是一个例外。

　　另一种战略是通过各种经济和政治手段,培育零部件制造的技术能力,开展授权许可的飞机组装业务,或吸引领先的飞机制造商开展合作。这种战略最早由日本于20世纪80年代实行,冷战结束后被很多国家采用。事实证明,采用此战略的新进入者更容易成功。一方面是由于遵循了技术由易向难逐步递进的规律;另一方面也是遇到了合适的时机,正值工业化国家中的现有制造商着力精简成本,加之新的信息与通信技术拉近了各国间的距离,使新进入者更易进入市场。通过不断加深与现有制造商之间的相互依赖程度,新进入者就可以在一个原本受到高准入壁垒保护的行业中站稳脚跟。这些发展变化情况互相交织，我们称之为"第二次国际化浪潮"。它引发了全球航空航天业的重大重组，目前还在持续演变，没有结束。关于出口最终用途产品的统计数据，已经展现出各国作为中间出口国如何在供应链上实现专业化发展。

现实其实远比"两种战略"这个抽象概念更加复杂，各国在实践中往往混合使用两种战略。例如，中国在吸引各层级头部企业进行本地化生产的同时，也在努力设计和制造国产飞机（ARJ21 和 C919），这是典型的"第一次国际化浪潮"战略的标志。考虑到中国这两个项目在取得国际适航认证方面存在延期，而在为全球领先制造商在本土建立总装线和零部件制造中心方面取得了明显进展，我们认为，至少目前，"第二次国际化浪潮"战略更具有实际优势。毋庸置疑，像中国这样一个幅员辽阔且明确提出了区域安全目标的国家，做战略选择时考虑的因素已经超出了发展商用飞机本身的范围。由于技术复杂、资本密集和研发周期长等特点，商用飞机产业进入壁垒极高，各国都试图利用政治影响力来支持产业发展，具体策略也各有不同。毫无疑问，围绕每一个百分点的市场份额，都会展开激烈的战斗，获得和保持竞争力取决于多个方面的因素，这在本书的其他章节中会有所体现。

生产方面的数据显示，美国在飞机制造业领域遥遥领先。因此，对北美失去领先地位的担忧有些言过其实。很明显，美国在保持强大竞争力的同时，自 20 世纪 90 年代初以来，逐渐减少了航空航天业的就业岗位。鲜有证据表明这些就业岗位转移到其他国家。我们观察到，由于产业内部整合，加上信息和通信技术可能带来的效率提升，该产业的就业人数普遍减少。西欧国家在增加出口的同时，尽量保持了相对较大比例的航空航天业就业岗位，但就总产出而言，它们面临着来自亚洲日益激烈的竞争。鉴于中国、印度和其他亚洲国家航空航天研发支出大幅增长，预计未来竞争形势也会发生变化。

　　本章仅关注商用飞机产业。需要强调的是,由于技术相近,该产业与军用和航天产业都有着内在的联系。上述许多统计数据都无法区分商用飞机产业、军用和航天产业。商用飞机产业主要由自己的商业周期所塑造,但军用订单依然持续在支持新产品研发方面发挥着关键作用,是产业国际化的重要驱动力。如果军用订单的作用进一步提高,有可能扭转当前的国际化浪潮,从供应链的全球化分布回到产业在各国国内更大程度的集中。这是未来有可能发生的一种情景。另一种情景也需要考虑,那便是当前特别旺盛的新飞机需求未来会发生的变化。上一次金融危机发生之后,对新飞机需求的下跌程度并未达到预期(考虑到先前宏观经济周期对该产业的影响),相反,催生了一些具备更高经济性水平的新飞机的订单。一些行业分析人士认为这是泡沫需求,可能很快就会破裂。这样的事件将如何影响商用飞机产业的国际化进程,还有待进一步观察。

1.7　致谢

　　非常感谢亚当·斯齐尔迈(Adam Szirmai)教授对本章初稿提出的宝贵意见以及索伦·埃里克松教授的意见和建议。本章是作者博士论文的一部分。本章所表达的所有观点,以及其余任何错误或遗漏,均由作者本人负责。

1.8　统计数据来源

　　① 中国统计年鉴,各种版本,中国国家统计局。

② 欧洲统计局商业统计数据，产业年度详细统计数据（NACE Rev. 2，B-E）。

③ 欧盟 KLEMS 数据库，2009 年 11 月发布，2011 年 3 月更新，参见 Marcel Timmer、Mary O'Mahony 和 Bart van Ark 所著的《欧盟 KLEMS 增长和生产率概述》，格罗宁根大学和伯明翰大学；相关数据可在 www. euklems. net 上下载。

④ 经合组织 OECD STAN 数据库（根据 ISIC 第三版和第四版）（www. oecd. org/sti/stan）。

⑤ 经合组织最终用途 OECD STAN BTDIxE 双边贸易数据库（按产业和最终用途分类）（www. oecd. org/sti/btd）。

⑥ 联合国贸易数据库（UN Comtrade），联合国经济和社会事务部（DESA）/联合国统计司（UNSD），http：//comtrade. un. org。

⑦ 联合国工业发展组织工业统计数据库，各种版本。

⑧ 美国人口普查局（www. census. gov）。

⑨ 世界发展指标（WDI），世界银行。

参考文献

Aerostrategy，2009. Aerospace globalization 2. 0：The Next Stage. [online]. Available from：www.fac.org.uk/wp-content/uploads/2013/01/200909-AeroStrategy-globalization-Commentary. pdf.

Amsden，A. H.，2001. *The Rise of "the Rest"：Challenges to the West from Late-Industrializing Economies*. Oxford and New York：Oxford University Press.

Cassiolato，J. E.，Bernardes，R. and Lastres，H.，2002. *Transfer of Technology for Successful Integration into the Global Economy：A Case Study of Embraer in Brazil*. New York and Geneva：UNCTAD and UNDP.

Craypo，C. and Wilkinson，F.，2011. The low road to competitive failure：

immigrant labour and emigrant jobs in the US. In: Michie, J. ed. *The Handbook of Globalisation*. 2nd edition. Cheltenham: Edward Elgar, 356 – 379.

Eriksson, S. , 1995. Global shift in the aircraft industry: a study of airframe manufacturing with special reference to the Asian NIEs. PhD Thesis (Series B, No. 86). University of Gothenburg.

Eriksson,S. , 2011. Globalisation and changes of aircraft manufacturing production/ supply-chains: the case of China. *International Journal of Logistics Economics and Globalisation*, 3(1), 70 – 83.

Esposito, E. , 2004. Strategic alliances and internationalisation in the aircraft manufacturing industry. *Technological Forecasting and Social Change*, 71(5), 443 – 468.

Frischtak, C. R. , 1992. *Learning , Technical Progress and Competitiveness in the Commuter Aircraft Industry: An Analysis of Embraer*. Washington, DC: The World Bank.

Goldstein, A. , 2002. EMBRAER: From national champion to global player. *Cepal Review*, 77, 97 – 115.

Goldstein, A. , 2006. The political economy of industrial policy in China: The case of aircraft manufacturing. *Journal of Chinese Economic and Business Studies*, 4(3), 259 – 273.

Golich, V. L. , 1992. From competition to collaboration: The challenge of commercial-class aircraft manufacturing. *International Organization*, 46 (4), 899 – 934.

Hagedoorn, J. , 2002. Inter-firm R&D partnerships: An overview of major trends and patterns since 1960. *Research Policy*, 31(4), 477 – 492.

Hobday, M. , 1995. East Asian latecomer firms: Learning the technology of electronics. *World Development*, 23(7), 1171 – 1193.

Kim, L. , 1997. *Imitation to Innovation: The Dynamics of Korea's teChnological Learning*. Boston, MA: Harvard Business School Press.

MacPherson, A. and Pritchard, D. , 2003. The international decentralisation of US commercial aircraft production: implications for US employment and trade. *Futures*, 35(3), 221 – 238.

Maddison, A. , 1998. Measuring the performance of a communist command economy: an assessment of the CIA estimates for the U. S. S. R. *Review of Income & Wealth*, 44(3), 307 – 323.

Maddison, A. , 2007. *Chinese Economic Performance in the Long Run, 960 – 2030 AD*. 2nd, revised edition. Paris: OECD Publishing.

Marques, R. A. , 2004. Evolution of the civil aircraft manufacturing innovation system: A case study in Brasil. In: Mani, S. and Romijn, H. eds. *Innovation, Learning and Technological Dynamism of Developing Countries*. Tokyo and New York: United Nations University Press, 77 – 106.

Mowery, D. C. and Rosenberg, N. , 1989. *Technology and the pursuit of economic growth*. Cambridge and New York: Cambridge University Press.

Niosi, J. and Zhegu, M. , 2005. Aerospace clusters: Local or global knowledge spillovers? *Industry & Innovation*, 12(1), 5 – 29.

Ramamurti, R. , 1987. *State-owned enterprises in high technology industries: Studies in India and Brazil*. New York: Praeger.

Vertesy, D. , 2011. Interrupted innovation: Emerging economies in the structure of the global aerospace industry. PhD Thesis. Maastricht University.

Wade, R. , 2010. After the crisis: Industrial policy and the developmental state in lowincome countries. *Global Policy*, 1(2), 150 – 161.

Wade, R. H. , 2011. Emerging world order? From multipolarity to multilateralism in the G20, the World Bank, and the IMF. *Politics & Society*, 39(3), 347 – 378.

Zhu, S. , Yamano, N. and Cimper, A. , 2013. Compilation of bilateral trade database by industry and end-use category. *OECD Science, Technology and Industry Working Papers*, (2011/06).

第 2 章
支线飞机

哈姆-扬·斯廷赫伊斯

商用飞机可分为几类，包括以空客飞机、波音飞机为代表的大型飞机，以巴航工业飞机为代表的支线飞机，以湾流飞机为代表的公务机和以赛斯纳、派珀飞机为代表的通航飞机等。本章把讨论的重点放在支线飞机上，将对该细分市场自 1980 年以来的发展情况进行研究。其间，航空运输业正经历放松管制，这影响了运营支线飞机的航空公司和支线飞机的兴起（另见第 3 章）。本章介绍了支线飞机的产业概况，解读了在产机型特征，最后讨论了支线飞机制造商的产品及其发展情况。

2.1　支线飞机特征

首先需要明确什么是支线飞机。支线飞机在不同历史时期的定义有所不同。在 20 世纪 30 年代，除道尼尔 Do X、图波列夫 ANT‐20 等一些特例外，像道格拉斯 DC‐3 这样成功的活塞式螺旋桨飞机也被归类为"大型"飞机，尽管按照今天的标准看来，其载客能力有限（约 30 名乘客）。如今，支线飞机通常指 100 座以下的飞机，且主要运营以下类型航线（Heerkens et al.，2010）：

（1）往来于小型机场和大型枢纽机场的"支线"航线。例如，爱丁堡和东京之间无直航，乘客可先乘坐支线飞机飞往伦敦希思罗机场，而后转乘（通常是大型）远程飞机飞往东京。通过这种方式，乘客量不足以支持大型客机运营的航线仍可以实现经济运营。

（2）目的地之间距离为 300～2 000 千米的"点对点"航线。此类航线不使用大型飞机，且目的地之间相距甚远，所以有一定量的旅客比起乘坐火车或汽车，更愿意乘坐飞机出行。

本章将重点讨论座级为 30～100 座的支线飞机。这意味着载客量较小的英国宇航公司的"喷气流"（Jetstream）、费尔柴尔德公司的"梅林"（Merlin）和"梅特罗"（Metro）、道尼尔公司的道尼尔 228 以及较大的庞巴迪公司的庞巴迪 C 系列和中国商飞 C919 将不在讨论之列，尽管这些飞机制造商也生产支线飞机。

支线飞机可根据其原产地（即"西方"与"非西方/东方"）及推进方式进一步分类。西方飞机指由加拿大庞巴迪、英国宇航等西方公司制造的飞机。也有些飞机制造商为非西方国家制造商，如乌克兰的安东诺夫设计局、俄罗斯的图波列夫设计局。

通常而言，非西方公司采用不同的制造和质量控制理念，它们的飞机通常未获得包括美国联邦航空局和欧洲航空安全局在内的西方航空监管机构的认证，这限制了其所生产的飞机在美欧地区的销售。因此，这些机型将不在本章进行讨论，而是在第 8 章至第 10 章另行讨论。本章只讨论明确计划在西方国家销售飞机的公司，如巴西的巴航工业公司。

基于上述前提，在本章聚焦的研究时期和细分市场内共有 7 家制造商。另外，中国商飞、俄罗斯的苏霍伊航空集团和日本的三菱重工业有限公司（以下简称"三菱重工"）作为该市场的新进入者，也将列入讨论[①]。综上所述，本章将重点聚焦 10 家制造商。表 2.1 显示了这些制造商的地理分布情况。表 2.1 并非绝对精准，因为飞机制造商总部所

---

① 另一家保持活跃的公司是印度尼西亚飞机工业公司（IPTN，后更名为印度尼西亚航宇公司）。该公司拥有三个相关产品。CN235 是西班牙卡萨公司（CASA）和 IPTN 的联合项目。其西班牙型号主要面向军事客户，而 IPTN 型号在西方国家遇冷。IPTN 的 N250 和 N2130 都是正在研发中的飞机项目，暂无国际销售。第 8 章中对此有所介绍。

在地点有时并不是其飞机制造地点。此外,其生产设施有时也分布在多地。例如,零部件可能在多个地点生产,而飞机在另一个地点总装。大多数公司通常只有一条支线飞机总装线。巴航工业公司是个特例,它为进入中国市场而在中国境内设立了装配线。

表 2.1　支线飞机制造商地理分布情况

制 造 商	总部所在地	制 造 商	总部所在地
庞巴迪	加拿大	ATR	法国
巴航工业	巴西	费尔柴尔德·道尼尔	德国
英国宇航	英国	苏霍伊	俄罗斯
福克	荷兰	中国商飞	中国
萨博	瑞典	三菱重工	日本

图 2.1 按时间顺序展示了这些制造商的支线飞机首架机交付情况。通常来说,同一机型会随着时间的推移不断进行改进,例如,发动

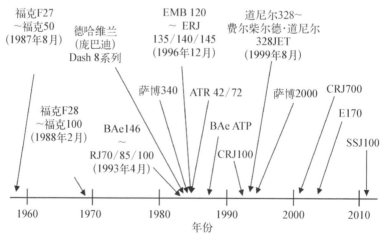

图 2.1　支线飞机制造商的首架机交付情况

机略有不同或机翼设计略有改进。基于一款机型还可以进行更彻底的改装，例如研发衍生机型，其中一种做法是加长机身以容纳更多的乘客，由此可形成飞机"系列"。由于存在多款衍生机型，而分析结果取决于所选取的具体型号，在确定飞机性能特征或进行机型间比较时会面临一些困难。

大多数支线飞机市场新进入者均是非西方国家制造商。另请注意，图2.1包括苏霍伊 SSJ，但未包括中国商飞 ARJ21 和日本三菱 MRJ。

图2.2展示了表2.2中制造商各机型的总交付量[①]。该图显示了1980—2012年支线飞机总销售量的增长情况，其中全球交付量在2001年达到顶峰（交付418架飞机），同时在阶段性增长之外也有阶段性回落。

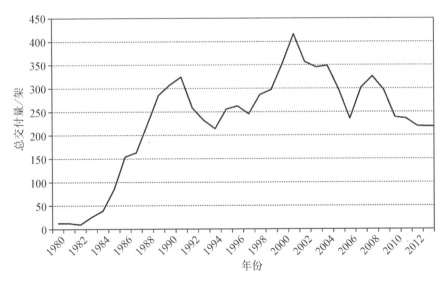

图2.2 1980—2012 年支线飞机总交付量

[①] 用以确定交付情况的信息和数据来源包括 Jet Information Services（2012）、Roach & Eastwood（2001）以及 *Flight International* 等行业出版物。

表 2.2　支线飞机制造商一览表

制　造　商	机　　　型	官　网　地　址
ATR(法国)	ATR 42 和 ATR 72 (涡桨飞机)	www. atraircraft. com
庞巴迪(加拿大)	Dash 8①(涡桨飞机) CRJ100/200/400(喷气式飞机) CRJ700/900(喷气式飞机)	www. bombardier. com
英国宇航(英国)	ATP(涡桨飞机) Avro RJ85/100(喷气式飞机)	不可获取
巴航工业(巴西)	EMB 120(涡桨飞机) ERJ135/140/145(喷气式飞机) E170/175/190/195(喷气式飞机)	www. embraer. com
费尔柴尔德·道尼尔/ AvCraft (德国)	328(涡桨飞机) 328JET(喷气式飞机)	不可获取
福克(荷兰)	福克 50(涡桨飞机) 福克 70/100(喷气式飞机)	不可获取
萨博(瑞典)	萨博 340 和萨博 2000(涡桨飞机)	不可获取
苏霍伊(俄罗斯)	SSJ(喷气式飞机)	www. sukhoi. org/eng
中国商飞(中国)	ARJ21(喷气式飞机)	www. comac. cc
三菱重工(日本)	MRJ(喷气式飞机)	www. mrj-japan. com

　　图 2.3 表明,一些西方国家制造商一直在减产或已经完全停止生产大多数机型。这些制造商仍在运营,取而代之的是,它们要么为其他

---

　　① 译者注:又称 DHC 8,最早是加拿大德哈维兰公司的产品,1992 年出售给庞巴迪公司后,改名为更为人所熟知的 Q 系列。

制造商生产零部件(例如英国宇航公司、福克公司和萨博公司),要么继续生产其他类型的飞机(例如巴航工业公司)。

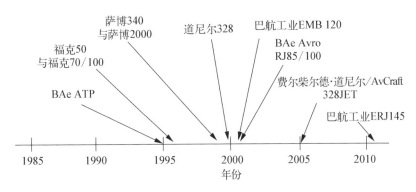

图 2.3 各机型量产结束时间

我们还可按照西方国家和东方国家制造商分别统计飞机的交付量(见图 2.4)。如图 2.4 所示,1980—2012 年西方国家在支线飞机市场的主导地位整体呈下降趋势。

支线飞机还可根据其推进方式、发动机位置和发动机数量进行分

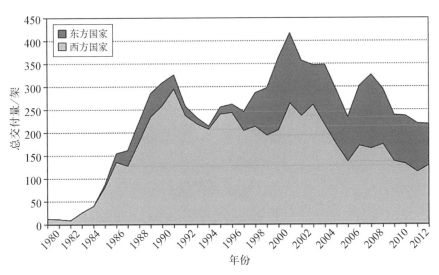

图 2.4 1980—2012 年西方国家与东方国家生产的支线飞机的交付情况

类。发动机可位于翼上（例如萨博2000）、翼下（例如英国宇航 RJ）或机尾（例如巴航工业 ERJ145）。发动机数量从 2～4 个不等。第 4 章将对发动机进行更详细的讨论。

根据推进方式的不同，支线飞机可分为涡桨飞机和喷气式飞机。在20 世纪 80 年代，支线飞机主要是涡桨飞机，但此后制造商研发的支线飞机更多的是喷气式飞机。第 4 章将对这两种发动机之间的差异进行详细阐述。图 2.5 比较了涡桨支线飞机和喷气式支线飞机的交付情况。

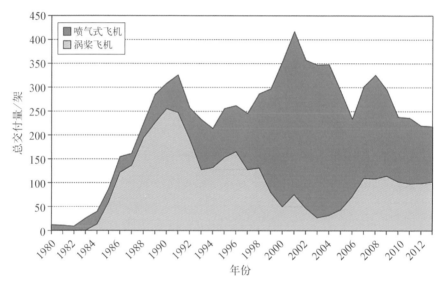

图 2.5　1980—2012 年喷气式支线飞机与涡桨支线飞机的交付情况

特别值得一提的是，在 20 世纪 90 年代，制造商研发出了更小型的喷气式飞机。首款小型喷气式支线飞机 CRJ100 于 1992 年投入市场，随后巴航工业 ERJ135/140/145 和费尔柴尔德·道尼尔 328JET 相继问世（如图 2.1 所示）。上述飞机推出时恰逢 30～50 座细分市场需求量增加。最近的新进入者则瞄准 70 座以上的支线飞机细分市场。

图 2.6 提供了 30～50 座支线飞机的交付情况。如图所示，20 世纪90 年代中期以前，涡桨飞机交付量与喷气式飞机的几乎持平。随后这

一比例发生了逆转,尤其是在 21 世纪初期,喷气式飞机的交付量高于涡桨飞机。结合图 2.2 和图 2.10,可以清楚地看到,这一时期大部分交付的飞机都用于 30~50 座细分市场。

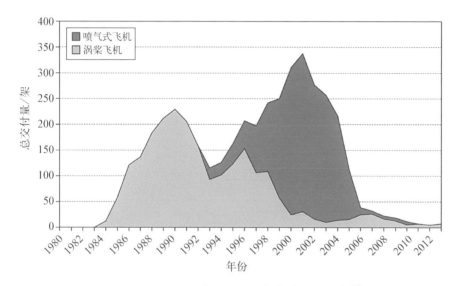

图 2.6　1980—2012 年 30~50 座支线飞机交付情况

近年来,由于石油价格走高,涡桨飞机市场出现了复苏迹象(Richfield,2011)。因为就短途运输而言,涡桨飞机较喷气式飞机更具经济性(Trimble,2012f)。截至 2012 年 7 月,已有数家制造商致力于研发新型涡桨飞机。例如,ATR、庞巴迪公司(与韩国 KAI 商谈联合生产)考虑研发 90 座飞机;不再生产商用飞机的萨博公司据传考虑重返该市场(Trimble,2012a;Toh,2013i),但萨博公司随后对此予以否认(Kaminski-Morrow,2012d);潜在新进入者印度国家航空航天实验室考虑研发 70 座的涡桨飞机(Waldron,2013)。与此相反,巴航工业公司不打算研发涡桨飞机,认为该市场太小,无法同时容纳 ATR 和庞巴迪公司这两大主要竞争对手(Trimble,2012g)。

在对飞机制造商、所生产机型和发展情况进行详细讨论之前,须先对飞机尺寸这一有助于辨别支线飞机的特征有所了解。飞机尺寸因具体机型、衍生机型等不同而有所差异。表 2.3 对几款支线飞机的参数进行了比较。

表 2.3　支线飞机参数对比

参　数	涡桨飞机			喷气式飞机	
	萨博 340	福克 50	ATR 72	CRJ100	福克 100
翼展/米	21.34	19.81	27.13	21.34	28.04
机高/米	7.01	6.40	1.62	6.40	8.53
机长/米	19.81	20.12	27.13	26.52	35.36
载客数/人	35	30	74	52	107
最大航程/千米	1 807.29	1 018.71	3 888.18	1 565.89	3 575.96

最后需要提醒的是,支线飞机制造业还有一个特点,那就是制造商会频繁地发布研发"计划"。例如,它们可能会公布客舱横截面、可能的飞机尺寸或飞行特性参数,还可能会公布涉及兼购、并购等方面的信息。相较于其他领域,上述情况在支线飞机制造业更为常见,但最终大部分计划都未实现。这类情形将在讨论制造商的时候进行具体阐述。

2.2　支线飞机项目成功的背后

在讨论支线飞机制造商及其飞机产品,以及分析这些制造商在市场上取得成功的原因之前,本节首先将对几个有助于解释飞机制造商财务成功(或失败)的要素(包括设计、生产和销售)进行讨论。

2.2.1 设计相关问题

在航空产业中,导致飞机研制项目失败的一个可能因素是飞机设计成本,特别是与成本相关的现金流的变化情况。图 2.7 提供了一个项目现金流变化情况的通用示例。

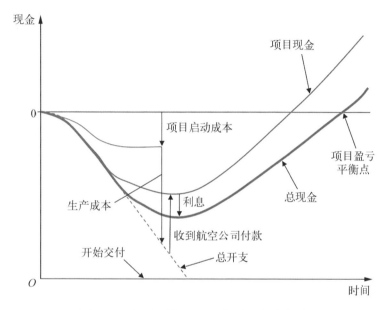

图 2.7 大型运输机项目典型现金流曲线

[资料来源:美国民用航空制造业专家组(1985 年)]

在规划和启动项目的初期阶段,飞机制造商必须面临现金流为负的情况。飞机设计和研发过程耗资巨大,例如 E170/190 项目研发成本预计为 8.5 亿美元(Lewis,2003)。此外,生产的首架飞机将作为完成取证所需试验的试飞机(另见第 7 章),通常不能出售给客户。取证也给新飞机项目带来了额外的高昂成本。由于设计阶段的工程工作需要投入大量人力,且生产大型复杂产品的成本很高,导致一架飞机的成本高达数千万美元(具体数目取决于飞机尺寸)。不难理解,航空产业中新飞机项目的研发耗资巨大。

在论证一个新飞机项目时，必须考虑现金流的变化情况。不仅是为了确保项目资金充足，也是为了制定项目盈亏平衡点（或至少是预期的盈亏平衡点），并且必须根据市场规模来确定飞机的盈亏平衡点数量是否现实可行。相比研制一款全新飞机，研发现有机型衍生型号的优势是其设计成本低得多。因此，对制造商而言，尽管全新设计改进潜力更大，但在现有机型基础上设计衍生型号却更具吸引力。

如果设计过程中实际耗时（即工程工时）比预估的时间多，进而造成设计进程较原计划延迟，则将产生两种后果。第一，项目成本上升、支出更高。如图 2.7 所示，这会导致粗线（总现金）下降更多，并且最小值右移。第二，飞机交付时间延迟，进一步导致制造商从航空公司回收资金需要更长时间。此外，随着贷款期限延长，利息也会上升，其后果与第一种的（进一步加剧恶化）类似。上述两种情况共同导致项目盈亏平衡点右移，在这种情况下须生产更多的飞机才能使项目盈利。如果飞机在投产之后还需要进行改进，情况可能会变得更糟。例如，2013年初，波音公司面临的挑战就是因波音 787 梦想飞机而起，该项目延期意味着要投入额外的工程资源，从而增加了飞机项目的总成本。额外补充第三点，设计阶段的延期通常也意味着飞机投产和进入市场的延期。竞争之下，项目延期更增添了无法达到盈亏平衡点的风险。

2.2.2 生产相关问题

决定飞机项目成败的第二个因素与飞机的生产相关，特别是生产过程中制造商的成本和可获取利润的情况。学习曲线[①]概念在飞机制造领域具有重要意义。实际上，学习曲线概念的早期研究就出自飞机

---

① 学习曲线、经验曲线和成本或累积成本曲线之间存在一些差异，但这超出了本书的讨论范围。本书重点讨论的是一般概念。

制造业(Wright,1936)。学习曲线的概念本质上意味着,当一个人重复执行一项任务时,完成该项任务所需的时间将越来越短,成本也随之下降。更确切地说,根据学习曲线,产量每翻一番,单位生产时间将持续减少。图 2.8 提供了 80%学习曲线示例图。简而言之,如果依据 80%学习曲线规律,在生产某款产品时,第一批产品生产耗时 100 小时,第二批(产量翻倍)产品的生产时间将减少 20%,即用时 80 小时,第四批(产量再翻倍)产品的生产时间将再次减少 20%,即用时 64 小时,依此类推。这意味着生产数量越多,后续单位生产成本就越低,平均单位生产成本也就越低。

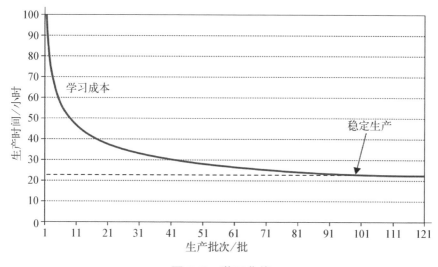

图 2.8　学习曲线

学习速率受生产规模、生产复杂度和重复频率等因素影响。相较于多次重复,如果每年仅开展一次小规模低频率的生产,学习效应非常有限。此外,当生产稳定后,学习效应会"终止"——此后单位成本不再会显著降低。对飞机制造而言,通常在飞机产量达到 100 或 200 架后,项目就进入稳定生产期。对飞机制造商而言,学习曲线是一个重要概念，因为在项目早期不可能向客户收取与飞机实际生产成本相匹配的费用。单个飞机项目的研发成本高达数亿美元，如果按初始成本核算，项目早期所售飞机的价格将高到没人会买。因此，制造商可利用学习曲线制订研发计划并估算成本。经验丰富的制造商可以基于自身历史表现来估算其学习速率。此外，成本工程师可借助业内的一些指南（如基于单位质量的平均成本核算方法）进行成本估算。但对于全新的飞机项目，例如波音787，学习曲线的预测更为棘手。学习曲线也可以说明为什么研发衍生机型比研发全新机型成本更低，这是因为衍生机型继承了原机的部分相似性，一般通过较少的学习即可达到稳定生产。

　　基于上述论断，我们可以发现三个潜在问题。首先，飞机制造商可能会发现实际学习曲线（百分比）的走势不如最初预计的那么理想（即改进不如预期，随之导致更高百分比的单位成本）。这意味着图2.8中的曲线更平坦。在这种情况下要获得符合预期的稳定生产成本或相同工时数（即最终曲线的起始点要与原本图中纵轴上首架机的初始点、稳定生产终点相同，意味着要花费较最初估计值更高的学习成本[①]）就需要更长的时间。在这种情况下，每架飞机的平均成本最终都会高于预期。其次，达到稳定生产后，单机生产时间可能会多于最初预期的时间。这意味着图2.8中的虚线（即稳定生产线）将向上移动。因此，在学习曲线与最初预期相似的情况下，稳定生产线上移会导致更高的学习成本及更高的飞机总成本。这是由于单架飞机的生产时间增加，从而造成了每架飞机的交付日期比预期延后。如图2.7所示，这种情况会导致项目现金回收延迟和项目盈亏平衡点发生变化。最后，另一个关键因素是制造商的提产能力。如果制造商能够切实提高产量，则更多飞机将更快投入市场。尽管在图2.8中曲线可能看起来相同，但就

---

① 学习成本可看作是图表下方和稳定生产线上方的区域。

日历时间而言,产量提升实现得更快,这将降低图 2.7 中的利息支出。

2.2.3　销售相关问题

决定飞机项目成败的第三个因素与飞机销售相关。首先,在任何市场中,飞机的销售情况都取决于其典型参数,如性能和速度、有效载荷、航程、燃料效率等。销售的成败还与竞争对手的产品与服务相关。由于客户(即航空公司)可能来自世界各地,飞机制造商需要拥有全球销售和服务支持网络。其次,由于飞机的使用寿命为 30 年或更长时间,所以客户也会关心制造商的长期生存能力。对该产业的任何潜在新进入者而言,全球支持网络是否可用和长期生存能力的不确定性都是需要克服的障碍。此外,飞机的成本会对潜在的销售产生影响。成本和销售问题与整个项目的设计和生产相关联,它不仅影响项目总成本,还影响项目进度安排,最终影响单机实际成本和项目盈亏平衡点。

2.2.4　制造商及其支线飞机产品

本节将按照图 2.1 所示的首架机交付时间顺序,对 10 家制造商展开讨论。

2.2.4.1　福克公司

福克公司(Fokker)由荷兰人安东尼·福克创立,是航空领域的先驱之一,并在 20 世纪头 10 年制造了福克"蜘蛛"式飞机(Fokker Spin)。第一次世界大战期间,福克公司在军用飞机领域发挥了重要作用。本节则重点聚焦其在商用飞机领域的发展。福克公司的商用飞机发展始于 F27 涡桨飞机,该机型于 1958 年 11 月首次交付。F27 非常受欢迎,可替换已老旧的 DC - 3 飞机。首架 DC - 3 于 20 世纪 30 年代交付,该机型也非常成功,其商用和军用机型总产量高达 1.6 万余架。这是一个非常高的数字。其后最成功的飞机(波音 737)在 1968 年至 2013 年底也仅售出近 8 000 架，而许多飞机项目销量未能突破 1 000 架（如图 2.9、图 2.12 和图 2.13 所示）。福克公司除在荷兰生产 F27 外，还与费尔柴尔德公司签署许可协议，在美国生产该款飞机。美国幅员辽阔，人口众多，航空出行日益普及，一直是飞机制造商十分看重的市场。因此，能在美国销售是该机型获得成功的重要因素。F27 在全球共售出 700 余架，尽管数量明显低于 DC－3，但 F27 仍然是一个成功的飞机项目，因为该项目实现了盈利。

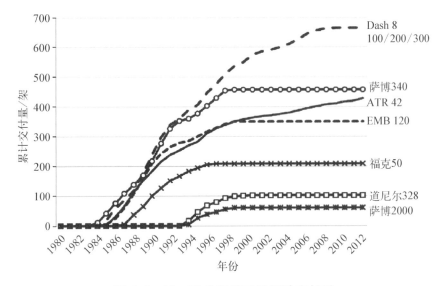

图 2.9　30～50 座涡桨飞机累计交付量

20 世纪 60 年代，福克公司开始考虑生产商用喷气式飞机。最初的可行性研究着眼于 40 座级飞机的研发，但最终结论表明，60 座级的飞机才具备经济可行性。在开展一系列工作后，福克公司开始研发 F28。首架 F28 于 1969 年 2 月交付，但销售情况令人失望。尽管福克公司曾试图与费尔柴尔德公司签署 F28 生产许可协议，但最终未能成功。之后，福克公司研发了几款不同版本的 F28，如可容纳近 80 名乘客的加长型 MK2000。最终，F28 销售量不到 250 架。然而该飞机项目在

1981年实现盈亏平衡,此后为公司创造了利润。

1983年11月,福克公司开始研发F27和F28的后继产品福克50和福克100,以分别取代F27和F28。

福克50基于F27进行了多项改进,例如换装了燃油效率提升30%的新发动机,采用了可降低噪声水平的新螺旋桨。该机型还应用了更多的复合材料,略微改进了机翼设计,且实现了驾驶舱更大程度的自动化。福克公司还与几家公司进行了合作,例如,由比利时萨布卡公司生产机翼,法国达索集团生产机身零部件,(西)德梅塞施米特-伯尔科-布洛姆(Messerschmitt-Bölkow-Blohm,MBB)公司生产襟翼和其他一些零部件,日本富士重工生产垂直和水平安定面。然而,福克50项目滞后严重,最后一架F27于1986年6月交付后,直到1987年8月福克50才开始交付。福克公司还研发了机身加长型的福克60,但只生产了几架交付给荷兰空军。

同样,福克100的设计是以F28为基础,并进行了多项改进。在某些方面,福克公司甚至还将启动客户的需求纳入考虑,这使得针对该机型的改进比最初设想的更多。例如,首家客户瑞士航空公司要求采用最新的自动着陆技术(通常用于大型飞机),以便飞机可在不同的天气条件下更好地飞行。相较F28,福克100拥有新的发动机、更长的机身和改进的驾驶舱(主要是导航系统等)。多个风险共担合作伙伴也参与了福克100的研发,例如,爱尔兰肖特公司负责机翼部分,(西)德MBB公司[后来的德国空中客车工业公司(DAA)]负责机身部段和机尾,美国格鲁曼公司负责发动机短舱(发动机罩壳)。首架福克100于1988年2月交付。福克公司还研发了更小的型号,即福克70。1989年,美国航空公司订购了75架福克100,标志着该机型取得重大成功,福克100在美国市场前景光明。

福克公司于1996年破产并于1997年停产。截至当时,共交付了

213 架福克 50 和 283 架福克 100。关于破产原因，我们不得不追溯到 1983 年福克公司做出同时研发两款飞机的决定①。本章仅对福克公司破产原因做初步论述，对此的全面分析不在本章的讨论范围之内。

根据计划，福克 50 和福克 100 项目相比于 F27 和 F28，零部件改进比例不超过 20％。在此基础上，福克公司估算了研发初始成本（见表 2.4）。这两个项目计划获得了荷兰政府的批准，其融资结构为：45％来自荷兰飞机研发与航空航天研究所（NIVR），45％来自政府担保贷款，10％由福克公司自筹。

表 2.4　福克 50 和福克 100 的财务指标

指　　标	福克 50	福克 100
1982 年预估的研发成本 （1982 年初，1 美元约为 2.50 荷兰盾）	3.80 亿荷兰盾	5.30 亿荷兰盾
荷兰政府批准	3.83 亿荷兰盾	5.79 亿荷兰盾
截至 1992 年的实际成本 （1993 年初，1 美元约为 1.80 荷兰盾）	6.34 亿荷兰盾	10.45 亿荷兰盾
1983 年预估的飞机成本	0.175 亿荷兰盾	0.385 亿荷兰盾
截至 1993 年预估的飞机成本	0.281 亿荷兰盾	0.514 亿荷兰盾

到 1987 年，F27 和 F28 飞机提前退出市场，福克 50 和福克 100 却晚于预期时间进入市场，致使福克公司面临破产危机。对此情况，荷兰政府注资 2.12 亿荷兰盾支持福克公司。此外，福克公司开始寻找合作伙伴，1992 年与德国戴姆勒・克莱斯勒宇航（DASA）公司达成协议，后者成为其大股东。随后的事实表明，这些方法只能暂时缓解困境。

① 用于本章分析的主要信息和数据来源是德特林克等人（Deterink et al., 1997）、马丁（Martijn, 1996）的著作和 *Flight International* 等一般行业出版物。

表 2.4 显示,截至 1992 年末,福克 50 和福克 100 实际研发成本明显高于 1982 年的预估成本。造成该情况的主要原因是零部件改进比例超过了原定的 20%。在项目研发过程中,福克公司面临来自客户方面的挑战。客户类型不同,需求也不同,特别是对于福克 100,客户要求比 F28 要高得多。为了将飞机成功推向市场,需要对飞机进行额外的改进和更新。额外的设计工作也需要招聘更多人手,但又由于劳动力紧张,所招聘的员工缺乏经验,导致设计所需的时间进一步增加。总体而言,设计部分的实际成本几乎是最初预算的两倍。最终,福克公司承担的成本总额为 7.55 亿荷兰盾,而非最初计划的 9 600 万荷兰盾!

除了设计成本超出预算和时间节点延迟之外,飞机生产也面临推迟,首批飞机出现了零部件交付延迟的情况。此外,这两个项目的学习曲线是福克公司根据其以往经验估算的,但实际上受雇用新员工的影响,一开始的学习进展较慢。这导致生产首批 100 架福克 50 和首批 125 架福克 100 的成本比预估成本增加了 3 亿荷兰盾。

除了设计和生产问题,福克公司还面临市场带来的挑战。首先,飞机是以打折后的价格出售给启动客户的,折扣这部分的费用会算作成本。福克 50 和福克 100 的折扣成本分别为 1.8 亿荷兰盾和 1.78 亿荷兰盾。其次,福克公司面临的市场竞争加剧,例如,ATR 42 对福克 50 构成严重威胁。图 2.9 展示了福克 50 及其主要竞争机型进入市场后的交付情况。从图 2.9 中可以看出,福克 50(1987 年 8 月)比萨博 340 (1984 年 6 月)、Dash 8(1984 年 10 月)、EMB 120(1985 年 8 月)和 ATR 42(1985 年 12 月)晚进入市场。加之前文提到的设计延迟也导致整个项目成本增加,因此福克公司在市场上缺乏竞争力①。最后,部分飞机不得不以低于成本价出售,1990 年首批白尾飞机(暂无客户的飞

① 其他问题还包括 DASA 对机身部段收取的转让价格和全球销售的汇率。

机)出厂。1985 年,福克公司估计福克 50 和福克 100 要分别售出 225 架和 175 架才能达到盈亏平衡点,但到 1989 年,这一数字已分别变为 300 架和 450 架。

为了抵消部分上述负面影响,福克公司必须提高月产量。福克公司在破产前的最后几年里,生产效率确实得到了显著提高,但为时已晚。市场当时正发生变化。其中一个变化体现在市场需求向小型喷气式飞机转变。福克公司曾试图从 DASA 和荷兰政府获得额外资金,但由于各种原因未能成功。DASA 的母公司戴姆勒-奔驰在另一个核心业务(汽车)上也面临困境。福克公司还与其他几方进行了会谈,如加拿大庞巴迪公司、韩国三星公司、中国航空工业公司以及俄罗斯图波列夫设计局和雅科夫列夫设计局,但再无后文。

福克公司的例子很好地说明了三个环节(设计、生产和销售)之间的相互依存关系,以及这三者失调后是如何导致飞机项目产生严重问题的。福克公司破产后,公司一分为二。其飞机零部件生产、维护等业务被荷兰斯托克(Stork)公司收购,该公司目前是空客公司和湾流公司等制造商的一级供应商。另一部分业务为现有福克飞机的组装。福克 100 经历了几方转手,起初被命名为 Rekkof(Fokker 的反写),至 2012 年仍尝试重启生产线。其最新进展是基于福克 100 改进研发的 F-120 下一代(见 www.ngaircraft.com)。值得一提的是,该项目的发动机选型似乎是一个大挑战(Kaminski-Morrow,2012a)。

2.2.4.2　英国宇航公司

英国宇航公司①成立于 1977 年,由霍克·西德利航空公司、霍克·西德利动力公司、苏格兰航空公司和英国飞机公司合并而成。英国飞

---

① 译者注:本书中出现的英国宇航系统(BAE Systems)公司是 1999 年 11 月由英国宇航公司和马可尼电子系统公司合并而成的。文中内容根据实际发生时间,采用当时对应的公司名称,即 1999 年 11 月后相关内容以 BAE Systems 表述。

机公司和霍克·西德利公司在并入英国宇航公司前都有兼购、并购的历史。

苏格兰航空公司是 JS 涡桨支线飞机的生产商。该款飞机最初由汉德利·佩奇(Handley Page)公司设计,在汉德利·佩奇公司破产后,苏格兰航空公司获得了其专利权。该系列飞机有 JS31 和 JS41 两个型号,客座数均不足 30 人。首架 JS31 飞机于 1982 年交付,最后一架 JS41 飞机于 1999 年交付。该系列飞机共生产交付了 300 余架(Roach & Eastwood,2001)①。

英国飞机公司是 BAC 1-11 喷气式飞机的制造商。该机型可搭载约 100 名乘客,首架机于 1965 年交付。英国宇航公司成立后,其产品组合中包含两款 100 座的喷气式飞机:HS146 和 BAC 1-11。这两款飞机实质上是相互竞争的关系。随后英国宇航公司决定结束 BAC 1-11 项目,并于 1978 年与罗马尼亚的布加勒斯特飞机场达成许可生产协议。该协议还包括购买三架 BAC 1-11 飞机,并允许英国宇航公司逐步停产该型飞机。20 世纪 80 年代初,在交付了 230 多架飞机后,英国宇航公司结束了 BAC 1-11 的生产(Jet Information Services,2003)。最后一架 BAC 1-11 于 1982 年交付给罗马尼亚。

霍克·西德利公司是 HS748 飞机的生产商。该机最初由阿芙罗公司设计,是一款 36 座涡桨飞机,于 1962 年交付首架机。20 世纪 60 年代,印度斯坦航空有限公司获得许可授权,在印度生产该款飞机,主要提供给印度航空公司和印度空军。最后一架 HS748 于 1967 年交付印度空军。该款飞机共交付近 300 架(Roach & Eastwood,2001)。ATP 飞机是 HS748 的衍生机型,采用涡桨发动机,可搭载近 70 名乘客,英国宇航公司于 1988 年开始交付该机型。之后,英国宇航公司基

---

① 正如本章前文所述,鉴于飞机尺寸,JS 飞机不纳入分析。

于该机型推出了改进型号，命名为 JS61。ATP 飞机于 1998 年停止交付，截至当时只交付了 62 架。

霍克·西德利公司也是 HS146 飞机的制造商。该款飞机配备 4 台小型喷气发动机，可搭载约 100 名乘客，于 1983 年首架交付。在该机型的基础上，英国宇航公司研发了阿芙罗喷气式支线飞机系列：RJ70、RJ85 和 RJ100。2001 年，最后一架 HS146 完成交付，截至当时交付量为 385 架（Jet Information Services，2003）[①]。

图 2.10 比较了 30～50 座与 70～100 座支线飞机两个细分市场的交付量，表明在大多数时间段内，大部分交付的飞机都是 30～50 座的。1993 年，这两个细分市场交付量升降趋势大致同步；2005 年以来，70～100 座细分市场交付量远超于 30～50 座细分市场的交付量。由此可得出，类似英国宇航公司这样的 70～100 座细分市场支线飞机制造商，在 2000 年之前基本上都处于不利地位。在此额外说明的是，RJ 系列飞机于 1993 年 4 月首架交付（是 1983 年首次交付的 BAe146 的衍生机型），而 BAe ATP 涡桨飞机于 1988 年首架交付。由此看来，两款机型都在不合时宜的时间进入市场。

尽管如此，英国宇航公司仍成功售出了多架 70～100 座的飞机，因此值得我们更深入地研究其产品不那么成功的原因。图 2.11 显示了 70～100 座细分市场支线飞机的交付情况。

图 2.11 从市场的角度说明了 ATP 项目为什么会失败。70～100

---

① 英国宇航公司正在且已参与多个公司联盟。首先，英国宇航公司参与了空客公司的创建。空客是大型飞机，即空客公司非支线飞机制造商。空客联合体值得一提，是因为当时英国宇航公司是这一成功的欧洲联合体的一员，其在 20 世纪 90 年代及之后做出的一些决定可能受到这一合作关系的影响。英国宇航公司参与的另一项合作是 AI(R)。该项目是与 ATR 的合作伙伴——法国国家航宇公司和意大利阿莱尼亚公司开展的合作。该合作的初步协议于 1995 年 1 月签署，结合了 ATR 以及英国宇航公司子公司阿芙罗公司和 JS 各自的销售、营销和客服业务（Condom，1995）。其正式协议于 1995 年 6 月 6 日签署，并于 1996 年 1 月 1 日开始履行。1998 年 7 月协议解除（Jackson et al.，2000）。

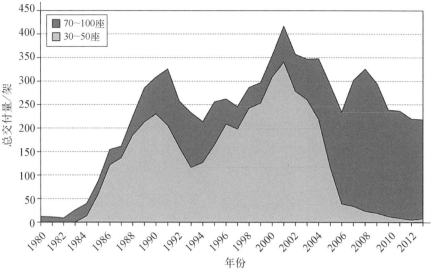

图 2.10 30～50 座与 70～100 座支线飞机交付情况对比

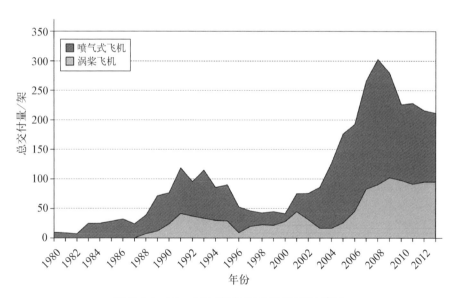

图 2.11 70～100 座支线飞机的交付情况

座支线飞机的总交付量在 20 世纪 90 年代初期有所增长,然后略有下降,并在 21 世纪的前 10 年再次增长。但大部分增长的需求都是喷气式飞机,而非涡桨飞机。ATP 作为一款涡桨飞机,自然会面临困难,销售量也不会太多。图 2.12 提供了该细分市场内不同机型累计交付量的情况。

如图 2.12 所示,70～100 座支线飞机进入市场的时间可大致分为两个阶段。第一阶段为约 1980—1990 年,其间福克 70/100、英国宇航公司 ATP、RJ 系列和 ATR 72 进入市场。第二阶段为 2000 年左右,E170/190、CRJ700/900 和 Dash 8 - 400 在这期间进入市场。就交付量而言,最失败的两个项目都是涡桨飞机(Dash 8 - 400 和 BAe ATP)。而 BAe ATP 项目由于进入市场的时机不对,市场表现比 Dash 8 更差。从图 2.12 可看出,CRJ700/900 系列和 E170/190 系列都较快地取得了成功,即图中对应机型累计交付量曲线的斜率较其他更早期项目的斜率更大。这与公司的提产能力和高水平的年交付量有关。年交付量越高,收回成本的时间就越短,总利息也随之降低,进而项目总成本下降(如图 2.7 所示)。因此,从时间维度分析,此类项目的盈亏平衡点较低,并能更快达到。

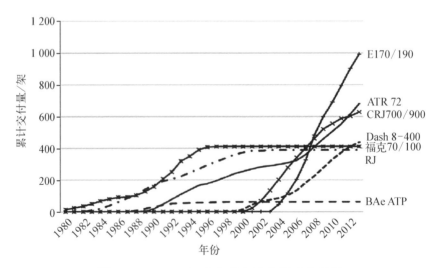

图 2.12　70～100 座支线飞机的累计交付量

英国宇航公司的飞机销售不佳的另一个原因与飞机性能有关。例如,将福克 100 与 BAe ATP 和 RJ 进行比较后发现,BAe ATP 及 RJ 的速度和航程都小于福克 100。因此,英国宇航公司并没有具有竞争力的产品,而福克 100 在 1996 年停产之前,其累计交付量一直领先。

飞机项目的推出时机不恰当又缺乏竞争力,导致英国宇航公司出现了财务问题。学习曲线可解释其中的部分原因(如图 2.7 和图 2.8 所示)。当一款产品的市场反响不佳时,该产品的生产速率(和交付速度)就会很低。低生产速率导致学习效果没有如期(快速)实现,意味着公司需要长时间承担较高成本。又由于最先批次的飞机通常以低于成本的价格出售,因此公司就可能出现亏损。有证据表明,英国宇航公司的财务问题可能属于此种情况。例如,1993 年 JS 和 ATP(涡桨飞机)业务当年亏损约 9 300 万美元(Anonymous,1993)。1994 年上半年,英国宇航公司支线飞机项目亏损达 1.248 亿美元(Anonymous,1994)。

1997 年和 1998 年,英国宇航公司多次尝试推动其业务发展。例如,投入 12 亿美元研发 54~84 座新喷气式飞机项目(Sparaco,1998a);计划于 1999 年底推出 RJ 系列的升级和更换发动机的改进机型(命名为 RJX),但该计划时间不断更改(Morocco,1999);计划与马来西亚国库控股公司联合开展业务,潜在合作事项包括对阿芙罗 RJ 产品线的技术转移和投资(Sparaco & Morrocco,1998)。这些计划都未能实现。此外,20 世纪 90 年代初期,英国宇航公司和中国台湾航太工业发展委员会(CASID)也曾就在中国台湾生产阿芙罗 RJ 系列飞机进行谈判,但最后合同谈判也终止了。2001 年,英国宇航系统公司决定退出支线飞机市场(Kingsley-Jones,2002)。与此同时,涡桨飞机市场在过去 5 年一直下滑,而该时期的喷气式飞机销量更佳(见图 2.5)。尽管上述这种情况将在此后 5 年内发生变化,也来不及挽救英国宇航系统公司的支线飞机业务。停产并未导致英国宇航系统公司倒闭,因为该公司仍在参与飞机零部件生产（例如英国宇航系统公司是空客公司的合作伙伴）和防务相关产品业务。

2.2.4.3　萨博公司

萨博公司于 1937 年在瑞典特罗尔海坦成立。该公司最初成立的目的是制造军用飞机，这也是其此后大部分时间的主要业务。萨博公司于 1939 年与位于瑞典林雪平的瑞典 ASJA 公司的飞机部门合并，并于 1965 年 5 月更名为 Saab Aktieblolag。萨博公司后来又于 1969 年与斯堪尼亚-瓦比斯（Scania-Vabis）公司合并，以整合汽车业务。

在商用飞机方面，萨博公司和费尔柴尔德公司于 1980 年 1 月宣布合作，共同研发 35 座涡桨飞机 SF340。费尔柴尔德工业公司负责制造部分零部件，如机翼、尾翼和发动机短舱，而萨博公司负责系统集成和认证工作，并承担 75% 的研发成本（Hewson，1994）。1983 年，SF340 完成首飞。1984 年 6 月 6 日，首架 SF340 交付启动客户瑞士环欧航空（Crossair）公司。有趣的是，该架机在交付一周后的首次商业飞行时，搭载的乘客是教皇若望・保禄二世。一年后，由于财务状况不佳，费尔柴尔德工业公司不得不退出该项目（1985 年 10 月）。随后，SF340 生产逐渐转移至萨博公司的林雪平基地。1987 年，萨博公司与费尔柴尔德工业公司的合作完全结束，SF340 更名为萨博 340（Hewson，1994）。1999 年 6 月 8 日，最后一架萨博 340 完成交付（Jackson et al.，2000），截至当时，已交付近 460 架。

20 世纪 80 年代后期，萨博公司发现先进的高速涡桨支线飞机拥有潜在市场（Hewson，1994）。萨博公司计划研发一款在多个领域能与喷气式飞机性能媲美的涡桨飞机。对于较短的航程，喷气式飞机有两个缺点：飞行高度更高导致飞行时间更长，以及燃料成本更高。因此，在航程相对较短的情况下，喷气式飞机相比涡桨飞机优势较小。萨博公司于 1988 年 12 月启动了萨博 2000 项目。萨博 2000 并非一款全新机型,而是萨博340的衍生机型。通过机身加长和改进,萨博2000的座位数增加到50座。在该项目中,萨博公司还与几家制造商达成合作协议,例如,与西班牙卡萨(CASA)公司合作制造机翼,与芬兰维美特(Valmet)公司合作制造尾翼。萨博2000于1992年3月26日完成首飞,但取证进度出现了些许延误。1994年9月30日,首架萨博2000交付启动客户瑞士环欧航空公司(Hewson,1994)。最后一架萨博2000于1999年4月29日交付,该机型共交付了60余架。

萨博公司为何退出商用飞机制造业?与福克公司和英国宇航系统公司的飞机相比,在速度方面,萨博340具有竞争力,而萨博2000实际上比福克100和RJ100这两款喷气式飞机更快。然而,就航程和商载而言,几家制造商的飞机各有优势。图2.13展示了30~50座支线飞机的累计交付量,说明萨博340和Dash 8在投入市场初期取得了类似的成功。ATR 42和EMB 120情况也类似,但在1990年左右,这两款飞机的交付速度慢于萨博340和Dash 8。图2.13中两条陡峭曲线代表CRJ100/200和ERJ135/140/145的累计交付量。这些飞机都是在1990—1995年间推出的,并且都是针对30~50座细分市场,该细分市场此前没有喷气式飞机(见前文)。受这两个喷气式飞机系列的竞争影响,萨博飞机销量下降,并导致了1998年萨博340和萨博2000的停产。当时的喷气式飞机在同等价格下拥有更好的性能。美国大陆快运航空公司总裁曾表示:"ERJ135的最大吸引力在于该机型产生的收益可达到喷气式飞机的水平,同时运营成本仍保持在涡桨飞机的水平。"(Lopez & Norris,1998)简而言之,与其说萨博飞机的成本过高或质量差(尽管萨博2000的总销量很低,可能没有成本竞争力,也未达到盈亏平衡点),不如说后进入市场的竞争机型更好,在性能上超过了萨博公司的产品。如果非要说萨博公司犯下的"错误",那就是它缺乏先见之明,选择研发涡桨飞机,而非喷气式飞机。在20世纪90年代,喷气式

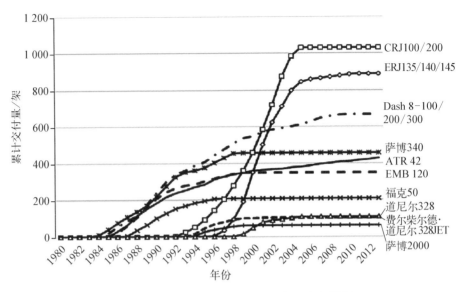

图 2.13　30～50 座支线飞机的累计交付量

飞机越来越受欢迎（见图 2.5），尤其是在 30～50 座细分市场，航空公司越来越倾向于选择喷气式飞机（见图 2.6）。所以，萨博公司一开始对市场定位的判断并不准确。当时市场对喷气式飞机的偏好不仅出于经济的考虑。例如，一家航空公司在决定订购 CRJ 还是 ERJ 的过程中没有考虑过萨博 2000，"仅仅是因为萨博 2000 是涡桨飞机，而我们正寻求改进乘客的乘坐体验"（Kingsley-Jones et al.，1998）。庞巴迪公司的一位高管在比较喷气式飞机和涡桨飞机时表示："就当前来说，运营成本并不是需要考虑的重要因素。只有当经济低迷时，你才会明显看到对涡桨飞机的拒绝情绪在减少。"（Polek，1998a）。如图 2.6 所示，到 2006 年左右，涡桨飞机在 30～50 座细分市场的份额再次攀升，达到最高峰，此现象说明进入市场的时机也占项目成败的一部分原因（另见本章下文）①。另外，市场对喷气式飞机的喜好很难预测。例如，至 1998 年，很

---

①　本章上文曾指出，2010 年前后，在油价高涨的情况下涡桨飞机的普及率再次上升，一些制造商因此考虑研发一款 90 座的涡桨飞机。

多书还经常讨论涡桨飞机的未来,难以确定喷气式飞机是否会在较小的30~50座细分市场中获胜。

2.2.4.4 ATR

区域运输机(Avions de Transport Regional,ATR)公司是法国宇航(Aerospatiale)公司和意大利飞机公司(Aeritalia,后改名为Alenia)组建的合资企业。法国宇航公司成立于1970年,是在法国政府的主导下,由南方飞机制造(Sud-Aviation,"卡拉维勒"号的生产商)公司、北方飞机制造(Nord-Aviation)公司和弹道导弹研究制造(SEREB)公司合并成立的(Jackson et al.,2000)。意大利飞机公司是意大利芬梅卡尼卡集团的子公司(Jackson et al.,2000)。

法国宇航公司和意大利飞机公司于1980年7月签订首个合作协议。ATR于1981年11月启动组建流程,于1982年2月5日正式成立,相关方以金融风险共担的模式(50∶50出资比例)参与合资公司的组建,目的是研发涡桨支线飞机(Jackson et al.,2000)。

ATR 42项目于1981年10月启动,1985年4月30日首飞成功,交付准备工作于1984年12月3日开始(Jackson et al.,2000)。ATR 72项目于1986年1月15日启动,该型号在ATR 42的基础上进行了机身加长和改进,并非全新设计。ATR 72于1988年10月首飞,1989年10月开始交付(Jackson et al.,2000)。这两款机型至2014年仍然在产。

1995—1999年,ATR与英国宇航公司展开合作,创建了合资企业航空国际支线[Aero International(Regional),AI(R)]公司,整合ATR与英国宇航公司子公司阿芙罗"喷气流"项目的销售、市场和客户服务业务(Condom,1995)。AI(R)还进行了联合研发新型喷气式飞机的可行性研究。AI(R)解散后,ATR论证了自行研发70座喷气式支线飞机的可行性,并与费尔柴尔德公司探讨了合作728JET项目的可能,但这些计划均未实现(Jackson et al.,2000)。

ATR 与位于中国西安、隶属于中国航空工业公司的中航西安飞机工业集团股份有限公司(以下简称"中航西飞公司")签订了多项协议(Eriksson,1995)。首份协议于 1985 年达成,内容涉及 ATR 42 外翼盒的生产。1997 年,双方就生产 ATR 72 后机身达成协议。在 1997 年巴黎航展期间,ATR 和中国航空工业公司签署谅解备忘录,意图在中国成立合资企业,以许可生产的形式进行产业合作。当时的想法是在中航西飞公司增加生产份额,最终目标是在西安设立一条 ATR 72 装配线(Sparaco,1997a;Anonymous,1998a)。1998 年左右,市场预测显示,截至 2015 年,中国 90 座以下支线飞机新机交付量约为 500 架,预计 15年内对 ATR 飞机的需求量约为 200 架。1999 年 12 月,市场预测显示,中国大型涡桨支线飞机市场将大幅萎缩,但预计此后 15 年内的需求量不低于 100 架,ATR 飞机有望获得最大份额(Yu'An,1999)。但是,在中国建设 ATR 72 装配线的计划终未实现。2007 年,ATR 宣布推出 ATR 42 和 ATR 72 的新改进型号(即 ATR 42 - 600 和 ATR 72 - 600)。ATR 72 - 600 于 2011 年开始交付,ATR 42 - 600 于 2012年开始交付。

相比其他制造商(如萨博公司),为什么 ATR 能够在市场中幸存?图 2.12 展示了 70～100 座支线飞机的累计交付情况。除了 ATP(英国宇航公司)和 ATR 72,该细分市场主要是喷气式飞机。ATP 和 ATR 72 几乎在同一时间推出。ATR 72 与 ATP 载客能力大致相同,但 ATR 72 的性能更好,速度略快,航程更大。虽然 Dash 8 - 400 速度更快,但航程比 ATR 72 短,投入市场的时间也较晚。

图 2.13 展示了 30～50 座支线飞机的累计交付情况。图中数据表明,ATR 42 最初进入市场时在交付方面取得的成功与 Dash 8、萨博 340 和 EMB 120 不相上下。至 1989 年,这些公司的累计交付量

大致相同,但萨博340略微领先,交付量从多到少依次为138架(萨博340)、117架(Dash 8-100/200/300)、114架(ATR 42)和107架(EMB 120)。1989年之后,Dash 8和萨博340仍然保持成功,而EMB 120和ATR 42的累计增长略低,福克50显然不太成功。就性能而言,尽管ATR 42速度略低,但航程更大,载客能力更强。ATR 42的性能特征优于EMB 120,可搭载30名乘客,最大航程为1 018.71千米,最大运行速度为503.72千米/小时(Hewson,1994;另见对庞巴迪公司的讨论)。尽管在销售方面萨博340显然取得了相对更大的成功,但随着喷气式飞机的推出,萨博公司、巴航工业公司(特指EMB 120)、福克公司和费尔柴尔德公司都退出了该市场。到2000年初,只剩下庞巴迪公司(Dash 8)和ATR在涡桨飞机市场展开竞争。图2.6显示了20世纪90年代后期涡桨飞机市场显著下降,并在2000年交付量跌至谷底,不到50架。到2000年,ATR共交付358架ATR 42和255架ATR 72,庞巴迪公司共交付549架Dash 8-100/200/300系列且刚开始交付DHC-4-400系列(总共15架)。由此判断,ATR和Dash 8项目可能已达到盈亏平衡点,根据学习曲线规律,这两个项目已实现了低成本生产,因此可在低交付量的情况下维持生产。此外,对ATR而言,ATR 72是ATR 42的衍生型号,具有生产相似性的优势;对庞巴迪公司而言,其还在生产喷气式支线飞机,对涡桨飞机不具依赖性。真正有趣的问题是,如果萨博公司没有选择停产,该公司是否会仍具竞争力?如果萨博公司没有退出市场,并假设需求保持不变,这可能意味着要么出现三足鼎立的局面(萨博公司、庞巴迪公司和ATR),要么其他两家制造商中的一家(庞巴迪公司或ATR)退出市场。表2.5展示了萨博公司决定停产的前后几年这三家公司的飞机交付和订单情况。

根据表2.5,可能会得出如下结论:与ATR 42相比,萨博340的竞争优势仍然明显。然而事实恰恰相反，来自市场的反馈是萨博公司的订单被取消。萨博 340 在 1995 年和 1996 年的订单取消量分别为 15 架和 18 架，而同期 ATR 42 的订单取消量是 0 架和 1 架。因此，与 ATR 42 相比，尽管萨博 340 的交付量及净订单量更多，但萨博公司可能因为订单被取消而对市场前景持消极态度。此外，萨博 2000 的销量不如 ATR 72。这或许可以解释为什么萨博公司决定退出，而 ATR 仍活跃于该细分市场[1]。

表 2.5　萨博公司退出市场前后涡桨飞机净订单和交付量

制造商	型号	1995 年		1996 年		1997 年	
		订单数/架	交付数/架	订单数/架	交付数/架	订单数/架	交付数/架
ATR	ATR 42	24	13	13	27	20	17
	ATR 72	26	28	11	11	34	19
庞巴迪	Dash 8 - 100	34	18	60	39	26	30
	Dash 8 - 400	不可获取	0	15	0	17	0
萨博	萨博 340	33	16	14	27	21	26
	萨博 2000	5	21	6	12	12	8

资料来源：O'Toole & Moxon(1996)；O'Toole(1997a,1998)；Roach & Eastwood(2001)。

2.2.4.5　庞巴迪公司

庞巴迪(Bombardier)公司与本章中的其他制造商略有不同。其他制造商主要专注于航空航天相关业务，一些情况下还涉及军用飞机业

---

① 另外值得注意的是，航空公司的购买行为受到运营成本如每座千米成本以及飞机的购入价格的影响。本章假设 ATR 42 和萨博 340 在这些方面的特点都非常相似。

务,但庞巴迪公司则专注于运输(业务)。例如,除了商用飞机,庞巴迪公司也生产公务机、水陆两栖飞机(如用于扑灭森林火灾的飞机)和配备特殊导航系统的特种飞机。此外,该公司还生产火车。

庞巴迪公司以约瑟夫-阿曼德·庞巴迪(Joseph-Armand Bombardier)的名字命名。他于 1937 年获得个人首项专利,发明了履带式雪地汽车。庞巴迪公司于 1959 年启动 Ski - Doo 雪地摩托车项目,1968 年启动 Sea - Doo 水上摩托艇项目。庞巴迪公司还生产其他类型的车辆产品,如全地形车(ATV)。庞巴迪公司的休闲旅游产品部门于 2003 年被出售,成为一个独立实体。

1971 年,庞巴迪公司收购了奥地利洛纳车身工厂(Lohner - werke),开始涉足轨道交通行业。1986 年,庞巴迪公司收购加拿大飞机公司,随后进入航空产业。庞巴迪公司于 1989 年收购爱尔兰肖特兄弟公司,1990 年收购美国里尔喷气式飞机公司,1992 年收购德·哈维兰公司(即波音公司加拿大分部),进一步扩展了航空业务范围。本节所提及的加拿大飞机公司和德·哈维兰公司有着复杂的所有权变更历史,我们只介绍关键的几次,更多信息可参见托德、辛普森(Todd & Simpson,1986)和杰克逊等人(Jackson et al. ,2000)的著作。

加拿大德·哈维兰工厂最初是英国德·哈维兰公司的子公司。1961 年,德·哈维兰公司与其他几家公司一同并入霍克·西德利航空公司;1974 年,加拿大政府将其国有化。德·哈维兰公司的两款主要产品是 DHC - 7(1975 年推出)和 Dash 8。Dash 8 是 DHC - 7 的衍生机型,于 1983 年 6 月首飞,1984 年 10 月交付首架机。20 世纪 80 年代,加拿大航空产业面临的困难与日俱增,例如,德·哈维兰公司在 1982 年 6—12 月亏损达 2.26 亿美元。1986 年,波音公司收购了德·哈维兰公司,并决定专注于生产 Dash 8 并停产 DHC - 7。1992 年 1 月 22 日,波音公司将德·哈维兰公司出售给庞巴迪公司①。当时波音公司因生产 Dash 8 飞机已亏损了近 10 亿美元(Symonds,1997)。Dash 8 有多个型号,即 100、200 和 300 系列。后续系列有着比 100 系列更好的性能,300 系列为机身加长型号,可搭载更多乘客(50 座,之前的型号是 37 座)。从加拿大政府获得 5 700 万加拿大元的贷款后(Polek,1998a),庞巴迪公司于 1995 年推出 Dash 8 - 400。该型号是基于 300 系列的机身加长型,可搭载 74 名乘客。后续飞机型号名称增加了一个"Q",即英语单词"Quiet"(安静)的首字母,例如 8Q - 400,意在突出该机型应用了庞巴迪公司专有的噪声和振动抑制系统(Shifrin,1997)。

　　加拿大飞机公司由几家公司共同所有,直至 1976 年,当时仍隶属于美国通用动力公司的加拿大飞机公司成为国有企业。加拿大飞机公司当时的一款产品是水陆两栖灭火飞机 CL - 215。如前所述,在 20 世纪 80 年代,加拿大航空产业面临困境。例如,加拿大飞机公司在 1982 年的销售额为 4.29 亿美元,亏损却达 14 亿美元。加拿大政府将公务航空视为加拿大飞机公司成功的关键,并投资研发了一款公务机,这便是"挑战者"(Challenger)公务机。该机型于 1979 年首飞。德·哈维兰公司和加拿大飞机公司在 1981—1983 年间,每年获得约 8.283 亿美元的政府补贴。庞巴迪公司于 1986 年 12 月 23 日收购了加拿大飞机公司,并于 1987 年开始基于"挑战者"进行客机设计研究,并最终研发了 CRJ100。庞巴迪公司坚信该机型至少可售出 400 架(Godfrey,1990)。对庞巴迪公司而言,CRJ100 项目的盈亏平衡点可能相对较低。庞巴迪公司曾收购多家陷入困境的公司并因此获得政府奖励。例如,庞巴迪公司收购德·哈维兰公司和加拿大飞机公司,从加拿大政府处获得了

---

　　① 庞巴迪公司形成了一个新的股权结构——庞巴迪公司持有 51% 的股份,而安大略省政府持有 49% 的股份。1997 年,庞巴迪公司以 4 900 万美元的价格从安大略省政府处购买了 49% 的股份(Anonymous,1997)。

20 亿加拿大元的补贴；1989 年收购爱尔兰肖特兄弟公司，从英国政府处获得了相当于 13 亿加拿大元的担保贷款（Anonymous，1996a）。1990 年 6 月，庞巴迪公司以 7 500 万美元完成对已破产的里尔喷气式飞机公司的收购（Jackson et al.，2000）。基于此，庞巴迪公司收到的政府补贴可能已经够抵消"挑战者"的大部分研发成本，CRJ100 的成本也随之降低。此外，CRJ100 预计的运营成本也低于同类涡桨飞机，例如，福克 50、ATR 42 和 Dash 8 - 300（Godfrey，1990）。

　　CRJ100 于 1991 年首飞，于 1992 年 10 月 29 日交付首架机。CRJ100 是 30～50 座细分市场中首款座位数为 50 座的喷气式飞机。CRJ200 的性能较 CRJ100 有所改进，例如油耗更低，巡航高度和巡航速度均有所增加。CRJ440 的座位数则更少，仅可搭载 44 名乘客。

　　1995 年，庞巴迪公司开始对机身加长的 CRJ 衍生型号进行设计和市场评估。该项目投资 4.75 亿美元，生产的飞机后来被命名为 CRJ700（Symonds，1997）。庞巴迪公司因为该项目从加拿大政府处获得了 8 700 万加拿大元的贷款（Anonymous，1999）。CRJ700 是一款可搭载 70 人的喷气式飞机，于 2001 年交付首架机。在 1998 年 9 月 8 日的范堡罗航展上，庞巴迪公司宣布了 BRJ - X 项目，该项目旨在研发一款全新的 90 座支线飞机（Anonymous，1998b）。2000 年，受经营情况恶化影响，BRJ - X 项目被搁置，庞巴迪公司转向研发机身加长的 CRJ700 的衍生型号，即 CRJ900。这款 86 座的机型于 2003 年完成首架交付。2002 年，庞巴迪公司与中国航空工业第一集团签署了一项临时协议，计划在上海共同生产 CRJ700/900 喷气式飞机（此举是为了抗衡巴航工业公司与中国航空工业第二集团的合资企业在哈尔滨根据许可生产 ERJ145），但该条生产线未能落地（Lewis & Ionides，2002）。

　　至 21 世纪初，庞巴迪公司的航空业务的好运似乎已走到了尽头。尽管庞巴迪公司之前能够收购业绩不佳的公司，但其自身也已陷入严重的财务困境。2002 年 10 月，庞巴迪公司开始暂时关停公务机生产线（Anonymous，2002a）。2003 年初，该公司面临为获取资金而必须出售资产的风险（Dunn，2003a）。随着 Dash 8 储备订单减少至 26 架（意味着仅剩 8 个月的生产工作量），该项目的未来生产也悬而未决。工会（劳资）问题加剧了庞巴迪公司的危机（Lewis & Dunn，2003）。庞巴迪公司于 2001 年裁减 3 800 个与航空航天相关工作岗位后，又于 2003 年裁减了 3 000 个相关工作岗位（Walker，2003）。幸运的是，庞巴迪公司获得了加拿大政府的支持。政府对购买加拿大飞机的买家提供了 8.6 亿美元的贷款，以推动庞巴迪飞机的海外销售（Dunn，2003b）。至 2004 年初，在多方持续的压力下，庞巴迪公司被迫研发一款全新的 90～110 座飞机，与 E170/190 和费尔柴尔德·道尼尔 728 形成竞争（Dunn & Flores，2004），但庞巴迪公司起初认为市场时机未到，须至少到 2008 年或 2009 年（Trimble，2004）这一新的研发计划才可行。尽管如此，庞巴迪公司还是请求加拿大政府提供更多的财政支持，并暗示如果爱尔兰政府提供更好的激励措施，则有可能在其位于爱尔兰的肖特工厂生产一款新的 100 余座支线系列飞机（Dunn，2004a）。2004 年年中，庞巴迪公司披露了一款 100 余座飞机的研发项目细节，该项目即 C 系列飞机，预计耗资 15.3 亿美元（Anonymous，2004a）。随后，庞巴迪公司邀请美国各州参与飞机装配工作的竞标，借此向加拿大和爱尔兰政府施压（Dunn，2004b）。

庞巴迪公司是支线飞机产业的长期参与者之一。该公司成功的背后似乎有多种原因。首先，庞巴迪并非只开展飞机相关业务，所以即使飞机制造业务低迷，还有其他部门可以"帮扶"航空部门。其次，庞巴迪以极低的价格收购了几个飞机生产公司，并能够获得额外的资助。再次，CRJ100 是以现有的设计为基础改进而来，因此具有项目成本优势。最后，由于庞巴迪公司是首个进入 30～50 座喷气式支线飞机细分市场的制造商,因此 CRJ 系列(最初的较小型号和 70 座及更大型号)的登场适逢其时。所有这些因素的叠加意味着设计、生产和销售环节的相互依存至关重要,对局势的误判及执行的失误可令福克公司的境况雪上加霜,反之,正确判断和把握时机却可为庞巴迪公司的发展锦上添花。

2.2.4.6　费尔柴尔德·道尼尔公司

费尔柴尔德·道尼尔(Fairchild Dornier)公司的历史与美国费尔柴尔德公司和德国道尼尔公司有关。费尔柴尔德公司由于经历了多次兼购、并购,拥有多样化的不同类型产品,且与飞机业务相关的部门经历了不同名称的变更,其发展历史非常复杂。1924 年,连续创业者谢尔曼·费尔柴尔德(Sherman Fairchild)创立了费尔柴尔德航空公司(Fairchild Aviation Corporation)。除了航空领域,他还涉足其他许多领域,例如半导体。费尔柴尔德半导体公司被认为是促成硅谷地区形成的主要奠基企业(Kenney & Patton,2006)。随着时间的推移,费尔柴尔德航空公司开始生产小型飞机,如"梅特罗"双发动机涡桨飞机和"梅林"涡桨公务机(Jackson et al.,2000)。20 世纪 50 年代后期,费尔柴尔德公司还根据许可协议生产 F27,并在 20 世纪 80 年代参与了萨博340 的联合研发。1992—1995 年,费尔柴尔德公司与捷克 LET 飞机公司进行了谈判,希望成立合资企业,生产和销售包括 L-410/420、L-610 和"梅林"23 在内的一系列飞机,但该谈判于 1995 年破裂。

道尼尔公司由克劳德·道尼尔(Claude Dornier)教授于 1922 年成立。公司原名为 Dornier-Betallbauten,1972 年 12 月改名为 Dornier GmbH。道尼尔公司研发的产品之一是道尼尔 228 涡桨运输机。道尼尔 228 可搭载 19 名乘客(Hewson,1994),首架机于 1981 年 3 月 28 日在德国首飞。印度斯坦航空公司于 1983 年 11 月与道尼尔公司签署协议,根据许可生产道尼尔 228,产量多达 150 架,该协议还包括分阶段的技术转移。1985 年,戴姆勒-奔驰公司收购了道尼尔公司的大量股权(65.5%),但至 1989 年 1 月 1 日,该比例降至 57.55%。道尼尔公司于20 世纪 80 年代中期开始研发道尼尔 328,而后项目被搁置,又于 1988年重新启动。该机型于 1991 年首飞,几年后量产型飞机首飞(Jackson et al.,2000)。戴姆勒-奔驰公司认为,在该细分市场上有太多的参与者,道尼尔 328 没有独自竞争的能力。道尼尔公司曾在 1993 年计划研发 50 座的衍生机型,但随后就放弃了这个想法。1995 年,道尼尔公司还考虑研发 40～45 座的道尼尔 428(道尼尔 328 的衍生机型)(Sparaco,1995),但该项目并未实际开展。由于道尼尔 428 将与福克50 直接竞争,而在 1995 年时戴姆勒-奔驰公司拥有福克公司部分股权,致使情况变得更为复杂①。1996 年,道尼尔公司宣布将道尼尔 228的所有生产工作转移至印度(Jackson et al.,2000)。

1996 年 6 月,费尔柴尔德航宇(Fairchild Aerospace,拥有费尔柴尔德飞机公司 100% 股权)公司和 DASA 签署协议,创建一家合资公司(即费尔柴尔德·道尼尔公司),其中费尔柴尔德航宇公司将收购德国道尼尔公司 80% 的股权(Jackson et al.,2000)。1997 年 2 月 5 日,费尔柴尔德航宇公司启动 328JET 项目,它是道尼尔 328 飞机的喷气式改型。费尔柴尔德·道尼尔 328JET 于 1998 年 1 月 20 日完成首飞,于1999 年 7 月完成首架机交付(Jackson et al.,2000)。

1997 年 3 月,费尔柴尔德·道尼尔公司宣布研发机身加长型的费尔柴尔德·道尼尔 328JET,即 528JET(48～50 座)的计划(Sparaco,1997b)。不久后,该公司开始为 528JET 项目寻找合作伙伴,并于 1997年 11 月宣布研发一款全新的 70 座飞机。该公司当时还曾设想研发一款座级为 90 的加长型费尔柴尔德·道尼尔 728JET(Taverna,1997)。

---

① 有趣的是,DASA 在 20 世纪 90 年代中期参与了道尼尔公司和福克公司的管理工作,但道尼尔公司和福克公司如今都不存在了,DASA 也不再参与整机制造。

之后在 1998 年 5 月的柏林航展上,费尔柴尔德·道尼尔公司正式宣布研发 328JET 的机身加长型项目,即费尔柴尔德·道尼尔 428JET(42 座),并宣布费尔柴尔德·道尼尔 528JET 成为费尔柴尔德·道尼尔 728JET 系列的一部分(Jeziorski,1998),研发工作也将正式启动(Anonymous,1998c)。费尔柴尔德·道尼尔公司想为 728JET 项目寻找风险共担伙伴,但过程中遇到了一些困难(Anonymous,1998d)。多年来,费尔柴尔德·道尼尔公司一直为其不同型号的喷气式飞机寻找潜在客户以及其他合作机会。例如,费尔柴尔德·道尼尔公司于 1999 年与 ATR 就开展联合营销的合作潜力进行了讨论;2000 年与中国航空工业第一集团和第二集团就费尔柴尔德·道尼尔 728JET 的生产合作潜力进行了商洽;2001 年初与中国航空工业公司就费尔柴尔德·道尼尔 528JET 的生产合作进行了讨论。2002 年 3 月,有传言称,波音公司即将完成对费尔柴尔德·道尼尔公司大量股份的收购。最终上述合作项目均未能实现,各飞机型号项目也未有实质性进展。费尔柴尔德·道尼尔 428JET、528JET 和 928JET 从未投产。

2002 年 3 月 21 日,首架费尔柴尔德·道尼尔 728JET 向公众展示。但在完成首架费尔柴尔德·道尼尔 728JET 生产后不久,费尔柴尔德·道尼尔公司申请了破产。为了解造成这种情况的原因,本节将对 DASA 管理下的道尼尔 328 项目进行分析。

至 1995 年,与萨博 340 和 EMB 120 等竞争机型相比,道尼尔 328 进入市场的时间明显晚了近 10 年(见图 2.13)。因此,据本节前文关于支线飞机成功要素的分析,费尔柴尔德·道尼尔公司无疑需要努力应对其 328 飞机的销售问题。这与飞机的生产和现金流变化情况有关(如图 2.7 所示)。由于道尼尔 328 的销量有限,该项目很难达到盈亏平衡点。该项目预估研发成本为 10 亿德国马克(North,1995b),预计盈亏平衡点在 150 架以上(Hewson,1994)。如图 2.13 所示,道尼尔

328 的交付量并未达到该数字。销售量低导致项目未达到盈亏平衡点，同时设计成本无法通过销售收回。因此，严格来讲，制造商若要收回设计成本，但销售情况又低于预期，那么就不得不提高销售价格。显然这么做会降低飞机的吸引力，甚至导致销售量更低。销售疲软的部分原因是美元兑德国马克的汇率下降了 14%（North，1995b），这使该机型在国际市场上变得更贵。此外，因德国劳动力成本相对较高，道尼尔 328 的生产成本也相对较高。1996 年 6 月，道尼尔公司在被出售给费尔柴尔德航宇公司时，年亏损近 3.25 亿美元（Shifrin，1996）。

在费尔柴尔德航宇公司于 1996 年成为费尔柴尔德·道尼尔公司的大股东后，道尼尔公司为整顿改组，开始削减生产成本，将员工人数从 2 300 人裁减至 1 800 人。这些举措对道尼尔 328 项目来说可能太迟了，当然也归咎于该项目推出得太晚。

328JET 项目的情况类似。费尔柴尔德·道尼尔 328JET 于 1999 年完成首架机交付。如图 2.13 所示，该机型进入喷气式支线飞机细分市场的时间与 CRJ100/200 和 ERJ135/140/145 比较接近。事实上，费尔柴尔德·道尼尔 328JET 在推出时是该细分市场中最小的喷气式飞机，座位数为 30 个左右（Polek，1998b）。费尔柴尔德·道尼尔 328JET 的盈亏平衡点（少于 100 架）要低于道尼尔 328（Sparaco，1998b），且每座千米的直接运营成本略低于采用涡桨的道尼尔 328 飞机（Alcock，1998）。然而，到费尔柴尔德·道尼尔 328JET 进入市场时，CRJ 和 ERJ 的销量已达到数百架（如图 2.13 所示）。因此，CRJ 和 ERJ 都具有作为成熟产品的市场优势，并且庞巴迪公司和巴航工业公司都（随着时间的推移）推出了一系列具有相似性的产品，为航空公司在飞机维护和飞行员培训方面提供了便利。另外，CRJ 和 ERJ 此时可能都已越过盈亏平衡点，更具成本优势。值得注意的是，在 CRJ 和 ERJ 喷气式飞机的销售（和交付）初期，曲线走势非常陡峭。与此前 10 年相比，如果是在这一时期稍晚进入市场,受到的影响会更大。最后,费尔柴尔德·道尼尔 328JET 的销量可能与道尼尔 328 的"形象"问题有关。虽然道尼尔 328 在飞行员中享有良好的声誉,但燃油效率和维护成本都比宣传得差,货舱空间以及整体产品支持等方面的表现并不算好,例如发生过地平线航空公司选择将飞机退回的事件(Polek,1998b)。

费尔柴尔德·道尼尔 728JET 的情况有所不同。费尔柴尔德·道尼尔 728JET 的预估研发成本为 5 亿美元,还设想研发潜在的 90 座加长型(Taverna,1997)。不幸的是,与福克公司一样,费尔柴尔德·道尼尔公司也没有足够的资金了。其 12 亿美元的债务也许可以随公司破产清算,但潜在投资者要投入数百万美元才能让 728JET 项目推进至首架机交付(Flottau,2002)。因此,任何一方若有兴趣接管 728JET 项目,都必须有足够的资金才能让项目获得成功。事实表明,要找到这样的下家几乎是不可能的。

与福克公司的情况类似,费尔柴尔德·道尼尔公司破产时引起了多方的兴趣,其中包括美国的私募股权公司 Dimeling Schreiber and Park、俄罗斯联合体(包括伊尔库茨克飞机制造厂)、瑞士拉格(RUAG)公司,以及庞巴迪公司。与福克公司一样,费尔柴尔德·道尼尔公司最终被拆分为四部分。

(1) RUAG 收购其承担的空客公司的转包业务以及维修和备件部门,并持有道尼尔 228 - 212 的型号合格证。收购完成后,RUAG 于 2007 年推出了改进的道尼尔 228 新一代机型,并于 2010 年获得适航证(Collins,2012)。

(2) M7 航空航天集团收购其美国业务。

(3) 中国德隆国际战略投资有限公司(以下简称"德隆公司")于 2003 年 6 月收购了 728JET 项目(Anonymous,2004b)。该公司随后更名为费尔柴尔德·道尼尔航空工业公司,并试图为 728JET 项目争取投资(Sobie，2003a)。2004 年 6 月，德隆公司申请破产(Anonymous，2004b)。

（4）AvCraft Aviation 和 Dimeling Schreiber and Park 收购了道尼尔 328 和 328JET 项目及 428JET 项目的相关权利。AvCraft 于 2003 年 9 月左右交付首架费尔柴尔德·道尼尔 328JET(Sobie，2003a)，并获得融资以重启 328JET 的生产(Sobie，2003a)。2004 年 6 月，费尔柴尔德·道尼尔 328JET 恢复组装(Kingsley-Jones，2004)。2005 年 3 月，AvCraft 申请破产①(Kaminski-Morrow，2005)。这基本宣告费尔柴尔德·道尼尔飞机的停产。

2.2.4.7　巴航工业公司

巴航工业(Embraer)公司创立于 1969 年 8 月 19 日，并于 1970 年 1 月 2 日开始运营。巴航工业公司最初是一家国有企业，但在 1994 年被私有化(Jackson et al.，2000)。作为私有企业的巴航工业在经营层面挑战加剧，最初几年面临诸多困难，尤其是运营成本过高、生产时间过长、员工过多这些突出问题导致其亏损不止。至 1996 年，巴航工业公司的亏损由前两年的 3 亿多美元减至 4 000 万美元(O'Toole，1997b)。私有化令单位生产时间得到改善，例如，EMB 120 的交货时间从 15 个月缩短至 8 个月，所需劳动力从 1990 年的 12 800 人减至 1997 年的 3 800 人(O'Toole，1997b)。巴航工业公司同时生产军用和商用产品，

---

①　DASA 管理下的道尼尔公司陷入财务困境，并于 1996 年被费尔柴尔德航宇公司收购。尽管削减了生产成本并进行了裁员，费尔柴尔德航宇公司仍无法扭转局面，并在 6 年后的 2002 年申请破产。两方参与了救助，购买了该公司的部分股份，但 Fairchild Dornier Aerostructures 在收购完成一年后便申请破产，而 AvCraft 在完成收购的两年后同样申请破产。从麻烦缠身的加拿大飞机公司和德·哈维兰公司身上也可看到类似的情况，两者分别在 1986 年和 1992 年被庞巴迪公司收购；但如前文所述，庞巴迪公司在 2000 年初面临财务困难。庞巴迪公司最终幸存了下来，其在收购加拿大飞机公司和德·哈维兰公司后的财务状况好于收购道尼尔公司后的财务状况。同样，在 1999 年初，布里顿-诺曼公司宣布收购 Romaero 72.9% 的股份(8 050 万美元)，但随后布里顿-诺曼公司就面临财务困难，并于 2000 年 5 月被总部位于阿曼的投资集团 Zawawi 收购。

但本章重点讨论其商用飞机。

1969 年成立时,巴航工业公司已经在生产小型涡桨飞机 EMB 110。EMB 110 的历史可追溯至 1965 年,当时巴西启动了一项自主研发小型双发涡桨运输机的新项目。该项目由一位移居巴西的法国航空设计师马克斯·霍斯特(Max Hoste)牵头,他此前设计过 MH - 250,即后来的北方 262。在霍斯特的领导下,EMB 110 项目取得了成功,该机型可视为北方 262 的衍生机型号(Baranson,1978)。EMB 110 于 1968 年首飞,在销售方面相当成功。

EMB 120 是 EMB 110 的衍生机型,于 1985 年启动,是一款 30 座涡桨飞机。该机型于 1999 年停止交付,总交付量为 350 架,由此可看出该项目是成功的。

EMB 120 之后,巴航工业公司开始研发另一款小型 19 座飞机——CBA - 123。该项目由巴航工业公司与阿根廷国有的军用飞机制造公司(Fábrica Militar de Aviones)(属于阿根廷空军)联合研发,于 1990 年成功首飞。但由于价格相对昂贵,加上市场需求不足,该项目最终失败并被放弃。

1989 年,巴航工业公司进入当时被认为是缝隙市场的喷气式支线飞机市场。巴航工业公司投资 3 亿美元研发了 50 座喷气式飞机 ERJ145(McKenna,1995),希望出售给航空公司以替代 EMB 120(McKenna,1995)。ERJ145 可被认为是 EMB 120 的衍生机型,因为其实质上是在 EMB 120 的基础上加长了机身并采用了全新机翼的产品(Warwick,1999)。ERJ145 还采用了部分 CBA - 123 的技术(North,1995a)。该项目最初遇到了一些困难。1989 年,巴航工业公司已获得 100 多架 ERJ145 的确定订单,但多笔订单因项目不断延期而取消。另外,此时庞巴迪公司启动了 CRJ 飞机项目,抢占了最初的目标市场(Anonymous,1996b)。虽然 CRJ 航程略大、速度略快,但 ERJ145 的价格较 CRJ 低约 250 万美元(Anonymous,1996b)。ERJ145 的售价几乎与萨博 2000 相当(North,1996)。ERJ145 于 1995 年 8 月完成首飞,并于 1996 年开始交付。

1997 年,巴航工业公司推出了一款 ERJ145 的较小型衍生产品,即 37 座的 ERJ135[研发成本估计为 1 亿美元(Anselmo,1998)]。ERJ135 于 1998 年 7 月首飞,并于 1999 年 7 月交付首架机。2000 年,巴航工业公司推出了另一款衍生机型,即 44 座的 ERJ140。该机型于 2002 年交付首架机。2002 年 12 月,巴航工业公司与中国航空工业第二集团达成 ERJ145 的许可生产协议。双方合资成立了哈尔滨安博威飞机工业有限公司,巴航工业公司持股 51%,中国航空工业第二集团持股 49%(Ionides,2002)。巴航工业公司预计中国对 ERJ145 的需求将增加,在中国生产可避免过高的进口关税(Ionides,2002)。从 2010 年起,双方开始就哈尔滨生产线的未来发展进行协商。巴航工业公司最初提议在哈尔滨生产 E190,但中国航空工业第二集团拒绝了该提议,因为 E190 将与中国商飞 ARJ21 飞机展开竞争。2012 年 7 月,双方达成协议,将上述生产线改为公务机生产设施,用于生产莱格赛 650 公务机(Hashim,2012)。

1998 年,巴航工业开始研发针对 70 余座细分市场的大型喷气式支线飞机(Warwick,1998),由此诞生了 E170/190 系列。E170 于 2002 年 2 月首飞,2004 年 3 月首次交付。E175、E190 和 E195 是其衍生机型。在 2013 年 6 月的巴黎航展上,巴航工业公司正式宣布启动该系列飞机的改进型项目,即 E2 系列。相关改进包括换装新发动机(普惠齿轮风扇发动机,另见本章"三菱重工"内容)、更换全新机翼和升级航电设备。巴航工业公司的 E170/190-E2 系列已获得 365 架订单(Anonymous,2013a)。

截至 2014 年,巴航工业公司仍是全球最大的商用飞机制造商之一。该公司最初作为国有企业经营多年,政府坚定地帮助巴航工业公司在艰难的条件中生存了下来。至 1994 年,巴航工业公司私有化,除了最初的几年比较困难,巴航工业公司已成功运营 20 余年。巴航工业公司为何能够成功,而其他一些制造商,尤其是东方国家的制造商却面临失败?

巴航工业公司的发展之道中有几点值得注意。首先,当被私有化时,该公司已有成功的 EMB 120 项目。如图 2.9 所示,EMB 120 与萨博 340、Dash 8 和 ATR 42 大约同时期推出,且销量与那些更早推出的机型不相上下。这是我们观察到的很重要的一点。ERJ135/140/145 系列及时投入市场,虽比 CRJ100/200 稍晚,但如前所述,该机型具有成本优势,也解释了 ERJ135/140/145 为什么会成功。另外,EMB 120 是基于老旧机型进行设计的,ERJ135/140/145 则是在 EMB 120 的基础上研发的。因此,这些项目的研发成本比研发一款全新飞机要低。同时,这么做也为航空公司提供了运营共通性。图 2.13 显示了 CRJ 和 ERJ 飞机在市场表现上的"高歌猛进",这两家制造商最值得称道之处,便是为跟上需求提高产量。简而言之,巴航工业公司的设计过程未产生过高成本(部分原因是作为衍生产品的研发模式),且生产成本相对较低(可能是从生产 EMB 120 的过程中学习所得),以上都促成了这些具有成本竞争力的产品能非常及时地进入市场,且在市场上发展也非常迅速。这意味着 CRJ 和 ERJ 系列飞机的学习曲线上的低点并不像某些制造商所面临的那样低。此外,由于销售快速增长,低点右侧的曲线斜率更大,这意味着项目能更快达到盈亏平衡点和更快收回成本。

取得了商业上的成功之后,巴航工业公司开始具备研发全新系列飞机的能力,即 E170/175/190/195 系列。如图 2.12 所示,在该细分市场中,巴航工业公司的产品也比庞巴迪公司的 CRJ700/900 系列晚进入市场。从这方面来说,庞巴迪飞机可能具有成本优势,因为与全新的

E170/175/190/195 相比，CRJ700/900 是衍生产品。该细分市场的竞争仅在这两家制造商之间展开。在 20 世纪 80 年代后期和 90 年代初期，支线飞机市场主要面向 30～50 座飞机，当时庞巴迪公司和巴航工业公司都专注于该细分市场。70～100 座大型支线飞机市场要到 2002 年以后才开始有更多的发展，那时两家制造商都各自推出了更大型的飞机。这两家公司也许都应该庆幸它们抓住了对的时机，更确切地说，它们对市场未来的发展趋势有很好的感知（与萨博 2000 的发展形成鲜明对比），或是它们推出的产品促进了不同细分市场的发展。

2.4.4.8　苏霍伊航空集团

俄罗斯飞机制造业有几个不同于西方国家的特点。其中之一是采取集中化方式生产飞机。一系列问题也因此而起，例如，设计与生产分离（Todd & Simpson，1986）。1999 年以来，俄罗斯一直在计划对飞机制造业进行整合。俄罗斯于 2005 年启动整合计划，并于 2006 年 2 月成立国有企业联合飞机集团（United Aircraft Corporation，UAC）。UAC 业务范围包括航空航天产品的设计、制造和营销，旗下公司包括苏霍伊、雅科夫列夫、伊留申和伊尔库茨克飞机制造厂等（Massy-Beresford，2007）。

另一个区别是，俄罗斯飞机通常没有获得美国联邦航空管理局（FAA）或欧洲联合航空局/欧洲航空安全局（JAA/EASA）认证，这就限制了俄罗斯制造商在国际上销售自己的产品。在俄罗斯推出喷气式支线飞机 RRJ（Russian Regional Jet，后更名为 Sukhoi Super Jet，SSJ）后，这一情况发生明显变化。该项目是俄罗斯首款为满足西方取证要求而设计的全新飞机（Goold，2004）[①]。俄罗斯从 2001 年就开始研究支线飞机（Kingsley-Jones，2007a）。2002 年，俄罗斯政府发起了一项提

---

①　另一款获得 FAA 认证的俄罗斯飞机是伊留申伊尔-96M/T（Karnozov，2004）。

议,研发新飞机取代该国老旧的短程飞机机队,并邀请本国航空产业制造商投标,生产 200 架大型喷气式支线飞机(Duffy,2002)。2003 年 3 月,RRJ 在与图－414、M－60－70 的竞争中脱颖而出(Karnazov,2003a)。

RRJ 项目由苏霍伊航空集团(以下简称"苏霍伊")主导,最初的型号包括 RRJ－60、RRJ－75 和 RRJ－95。苏霍伊最终聚焦于两款 98 座的 SSJ100 型号(即 RRJ－95 的基本型和长航程型)。波音公司在该项目营销、取证和客户支持方面提供了咨询(Goold,2004)。几家(风险共担)外国供应商参与了飞机部件的生产,包括古德里奇公司、霍尼韦尔公司和汉胜公司(Karnozov,2004)。2006 年,意大利阿莱尼亚航空工业公司收购了苏霍伊民用飞机公司 25% 的股份和 SSJ 项目相应的金融股权(Turner,2007)。

该项目最初的研发成本预估超 6 亿美元,计划于 2006 年 5 月首飞,2007 年年中首批交付(Endres,2006;Karnozov,2004)。苏霍伊预测其市场需求为 800 架(Karnozov,2003b),但这一预测在国际上受到质疑,即如果是在东方国家销售,这一数字可能是现实的,但若预测的是打入西方市场的销售量,则不太现实(Kirby,2008)。2005 年初,西伯利亚航空公司成为该项目的启动客户,签署了 50 架承诺订单,与此同时俄罗斯航空公司也签署了 30 架的意向订单(Endres,2006)。至 2007 年 6 月,俄罗斯航空公司共签署 30 架 95 座 SSJ100－95B 的确定订单和 15 架的采购谅解备忘录,同时还要求苏霍伊拓展 SSJ100 系列产品,推出 130 座的机身加长型和 70 座的机身缩短型飞机(Karnozov,2007)。

SSJ 项目存在资金问题,但在 2005 年 1 月,俄罗斯议会批准政府划拨价值 1 亿美元的项目担保金。制造商在国家的帮助下以可退还的方式获得研发资金,这在俄罗斯商用航空史上尚属首次(Karnosov & Norris,2005)。2012 年初,苏霍伊宣布将飞机价格上调 12%,但据苏霍伊的说法，与同类竞争机型相比，SSJ 仍具有 15% 的成本优势（Thisdell，2012）。2011 年，苏霍伊净亏损 1 700 万美元，而在 2012 年上半年，苏霍伊的运营亏损为 4 500 万美元，巨额利息支出使其净亏损达 1 亿美元（Kaminski-Morrow，2012c）。至 2013 年，苏霍伊民用飞机部门的债务已超 20 亿美元（O'Keeffe，2013）。尽管如此，该公司坚持认为可以履行所有承诺，预计在 2015 年达到该项目的盈亏平衡点，并预计总营收将超 15 亿美元（O'Keeffe，2013）。

SSJ 于 2008 年 5 月首飞。据报道，至 2008 年 7 月，苏霍伊已获得 73 架 SSJ 飞机的确认订单（Kirby，2008）。首架机预期交付时间已经推迟至 2008 年底（Kirby，2008）。由于全球经济低迷，2009 年 5 月，俄罗斯降低了 2009—2012 年的目标产量。受此影响，尽管当时还有 98 架的确认订单，SSJ 在该时期的目标产量还是从 230 架骤降为 7 架（Anonymous，2009a）。虽然阿莱尼亚航空工业公司是该项目的外国合作伙伴，但意大利航空在 2010 年 12 月选择了巴航工业公司的 E 系列飞机而非 SSJ，这让苏霍伊对双方的"联盟"感到失望（Thisdell，2012）。到 2011 年 1 月，SSJ 储备订单数为 170 架，彼时西伯利亚航空公司已不在其客户名单之列，最初的首个西方客户也从名单中消失。苏霍伊披露有一家匿名客户购买了 20 架飞机，外界曾认为是一家西方运营商。上文提到的其他几笔订单也发生了变化（Reals，2011）。2011 年 1 月末，墨西哥英特捷特航空公司成为 SSJ 的首个国际客户，签署了 15 架确认订单和 5 架选择权订单（Dron，2011），因此可以较确切地推测该公司是名单上的那位匿名客户。首架 SSJ 于 2011 年 4 月交付给亚美尼亚航空公司（Thisdell，2012）。在 2011 年 6 月的巴黎航展上，另一家西方航空公司，意大利蓝色全景航空公司①订购了 12 架（Karnozov，

① 蓝色全景航空公司在意大利进入破产保护后，其航空运营商证书于 2012 年 10 月被撤销（Trimble，2012b）。因此，尚不清楚该机型是否会交付。

2011），同月第二架 SSJ 交付给俄罗斯航空公司。当时苏霍伊计划2012 年前再交付 10 架飞机，但业内人士对该公司能否再交付 4 架以上（亚美尼亚航空公司 1 架，俄罗斯航空公司 3 架）飞机都表示怀疑（Karnozov，2011）。至 2011 年底，苏霍伊一共只交付了 5 架 SSJ，其中1 架交付给亚美尼亚航空公司，4 架交付给俄罗斯航空公司。2012 年初，该机型获得了 EASA 认证（Thisdell，2012）。

2012 年 5 月 9 日，一架参加亚洲推广之旅的 SSJ 在印度尼西亚发生了撞山事故，苏霍伊由此面临巨大挫折①。同年，启动客户亚美尼亚航空公司和苏霍伊之间出现分歧。亚美尼亚航空公司停飞其首架 SSJ并推迟接收第二架飞机，理由是该双发飞机的运行性能有问题，需要维修。但苏霍伊表示资金才是真正的关键问题（Kaminski-Morrow，2012b）。2012 年，苏霍伊在威尼斯为西方客户开设了一家完工中心，最初目的是为英特捷特航空公司提供服务（Peruzzi，2012）。英特捷特航空公司在 2013 年 6 月的巴黎航展上接收了其首架 SSJ 飞机（Anonymous，2013b），同时也有迹象表明西方供应商（芬梅卡尼卡集团）非常不满意与苏霍伊的合作（Anonymous，2013b）。2012 年，苏霍伊共交付 8 架飞机（Thomas，2013）。2014 年 11 月，比利时航空公司VLM 成为 SSJ 项目的首家欧盟运营商。截至当时，SSJ 飞机已完成 50架交付，累计 166 架的订单（Morrison，2014）。

与原计划相比，SSJ 的首飞和首架机交付都明显延迟。SSJ 也一直遭受起落架问题的困扰，例如，交付俄罗斯航空公司的飞机（Kaminski-Morrow，2013b）和一架试飞机都存在此问题（Kaminski-Morrow，

---

① 本次事故与飞机自身的设计无关。后来的调查结论是，该飞机在空中交通管制系统中被错误地编码为苏霍伊 Su-30 军用战斗机，这让空中交通管制员允许其飞到本不应飞的空域。此外，机长认为地形避让警告是虚惊警告并将其静音。上述两个因素共同导致了飞机的撞毁[另见第 7 章和 Kaminski-Morrow（2013a）发表的论文]。

2013c)。这影响了航空公司对该型飞机的态度。

2.4.4.9 中国商飞

中国有着悠久的飞机生产历史，并将航空产业视为核心产业之一（另见第 8 章）。2001 年 5 月，中国决定研发一款 50～70 座的支线飞机——新喷气式支线飞机（NRJ）。到 2002 年，中国决定启动两个喷气式支线飞机自主研发项目。中国航空工业第二集团负责研发一款 30～50 座的飞机①，而中国航空工业第一集团为此专门成立了中国航空工业第一集团商用飞机公司（ACAC），负责中国 79～99 座喷气式支线飞机 ARJ21 的研发（Doyle，2002）。

ARJ21 项目于 2001 年 9 月首次公布，项目研制经费为 6 亿美元（Sobie，2003b），计划于 2006 年首飞，2008 年开始交付（Goold，2004）。78～85 座的 ARJ21‐700 是首个生产型机型（Francis，2004）。

中国航空工业第一集团希望巨大的国内市场能够至少带来 500 架的销量（Goold，2004）。该公司也在寻求海外订单（Goold，2004）。一些西方合作伙伴也参与到 ARJ21 项目中，例如霍尼韦尔、汉胜、古德里奇和利勃海尔等公司（Goold，2004）。波音商用航空服务公司作为工程顾问参与了项目初期工作（Anonymous，2002b），安东诺夫航空科学技术联合体（原为安东诺夫设计局）承包了机翼工作（Anonymous，2002c）。阿莱尼亚航空工业公司希望与中方建立合作伙伴关系，并在欧洲组装 ARJ21（Sobie，2003c）。

在 2003 年 9 月的中国航空博览会上，三家中国客户［成都航空有限公司（启动客户）、上海航空股份有限公司和深圳金融租赁有限公司］订购了 35 架 ARJ21（Anonymous，2003）。截至 2004 年，ARJ21 共获得 41 架订单（Goold，2004）。2008 年，中国政府合并了中国航空工业第一

---

① 最终促成其与巴航工业公司在哈尔滨成立合资企业。

集团和第二集团,并组建了一家新公司——中国商用飞机有限责任公司(COMAC)(Francis,2008)。ARJ21 于 2008 年 11 月完成首飞(Yeo, 2010),比预期延迟了几年。至 2010 年,据报道,ARJ21 的订单数超过了 200 架,但取证持续延迟[原因是存在未解决的设计问题,以及中国民航局(CAAC)在认证过程中缺乏经验],导致首架机交付延迟至 2011 年末(Yeo,2010)。2011 年 FAA 正式对 ARJ21 飞机项目进行"影子审查",这将有助于该机型更快获取 FAA 认证。截至 2012 年 2 月, ARJ21 仍在进行(飞行)试验。对中国商飞而言,好消息是印度尼西亚鸽记航空公司签署了一份 40 架飞机的购买意向协议(Toh,2012a)。然而,2012 年 5 月,鸽记航空公司似乎有意取消购买计划(Toh,2012c)。在 2012 年 7 月的范堡罗航展上,有官员表示该机型在 2013 年前不太可能获得监管机构的批准,理由是机翼、布线和计算机系统仍存在故障。2013 年 3 月,根据飞行试验的结果,中国商飞对起落架进行了改进(Toh,2013a)。首架机曾预计于 2014 年交付启动客户成都航空有限公司(Toh,2013b)。但几个月后,也就是 2013 年 6 月,该机型的预计取证时间推迟到 2014 年底(Toh,2013c)。据报道,截至 2013 年年中, ARJ21 的订单数为 252 架,其中大部分来自中国的航空公司和租赁公司(Toh,2013c)。截至 2014 年 11 月,ARJ21 的订单数为 258 架,该机型已完成了所有要求的地面试验和 95% 的飞行试验,但仍未成功取证(Toh,2014b)[①]。上海浦东国际机场附近也建设了该机型的第二条装配线。据估计,这两条装配线的总产量为每年 50 架(Toh,2014b)。

2.4.4.10 三菱重工

1945 年,曾经强大的日本飞机制造业在美国的控制下解体,但 1952 年之后又开始缓慢复苏(Todd & Simpson,1986)。在商用飞机方

---

① 译者注:2014 年 12 月 30 日,中国民航局正式在北京向中国商飞颁发 ARJ21 - 700 型号合格证。

面,日本在20世纪60年代研发了YS-11,这是一款60座涡桨飞机,由三菱重工(MHI)负责总装(Todd & Simpson,1986)。YS-11是一个亏损的项目。

20世纪80年代及20世纪90年代初期,由几家日本公司组成的联合体——日本飞机开发公司(Japan Aircraft Development Corporation, JADC)(三菱重工参与其中)有意研发一款90～110座支线飞机,即与波音公司合作的YS-X(Mecham,1995)。100座细分市场的不确定性导致该项目在初期就有所延迟(Sekigawa & Mecham,1996),而亚洲金融危机最终致使该项目在1998年7月被放弃(Lewis,1998)。三菱重工还计划与庞巴迪公司合作,意在基于三菱重工为庞巴迪环球快车公务机制造的机翼,研发一款90～110座的支线飞机,该方案预计将减少4.63亿美元的研发成本(Sekigawa & Mecham,1996)。1995年,三菱重工作为风险共担合作伙伴,已与庞巴迪公司合作研发Dash 8-400(Hughes,1995)。

最终这些计划并未实现。2007年6月,三菱重工推出一款全新的喷气式支线飞机MRJ(Govindasamy,2007a)。全日空航空(ANA)公司订购了25架MRJ,为该项目的启动提供了支持(Kingsley-Jones, 2007b)。MRJ项目最初计划推出两个型号,86～96座的MRJ90(全日空航空公司订购的型号)和70～80座的MRJ70。三菱重工表示,与现有机型相比,MRJ可节省30%的运营成本(Kingsley-Jones,2007b)。该项目的预估研发成本为15亿美元,其中1/3由日本经济产业省提供,作为需退还的项目启动资金(Kingsley-Jones,2007b)。MRJ计划于2011年下半年首飞(Govindasamy,2008),于2013年将首架机交付全日空航空公司(Anonymous,2009b)。三菱重工预计MRJ系列的销售量可以达到1 000架(Govindasamy,2007b),尽管其最初目标是达到300架的盈亏平衡点(Govindasamy,2008)。三菱飞机公司(三菱重工为研发

MRJ 成立的子公司)在与欧洲和美国的潜在客户进行初步讨论后,对
MRJ 设计进行了大量更改,并于 2009 年 9 月公布了一项 100 座的机身
加长型研发计划(Anonymous,2009a),而 MRJ 首飞则被推迟至 2012
年第二季度(Trimble,2013)。100 座机身加长型飞机预计 2017—2018
年前后推出(Trimble,2012c)。至 2012 年 5 月,三菱重工只获得了三
家客户的订单,且 MRJ 的首飞被延迟至 2013 年第四季度,原因是项目
面临制造工艺问题,且还需更多时间进行技术研究。三菱飞机公司需
要花时间审查飞机生产中涉及的工业流程,并且这些流程须获日本民
航局批准(Waldron,2012a)。造成延迟的根本原因是三菱飞机公司的
生产系统还未获得日本监管机构的认证,且认证尚需时日(Trimble,
2012e)。首架 MRJ 计划于 2015 年交付(Trimble,2013)。至 2012 年
中,MRJ 的订单量已有所增加。除全日空航空公司的订单外,美国跨
州控股公司同意购买 50 架 MRJ,另持有 50 架的选购权;ANI 联合控
股签署了 5 架飞机的谅解备忘录(Trimble,2012c)。在 2012 年 7 月的
范堡罗航展上,三菱飞机公司与美国天西航空公司达成 100 架飞机的
购买意向协议,此举震惊了其竞争对手巴航工业公司和庞巴迪公司,至
此 MRJ 共获得 170 架确认订单和 60 架选购权订单(Anonymous,
2012)。天西航空公司显然中意巴航工业飞机的客舱设计,但对其燃油
效率不满意;而庞巴迪飞机虽能提供良好的燃油效率,但客舱不漂亮
(Toh,2012b)。MRJ 要到 2017 年才开始交付,这对于天西航空公司而
言是另一个问题(Toh,2013g)。尽管已有这些订单,但行业分析师仍
强调售后服务(全球客户支持网络)的重要性,历史经验表明售后服务
将给制造商带来比项目交付更大的问题。此外,飞机融资也是问题,因
为银行和投资者可能会对处于交付初期阶段的飞机信任度不高
(Waldron,2012b)。

至 2013 年 4 月,MRJ 共获得 165 架确认订单和 160 架选购权订单

（Toh，2013e）；2013 年 5 月 7 日，总部位于中国香港的 ANI 联合控股取消了于 2011 年 6 月签订的 5 架 MRJ 购买订单（Toh，2013f）。2013 年 8 月 22 日，三菱飞机公司第三次宣布推迟 MRJ 的首飞和交付时间。首飞被推迟至 2015 年第二季度，而向启动客户全日空航空公司交付首架机的时间则被推迟至两年后，即 2017 年第二季度。项目延期的原因是研发和取证过程占用了较预期更多的时间，从而影响了零部件交付和飞机制造（Toh，2013g）。这与审查方采用了 FAA 新的合格审定和审批程序有一定关系，即于 2009 年开始生效的机构委任授权程序，波音 787 的部分取证工作就采用了该程序，但 MRJ 是首款完全应用该程序的机型（Toh，2013h）。当时，分析师预计此次延迟将影响 MRJ 的订单量，因为新的时间计划显示，MRJ 将仅比巴航工业公司的 E2 飞机提前一年推出，而两款飞机的发动机又是相同的（均为 E2 系列发动机）（Toh，2013g）。2014 年 10 月 18 日，MRJ 的首架试飞机总装下线。至 2014 年 11 月，MRJ 共获得 375 架订单，包括 191 架确定订单和 184 架选购权订单（Toh，2014a）。

为了达到生产目标，三菱飞机公司在 2012 年开始研究是否需要开设第二条生产线。考虑到其生产目标是年产 125 架，即月产 10 架左右，因此开设第二条生产线是必要之举。当时，第二条生产线其中一处考虑选址是在美国（Toh，2012b），而至 2013 年，三菱飞机公司打算将该机型的生产线建在日本名古屋（Toh，2013d）。

2.3 结语

本章介绍了支线商用飞机制造业，展示了 30～100 座的细分市场在过去 40 余年的发展变迁，尤其是喷气式支线飞机如何在 20 世纪 90

年代,特别是在 30～50 座的细分市场中兴起。本章还着重解释了设计、生产和销售三个环节如何影响一个飞机项目财务方面的成败。

如今,一些西方制造商已停止生产商用飞机。比较典型的有福克公司、英国宇航系统公司、费尔柴尔德·道尼尔公司和萨博公司。其中有三家(福克公司、英国宇航系统公司和费尔柴尔德·道尼尔公司)似乎是由于产品成本在市场上不具备竞争力才停产的,这又回到设计和生产成本高的问题。萨博公司的停产似乎主要是由于在喷气式飞机愈发受到青睐的情况下,公司却不合时宜地决定专注于研发新型涡桨飞机,当时喷气式飞机还因享受低油价的红利而颇具竞争力。

过去 40 余年,在支线飞机制造业幸存下来的制造商有 ATR、巴航工业公司和庞巴迪公司。ATR 专注于涡桨飞机,其他几家制造商退出市场,给 ATR 留存了发展空间。庞巴迪公司和巴航工业公司都善于把握不断变化的市场环境(例如小型喷气式飞机的需求),两家制造商将产品推向市场的时机都把握得很好。由于总体成本较低(如庞巴迪公司收购了许多破产的公司),以及推出衍生产品(如 CRJ100 系列和 ERJ145 系列)等举措,两家制造商的设计成本也相对较低。

对于新进入市场的中国商飞、三菱重工和苏霍伊而言,能取得多大的成功仍未可知。这三家制造商都遇到了相似的问题,即飞机取证。同样的问题在 15 年前就决定了印度尼西亚飞机工业公司的命运。无论如何,取证问题已造成多个飞机项目严重推迟。这种推迟本身会导致飞机项目总成本上升,盈亏平衡点上升,也会影响飞机进入市场的时机。正如在福克公司的例子中所表明的,项目推迟会让本就非常高昂的设计成本高上加高,最终可能导致公司走向无法维系的境地。

参考文献

Alcock, C. (1998), 'Jet-driven Do 328 commuter preps for first flight this month', *Aviation International News*, 1 January, p. 3.

Anonymous (1993), 'First-half profit of BAe', *Aviation Week & Space Technology*, 20 September, p. 37.

Anonymous (1994), 'BAe profits triple', *Aviation Week & Space Technology*, 26 September, p. 15.

Anonymous (1996a), 'Bombardier away', *The Economist*, 24 February, pp. 75 – 76.

Anonymous (1996b), 'Turbofanning the embers', *The Economist*, 22 June, pp. 73 – 74.

Anonymous (1997), 'News breaks', *Aviation Week & Space Technology*, 3 February.

Anonymous (1998a), 'Doubts raised by Xian plans for ATR production', *Flight International*, 16 – 22 September, p. 26.

Anonymous (1998b), 'Bombardier unveils plan for 90-seat jet family', *Flight International*, 16 – 22 September, p. 6.

Anonymous (1998c), 'Fairchild Dornier launches 728JET', *Flight International*, 27 May – 2 June, p. 14.

Anonymous (1998d), 'Fairchild Aerospace names 728JET risk share partners', *Flight International*, 16 – 22 September, p. 13.

Anonymous (1999), 'Bombardier wins and loses in trade battle with Embraer', *Flight International*, 24 – 30 March, p. 25.

Anonymous (2002a), 'Bombardier starts to shut down lines', Flight International, 15 – 21 October, p. 20.

Anonymous (2002b), 'GE wins battle to power ARJ21', *Flight International*, 12 – 18 November, p. 20.

Anonymous (2002c), 'Antonov to develop wing for China', *Flight International*, 19 – 25 November, p. 10.

Anonymous (2003), 'Three carriers place ARJ21 orders', *Flight*

International, 23 – 29 September, p. 23.

Anonymous (2004a), 'Bombardier reveals plans for 100-seat-plus family', *Flight International*, 27 July – 4 August, p. 21.

Anonymous (2004b), 'Fairchild Dornier', *Flight International*, 2 – 8 November, pp. 65 – 66.

Anonymous (2009a), 'Superjet suffers most as Russia slashes output plan', *Flight International*, 12 – 19 May, p. 16.

Anonymous (2009b), 'MRJ set for wide-ranging redesign', *Flight International*, 15 – 21 September, p. 12.

Anonymous (2012), 'Mitsubishi's SkyWest MRJ win stuns regional rivals', *Flight International*, 17 – 23 July, p. 10.

Anonymous (2013a), 'Embraer throws down the gauntlet', *Flight International*, 25 June – 1 July, p. 14.

Anonymous (2013b), 'Strains show in Superjet relationship', *Flight International*, 25 June – 1 July, p. 24.

Anselmo, J. C. (1998), 'Embraer rolls out RJ-135 regional jet', *Aviation Week & Space Technology*, 18 May, p. 39.

Baranson, J. (1978), *Technology and the Multinational, Corporate Strategies in a Changing World Economy*, Lexington Books, Lexington.

Collins, P. (2012), 'Spying a niche', *Flight International*, 4 – 10 September, pp. 38 – 41.

Condom, P. (1995), 'Regionals on the move', *Interavia*, February, p. 3.

Deterink, A. A. M., Knüppe, B. F. M., Leuftink, A. L. and Schimmelpennick, R. J. (1997), *Onderzoek van curatoren naar de oorzaken van het faillissement van N. V. Koninklijke Nederlandse Vliegtuigenfabriek Fokker*, Amsterdam, 15 July.

Doyle, A. (2002), 'Lure of the East', *Flight International*, 29 October – 4 November, pp. 42 – 44.

Dron, A. (2011), 'Super flexible', *Flight International*, 14 – 20 June, p. 74.

Duffy, P. (2002), 'Russia seeks bids for regional jets', *Flight International*, 1 – 7 October, p. 8.

Dunn, B. (2003a), 'Bombardier faces asset sale to beat cash crisis', *Flight International*, 28 January – 3 February, p. 19.

Dunn, B. (2003b), 'Canada offers Bombardier loans', *Flight International*, 29 July – 4 August, p. 5.

Dunn, B. (2004a), 'Bombardier wants more help from government', *Flight International*, 24 February – 1 March, p. 28.

Dunn, B. (2004b), 'Bombardier to invite US states to bid for the CSeries assembly', *Flight International*, 26 October – 1 November, p. 16.

Dunn, B. and Flores, J. (2004), 'Bombardier urged to enter 100-seat market', *Flight International*, 6 – 12 January 2004.

Endres, G. (2006), 'Back to stay', *Flight International*, 31 October – 6 November, pp. 37 – 66.

Eriksson, S. (1995), Global shift in the aircraft industry: A study of airframe manufacturing with special reference to the Asian NIEs, PhD dissertation, University of Gothenburg.

Flottau, J. (2002), 'Fairchild Dornier will not be split German administrator says', *Aviation Daily*, 10 April.

Francis, L. (2004), 'ARJ21 suppliers plan for local plants', *Flight International*, 28 September – 4 October, p. 14.

Francis, L. (2008), 'All change for China', *Flight International*, 28 October – 3 November, pp. 46 – 47.

Godfrey, D. (1990), 'A jet for the regionals ...' *Air International*, September, pp. 134 – 142.

Goold, I. (2004), 'Jets surge', *Flight International*, 2 – 8 November, pp. 52 – 74.

Govindasamy, S. (2007a), 'MHI tests the water for its planned regional jet', *Flight International*, 19 – 25 June, p. 20.

Govindasamy, S. (2007b), 'Mitsubishi takes aim for 1,000 sales', *Flight International*, 4 – 10 December, p. 21.

Govindasamy, S. (2008), 'Japan flies solo again', *Flight International*, 23 – 29 September, pp. 30 – 38.

Hashim, F. (2012), 'Embraer seals China legacy 650 deal', *Flight International*, 3 – 9 July, p. 36.

Heerkens, H., de Bruijn, E. J. and Steenhuis, H. J. (2010), 'Common factors in the withdrawal of European aircraft manufacturers from the regional aircraft market', *Technology Analysis & Strategic Management*, Vol. 22, No. 1, pp. 65 – 80.

Hewson, R. (ed.) (1994), *Commercial Aircraft and Airliners*, Airlife, England.

Hughes, D. (1995), 'Mitsubishi to share risk on Dash 8-400', *Aviation Week and Space Technology*, 30 October, p. 46.

Ionides, N. (2002), 'Botelho: breaking ground in China', *Flight International*, 10 – 16 December, p. 27.

Jackson, P., Munson, K. and Peacock, L. (eds) (2000), *Jane's All the World's Aircraft*, Jane's information group limited, Surrey.

Jet Information Services (2003), *World Jet Inventory, Year-End 2002*, Jet Information Services, Woodinville, WA.

Jet Information Services (2012), *World Jet Inventory, Year-End 2011*, Jet Information Services, New York.

Jeziorski, A. (1998), 'Fairchild Dornier gives the go-ahead to 428JET project', *Flight International*, 20 – 26 may, p. 4.

Kaminski-Morrow, D. (2005), 'AvCraft looks for options in the face of insolvency', *Flight International*, 15 – 21 March, p. 6.

Kaminski-Morrow, D. (2012a), 'Geared fan may power Fokker stretch', *Flight International*, 24 – 30 July, p. 13.

Kaminski-Morrow, D. (2012b), 'Sukhoi row spurs Armavia to stop Superjet flights', *Flight International*, 14 – 27 August, p. 10.

Kaminski-Morrow, D. (2012c), 'Sukhoi dreams on despite red marks', *Flight International*, 4 – 10 December, p. 10.

Kaminski-Morrow, D. (2012d), 'Saab dismisses return to building civil turboprops', *Flight International*, 28 August – 3 September, p. 13.

Kaminski-Morrow, D. (2013a), 'Silenced warnings doomed Superjet', *Flight International*, 8 – 14 January, pp. 10 – 11.

Kaminski-Morrow, D. (2013b), 'Aeroflot technical snags prompt Superjet defence', *Flight International*, 19 – 25 February, p. 14.

Kaminski-Morrow, D. (2013c), 'Sukhoi unruffled by latest mishap', *Flight International*, 30 July – 5 August, p. 6.

Karnazov, V. (2003a), 'Sukhoi-led RRJ wins Rosaviakosmos tender', *Flight International*, 18 – 24 march, p. 13.

Karnozov, V. (2003b), 'Sukhoi-led RRJ team upbeat on forecast', *Flight International*, 9 – 15 December, p. 13.

Karnozov, V. (2004), 'Western values', *Flight International*, 20 – 26 April, pp. 46 – 49.

Karnozov, V. (2007), 'Aeroflot urges additions to SSJ family', *Flight International*, 19 – 25 June, p. 30.

Karnozov, V. (2011), 'Courting western favour: and certification', *Flight International*, 2 – 8 August, p. 42.

Karnosov, V. and Norris, G. (2005), 'Russian reality', *Flight International*, 15 – 21 February, pp. 38 – 41.

Kenney, M. and Patton, D. (2006), 'The coevolution of technologies and institutions: Silicon Valley as the iconic high technology cluster', in: Braunerhjelm, P. and Feldman, M. (eds), *Cluster Genesis, Technology-based Industrial Development*, Oxford University Press, Oxford.

Kingsley-Jones, M. (2002), 'Regional orders plummet as jet output growth slackens', *Flight International*, 26 February – 4 March, p. 31.

Kingsley-Jones, M. (2004), 'Dornier 328JET assembly resumes after two years', *Flight International*, 15 – 21 June, p. 16.

Kingsley-Jones, M. (2007a), 'Russian revolution', *Flight International*, 6 – 12 February, pp. 36 – 39.

Kingsley-Jones, M. (2007b), 'Will MRJ change the game?' *Flight International*, 4 – 10 December, p. 20.

Kingsley-Jones, M., Moxon, J. and Norris, G. (1998), 'Brazilian workout', *Flight International*, 13 – 19 May, pp. 39 – 42.

Kirby, M. (2008), 'Bridging the divide', *Flight International*, 8 – 14 July, pp. 100 – 104.

Lewis, P. (1998), 'Back to basics', *Flight International*, 2 – 8 September, pp. 85 – 87.

Lewis, P. (2003), 'Changing circumstances', *Flight International*, 13 – 19 May, p. 60.

Lewis, P. and Dunn, B. (2003), 'De Havilland reopens as Bombardier studies costs', *Flight International*, 11 – 17 February, p. 9.

Lewis, P. and Ionides, N. (2002), 'Bombardier and Chinese to build the CRJ together', *Flight International*, 10 – 16 December, p. 4.

Lopez, R. (1998), 'Survival of the fastest? The market for regional aircraft is growing rapidly, but will jets be the ultimate winners?', *Flight International*, 13 – 19 May, p. 46.

Lopez, R. and Norris, G. (1998), 'Continental ERJ-135 order leads regional move to 30-seat jets', *Flight International*, 13 – 19 May, p. 5.

Martijn, C. (1996), *Vleugellam*, F&G Publishing, Bunnik.

Massy-Beresford, H. (2007), 'Growing a great OAK', *Flight International*, 14 – 20 August, pp. 30 – 32.

McKenna, J. T. (1995), 'EMB-145 to test Embraer's mettle', *Aviation Week & Space Technology*, 29 August, pp. 28 – 29.

Mecham, M. (1995), 'Asian manufacturers bid for "prime" time', *Aviation Week & Space Technology*, 13 march, p. 63.

Morrison, M. (2014), 'Breakthrough for Superjet', *Flight International*, 4 – 10 November, p. 19.

Morocco, J. D. (1999), 'RJX upgrade on track for autumn launch', *Aviation Week & Space Technology*, 10 May, p. 55.

North, D. M. (1995a), 'Embraer to shorten EMB-145 flight test program', *Aviation Week & Space Technology*, 12 June, pp. 147.

North, D. M. (1995b), 'Dornier 328 fights to break even', *Aviation Week & Space Technology*, 9 October, pp. 38 – 45.

North, D. M. (1996), 'EMB-145 success pivots on price, performance', *Aviation Week & Space Technology*, 15 July, pp. 48 – 51.

O'Keeffe, N. (2013), 'Debt-laden SCAC denies difficulties', *Flight International*, 23 – 29 July, p. 10.

O'Toole, K. (1997a), 'In search of a new jet age', *Flight International*, 5 – 11 March, pp. 25 – 26.

O'Toole, K. (1997b), 'Embraer reduces losses and expects return to profitability', *Flight International*, 23 – 29 April, p. 13.

O'Toole, K. (1998), 'Regional revolution', *Flight International*, 11 – 17 February, p. 27.

O'Toole, K. and Moxon, J. (1996), 'Regional dilemma', *Flight International*, 7 – 13 February, pp. 26 – 27.

Peruzzi, L. (2012), 'Interjet awaits first Sukhoi delivery', *Flight*

International，30 October – 5 November，p. 10.

Polek，G.（1998a），'Bombardier hopes to heat a cold market with the Dash 8Q-400'，*Aviation International News*，January，p. 64.

Polek，G.（1998b），'Embraer may broaden lead in 30-seat jet race'，*Aviation International News*，September，pp. 128.

Ranson，L.（2011），'Can Bombardier – Comac link-up work?'，*Flight International*，5 – 11 April，p. 12.

Reals，K.（2011），'Superjet vows to win over the west'，*Flight International*，25 – 31 January，p. 10.

Richfield，P.（2011），'Supersize this'，*Flight International*，3 – 9 may，pp. 24 – 25.

Roach，J. R. and Eastwood，A. B.（2001），*Turbo Prop Airliner Production List*，4th edition，The Aviation Hobby Shop，Middlesex.

Sekigawa，E. and Mecham，M.（1996），'Mitsubishi sees 100-seater in Global Express' wing'，*Aviation Week & Space Technology*，26 August，pp. 29 – 30.

Shifrin，C. A.（1996），'Fairchild，Dornier merger plans outlined at RAA'，*Aviation Week & Space Technology*，27 May，pp. 27 – 28.

Shifrin，C. A.（1997），'Bombardier bets on new regional turboprop'，*Aviation Week & Space Technology*，15 December，pp. 38 – 40.

Sobie，B.（2003a），'D'Long seeks funds to restart 728'，*Flight International*，16 – 22 September，p. 32.

Sobie，B.（2003b），'Local heroes'，*Flight International*，16 – 22 September，pp. 46 – 48.

Sobie，B.（2003c），'Alenia aims for role in ARJ21 assembly'，*Flight International*，30 September – 6 October，p. 12.

Sparaco，P.（1995），'DASA assessing market for 40 – 45-seat Dornier 328'，*Aviation Week & Space Technology*，5 June，p. 42.

Sparaco, P. (1997a), 'Air strengthens links with China', *Aviation Week & Space Technology*, 1 September, p. 40.

Sparaco, P. (1997b), 'Fairchild Dornier plans regional twinjet family', *Aviation Week & Space Technology*, 24 march, pp. 44 - 47.

Sparaco, P. (1998a), 'Europeans mull twinjet', *Aviation Week & Space Technology*, 30 November, p. 48.

Sparaco, P. (1998b), 'Fairchild Dornier seeks big role for small 328JET', *Aviation Week & Space Technology*, 2 March, pp. 56 - 57.

Sparaco, P. and Morrocco, J. D. (1998), 'AIR's failure may boost Avro', *Aviation Week & Space Technology*, 2 March, p. 45.

Symonds, W. C. (1997), 'Bombardier is doing barrel rolls', *Business Week*, 3 march, p. 40.

Taverna, M. A. (1997), 'Fairchild Dornier considering 70-seat regional jet', *Aviation Week & Space Technology*, 24 November, p. 48.

Thisdell, D. (2012), 'Breaking barriers', *Flight International*, 10 - 16 April, pp. 32 - 35.

Thomas, A. (2013), 'Geared up for a fight', *Flight International*, 30 April - 6 May, pp. 42 - 44.

Todd, D. and Simpson, J. (1986), The World Aircraft Industry, Croom Helm, London.

Toh, M. (2012a), 'ARJ21 starts ice tests as Merpati signals interest', *Flight International*, 6 - 12 march, p. 12.

Toh, M. (2012b), 'Ambitious order goal will require MRJ plant growth', *Flight International*, 14 - 27 August, p. 8.

Toh, M. (2012c), 'Merpati expansion rethink threatens ARJ and Sukhoi', *Flight International*, 22 - 28 May, p. 14.

Toh, M. (2013a), 'Landing-gear changes add to ARJ21's headaches', *Flight International*, 12 - 18 march, p. 14.

Toh, M. (2013b), 'Comac's tardy ARJ21 inches closer to certification', *Flight International*, 7 – 13 may, p. 15.

Toh, M. (2013c), 'Delays continue to dog ARJ21 certification timescale', *Flight International*, 28 May – 3 June, p. 10.

Toh, M. (2013d), 'Second line at Nagoya could support MRJ demand', Flight International, 5 – 11 February, p. 10.

Toh, M. (2013e), 'Mitsubishi defends MRJ in face of E-Jets overhaul', *Flight International*, 26 March – 1 April, p. 12.

Toh, M. (2013f), 'MRJ to have seven-aircraft test fleet', *Flight International*, 21 – 27 May, p. 13.

Toh, M. (2013g), 'Mitsubishi bullish despite MRJ delay', *Flight International*, 3 – 9 September, p. 20.

Toh, M. (2013h), 'MRJ delay pinned on FAA paperwork', *Flight International*, 10 – 16 September, p. 15.

Toh, M. (2013i), 'Bombardier talks 90-seater with Korea', *Flight International*, 29 January – 4 February, p. 13.

Toh, M. (2014a), 'Certification challenge ahead for MRJ', *Flight International*, 28 October – 3 November, p. 16.

Toh, M. (2014b), 'ARJ21 on verge of certification after delays', *Flight International*, 4 – 10 November, p. 30.

Trimble, S. (2004), 'Bombardier cool on 100-seat jet', *Flight International*, 3 – 9 February, p. 11.

Trimble, S. (2012a), 'Big question', *Flight International*, 3 – 9 July, pp. 66 – 68.

Trimble, S. (2012b), 'Superjet retains confidence in Blue Panorama commitment', *Flight International*, 30 October – 5 November, p. 10.

Trimble, S. (2012c), 'Mitsubishi reveals five-year plan for 100-seat MRJ', *Flight International*, 29 May – 4 June, p. 13.

Trimble, S. (2012d), 'Skywest expects further orders to follow MRJ90', *Flight International*, 24 – 30 July, p. 13.

Trimble, S (2012e), 'MRJ engine approval takes back seat', *Flight International*, 18 – 24 September, p. 19.

Trimble, S. (2012f), 'Return of the power turboprop', *Flight International*, 28 February – 5 March, pp. 32 – 34.

Trimble, S. (2012g), 'Embraer shuns tight turboprop market', *Flight International*, 17 – 24 April, p. 12.

Trimble, S. (2013), 'Mitsubishi patient on MRJ engine slip', *Flight International*, 15 – 21 January, p. 8.

Turner, A. (2007), 'Sukhoi advances composite use for stretched SSJ', *Flight International*, 10 – 16 July, p. 8.

US Civil Aviation Manufacturing Industry Panel, Committee on Technology and International Economic and Trade Issues (1985), *The Competitive Status of the U. S. Civil Aviation Manufacturing Industry*, National Academy Press, Washington, DC.

Waldron, G. (2012a), 'MRJ reels as one-year hitch delays deliveries to 2015', *Flight International*, 1 – 7 May, p. 11.

Waldron, G. (2012b), 'Big break', *Flight International*, 9 – 15 October, pp. 30 – 31.

Waldron, G. (2013), 'Money worries delay Indian 70-seater', *Flight International*, 18 December 2012 – 7 January 2013, p. 15.

Walker, K. (2003), 'Profits alert as Bombardier jobs go', *Flight International*, 11 – 17 March, p. 4.

Warwick, G. (1998), 'Embraer studies market for larger regional jet', *Flight International*, 20 – 26 May, p. 5.

Warwick, G. (1999), 'Shorter story', *Flight International*, 5 – 11 May, pp. 42 – 46.

Wright, J. P. (1936), 'Factors affecting the cost of airplanes', *Journal of Aeronautical Science*, Vol. 3, No. 2, pp. 122 – 128.

Yeo, G. L. (2010), 'Flying high', *Flight International*, 9 – 15 November, p. 43.

Yu'An, Z. (1999), 'Italian plane maker eyes China', *China Daily*, 3 December.

第 3 章
航空公司

战略与趋势

伊莎贝尔·多斯塔勒和约翰·菲塞特

2012年12月18日，加拿大航空公司非常自豪地宣布新成立一家低成本航空公司——胭脂航空，其"胭脂"二字译自法语"Rouge"（红色）（Deveau，2012）。这并非加拿大航空公司首次成立低成本子公司。为与西捷航空（WestJet）公司竞争，加拿大航空公司于2002年成立了子品牌ZIP航空公司，该航空公司于2004年停止运营。为给加拿大中部和东部地区提供无附加（no-frills）航空服务，加拿大航空公司于2001年成立了探戈航空公司，该公司现已成为拥有"最低价舱位"的代名词。自2004年走出破产保护之后，加拿大航空公司的财务状况起伏不定。受劳资关系冲突的影响，尽管加拿大航空公司取得了令人钦佩的安全飞行记录，却没收获乘客在服务质量方面的好评。2012年，加拿大航空公司及其区域合作伙伴拥有近3 500万名乘客，可能其中大部分人会对成立一家无附加服务（加拿大航空公司称之为"休闲体验"）航空公司的想法一笑置之（Air Canada，2013）。什么是附加服务？在飞机上售卖低质量小食和三明治很难被视为"附加服务"。然而有证据表明，这项新的商业尝试已经开始让加拿大航空公司在财务业绩方面取得了回报（CBC，2014）。当时，胭脂航空公司正加速将其业务扩展到多个休闲胜地，并着眼于进一步扩大欧洲市场，且有意进军亚洲市场（Marowits，2014）。加拿大航空公司和胭脂航空公司的主要区别在于运营成本的高低。2012年夏天，加拿大政府参与谈判会议，并在其间签署了新的集体合同，胭脂航空公司因此获得了比其母公司更大的发展空间。

　　对于大多数负担不起头等舱和商务舱的旅客,乘坐飞机已成为一种不太愉快的体验。大多数人都经历过机上小食难吃、行李丢失,以及一眼望不到头的安检队伍。但如图 3.1 所示,全球航空出行需求在持续增长:2005 年旅客运输量超过 20 亿人次,此后,航空旅客运输量开始进入稳步增长阶段,2010 年这一数据达到了 22.81 亿人次,2011 年猛增到了 28 亿人次。预计到 2030 年,航空旅客运输量将突破 59 亿人次(Air Transport Action Croup,2011)。

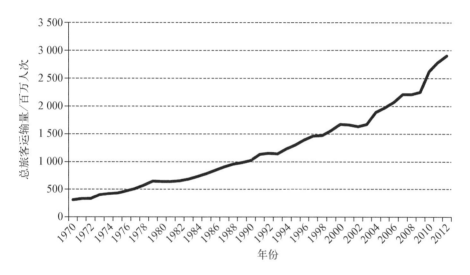

图 3.1　全球航空旅客运输量

(资料来源:http://data.worldbank.org/indicator/iS.Air.PSgr? order＝wbapi_data_value_2012＋wbapi_data_value＋wbapi_data_value-last&sort＝desc)

　　然而,旅客运输量增加不代表航空公司的利润更高。21 世纪的前 10 年,"9·11"恐怖袭击、严重急性呼吸综合征(SARS)、燃油价格上涨和 2008 年美国金融危机,这一系列事件给所有航空公司都带来了巨大挑战。有意思的是,尽管航空公司经常陷入财务困境,但与航空出行相关的其他行业和其从业者,例如飞机制造商、旅行社、全球分销系统供应商、机场、餐饮服务商和维修公司,一直都表现良好。正如 2012 年

《经济学人》所言:"航空公司给所有人都创造了丰厚的利润——除了自己。"

要了解全球航空公司的确切数量(包括小型区域性航空公司在内)是一项艰巨的任务。航班统计的数据显示,在国际民用航空组织(ICAO)或国际航空运输协会(IATA)注册过的航空公司总计 1 457 家[1]。各大航空公司基本都是 IATA 的成员。该协会成立于 1945 年,成立之初只有 57 名成员,如今成员已包括来自 115 个国家的 240 家航空公司,成员业务占全球航空运输总量的 84%[2]。表 3.1 为 2003—2013 年 IATA 全球成员分布情况,表 3.2 为三大航空联盟(星空联盟、天合联盟、寰宇一家)全球成员分布情况。值得一提的是,或许是因为 2003—2013 年的全球经济"崩溃"导致多家航空公司倒闭或重组,自 2003 年以来,各地区陆续有成员退出 IATA,仅中东地区除外。

表 3.1　2003—2013 年 IATA 全球成员分布情况

单位:家

地　　区	2003 年	2013 年	地　　区	2003 年	2013 年
欧　洲	94	83	非　洲	35	27
北　美	27	20	亚　洲	51	40
南　美	21	15	大洋洲	11	8
中　东	30	34			

资料来源:国际航空运输协会年度报告。

---

[1]　www.flightstats.com/go/Airline/airlinesofTheworld.do.
[2]　www.iata.org/about/members/Pages/index.aspx.

表 3.2　三大航空联盟全球成员分布情况

单位：家

地　　区	星空联盟	天合联盟	寰宇一家
欧　　洲	11	7	5
北　　美	2	2	1
南　　美	2	1	2
中　　东	0	2	2
非　　洲	3	1	0
亚　　洲	7	7	4
大 洋 洲	1	0	1

　　本章将简要回顾航空公司运营环境的变化，从 1978 年卡特任美国总统期间，美国航空市场放松管制，航空运输市场迎来"大爆炸"说起。本章还将讨论低成本航空公司的崛起、传统航空公司的报复性应对策略，以及一些航空公司正在使用的"混合"或"双重"战略；随后，将介绍处于世界不同地区的三家航空公司的案例，这些不同类型的航空公司在司龄、规模、辐射地理范围、经营策略和业绩等方面各不相同；在介绍完这些案例之后，我们将讨论多年来对运营商生存和成功起决定性作用的关键因素。

3.1　放松管制、航司竞争和经营模式

　　1978 年，卡特任美国总统期间，美国颁布了《航空业放松管制法》

(Airline Deregulation Act)，该法促使航空运输业主体发生转移，不可逆地改变了航空运输业的竞争格局。因此，航空运输界将 1978 年称为"大爆炸"年也并不让人意外(Sheth et al. ,2007)。从那时起，大量航空公司频繁进入、退出航空运输市场。在本章可以看到，幸存的航空公司要么成功抓住了商业模式创新的机遇，要么成功化解了放松管制带来的竞争威胁。

3.1.1 管制与否

经济学家关于航空运输管制对社会影响的讨论大致分为两个阵营——管制派与自由派。支持管制的一方认为，被吸引到这一领域的航空公司数量过多，且都倾向于选择运营盈利航线，阻碍了综合航空运输网络的建设，而这一问题可以通过管制解决。他们认为，航空运输市场可以被视为一种自然垄断，应该加以管制以降低票价。与此相对立的，自由派认为，航空运输是一个有竞争性的行业，并相信新进入者带来的竞争可以降低航空运输服务的价格。在放松管制之前，尽管大多数美国航空公司是上市公司，但其航班时刻表、班次和定价等运营事项均由政府当局决定。在管制框架下，航空公司员工获益颇多，但消费者和股东等其他相关者的利益却受到影响，因为消费者价格选择范围有限，航空公司的盈利能力也受到限制(Walker et al. ,2002)。美国政府颁布《航空业放松管制法》，承诺可以改善这种状况。讽刺的是，面对大规模解除管制，许多航空公司的战略选择是努力夺取市场主导地位，(航空公司之间的恶性竞争)导致的后果与解除监管本身的目标背道而驰(Sabourin & Fagnan,2000)。这一观点得到了普林斯和西蒙的支持，他们发现在美国航空运输业内存在一种相互忍让(勾结)的现象(Prince & Simon,2009)。两位学者研究了 1995 年 1 月至 2001 年 8 月

10 家美国主要航空公司①在 1 000 条国内商务航线上的业务,发现航空运输属于多点竞争市场,而竞争点的数量与航班延误的数量之间存在某种联系。他们的研究结果表明,航司间相互包容妥协(隐形勾结),形成了类似垄断的局面。原本在多个市场相互竞争的航空公司可以减少地面服务、行李处理和飞机维修的资源投入,通过这样的手段节省资金,提高公司利润。

"大爆炸"之前,美国之外各国的航空公司绝大多数都是国有载旗航空公司。放松管制对其他西方国家也产生了重大影响,加拿大和欧洲各国紧随美国,对几家载旗航空公司进行了私有化改革,如 1987 年英国航空公司私有化,1994 年汉莎航空公司私有化,但私有化的过程中对外资持股仍予以管制。加拿大地广人稀的特点给交通运输带来了显著挑战。在推进航空运输放松管制进程中,加拿大采取了一些折中政策,引发了利益相关者的无数指摘:大型机场的首席执行官控诉政府将航空业视作"摇钱树",偏远地区抱怨航空运输服务灵活性低、票价高。作为原国有企业,加拿大航空公司在 1989 年实现私有化,但之后在很多方面带有载旗航空的特征。欧洲的航空运输放松管制进程也在缓慢推进,并于 1997 年达到顶峰(Fan,2010),在航司的定价、运力、航线、服务水平和国内运输权等方面给予完全自由决定权。这意味着欧盟任何成员国都可以执飞欧洲境内任何航线,不仅限于本国出发地和目的地。欧盟是世界上第一个取消航空公司所有权限制的地区(Hsu & Chang,2005),此举对航空公司来说是极具吸引力的商业机遇,也为旅客提供了更多选择。

其他地区的航空管制框架和国家干预程度各不相同,在许多新兴经济体和转型经济体国家,载旗航空仍是部分或完全国有的。日本被

---

①　美国航空公司、阿拉斯加航空公司、大陆航空公司、达美航空公司、美国西部航空公司、西北航空公司、环球航空公司、美国联合航空公司、全美航空公司和西南航空公司。

认为是"这一传统产业的最后堡垒之一"(Thomas,2010)。2010 年日本航空公司破产后,日本航空业乃至整个日本都受到了相当大的冲击,该航空公司后来又在一家商业模式截然不同的小公司旗下重整旗鼓。尽管国土面积有限,但在过去 10 年中,阿联酋和新加坡等国家在全球旅客运输量增长中占据了相当大的份额,这都要归功于政府在旅游、机场和航空公司发展等方面精心制定的政策(Lohmann et al. ,2009)。毫无疑问,这些国家专制化的政治体制,转化为对航空运输系统的实质性干预。

3.1.2　实施放松管制的后果

美国放松航空管制后,航空运输业迎来了"大爆炸",新的参与者可以自由进入该行业,并且可以提供比既有航司更低廉的票价。美国人民捷运航空公司和西南航空公司的例子尤其能说明问题。人民捷运航空公司从 1981 年到 1987 年在新泽西州运营,并取得了一定成功,直到被大陆航空公司收购。该航空公司追求的是最纯粹的低成本战略(Porter,1980)——乘客享受超低价机票,对服务质量没有任何期待,并且愿意为机上小食和行李托运支付少许额外的费用。这家低成本航空公司一开始在国内市场运营,开辟了加拿大和欧洲航线。人民捷运航空公司的衰落可归因于其激进的收购战略,但谢思等人认为,人民捷运航空公司未能存活下来的原因是传统航空公司的掠夺性定价策略(Sheth et al. ,2007)。他们表示,包括美国航空公司、美国联合航空公司和达美航空公司在内的美国传统航空公司,也通过建设"轮辐式"航空运输网络来应对放松管制带来的威胁,即通过设置进入壁垒,实现规模经济运营。这种模式是通过传统航空公司的内部支线子公司将乘客从次级机场运送到公司的基地机场,然后执飞远程国际航班的大型客机便可以满载来自各区域的乘客。自 1991 年以来,这种商业模式的出现为庞巴迪公司等支线飞机制造商创造了机会,庞巴迪的 CRJ100 和 CRJ200 的销量就达到了 900 多架(另请参阅第 2 章)。

如上所述,在放松管制之前,航空公司的航线和价格由美国民用航空委员会(CAB)决定。行业放松管制后,必须另外建立一套航线和票价协调机制(Lee et al.,2000)。所以当时航空公司自己开发了计算机订票系统(CRS),也就是全球分销系统(GDS)的前身,因为它们不希望原本由监管机构控制下的航线和票价协调机制变成由旅行社掌控。

在国际联盟的背景下,结合全球分销系统,"轮辐式"航空运输网络实现了跨大陆间任意区域航空出行的"无缝"衔接。为在航空市场占领更大份额,获取更多利润,传统航空公司开始将目光从核心业务转移到投资酒店和汽车租赁服务。例如,1987 年,美国联合航空公司的母公司联合航空集团宣布计划成立阿利杰斯(Allegis)集团,一家由航空公司、希尔顿和威士顿连锁酒店,以及赫兹汽车租赁公司组成的旅游集团。最终由于内部利益相关方的强烈反对,该计划未能启动(Salpukas,1987)。尽管钱德勒等商业理论家认为,航空公司在其不熟知的领域进行多元化经营是一种不明智的战略,但传统航空公司仍希望通过构建更高的进入壁垒来保护自己免受放松管制带来的威胁,还坚持保留"祖父条款"(即先法优于后法,保护已获得的既得权利的立法不受后立法的影响),以此来保留航班起降时段选择权(Chandler,1990)。国内外航空运输网络无缝衔接和跨国订票系统的全球普及逐渐成为航空公司公认合法的"行业秘诀"(Spender,1989)。此外,该模式可在传统经营概念下,给业绩增长提供一个令人信服的理由,这对上市航空公司的股价走势和招商引资是十分有必要的(Carney & Dostaler,2006)。

放松管制后,尽管后成立的几家低成本航空公司未能在上述既有航空公司的反击中存活下来,但美国西南航空公司和美国穿越航空公司的成功案例在历史上留下了令人印象深刻的一笔。这两家公司于

2011 年合并（Ranson，2011）。西南航空公司已成为业内传奇，公司首席执行官赫布·凯莱赫（Herb Kelleher）是一位极具魅力的领导者，奉行灵活管理策略。在他的带领下，这家初创公司与美国航空公司和美国大陆航空公司开展了多次诉讼战，赢得了在得克萨斯州以外提供航空旅行服务的权利（Grantham，2007）。凯莱赫保住了员工的饭碗，被员工称为真正的英雄。西南航空公司的员工具有奉献精神，这在公司表彰会和相关视频中都有充分的体现。视频中的他们唱歌、跳舞，并对他们敬爱的凯莱赫表达忠心。西南航空公司的成功，不仅归功于出类拔萃的领导者，还得益于它是一系列实践的集大成者，包括将业务专注于拥挤程度较低的次级机场之间的点对点航班，打造一支可快速周转的单机型机队，组建可灵活运转的非工会组织的劳动力队伍。例如，西南航空公司的飞行员会主动帮助机组人员清理客舱。相比于传统航空公司，这让西南航空公司和许多效仿它的低成本航空公司（如瑞安航空公司）有着显著的成本优势。低成本航空公司往往是不受金融市场约束的私有小型创业公司，因此，它们会严格控制成本且大胆创新。这些创业公司最终都采用了当时颇具颠覆性的商业模式（Carney ＆ Dostaler，2006）。

3.1.3　回顾"进退两难的战略困境"

1980 年，波特（Porter）提出的经营战略类型论有助于更好地理解上述商业模式。波特认为，公司可以在两种竞争优势中做出战略选择：成本领先战略或差异化战略。这两种竞争优势与广泛竞争范围（公司瞄准大众市场）或有限竞争范围（公司专注于小众市场）相结合，形成四种著名的商业战略：成本领先战略、差异化战略、聚焦低成本战略和集中差异化战略。成本领先战略是消费型电子产品和紧凑型汽车行业公司所追求的典型商业战略。考虑到所提供的产品或服务价格低廉，为了产生利润,成本领先战略实施者在价值链上的每一项活动都必须以最有效的方式进行。相比之下,差异化战略是公司提供不同于大众的产品和服务的商业战略,客户认同这种差异化并愿意为此支付更高价格。选择差异化战略的企业所面临的关键挑战是需要具备相关的基础,即所提供的产品特征或服务方式能满足客户的差异化需求,以及拥有实现差异化所需的基础能力。为了满足客户诉求,成本领先战略实施者不能忽视客户对支付溢价以获得差异化高端服务的意愿,但也不能试图提供差异化战略中产品或服务所具备的特性,以免陷入"进退两难"的处境。根据波特的研究,20 世纪 70 年代莱克航空公司就陷入了这种困境(Porter,1980)。这家英国航空公司提供了一种成功的无附加/低价服务,却开始增设目的地,提高机上服务的档次。为了保持盈利能力,莱克航空公司不得不提高票价,乘客最终觉得乘坐传统航空公司的航班更划算。波特提到,试图采取某种通用战略,但却未能实现任何一种战略的公司就好比被"夹在中间",公司选择了"中庸战略",业绩会较差,因为同时开展所有战略,意味着公司面临诸多内在矛盾,以至于无法实现任何一种战略(Porter,1990)。这就可以解释为什么许多传统航空公司在 20 世纪 90 年代创建低成本航空子公司如此艰难。在这种尝试下诞生的许多公司要么被出售,要么被解散,荷兰皇家航空公司旗下的巴斯航空公司和全美航空公司旗下的美捷航空公司就是典型的例子。

多年来,航空公司实施这种"进退两难"的对策引发了很多争论。吉尔伯特和斯特雷贝尔认为,成本领先战略和差异化战略并不是相互排斥的,他们认为成熟产业中的公司可以通过转变产品差异化特性和不断创新来维持自身的活力,同时保持成本削减和流程效率的优势(Gilbert & Strebel,1988)。佩蒂格鲁和威普也提出了类似的观点,他们发现,在很多工业领域内,一个时代的竞争基础会成为下一个时代新组织能力形成的重要前提（Pettigrew & Whipp，1991）。他们表示"乐观地看，现在流行的单一竞争优势的概念是错误的；悲观地看，这种观点存在巨大的隐患，非常令人担忧"，并强调"把所有希望和资源都寄托在一种竞争能力上"是危险的（Pettigrew & Whipp，1991：289）。这一强有力的论点与皮特里斯和泰勒在 1996 年提出的"物有所值"的观点相呼应，他们是企业需要同时努力实现成本领先和差异化的狂热倡导者（Kanitakis，2002）。

克朗肖等人针对成本领先和差异化战略是否可以结合展开了辩论，对"进退两难"提出了不同的理解（Cronshaw et al.，1994）。他们认为，总的来说，很少有公司在缺少低成本、高品质或差异化产品的情况下能取得成功。换言之，与其将"中庸战略"看作一项公司采取的对策，不如说是一种分析其战略成果的方法。波特在比较国家竞争优势时表示，一家公司能够保持竞争优势取决于其优势的来源、优势来源的数量以及持续改进和升级的能力（Porter，1990：40）。波特还区分了低阶优势（如低劳动力成本或廉价原材料方面的成本优势）和高阶优势（如专有工艺技术或基于特有产品和服务的差异化优势），认为单纯的成本优势往往比差异化优势更难以持续。从某种意义上说，成本领先战略似乎被视为竞争战略家族中的"远房亲戚"，其潜在表达的信息似乎是：差异化战略才是最好的竞争战略。克朗肖等人认为，如果能够成功地将差异化战略和成本领先战略结合起来或许会更好（Cronshaw et al.，1994）。因此，现在大多数教科书都给出了第五种战略选择，即"成本领先与差异化混合型战略"（Coulter，2002；Hitt et al.，2003）或"最优成本供应商战略"（Thompson & Strickland，2004），这是一种"企业同时实现低成本和高差异化水平竞争优势"的战略（Coulter，2002：228）。虽然西南航空公司因开创低成本航空公司的商业模式而得到广泛认可，但希特等人在他们编写的教科书开篇就指出，西南航空公司之所以在财务条件不佳的情况下能取得成功,"是因为采用了成本领先与差异化混合型战略"(Hitt et al. ,2003)。西南航空公司和其他许多低成本航空公司一样,维持低票价的同时客户投诉也比大型航空公司少,并且能够吸引那些对客户态度良好、表现优异的员工。

还有些航空公司成功实践了第五种战略。赫拉克罗斯和沃茨在对新加坡航空公司进行案例研究时发现,这家亚洲航空公司奉行的是"双重战略",即"通过卓越的服务和创新实现差异化,同时在同行业者中实现成本领先"(Heraclous & Wirtz,2009:274)。为了实现这一目标,新加坡航空公司设法比竞争对手(Heraclous & Wirtz,2009:276)在各方面都略好一点。行业内如今使用"混合化"(Airline Leader,2011—2012)一词来形容一些低成本航空公司(如戈尔航空公司、西捷航空公司和捷蓝航空公司)在其商业模式中开始增加差异化特征的过程。这些案例支撑了克朗肖等人的观点:莱克航空公司、巴斯航空公司和美捷航空公司的失败并不是因为没选对竞争战略,而是因为战略执行不力(Cronshaw et al. ,1994)。

3.1.4　差异化的基础——无缝出行

成本领先战略,顾名思义就是要在成本上压制竞争对手。接下来,我们将对差异化概念展开讨论。差异化战略的基础是客户愿意为差异化的产品或服务支付溢价。追求差异化战略的公司需要清楚地了解其业务部门的游戏规则(或称之为关键成功要素),因为它们可以据此界定客户愿意为之支付溢价的特色产品或服务。在战略管理文献中,关键成功要素与公司推行差异化战略的基础和已发展的核心竞争力(最好是难以效仿的能力)之间的战略匹配度,被视为决定公司业务绩效的关键性因素。

如上所述,航空出行放松管制导致传统航空公司采取"轮辐式"的营运模式,以此作为阻碍新进入者的壁垒。除了以此方式应对新进入者,传统航空公司还预见到乘客为享受无缝衔接的跨国航线网络愿意支付更高的费用。无缝衔接的出行体验也因此被视为差异化战略的基础,并促进全球航空公司组建联盟。几十年来,航空公司之间一直在进行航线共享交易。例如,20世纪80年代北欧航空公司、瑞士航空公司、奥地利航空公司和芬兰航空公司试图建立"欧洲质量联盟"(如今已不复存在),但没有取得成功。1988年,北欧航空公司收购了美国大陆航空公司和东方航空公司的控股公司得克萨斯航空公司18.4%的股份,并建立了联盟,此举后来致使北欧航空公司陷入财务危机。

直到20世纪90年代,航空公司才开始尝试建立国际航空秩序,试图建立大规模联盟,从而提高所有成员的效率,并在不增加额外财务负担的情况下扩展航线覆盖范围。诸多合作关系促成的三大联盟一直发展至今,包括1997年成立的"星空联盟"、1999年成立的"寰宇一家"以及2000年成立的"天合联盟"。三大联盟之外的第四个联盟是"全球卓越",成立于1989年,由新加坡航空公司、瑞士航空公司和达美航空公司创建,于1998年解散(Li,2000)。联盟成员规模从17家到26家不等(见表3.3)。

表3.3 三大联盟主要成员及加入年份

星空联盟	天合联盟	寰宇一家
汉莎航空(创始成员)	法国航空(创始成员)	美国航空(创始成员)
北欧航空(创始成员)	达美航空(创始成员)	英国航空(创始成员)
美国联合航空(创始成员)	墨西哥航空(创始成员)	国泰航空(创始成员)
泰国国际航空(创始成员)	大韩航空(创始成员)	澳洲航空(创始成员)
加拿大航空(创始成员)	捷克航空(2001年)	芬兰航空(1999年)

星 空 联 盟	天 合 联 盟	寰 宇 一 家
全日空航空（1999 年）	荷兰皇家航空（2004 年）	西班牙航空（1999 年）
新西兰航空（1999 年）	俄罗斯航空（2006 年）	智利航空（2000 年）
新加坡航空（2000 年）	欧罗巴航空（2007 年）	约旦皇家航空（2007 年）
波兰航空（2003 年）	中国南方航空（2007 年）	日本航空（2007 年）
韩亚航空（2003 年）	肯尼亚航空（2007 年）	S7 航空（2010 年）
亚德里亚航空（2004 年）	意大利航空（2009 年）	柏林航空（2012 年）
克罗地亚航空（2004 年）	罗马尼亚航空（2010 年）	哥伦比亚航空（2013 年）
葡萄牙航空（2005 年）	台湾中华航空（2011 年）	马来西亚航空（2013 年）
南非航空（2006 年）	中国东方航空（2011 年）	斯里兰卡航空（2013 年）
瑞士国际航空（2006 年）	越南航空（2011 年）	卡塔尔航空（2013 年）
中国国际航空（2007 年）	阿根廷航空（2012 年）	巴西天马航空（2014 年）
埃及航空（2008 年）	中东航空（2012 年）	全美航空（2014 年）
土耳其航空（2008 年）	沙特阿拉伯航空（2012 年）	
布鲁塞尔航空（2009 年）	厦门航空（2012 年）	
爱琴海航空（2010 年）	印尼鹰航（2014 年）	
埃塞俄比亚航空（2011 年）		
巴拿马航空（2012 年）		
哥伦比亚航空（2012 年）		

结构与变迁：全球商用飞机产业

（续表）

星空联盟	天合联盟	寰宇一家
深圳航空（2012 年）		
长荣航空（2013 年）		
奥林匹克航空（2013 年）		

注：本表数据统计时间止于原版书出版时间。

　　三大联盟经历了经济低迷、恐怖袭击和传染病大流行恐惧笼罩下的困难时期，当低成本模式在 21 世纪初流行起来时，联盟模式又显得特别过时。尽管如此，覆盖全球的航空联盟仍然存活了下来，并且在跨大西洋航线上拥有绝对的控制权，以至于被称为"跨大西洋运输联盟"，作为联盟成员的航空公司在成本上达成一致并人为地抬高票价（*The Economist*，2011b）。虽然联盟的存在可以防止因航空出行系统分散造成的低效率（*The Economist*，2011c），但乘客在这种监管框架保护下的产业结构中，受益程度尚不可知。

　　需要补充的是，联盟成员不是一成不变的。除了新成员加盟之外，航空公司会因破产、战略调整、并购或对其他成员不满等各种原因而退出联盟。例如，巴西航空公司于 1997 年 10 月加入星空联盟，后因经营不善而进入破产保护和重组程序，该公司不得不退出联盟，最终在 2006 年被拆分为两家公司。又例如，澳大利亚安捷航空公司在 1999 年成为星空联盟的成员，但在几年后因破产而退出。其他的例子还有墨西哥航空①公司在 2000 年加入星空联盟，2004 年退出星空联盟，于 2009 年加入寰宇一家，2010 年该公司停止运营；上海航空公司在 2007 年加入

――――――――――

　　①　译者注：此处墨西哥航空为 Mexicana，与表 3.1 中的墨西哥航空（AeroMexico）不是同一家航空公司。译者尊重行业惯用译名，未做修改。

星空联盟，2010 年 10 月与（中国）东方航空公司合并后退出。

联盟成员所追求的商业战略模式立足于一个基本假设，即乘客愿意为享受航空公司提供的国际航空网络支付额外费用。但我们也无法判断乘客为国际航空网络带来了多少价值。此外，传统航空公司的战略执行不力通常会导致延误、误机和行李丢失事件发生，进而导致乘客的不满。鉴于一些成员拒绝加强伙伴关系，国际航空网络也并不像其所称的那样可以做到无缝衔接。例如，许多成员因为担心削弱自身品牌影响力所以不同意联合值机，虽然此举可以为乘客节省时间。亚洲的航空公司也可能担心它们的品牌形象受损，因为北美合作伙伴并不提供同等水平的商务舱服务。

因此，传统航空公司和联盟成员之间的战略契合度并不高。它们要么对差异化竞争的关键成功要素理解得不透彻，要么就是在确实了解客户需求的情况下，没有能力来满足这些需求。结果导致许多客户开始使用在线门户网站自行规划航班行程（*The Economist*，2011a）。这样做不仅可以节省开支，而且可以掌握行李状态，并在航班之间分配足够的时间来减少误机的风险。一部分乘客似乎在重新定义无缝出行的概念。

3.1.5　改变商业模式

以加拿大航空公司旗下的胭脂航空公司作为榜样，当前一些传统航空公司想利用旗下低成本航空子公司再碰碰运气。与此同时，低成本航空公司（如巴西戈尔航空公司）认为，除了不同联盟成员应共享多个代码协议之外，还有必要建立更多连接（Airline Leader，2011 - 2012）。因此，两类航空公司的业务模式似乎都处在成本领先-差异化模式的中间区域。这就引出了以下问题：是从成本领先战略还是从差异化战略开始向实施混合型战略过渡更容易成功？换句话说，胭脂航空公司能否在 ZIP 航空公司摔倒的地方爬起来，而戈尔航空公司能否避免莱克航空公司的厄运？不断发展的运营商能否避免陷入"进退两难"的困局？

　　与 21 世纪初相比，现在各家航空公司所提供的服务各有异同。一方面，传统航空公司为了降低成本已开始降低服务水平；另一方面，捷蓝航空公司等低成本航空公司的飞机则配备了真皮座椅和卫星电视。捷蓝航空公司的一位经理这样描述 2000 年初的竞争形势："此举可以让乘客以较低的票价享受更好的服务，使市面上别的运营商很难与我们竞争。"(Bonné，2003) 显然，支付较低票价却享受额外待遇，比选择传统航空公司却没有享受到预期内附加服务更能让人感到满意。博内将其称为"期望博弈"(Bonné，2003)。他的分析表明，传统航空公司更擅长这个游戏。1939 年，传统航空公司推出"有附加条件的机票"，向不愿意购买全价机票或全套服务机票的乘客出售低价机票，当然与此同时也会特别提醒这些乘客，他们将被安排在二等舱 (Bonné，2003)。这与一些传统航空公司在 21 世纪初开始实施的"取消捆绑"或"辅助收入"策略 (Garrow et al.，2012) 都截然不同[①]，乘客可以选择购买基础票，在此基础上根据自身需求添加行李托运、座位预订和航班取消时的协助服务。执行此策略的航空公司认为，乘客可能更期待按他们所享受的服务对应支付费用。

　　美国西南航空公司的成长路径是低成本航空公司向成本领先与差异化混合型战略发展的又一佐证[②]。该航空公司一直维持有机增长（偶

---

①　然而，值得注意的是，低成本运营商也在使用去捆绑策略，一个极端的例子就是瑞安航空公司 2011 年计划要求乘客为使用洗手间付费。虽然这个计划被放弃了，但该航空公司现在提议将 3 个卫生间中的 2 个替换为额外的座位 (Calder，2011)。

②　正如希特等人在他们的战略教科书中指出的那样，西南航空公司一直将低票价和优质服务结合在一起 (Hitt et al.，2003)。因此可以说，西南航空公司达到了成本领先-差异化的战略双赢。

尔收购小公司），2011年收购美国穿越航空公司后，成为美国最大的低成本航空公司（Southwest Airlines，2013）。一些评论员指出，低成本航空公司和传统航空公司之间的相似度越来越高（Knowledge at Wharton，2010）。准确地说，年轻化是低成本航空公司相较于传统航空公司的主要优势，而这一优势必然会随着时间的推移被削弱。事实上，收购穿越航空公司为西南航空公司带来了传统航空公司通常都会面临的挑战，包括年资表的协调和潜在的劳资纠纷，这可能对西南航空公司的文化（其主要优势之一）以及其信息系统的整合构成威胁。此次收购对双方都产生了一些影响：对穿越航空公司而言，其头等舱服务被取消；对西南航空公司而言，其被迫放弃了低成本模式的关键成功要素，例如专注运营一种机型以及使用小型次级机场，这两者都有助于缩短周转时间。

低成本航空公司和传统航空公司的另一个区别在于所使用的订票系统。如上所述，全球分销系统是在放松管制后发展起来的协调机制，在此之前，航线和价格由国家民航局决定。早期的订票系统是由各传统航空公司自己开发的，是这些航空公司试图缓解放松管制和竞争影响的又一例证。美国航空公司研发了 Sabre 系统，美国联合航空公司研发了 Apollo 系统，欧洲航空公司研发了 Amadeus 和 Galileo 系统。旅行社可以使用这些订票系统来查看可用航班和票价信息，从而进行预订和出票。然而，由于"晕轮效应"，这些系统无法确保对可用航班进行公正的比较，因此旅行社倾向于在其所属航空公司的系统内预订航班（Lee et al.，2000：4）。每个订票系统都会呈现出信息偏差，因为航空公司自己的订票系统往往优先显示自己的航班信息，且屏幕上列出的航班数量也有限。前文提到了，这也是传统航空公司设置进入壁垒的方式之一，试图借此缓解放松管制带来的影响。与此同时，旅行社从订票系统中受益，而航空公司却因此蒙受了损失。大型旅行社能够链接到多个计算机订票系统，并通过生成"被动预订"（虽然不能产生销售额,但航空公司必须为此支付一定的费用)来让航空公司的订票系统相互竞争。因此在某种程度上,航空公司希望摆脱旅行社是可以理解的。监管机构已经开始调查航空公司处理机票预订的反竞争方式,传统航空公司的决策是剥离计算机订票业务,出售订票系统:

> 在互联网时代初期,航空公司认为介于它们和乘客之间的中间商将成为历史。乘客最终会从航空公司自己的网站或通过网络直接链接到航空公司的比价系统购买机票。那为什么还要向代理商支付佣金呢? (*The Economist*,2012)

遗憾的是,事情并没有像传统航空公司计划的那样开展。虽然航空公司经常陷入财务困境,但全球分销系统已被证明是一项非常赚钱的业务。而且旅行社并没有因此消失。目前,通过全球分销系统预订往返机票的平均费用约为 12 美元,其中一部分费用由旅行社(线下或线上)支付(*The Economist*,2012)。

凭借点对点航线运营的商业模式,低成本航空公司有幸在摆脱旅行社和全球分销系统的情况下继续运营,因此节省了销售成本。然而,随着它们沿用成本领先与差异化混合型战略走向所谓的"混合"模式,低成本航空公司希望为乘客提供更多相互贯通的航线。鉴于多段航程订票无法仅依靠独立网站来实现,低成本航空公司也需要像传统航空公司那样向中间商支付费用。西南航空公司收购穿越航空公司的案例就很好地说明了这一点:通过收购,西南航空公司所运营的航线接入国际网络,但整合两个信息系统也给西南航空公司带来了挑战 (Knowledge at Wharton,2010)。

根据以上描述的全球状况来看,低成本航空公司和传统航空公司逐渐趋同,但个别公司也表现出了自己独有的特点。下一节中,我们将介绍三家在世界不同地区运营的航空公司的案例。

3.2　航空公司概况

　　本节将对美国联合航空公司、亚洲航空公司和戈尔航空公司进行介绍，之所以选择这三家航空公司是因为它们在司龄、规模、辐射地理范围和运营策略方面都存在显著差异。美国联合航空公司是一家传统航空公司，利用国际化规模发挥优势；亚洲航空公司是一家专注为南亚地区乘客提供低价机票和高质量服务的公司；戈尔航空公司在向国际航空公司转型，同时从低成本航空公司转向混合战略。为了突出它们之间的差异，表3.4列出了三家公司各自的收入、盈利能力、旅客运输量和机队规模的数据。

表 3.4　2012 年三家航空公司的主要统计数据

指　　标	美国联合航空[①]	戈尔航空[②]	亚洲航空[③]
收入/百万美元	3 715	3 484	1 500
盈利能力/百万美元	(723)	(653)	553
旅客运输量/百万人次	93.6	39	19.7
机队规模/架	702	131	125

注：

① http://ir.unitedcontinentalholdings.com/phoenix.zhtml? c＝83680&p＝irol-newsArticle&iD＝1777521&highlight＝.

② www.mzweb.com.br/gol2009/web/conteudo_en.asp? idioma＝1&tipo＝28005&conta＝44&id＝170228.

③ www.airasia.com/iwov-esources/my/common/pdf/AirAsia/ir/annual-report-2012.pdf.

3.2.1　美国联合航空公司

美国联合航空公司(以下简称"美联航")及旗下子公司联航快运2011 年与大陆航空公司合并,新公司平均每天在六大洲的 381 个机场运营着 5 472 个航班(United Continental Holdings,2013)。2012 年,美联航的旅客周转量排世界第一,国内航班和国际航班的客运里程总计超过 2.88 亿千米(IATA,2013)。美联航(纽约证券交易所的交易名称为联合大陆控股公司)成了世界上最大的航空公司。然而,其霸主地位并没有持续很长时间,在 2013 年 2 月,美国航空公司和全美航空公司完成合并,美国航空运输业再次转变为三足鼎立的竞争格局(Schlangenstein,2013)。

总部位于芝加哥的美联航曾是美国"六大"航空公司之一(经过一系列合并,后已缩减为三家),作为在放松管制之前就存在的传统航空公司,美联航在 20 世纪的大部分时间里都占据着行业主导地位(Holloway,2008)。长期以来,人们一直认为这类大型航空公司对航空服务水平的把控比较松懈。例如,尽管美国航空公司和美联航的收费(票价)位列前五,但根据美国顾客满意度指数(ACSI)分析,这两家公司的客户服务评级却是最差的。相比之下,西南航空公司是收费(票价)最低的航空公司之一,但该公司的顾客满意度却是最高的(Sauter,2013)。许多美联航的乘客都有过不好的乘机体验。2010 年,YouTube 上上传了一条音乐视频《美联航弄坏吉他》,获得了大众的共情,观看数近 1 300 万次(Sonofmaxwell,2009)。视频事件发生后一本相关内容的书随即问世,且在社交媒体上极具影响力(Carroll,2012)。

对美联航的溯源分析是解释纵向一体化优缺点的优秀案例。该航空公司的前身是联合飞机和运输公司(United Aircraft and Transport Corporation,UATC),该公司最初还是波音公司和普惠公司的母公司

（Garvey et al. ，2001；United Continental Holdings，2013）。现在的美国联合航空公司始于 1931 年 7 月 1 日成立的美联航。当时，该公司宣称自己是世界上最大的航空公司。1933 年 3 月 30 日，该公司率先引进世界上第一架现代民用客机——波音 247。1930 年，美国制定了《麦克纳利-沃特斯法》（McNary-Watres Act），大幅促进了航空公司和飞机制造商的纵向一体化整合。该法原本试图规范美国航空邮件业。在该法出台之前，针对同类邮递服务合同有多家运营商竞争。正如维托报道的那样，利润边界"阻碍了所有重要客运服务的发展"（Vietor，1990：64），因为邮递业务是这些早期航空公司的主要利润来源。因此，似乎有必要制定规章制度来为公司发展创造有利条件。1930 年的《麦克纳利-沃特斯法》促进了三家大型垂直整合的航空运输公司的发展，这些公司将飞机制造商聚集在一起，形成了政府支持的企业联盟（Vietor，1990：65），因为当时邮政业采取的不是通过竞争决定合同的授予方式，而是采用行政手段将合同给予最大的公司[①]。尽管这一行业模式刺激了客运服务的发展，但由于航空公司之间串通联合，垄断了整个美国运输业，引发了强烈抗议。1934 年《航空邮件法》出台后，这种行业模式被取缔。《航空邮件法》明确要求，所有现存的航空控股公司都必须解散，否则将面临再也无法收到邮递合同的风险[②]。联合飞机和运输公司随后被拆分为三部分：波音公司、联合飞机公司和美联航。

虽然美联航不是喷气式飞机的早期客户，但在 1960 年成了波音 720 的首家运营商，4 年后又成了波音 727 的首家运营商。在 20 世纪 90 年代，该航空公司密切参与了波音 777 的开发，波音公司在该项目中

---

① 正如维托（Vietor，1990：65）所报道的那样，"指定并授予了三条横穿北美大陆的航线：一条南部航线指定给了美国航空公司，一条中部航线指定给了西部航空公司，一条北部航线指定给了美国联合航空公司"。

② 维托辩称，由于不再允许航空公司进行垂直整合，1930 年的法案导致了"持续到 1978 年的寡头垄断局面"（Vietor，1990：66）。

采用了创新的产品开发实践,包括从项目开发初期阶段就与客户进行紧密互动(Brown et al.,2002)。因此,美联航在 1995 年成为国际上首家使用波音 777 的航空公司。

在美联航的发展和航空客运业的创建过程中,有位重要的参与者——"Pat"A. Patterson,即帕特·A.帕特森。他从 20 世纪 30 年代到 60 年代这三十多年间一直担任美联航总裁。他被视为开发新技术的重要代言人,除此之外,人们还将美国空乘的出现归功于他。在他任期结束时,美联航成为全美旅客周转量最多的航空公司,这一特殊地位一直保持到放松管制的实施。1978 年出台的《航空业放松管制法》迫使美联航削减航班,以提高盈利能力。如上文所述,传统航空公司随后通过设置进入壁垒来应对放松管制所带来的威胁。和其他主要航空公司一样,美联航的业务集中在洛杉矶、芝加哥和东京这几个主要枢纽。与此同时,美联航也像其他传统航空公司一样,采取了多元化战略,将业务扩展到计算机订票系统、连锁酒店、汽车租赁等其他领域。美联航还利用波音 747-400 大型喷气式客机机队进入太平洋、澳大利亚和欧洲等新市场(Garvey et al.,2001)。

美联航在国际航空市场上取得了重大进展。例如,1997 年,它与加拿大航空公司、汉莎航空公司、北欧航空公司和泰国国际航空公司合作,创建了星空联盟,并建设了一个拥有全球航线的通用网络。星空联盟在 20 世纪 90 年代末公布了其数年的利润,由于亚洲经济衰退,其利润增长有所放缓。在世纪之交,星空联盟仍是各区域本土商用航空领域最重要的参与者之一。然而,21 世纪初,随着非典型性肺炎、液体炸弹、2008 年美国金融危机以及"9·11"恐怖袭击等标志性事件的发生,低成本航空公司的崛起对传统航空公司构成了极大的挑战。战胜这一挑战对美联航来说尤为不易,因为"9·11"恐怖袭击事件中被劫持的 4 架飞机中有 2 架属于美联航。这一时期的星空联盟缺少运营资金,不得不进行大规模的成本削减。而对于美联航和其他几家传统航空公司来说,维持运营的唯一途径就是寻求破产保护。

　　凭借其拥有的 85 592 名员工和 703 架飞机的机队(包括波音 787梦想飞机在内的多款空客和波音机型),困难时期的美联航仍旧维持着活力,相对来说运营较好(United Continental Holdings,2013),由于削减运力,其载客率和客千米收入略有上升。但是,随着公司的结构调整和与大陆航空公司的合并,这段时间美联航的劳资关系也受到了影响。劳资关系远不是传统航空公司的优势,这在很大程度上解释了为什么乘客会对传统航空公司提供的服务感到不满。2013 年 1 月,美联航被评为十年来准点率最佳的航空公司,作为奖励,美联航向为此作出贡献的员工发放了 100 美元的奖金,改善了其雇主形象(Lazare,2013)。然而,需要指出的是,根据组织行为学文献(Deci et al.,1999),这种外在激励工具的有效性是有限的,可能无法打造像西南航空公司和捷蓝航空公司等低成本航空公司已成功形成的优质服务文化。

　　美国的四大航空公司(美国航空公司、联合大陆航空公司、达美航空公司和西南航空公司)中有三家是传统航空公司。可以说,随着美国传统航空公司的合并(由六家减至三家),以及依靠国际联盟的背景(例如,三家国际联盟),美国主要航空公司的运营商业环境并没有受到特别大的威胁。这就可以解释为什么 2012 年航空公司的收费较 2011 年会有所上涨(TravelNerd,2013)。美联航还通过提供新服务增加了辅助收入,比如行李 VIP 计划——乘客可以不用在机场领取行李,而是由航空公司将行李运至指定地点。美联航还是美国第一家在其国际航班上提供无线网络服务的传统航空公司(TravelNerd,2013),并通过其顶级会员计划为精英乘客提供服务而受到认可(Nicas,2013)。有意思的是,在遇到空中交通管制或航班延误时,航空公司会基于一种算法确定优先飞行的航班,该算法根据乘客数量、背景,以及该航班拥有精英会籍乘客的数量，对每个航班进行打分(Elliot,2012)。

尽管很多评论员认为，美国航空公司可能期望拥有更加自由的行业发展环境，但也有人认为它们当前的运营环境已经相当友好。美国对航空运输业的适度监管，主要是以设置外资持股上限的形式来约束外国竞争者，"基础条例和航空公司条例规定了'仅有本国航空公司才可以不受限制地进入本国市场，这也是使用本国基础设施'的前提"(Cosmas et al.，2011：18)。这样做是为了维持美国航空公司出色的安全记录，保护美国的竞争地位，保护就业和国家安全(Cosmas et al.，2011：21)。还有一个理由是可以规避被孤立地区接入（本土）交通网络所带来的风险。目前还不清楚美国航空公司对监管水平、性质的满意程度。虽然有观点认为，美国航空公司应该积极看待美国监管机构对外国航空公司运力、航班频率和票价的限制，但外资受限也阻碍了美国航空公司的发展潜力。换句话说，美国监管机构人为地允许实力较弱的航空公司生存下来，"纵容"它们继续提供较差的服务，收取更高的票价。

3.2.2　亚洲航空公司

亚洲航空公司（以下简称"亚航"）因连续 5 年获得"世界最佳低成本航空公司"的称号(Voyagers World,2013)而备受关注。亚航所在地吉隆坡是公认的"亚洲低成本航空运动的发源地"(Thomas,2011)。亚航拥有一支由 100 多架空客 A320 客机组成的单机型机队，平均机龄为4.2 年，这一模式似乎很适合低成本航空公司。亚航最初由马来西亚国有集团多元重工业(DRB－Hicom)于 1993 年 12 月创立，1996 年开始营运，为马来西亚的国内市场提供全方位的航空运输服务。然而，这一战略并不奏效，截至 2001 年 12 月，这家提供全方位服务的航空公司已经欠下了 1 100 万美元的债务。时代华纳(Time Warner)前高管托尼·费尔南德斯就在此时开始行动,他用名下一家拥有酒店、F1赛车队和一个足球俱乐部的图恩(Tune)集团象征性地以一个令吉(约合当时的 0.26 美元)收购了亚航。

托尼·费尔南德斯在 2011 年全球知名商业杂志《快公司》的"全球商业最具创意人物 100"榜单中排名第 53 位(*FastCompany*, 2011)。正如帕特森在 1933—1963 年间对美联航产生的重要影响一样,他在完成对亚航的收购后,在亚航的转型发展中发挥了重要作用。费尔南德斯被认为是受到了迈克尔·奥莱利的影响,迈克尔·奥莱利曾将西南航空公司的业务模式应用在瑞安航空公司上[①](Lohmann et al., 2009)。费尔南德斯将低成本运营模式引入亚洲,为亚太地区的人民能坐上飞机作出了贡献,就像多年前美国的低成本航空公司刺激了区域航空运输需求,并开启了航空与地面运输之间的竞争。从成立之日起,亚航的主要战略之一就是专注于吸引首次乘坐飞机的乘客(*Aviation Strategy*, 2003),因为据估计,在亚航成立之前,只有 6% 的马来西亚人坐过飞机(*Real Leaders*, 2009)。亚航专注于这一战略,在泰国和印度尼西亚等其他亚洲国家也设立了子公司(AirAsia, 2013)。这反映了亚太地区航空出行需求的增长趋势。

如上所述,北美传统航空公司是低质量航空出行服务提供商的"代言人"。与此形成鲜明对比的是,亚洲航空公司以高质量服务而闻名。亚太航空协会(Association of Asia Pacific Airlines, AAPA)总干事在 2012 年 11 月吉隆坡第 56 届主席大会开幕式致辞中提到:"亚洲是我们行业创新思维的核心,我们正在完善新的商业模式,建立新的合作伙伴关系,实施新的服务标准。"(AAPA, 2013)亚航独立于全球三大航空联

---

① 应该指出的是,西南航空公司以善待员工而闻名,而瑞安航空公司却"试图控制它们的员工"(Hoffer Gittell et al., 2009: 295),两家公司的劳资关系存在显著差异。亚航似乎正在效仿后者的做法,并设法在一个没有工会的环境中运营。

盟之外，它用自身的商业实践诠释了 AAPA 总干事提出的"创新思维"。例如，亚航已经开始利用社交媒体进行国内和国际航班售票，完美避开了传统的全球购票系统。亚航能够将低票价与差异化特色结合起来，比如提供从印度尼西亚望加锡到沙特阿拉伯吉达的航线，中间途经马来西亚的吉隆坡，以满足宗教旅客的需求。该公司运营 142 条航线，通往 78 个目的地，员工超 8 000 人。正如前面提到的，乘客已对传统航空公司执行的差异化战略失望，因为他们对本该享受的服务进行付费感到不满。亚航的乘客也必须在飞行期间自行支付行李托运费和小食费。然而，亚航成功地将其提供的食品和饮料做成了"零食攻击"项目，从而使其具有吸引力。该航空公司还尊重穆斯林的饮食习惯，机上餐食中不提供猪肉和酒精。因此，虽然亚航被称为低成本航空公司，但它和其他亚洲的航空公司一样，成功地采用了成本领先与差异化混合型战略。

亚航拥有稳健的财务和运营业绩。2012 年，亚航的旅客运输量为 1 968 万人次，销售额为 15 亿美元，净利润为 5.62 亿美元（AirAsia，2013）。它还以平均 13 小时的飞机日利用率、0.023 美元的全球最低每客千米成本而闻名。因此，亚航乘客客座率盈亏平衡点非常低，只有 52%（O'Connell & Williams，2005）。亚航拥有 6 家子公司①，其中包括亚航 X（AirAsia X），该公司为亚航旗下的远程低成本子公司，于 2007 年投入商业营运。有些传统航空公司试图以低成本子公司的模式与低成本航空公司竞争，但亚航却反其道而行。这条道路并非总是一帆风顺，在遭受亏损后，亚航不得不在 2012 年初整合其航线网络（The Star，2013）。不过，亚航 X 似乎和其母公司一样富有创新性，提出了无儿童静默区的概念，引起了媒体的关注（Dorman，2013）。

---

① 整个亚航集团航线覆盖 21 个国家的 85 个目的地（Voyagers World，2013）。

亚洲的航空监管环境仍然被视为一个"不平衡且被限制进入的系统"。马来西亚政府在 2006 年将马来西亚航空公司(以下简称"马航")和新进入者亚洲航空公司的国内航线进行了划分,以确保这两家航空公司不会相互竞争,此时马航亏损已达 5 亿美元(Hoffer Gittell et al.,2009)。然而,这样的局面正在改变,东南亚各国计划于 2015 年落实《开放天空协议》(Open Skies Agreement)。东盟 10 个成员国(文莱、柬埔寨、印度尼西亚、老挝、马来西亚、缅甸、菲律宾、新加坡、泰国和越南)之间的航班将不再受限制。在这一过程中,费尔南德斯发挥了重要作用,说服了马来西亚总理与印度尼西亚、新加坡和泰国等邻国签署《开放天空协议》。有趣的是,当东盟国家放弃贸易保护主义时,亚太航运协会却抱怨,"美国和欧盟在制定行业管理规则时仍然是非常强势的,可以说是发挥了主导作用"(AAPA,2013:3)。

3.2.3　戈尔航空公司

总部位于圣保罗的戈尔航空公司是巴西第二大航空公司,成立于 2000 年,是康斯坦丁诺家族集团子公司。该集团掌握着巴西最大的城市交通和远程客运业务。有趣的是,这种相互关联的多元化战略使该集团能够将空中与地面交通联系起来建立联运网络。戈尔航空公司是拉丁美洲第一家低成本航空公司,其市场进入模式与西南航空公司相似:它精心挑选了将要运营的航线,并以无附加服务模式开展运营。通过控制成本,戈尔航空公司能够提供较低的机票价格,对巴西航空公司、圣保罗航空公司、天马航空公司和环巴西航空公司构成了重大威胁。如今,圣保罗航空公司和环巴西航空公司已不复存在,天马航空公司也已被智利航空公司收购。2007 年,戈尔航空公司收购了巴西航空公司,这在低成本航空市场属于比较罕见的操作。

戈尔航空公司在成立初期非常成功,其首席执行官康斯坦斯诺·

奥利维亚在 2001 年和 2002 年被巴西一家报纸评为"最有价值高管"（*Businessweek*，2013）。戈尔航空公司在成立后不久就选择了多元化经营。它开始提供更多航线组合，并专注于远程运输市场，实际上就是放弃西南航空公司的商业模式转而效仿捷蓝航空公司的模式①。事实上，戈尔航空公司意识到了不可能像原来计划的那样吸引那么多低收入消费者。因此，该航空公司在 2001—2002 年增加了几条中远程航线，并将机队规模增至 22 架。它还转变了点对点的商业模式，开始提供更多的中转航班（Oliveira，2005）。戈尔航空公司为了在快速增长期筹集资金，于 2004 年 6 月在圣保罗和纽约证券交易所发起了首次公开募股②。虽然传统航空公司设立低成本子公司的做法很常见，但戈尔航空公司采取了完全不同的做法。它在 2007 年收购了巴西四大传统航空公司之一的巴西航空公司，计划将两家公司分开管理，专注于各自的商业模式（Wheatley，2007）。截至 2013 年，戈尔航空公司（不包括巴西航空公司）拥有 30 架波音 737 - 700 和 85 架波音 737 - 800，共运营通往 13 个国家 62 个目的地的航班。据其官网数据，该公司共拥有 18 706 名员工（Gol Airlines，2011）。尽管与多家航空公司建立了多种合作关系，但戈尔航空公司并未加入全球三大航空联盟，当时有传言称戈尔航空公司可能会加入天合联盟（Wall，2013）。2013 年初，戈尔航空公司与天合联盟的创始成员之一达美航空公司签订了一项协议，相互支持彼此的常旅客忠诚度计划（Zacks，2013a）。

一些行业观察家认为，目前阶段戈尔航空公司是一家"混合型"航空公司，并指出该公司已成功消化了巴西航空公司，并开始使用全球分

---

① 正如前文讨论的"混合化"的概念，一些低成本航空公司，如戈尔航空公司、西捷航空公司和捷蓝航空公司，已经开始为其商业模式添加差异化特征。因此，可以说这些航空公司放弃了西南航空公司的"完全"低成本模式。

② 尽管戈尔航空公司已上市，但公司仍由首席执行官康斯坦斯诺·奥利维亚的家族掌控。

销系统。这一步是低成本航空公司转向混合型航空公司过程中的一个主要障碍。通过比较低成本航空公司和混合型航空公司，《航空公司领导者》认为，戈尔航空公司是一家实现了最高营运利润率的混合型航空公司（*Airline Leader*，2010—2011）。然而总的来说，低成本航空公司的财务状况要优于《航空公司领导者》书中所关注的混合型航空公司。事实上，自 2011 年以来，戈尔航空公司的财务状况一直很差。戈尔航空公司是否已经成功实现了从低成本到成本领先-差异化混合型战略的转变？答案尚不清楚，因为在许多方面，戈尔航空公司与北美传统航空公司有一些共同点。咨询师西蒙·罗宾逊在他的博客上指责戈尔航空公司只保留了西南航空公司模式的成本控制要素，却对员工漠不关心，影响员工对客户服务的积极性（Robinson，2013）。根据罗宾逊的说法，这就是戈尔航空公司一直落后于蔚蓝航空公司（2008 年由捷蓝航空公司的戴维·尼尔曼创立）的原因。

　　从戈尔航空公司与被其收购的竞争对手韦博喷气航空公司之间的诉讼争端，足以看出戈尔航空公司不和谐的劳资关系。戈尔航空公司于 2012 年 10 月获得监管部门的批准，完成了对韦博喷气航空公司的收购，但不久之后就解散了韦博喷气航空公司。此举导致了大概 1 000 名员工被解雇，他们随后对戈尔航空公司提起集体诉讼。法院命令戈尔航空公司重新安置这些员工（Bevan，2012）。在 2011 年亏损 3.68 亿美元，2012 年第一季度亏损 2 030 万美元（MarketWatch，2012）后，戈尔航空公司着手进行重大重组。不久后，戈尔航空公司表示，关闭其子公司将有助于公司进行国际扩张。戈尔航空公司的策略是为了抓住在美国各地旅游旺季推动下国际运输量增长的机遇（Zacks，2013b）。

　　自成立以来，戈尔航空公司的财务业绩好坏参半。在早期取得了一些成功之后，该公司的快速扩张和收购巴西航空公司对其财务状况造成了不利影响。2008—2011 年，该公司进入盈利期。需要补充的是,巴西政府 2003 年宣布了"重新监管"航空业的决定,正说明戈尔航空公司是在一个复杂而具有挑战性的监管环境中运营的。在 1992 年巴西航空运输业放松管制之前,巴西航空市场有 4 家国有航空公司和 5 家区域运营商,机票价格是固定的,且不允许其他航空公司进入。在 1992 年开始的第一波放松管制期间,区域垄断被打破,不过主要城市间的航线网络仍然受到管制。第二波放松管制始于 1997 年,巴西取消了当时最后两项监管措施,即票价限制和主要城市间航线网络的运营权限制。到 2001 年,入境、航班频率和票价几乎完全放开限制(Bettini & Oliveira,2008)。然而一年后,大多数航空公司都陷入金融危机,巴西政府决定在 2003 年重新监管该行业,"旨在控制航空市场上所谓的运力过剩和过度竞争"(Bettini & Oliveira,2008:291)。值得注意的是,尽管政府的政策限制了航空公司的增长,戈尔航空公司还是决定通过引入红眼航班继续其扩张战略(Oliveira,2005)。

近年来,监管机构对巴西航空系统的公共干预有所减少,2010 年外资持股上限从 20% 提高到了 49%。2013 年初,有传言称巴西航空监管机构将强制航空公司限定价格。官方否认了这一点,并另外提出计划修改巴西机场起降时段分配规则(Leite,2013)。

3.3 结论

据传美国航空公司首席执行官鲍勃·克兰德尔曾说过,在航空业赚取一笔小钱的最佳方式是一开始就制订宏伟的计划。上述三个案例表明,航空运输业确实是一个具有挑战性的领域。自托尼·费尔南德斯收购亚航并扭亏为盈以来,该公司在运营和财务方面表现良好,但其 2007 年成立的远程(运输)子公司亚航 X 一直举步维艰。与此同时,虽然传统航空公司服务差且所售票价贵，但美联航在与大陆航空公司合并后仍然存活下来。巴西低成本航空公司戈尔航空公司在取得早期成功后不久就开始了快速扩张，并于 2007 年收购了传统航空公司巴西航空公司，戈尔航空公司业绩好坏参半，过去两年尤为艰难。

尽管面临巨大的挑战，一些航空公司还是开发出了可靠的商业模式。如本章案例所示，成本领先-差异化混合型战略是最有效的商业战略。战略提出者波特认为，西南航空公司成功的主要原因是其能够提供低票价和愉快的旅行体验（Hitt et al.，2003）。新加坡航空公司、捷蓝航空公司和亚洲航空公司等其他成功的航空公司也能够将成本领先与差异化战略结合起来。虽然清楚地了解客户价值和期望可以有助于成功实施成本领先-差异化混合型战略，但该战略若没有得到成功实施可能会导致航空公司陷入"进退两难"的困境（Porter，1980）。那些试图设立低成本子公司的传统航空公司就是一个很好的例子，戈尔航空公司收购巴西航空公司、亚航设立其远程（运输）子公司亚航 X 也是很好的例子。享有盛名的西南航空公司收购了穿越航空公司，现在成为美国具有代表性的航空公司之一，很有可能，西南航空公司最终会变得与其他航空公司一样。西南航空公司最终是否会夹在成本领先与差异化战略中间处于尴尬地位，最终无法实现其中任何一个战略？时间会证明一切。

虽然航空公司的存活和成功取决于其商业模式的质量和创新性，但本章提供的证据表明，存活和成功在很大程度上也取决于航空公司减少外部竞争的能力。传统航空公司针对第一代低成本航空公司采取的掠夺性定价的做法就是一个例子。"轮辐式"航空运输网络的创建，以及计算机预订系统的开发，也被公认为现有公司在放松管制后阻挡新进入者的有效方法。美国传统航空公司从六家合并为三家，再加上允许老牌航空公司保留机场起降时段的"祖父条款"可被视为减少竞争的方式。有人认为,国际联盟(例如在监管机构的帮助下存活下来的跨大西洋企业联盟)也进一步降低了竞争的激励程度。此外,监管机构也会对外国航空公司的权利范围施加限制,从而帮助本土公司生存发展,并为需要暂时喘息空间的航空公司提供破产保护。

航空运输业内公司的生存与一时的成功,似乎取决于为减少竞争对手之间激烈竞争而相互包容的策略,以及/或发展结合成本领先与差异化战略的创新商业模式。任何一家航空公司都可以将这两种方法结合起来(减少竞争和提高创新)。航空公司在其不同历史时期对这两种方法的依赖程度可能会有所不同。航空运输业是一个极具挑战性的行业,一旦商业模式的创新特性开始削弱,航空公司试图降低竞争强度是可以理解的,但是不能认为这理所当然。本章给出的证据表明,强有力的领导是协调发展中的一个重要因素,并可能决定航空公司将在多大程度上(有意识或无意识地)依赖于减少竞争或提高创新。例如,托尼·费尔南德斯似乎对亚航商业模式的优越性充满信心,从而倡导在东南亚地区实行更高的自由化。同样,赫布·凯莱赫也不怕与美国航空公司和大陆航空公司对簿公堂,以获得在得克萨斯州以外地区开展业务的可能性。

还应补充的是,在本章讨论的大型航空公司的背后,还有许多通用航空运营商在积蓄力量。航空出行总是会因为安检措施变得不那么愉悦,小型航空公司可以在固定基地运营商的帮助下为乘客提供非常流畅的旅行体验,这些固定基地运营商在远离主航站楼的地方提供地面服务。乘客有时会发现,这些小型航空公司提供的支线航空服务并不比传统航空公司的支线子公司提供的定期航班贵多少,这在人口密度较低的地区尤为明显。同样,在远程市场上,购买公务机机票或选择公务航空公司(如维思达公务机),也为选择头等舱和商务舱的客户群体提供了可替代方案。传统航空公司、低成本航空公司甚至混合型航空公司,都应密切关注这种新型竞争形式的发展。正如第 11 章所讨论的,航空公司还应该关注旅游群体日益增长所带来的碳排放问题。乘客的环保意识越来越强,有朝一日,他们可能会减少旅行,或者尽可能牺牲用在路上的时间,选择地面交通。

参考文献

AAPA, 2013. 2012 Speeches and presentations, *Association of Asia Pacific Airlines* [online]. Available at: www. aapairlines. org/2012 _ Speeches _ and _ Presentations. aspx [accessed March 7, 2013].

Air Canada, 2013. *Air Canada Overview*, *March 2013* [online] Available at: www. aircanada. com/en/about/acfamily/ [accessed march 12, 2013].

Air Transport Action Group, 2011, *Aviation benefits beyond boarders* [pdf] Montreal: International Air Transport Association. Available at: www. aviationbenefitsbeyondborders. org/sites/default/files/pdfs/ABBB _ medium% 20res. pdf [accessed march 6, 2013].

AirAsia, 2013. *Press Release Quarter 2 2012* [online]. Available at: www. airasia. com/iwov-resources/my/common/pdf/AirAsia/ir/AA_4q12_Press_release. pdf [accessed March 7, 2013].

Airline Leader, 2011 - 2012. Low-cost airlines, hybridisation and the rocky path to profits, January 11, Available at: www. airlineleader. com/index_issue_11. htm [accessed November 27, 2012].

Aviation Strategy, 2003. Asia's emerging low-cost carriers, *Aviation Strategy*, May, 2 - 5.

Bettini, H. F. A. J. and Oliveira, A. V. M., 2008. Airline capacity setting after re-regulation: The Brazilian case in the early 2000s, *Journal of Air Transport Management*, 14: 289 - 292.

Bevan, S., 2012. Brazilian airline Gol expands daily service to MIA. *South*

Florida Business Journal，［online］December 18. Available at：www. bizjournals. com/southflorida/news/2012/12/18/brazilian-airline-flies-first-route-to. html ［accessed June 18，2013］.

Bonné，J.，2003. Making sense of the airline business：Fewer frills and a focus on economic fundamentals，*MSNBC*. Available at：www. msnbc. msn. com/id/3073566/ns/business-us _ business/t/making-sense-airline-business/ ［accessed November 28，2012］.

Brown，K. A.，Ramanathan，K. V. and Schmitt，T. G.，2002. The Boeing commercial airplane group：Design process evolution. In：N. Harrison and D. Samson（eds.），*Technology Management*，New York：McGraw Hill.

Businessweek，2013. Gol Linhas Aereas Intel-adr. Available at：http://investing. businessweek. com/research/stocks/people/person. asp? personid＝10244623&. ticker＝goq：gr［accessed June 17，2013］.

Calder，S.，2011. Ryanair unveils its latest plan to save money：Remove toilets from plane. *The Independent* ［online］. October 12. Available at：www. independent. co. uk/travel/news-and-advice/ryanair-unveils-its-latest-plan-to-save-money-remove-toiletsfrom-the-plane-2369232. html ［accessed June 17，2013］.

Carney，M. and Dostaler，I.，2006. Airline ownership and control：A corporate governance perspective，*Journal of Air Transport Management*，12：63 – 75.

Carroll，D.，2012. *United Breaks Guitars: The Power of One Voice in the age of Social Media*，Carlsbad，CA：Hay House.

CBC，2014. Air Canada stock dives 20％ on record 2013 results. *CBC News* ［online］February 12. Available at：www. cbc. ca/news/business/air-canada-stock-dives-20-onrecord-2013-results-1. 2533756 ［accessed April 1，2014］.

Chandler，A.，1990. The enduring logic of industrial success，*Harvard Business Review*，68：131 – 139.

Cosmas，A.，Belobaba，P. and Swelbar，W.，2011. Framing the discussion on regulatory liberalisation: A stakeholder analysis of open skies, ownership and control. *International Journal of Aviation Management*, 1(1): 17–39.

Coulter, M. K., 2002. *Strategic Management in Action*, 2nd edn, Upper Saddle River, NJ: Prentice Hall.

Cronshaw, M., Davis, E. and Kay, J., 1994. On being stuck in the middle or good food costs less at Sainsbury's. *British Journal of Management*, 5: 19–32.

Deci, E. L., Koestner, R. and Ryan, R. M., 1999. A meta-analytic review of experiments examining the effects of extrinsic rewards on intrinsic motivation. *Psychological Bulletin*, 125(6): 627–668.

Deveau, S., 2012. Air Canada targets new leisure destinations with low-cost carrier Rouge. *The National Post* [online]. Available at: http://business. financialpost. com/2012/12/18/air-canada-targets-new-leisure-destinations-with-low-cost-carrierrouge/[accessed march 6, 2013].

Dorman, C., 2013. Kid-free zones on planes: It's about time. *The Age Traveller*, [online] February 11. Available at: www. theage. com. au/travel/blogs/travellers-check/kidfreezones-on-planes-its-about-time-20130211-2e7nb. html ♯ixzz2KdP7bhkA [accessed March 6, 2013].

The Economist, 2011a. The airmiles-high clubs, *The Economist* [online] November 12. Available at: www. economist. com/node/21538152 [accessed November 25, 2012].

The Economist, 2011b. Open the skies, *The Economist* [online] November 12. Available at: www. economist. com/blogs/gulliver/2011/12/airline-alliances [accessed November 25, 2012].

The Economist, 2011c. Airline alliances, *The Economist* [online] December 12. Available at: www. economist. com/node/21538149 [accessed November 25, 2012].

The Economist, 2012. The ineluctable middlemen, *The Economist* [online]

August 25. Available at: www. economist. com/node/21560866 [accessed December 17, 2012].

Elliot, C. , 2012. 5 Fascinating facts about the new United Airlines. [online] August 4. Available at: http://elliott. org/blog/5-fascinating-facts-about-the-new-united-airlines/[accessed June 15, 2013].

Fan, T. P. C. , 2010. De novo venture strategy: arch incumbency at inaugural entry. *Strategic Management Journal*, 31: 19 – 38.

FastCompany, 2011. The 100 most creative people in business: Tony Fernandes. [online] Available at: www. fastcompany. com/most-creative-people/ 2011/tony-fernandes-tunegroup [accessed May 13, 2012].

Garrow, L. A. , Hotle, S. and Mumbower, S. , 2012. Assessment of product debundling trends in the US airline industry: Customer service and public policy implications. *Transportation Research Part A: Policy and Practice*, 46: 255 – 268.

Garvey, W. , Fisher, D. , and Johnson, R. , 2001. *The Age of Flight: A History of America's Pioneering Airline*. Greensboro: Pace Communications.

Gilbert, X. and Strebel, P. , 1988. Developing competitive advantage, in J. B. Quinn, H. Mintzberg and R. M. James (eds.), *The Strategy Process: Concepts, Contexts, and Cases*, Englewood Cliffs, NJ: Prentice-Hall.

Gol Airlines, 2011. Data and statistics. [online] Available at: www. voegol. com. br/en-us/a-gol/quem-somos/dados-e-estatisticas/paginas/default. aspx [accessed June 16, 2013].

Grantham, J. , 2007. A free bird sings the song of the caged: Southwest airlines' fight to repeal the Wright Amendment. *Journal of Air Law & Commerce*, 72: 429 – 462.

Heraclous, L. and Wirtz, J. , 2009. Strategy and organization at Singapore Airlines: Achieving sustainable advantage through dual strategy, *Journal of Air Transport Management*, 15: 274 – 279.

Hitt, M. A., Ireland, R. D. and Hoskisson, R. E., 2003. *Strategic management: Competitiveness and globalization*, 5th edn., Cincinnati, OH: Thomson South-Western.

Hoffer Gittell, J., von Nordenflycht, A., Kochan. T. A., McKersie R. and Bamber, G. J., 2009. Labor relations and human resources management in the airline industry, in: Belobaba, P., Odoni, A. and Barnhart, C. (eds) *The Global Airline Industry*, Chichester: Wiley.

Holloway, S. 2008. *Straight and Level: Practical Airline Economics*, 3rd edn., Aldershot: Ashgate Publishing Limited.

Hsu, C. J. and Chang, Y. C., 2005. The influences of airline ownership rules on aviation policies and carriers' strategies, *Proceedings of the Eastern Asia Society for Transportation Studies*, 5: 557 – 569.

IATA, 2013. Scheduled passenger-kilometers flown [online]. Available at: www. iata. org/publications/pages/wats-passenger-km. aspx [accessed August 26, 2013].

Kanitakis, E., 2002. Stuck in the middle: Fact or myth? The case of Easyjet. Unpublished MA Dissertation, Nottingham University Business School.

Knowledge at Wharton, 2010. By acquiring AirTran, will Southwest continue to spread the LUV. [online] October 13. Available at: http://knowledge. wharton. upenn. edu/article. cfm? articleid=2614 [accessed may 13, 2012].

Lazare, L., 2013. United Airlines notches best on-time performance in a decade. *Chicago Business Journal* [online] February 5. Available at: www. bizjournals. com/chicago/news/2013/02/05/united-airlines-notches-best-on-time. html [accessed march 7, 2013].

Lee, A., Lee, L. and Farhoomand, A. F., 2000. *Computer Reservation Systems: An Industry of its Own*, Centre for Asian Business Cases, School of Business, University of Hong Kong.

Leite, J., 2013. Rumors of a Brazilian airfare cap send Gol stock price tumbling. *Bloomberg* [online] February 1. Available at: http://skift. com/2013/02/ 01/rumors-of-brazilianairfare-cap-send-gol-stock-price-tumbling/ [accessed June 17, 2013].

Li, M. Z. , 2000. Distinct features of lasting and non-lasting airline alliances. *Journal of Air Transport Management*, 6, 2: 65–73.

Lohmann, G. , Albers, S. , Koch, B. and Pavlovich, K. , 2009. From hub to destination: an explorative study of Singapore and Dubai's aviation-based tourism policies, *Journal of Air Transport Management*, 15, 5: 205–211.

MarketWatch, 2012. Union says Brazil's Gol Linhas laid off 84 pilots. *MarketWatch* [online] June 26. Available at: www. marketwatch. com/story/union-says-brazils-gollinhas-laid-off-84-pilots-2012-06-26 [accessed June 17, 2013].

Marowits, R. , 2014. Air Canada moves to lower costs by expanding Rouge service to Vancouver, Calgary, *The Gazette* [online] March 25. Available at: www. montrealgazette. com/business/Canada+moves+lower+costs+expanding+rouge+ service+Vancouver/9658735/story. html [accessed April 1, 2014].

Nicas, J. , 2013. Inside United's secret club for top fliers [online] August 22. Available at: http://online. wsj. com/article/SB10001424127887323423804579025120455867410. html [accessed August 26, 2013].

O'Connell, J. F. and Williams, G. , 2005. Passengers' perceptions of low-cost airlines and full service carriers: A case study involving Ryanair, Aer Lingus, Air Asia and Malaysia Airlines, *Journal of Air Transport Management*, [online]. Available at: http://dspace. lib. cranfield. ac. uk/handle/1826/1453 [accessed May 12 2012].

Oliveira, A. V. M. 2005. An empirical model of lost cost carrier entry: The entry patterns of Gol Airlines. In: *9th World Conference of the Air Transport Research Society (ATRS)*, Rio de Janerio, Brazil July 3.

Pettigrew, A. and Whipp, R. , 1991. *Managing Change for Competitive Success*, Oxford: Blackwell.

Pitelis, C. and Taylor, S., 1996. From generic strategies to value for money in hypercompetitive environments. *Journal of General Management*, 21: 45 – 61.

Porter, M. E., 1980. *Competitive Strategy: Techniques for Analyzing Industries and Competitors*, New York: The Free Press.

Porter, M. E., 1990. *The Competitive Advantage of Nations*, New York: The Free Press.

Prince, J. T. and Simon, D. H., 2009. Multimarket contact and service quality: Evidence from on-time performance in the U. S. airline industry. *Academy of Management Journal*, 52: 336 – 354.

Ranson, L., 2011. Southwest closes AirTran acquisition. *Flight Global* [online] May 2. Available at: www. flightglobal. com/news/articles/southwest-closes-airtran-acquisition-356148/[accessed May 8, 2013].

Real Leaders, 2009. A new and responsible business model is showing that flying can be guilt-free [online]. Available at: www. real-leaders. com/articles/a-cut-above/ [accessed May 15, 2012].

Robinson, S., 2013. A tale of two airlines: Brazil's Gol and Azul. [online] March 21. Available at: http://transitionconsciousness. wordpress. com/2013/03/21/a-tale-to-twoairlines-brazils-gol-and-azul/ [accessed June 17, 2013].

Sabourin, V. and Fagnan, M. D., 2000. Les pratiques stratéiques et le déeloppement d'avantages structurels dans un contexte de déréglementation, IXe Conférence de l'Association Internationale de Management Stratégique, Montpellier, May.

Salpukas, A., 1987. Allegis Corp. replaces chairman and plans to sell Hertz and Hotels. *Net York Times* [online]. Available at: www. nytimes. com/1987/06/10/business/allegiscorp-replaces-chairman-and-plans-to-sell-hertz-and-hotels. html [accessed March 6, 2013].

Sauter, M., 2013. Airlines charging the highest fees. *24/7 Wall St.*

[online]. Available at: http://247wallst. com/2013/02/05/airlines-charging-the-highest-fees/ [accessed March 6, 2013].

Schlangenstein, M., 2013. US Airways leads AMR merger to create largest airline. *Bloomberg News* [online] February 14. Available at: www. bloomberg. com/news/2013-02-14/us-airways-leads-amr-merger-to-create-largest-airline. html [accessed March 6, 2013].

Sheth, J. N., Allvine, F. C., Uslay, C. and Dixit, A., 2007. *Deregulation and competition: Lessons from the airline industry*, New Delhi: Response Books, Sage.

Sonofmaxwell, 2009. United breaks guitars. [video online]. Available at: www. youtube. com/watch? v=5ygc4zoqozo [accessed June 23, 2009].

Southwest Airlines, 2013. *Southwest Corporate Fact Sheet. Dallas: Southwest Airlines.* Available at: www. swamedia. com/channels/Corporate-Fact-Sheet/pages/corporatefact-sheet [accessed March 7, 2013].

Spender, J. C., 1989. *Industry Recipes: An Enquiry into the Nature and Sources of Managerial Judgement*, Oxford: Blackwell.

The Star, 2013. AirAsia X records 41% growth in passengers in fourth quarter. *The Star (Malaysia)* [online]. Available at: http://biz. thestar. com. my/news/story. asp? file =/2013/2/7/business/12681943&sec =business [accessed march 6, 2013].

Thomas, G., 2010. Asia's rising low-cost tide, *Air Transport World*, October.

Thomas, G., 2011. Squeeze play, *Air Transport World*, June.

Thompson, A. A. and Strickland, A. J., 2004. *Strategic Management: Concepts and Cases*, 13th edn, New York: McGraw Hill.

TravelNerd, 2013. TravelNerd study finds over 50 U. S. airline fee changes since last year [online]. Available at: www. nerdwallet. com/blog/travel/2013/travelnerd-study-finds-50-airline-fee-changes/ [accessed June 15, 2013].

United Continental Holdings，2013. *United Fact Sheet*. ［pdf］Chicago：United Continental Holdings. Available at：www. unitedcontinentalholdings. com/documents/FactSheet. pdf ［accessed March 6，2013］.

Vietor，R. H. K.，1990. Contrived competition：Airline regulation and deregulation，1925 – 1988. *The Business History Review*，64：61 – 108.

Voyagers World，2013. AirAsia & AirAsia X clinch awards at World Airline Awards 2013 ［online］June 20. Available at：http://voyagersworld. in/article/airasia-airasia-xclinch-awards-world-airline-awards-2013 ［accessed June 17 2013］.

Walker，G.，Madsen，T. L. and Carini，G. 2002. How does institutional change affect heterogeneity among firms? *Strategic Management Journal*，23：89 – 1004.

Wall，R.，2013. Skyteam alliance may add Gol and Virgin Atlantic following Delta investment. *Bloomberg* ［online］February 1. Available at：http://skift. com/2013/06/03/skyteam-alliance-may-add-gol-and-virgin-atlantic-following-delta-investment/［accessed June 18，2013］.

Wheatley，J. 2007. Brazil's Gol buys rival Varig for ＄320m. *Financial Times* ［online］March 28. Available at：www. ft. com/cms/s/0/0176074c-dd7a-11db-8d42-000b5df10621. html♯axzz2Xq8poyph ［accessed June 17，2013］.

Zacks，2013a. Gol's new partnership with Delta ［online］February 11. Available at：www.zacks.com/stock/news/92447/gols-new-partnership-with-delta ［accessed June 16，2013］.

Zacks，2013b. Increased December traffic for Gol ［online］January 22. Available at：www. zacks. com/stock/news/90951/increased-december-traffic-for-gol ［accessed June 16，2013］.

153

第 4 章
发动机

丹尼尔·托德和索伦·埃里克松

莱特兄弟飞行试验闻名世界——1903 年，全球第一架载人动力飞机在美国北卡罗来纳州的基蒂霍克飞上了蓝天，这并非人类首次成功载人飞行，之所以最受关注，因为这是人类首次实现动力飞行。早在奥维尔·莱特和威尔伯·莱特推出"飞行者"号之前，人类就已经开始翱翔天空，进行探索。无数先驱利用热气球和滑翔机进行了勇敢尝试，杰出人物层出不穷。艾蒂安·蒙戈尔菲耶于 1783 年首次借助热气球升空。乔治·凯利爵士于 1853 年首次实现了创纪录的滑翔机载人飞行，被称为"空气动力学之父"。与其他先驱不同，莱特"飞行者"号在推进方式上采用了一台由莱特兄弟的机械工程师查理·泰勒所组装的小功率直列发动机。莱特兄弟对机身进行空气动力学改进，极大地提高了飞行效率，但如果缺乏有效的动力源，这些创新只能是纸上谈兵。在航空史上，被人们铭记为超越时代的飞机设计，都因其高效的推进方式而备受推崇。一架飞机的性能很大程度上取决于推进系统：有了高效的动力，成功几乎就有了保证，否则飞机设计注定要失败。历史上很多例子可以证明这一点。

举两个关于罗尔斯-罗伊斯（以下简称"罗-罗"）"梅林"发动机的例子。第一个例子跟北美公司 P-51"野马"战斗机有关，它是第二次世界大战中最佳战斗机之一。P-51"野马"战斗机最初版本的服役记录并不令人满意。1941 年，P-51"野马"投入使用时，配备了功率为 858 千瓦（1 150 马力）的艾利逊（Allison）V-1710 发动机。早期的"野马"表现令人失望，发动机的局限性限制了飞行包线，导致飞机只能在低空飞行。飞机本身卓越的空气动力学设计无法在性能上体现。当改用"梅林"发动机后，"野马"战斗机便脱颖而出。这台1 186千瓦(1 590马力)的发动机改变了"野马"战斗机的命运，使其兼得了每一位战斗机设计师都努力追求的机动性和高航程(Gunston,1990)。与"野马"同时代的是阿芙罗·兰开斯特。这款飞机是英国对德国展开轰炸攻势的中坚力量，最初服役时也历经坎坷。兰开斯特的前身为曼彻斯特飞机，配备两台发动机。它于1941年投入战斗，结果惨不忍睹，根本问题在其配备的罗-罗"秃鹰"发动机。这款发动机动力不足，可靠性不佳。该款飞机被重新设计后，发动机数量从2台增加至4台，希望解决动力性能问题，同时改用"梅林"发动机确保可靠性。经过重新设计的兰开斯特服役后的表现超出了所有人的预期(Jackson,1990)。

这些都是军事航空史中的例子。战争时期及时修复飞机性能缺陷受到普遍重视。在商用航空中，飞机的推进系统同样容易遭遇技术短板，致使航空设计师别无选择，只能通过中途换发的形式延续飞机型号的生命周期。20世纪50年代和60年代，法国东南飞机公司生产的双发客机"快帆"①的故事证明了这一点。作为涡轮喷气动力客机领域的先驱，"快帆"最初采用的是罗-罗"埃汶"(Avon)发动机，一种额定推力为50.7千牛顿(11 400磅)的轴流式发动机。"快帆"早期收获了一些订单，但人们认为如果不能进入美国市场，飞机就不可能获取持久的成功，因此坚定地认为该飞机必须采用性能优越的美国制发动机。"快帆"最终选定的发动机是普惠公司的JT8D。该发动机采用了新型涡轮风扇发动机技术，使飞机性能获得了显著提升。具有讽刺意味的是，"快帆"的改变并没有赢得美国航空公司的订单，反而在美国主制造商的巨大施压下沦落为受害者，它们力图为自己的产品保住国内市场。

---

① 译者注：Caravelle,法语"小帆船"。通俗叫法为"快帆"飞机，也有译为"卡拉韦勒"。

尽管如此,换发后的"快帆"成功被欧洲航空公司所接受(Chillion et al. ,1980：36 – 37)。

最重要的是,发动机技术本质上是"两用"的。它既适用于根据军方要求设计的飞机,也适用于为满足商业标准而设计的飞机。这并不是说某些发动机更适用于两种用途中的其中一种。无论是从设计角度还是由于好运气,大多数发动机都具有足够的通用性,可以在航空领域广泛应用(或者即便达不到这一点,发动机中包含的技术也远远超出其本身的目标用途)。继续以"梅林"发动机为例。该发动机的设计目的很明确,就是装配于"超级马林喷火"和"霍克飓风"等战斗机。与所有战斗机一样,"超级马林喷火"和"霍克飓风"非常重视"梅林"发动机的高性能和高可靠性。该系列发动机的改型在二战后被用于几款四发运输机,特别是额定功率为1 320千瓦(1 770马力)的"梅林"621。包括阿芙罗·兰开斯特、阿夫罗·约克、阿芙罗·都铎和加拿大飞机公司的"北星"等相关机型也广泛使用了该发动机(Lumsden,2003)。"两用"技术一直延续到今天的涡轮发动机上。通用电气公司TF34涡轮风扇发动机起初是为美国军方设计,为费尔柴尔德公司A – 10A和洛克希德S – 3A维京反潜机提供动力,1972年开始投入使用,推力达41.3千牛顿(9 275磅)(Gunston,1986：67)。后来,人们很快发现它更适合商用飞机,尤其是受正在积极扩展喷气式支线客机业务的商用飞机制造商的青睐。1980年,CF34(TF34的衍生型)被用于加拿大飞机公司庞巴迪"挑战者"公务机,随后被用于庞巴迪公司和巴西航空工业公司的喷气式支线系列飞机。与最初的TF34相比,通用电气公司为最新一代单通道客机(如中国商飞ARJ21、庞巴迪公司的CRJ1000和巴航工业公司的E190)所生产的CF34发动机的推力,目前已提高到了81.3千牛顿(20 000磅)。

这些例子说明了发动机的适应性,证实了军用技术向商业用途转移的趋势。虽然也有可能出现反向转移，但一般而言，基于商业目的设计的发动机不适用于战斗机。燃油效率是商用发动机设计中最重要的考虑因素，也是经常以牺牲性能为代价来强调的因素。而在军用发动机中，燃油效率并非重点考虑因素，性能才是最重要的。尽管如此，军方仍然需要运输机，并且经常对适配的发动机进行"军事化改造"。以两个来自美国相隔近半世纪的例子来证明。第一个例子可以追溯到活塞式发动机时代，涉及大名鼎鼎的道格拉斯公司的 DC-3 客机。DC-3 是在早期道格拉斯飞机基础上逐渐发展出来的一款机型，于 1935 年首次推出，配备了两台莱特 R-1820"旋风"发动机，后来又改用了普惠 R-1830"双黄蜂"发动机，推力为 895 千瓦(1 200 马力)。DC-3 飞机进行高海拔飞行时，表现出了更高的可靠性和更好的性能，同时其机身和发动机呈现出无与伦比的匹配度，给军方留下了深刻印象，道格拉斯工厂也因此赢得了大量订单(Holden，1996)。由于受到军方好评，这款飞机(也称 C-47、C-53 或达科塔)成为盟军空军的主要运输工具。第二次世界大战后，世界各地许多航空公司选择 DC-3 作为主力机型，DC-3 成为世界上大多数商业航空服务的先驱。为 DC-3 提供动力的"双黄蜂"发动机是主要功臣。铺天盖地的赞誉，让人们认为这款发动机可以满足所有市场需求。"双黄蜂"发动机成了战时主要生产装备并大规模量产，随后为联合飞机公司的四发 B-24 解放者轰炸机、双发 PBY 卡特琳娜海上巡逻机和单发格鲁曼 F4F 野猫舰载战斗机提供动力。

　　第二个例子表明，民用技术向军用的转移一直沿用至今。美国空军最新重型运输机波音 C-17 的研发项目旨在支持北约在阿富汗的行动。该飞机的优点包括长航程、大升力和短距起降能力，这些优势最终都归功于其采用的四台普惠 F117-PW-100 涡轮风扇发动机，每台提供 180 千牛顿(40 400 磅)的推力。该系列发动机是久经考验且值得信赖的 PW2000 系列发动机的军用版本。PW2000 系列发动机及与之竞争的罗-罗 RB211 发动机是专门为满足波音 757 客机的要求而设计的。RB211 是第一款三转子发动机，最初是研发用于洛克希德 L-1011 三星客机，后来应用于其他客机。PW2000 还为伊留申公司的伊尔-96（俄罗斯第一架宽体客机，于 1992 年投入使用）的一款衍生机型（伊尔-96M）提供动力。

第三个例子关于英国罗-罗公司的泰恩发动机，说明民用技术向军用转移既不局限于美国，也不局限于活塞或涡轮风扇发动机技术。泰恩发动机是专门为四发客机维克斯先锋而设计的，该客机于 1959 年完成首飞。泰恩发动机是一台大型双转子涡桨发动机，也应用于加拿大 CL-44 开展商业运输。然而，它的优点很快在国防领域得到了认可。20 世纪 60 年代，该发动机被应用于布雷盖大西洋海上巡逻机和特兰泽（Transall）C-160 运输机。这两款运输机都被欧洲军队广泛使用。

综上所述，我们无法对军用和民用航空发动机进行严格区分，这两大市场显然是重叠的。在研究航空推进系统的历史时，必须以这一事实为前提。虽然本章的主要内容是商用发动机，但也不可忽视军事领域的发动机。这一点将在航空发动机发展综述中体现。

4.1 航空发动机发展综述

4.1.1 基本原理

莱特兄弟开创性飞行面临的根本挑战是要找到一种抵消飞机重力影响的方法，因为重力会阻碍飞机向前运动，使其向地面坠落。众所周知，航空设计师们通过调整机翼的形状和横截面来改变飞机的升力，从而抵消并控制重力影响。过去，人类通过热气球或滑翔机来进行飞行探索。滑翔机通过将上升过程中积累的势能转化为动能，获取向前推力，产生升力，抵消大部分重力。然而，能量并不是无限的。滑翔机的高度随着飞行距离增加而降低，势能也不断减少。相比之下，如果动力飞机能够完美解决比功率问题，就可以实现更远距离的平直飞行，并可能具有更大的有效载荷。一架动力飞机必须协调好四种力才能起飞。具体来说，必须具备足够的发动机功率，以确保推力远大于空气阻力，同时保持升力大于重力。比功率问题一直困扰着莱特兄弟，直到今天也仍然困扰着航空设计师们。

在航空探索的最初几十年里，有一个看似存在的"定律"，即每一次额定功率的提高都要求发动机尺寸和质量按比例增加。发动机越重，机身体积也就越大，机身绝大部分区域将用于承载发动机，几乎没有剩余的空间。诚然，更大的机身可以提供更大的有效载荷，但代价是商业运营商的效率降低。庞大的机身还降低了敏捷性和机动性等飞行性能，而这些特性对于军用航空却又至关重要。虽然军方勉强接受较小的机身，但相比其他机型，小型机身以牺牲飞行距离和作战时间为代价，最终综合性能平平无奇。克服这些难题对航空发动机设计师来说很关键。发动机技术的进步在很大程度上取决于提高比功率，但性能提升通常是一个循序渐进的过程。偶尔也会出现技术上的变革性突破，最突出的就是燃气涡轮的诞生，这预示着喷气式飞机时代的到来。鉴于这一创新的重要性，本章将分为两部分讨论，第一部分介绍活塞式（往复式）发动机占主导地位的时代，第二部分介绍喷气发动机的影响。

4.1.2 活塞式/往复式发动机

最初的莱特发动机是按照当时典型的汽车汽油发动机风格设计，四个气缸排成一行。该发动机质量为79千克（174磅），可以产生8.9千瓦（12马力）的推力，其比功率约为0.11∶1，处于一个非常普通的水平。到 1910 年,莱特兄弟逐渐提高了发动机的性能,将比功率提升到了(0.17~0.18)：1 的范围。他们还将直列发动机改为 V 型设计。在 V 型设计中,气缸从一排直线排列改为两排,但以 V 字型排列。飞机质量的增加让发动机制造商逐渐开始放弃直列发动机。他们被发动机质量问题困扰,却忽视了直列发动机的主要优势：采用直列发动机可以将飞机的正面区域设计成狭窄状,从而降低阻力。对新技术的迫切渴望促使发动机制造商将注意力转向转子发动机。转子发动机的诞生有望提高额定功率,同时大幅减轻发动机质量。相比于直列发动机,转子发动机结构精简,研制启动成本更低。1908 年,法国土地神公司发明了转子发动机。它与直列发动机的不同之处在于,它的气缸在曲轴箱周围形成一个圆圈,曲轴通过螺栓固定在机身上。当发动机运转时,整个气缸体围绕静止的曲轴旋转,气缸周围充分的气流还可以防止发动机过热。然而,发动机的旋转运动产生的扭矩效应增加了飞机飞行操控的难度。但在第一次世界大战中,这一点几乎不重要,因为当时飞机的生产比飞行员的生命更重要。

与结构大致相似的星型发动机相比,尽管转子发动机结构存在缺陷,但得益于战争给航空业带来的巨大推动力,转子发动机的发展突飞猛进。参战国政府投入的用于发动机生产的资金远远超出和平时期的规模,还为各种试验提供了大量资金。事实上,数千台转子发动机从工厂里倾泻而出,并随着时间的推移逐渐改进(Setright,1971)。其中法国公司克莱热和土地神-罗纳公司的设计尤为突出,并在众多发动机制造商中声名远播。1916 年问世的土地神单阀式 9N 发动机堪称典范,其为著名的索普维斯“骆驼”战斗机等飞机提供动力,影响深远。该款发动机的质量为 137.4 千克(303 磅),功率达 112 千瓦(150 马力),其比功率约为 0.81：1。然而,战争年代也敲响了转子发动机的“丧钟”,因为人们的高度关注加速了它的消亡。简而言之,战争结束时转子发动机的潜力已被开发到极限。实际上，人们发现它的功率不可能超过180千瓦(240马力)的极限值，因为，一旦超过该性能参数，气缸旋转速度会大幅降低从而减少喷射到气缸中的燃油和空气量，进而导致性能衰减。幸运的是，作为替代技术，针对星型发动机的并行研发及时为其大规模应用扫除了障碍。

星型发动机早在战前就出现了。例如，路易·布莱里奥在1909年飞越英吉利海峡时所驾驶的飞机就是由星型发动机提供的动力。它与曲轴固定在发动机缸体上的传统转子发动机存在明显不同。到20世纪20年代初，得益于战时试验的结果，气缸冷却技术和用于发动机结构的金属(铝合金)材料已显著改进。性能领先的新式星型发动机包括阿姆斯特朗·西德利"捷豹"发动机和布里斯托"木星"发动机，它们广受军方和新成立的商用航空公司的好评。英国航空公司(前身是帝国航空公司)是最早的星型发动机的商业运营商之一。该公司率先引入"捷豹"和"木星"发动机，并将其用于著名的伦敦—巴黎航线。1926—1935年，三发双翼飞机阿姆斯特朗·惠特沃斯·阿戈西一直配备"捷豹"发动机，这也成为该型飞机的一大特色。处于最佳状态时，这款质量为413千克(910磅)的星型发动机能够产生365千瓦(490马力)的推力，比功率为0.88∶1。"木星"发动机后来取代了它，安装在了帝国航空公司的亨德里·佩奇HP42四发双翼客机上。"木星"发动机的质量为451千克(995磅)，可以产生414千瓦(550马力)的推力，比功率略微提高，为0.91∶1。尽管"捷豹"和"木星"发动机在各自的时代都有着出色表现，但它们注定会被普惠的"黄蜂"和"双黄蜂"系列发动机超越。关于DC-3，之前已经介绍过，采用"双黄蜂"发动机的该系列飞机最早出现于1926年。

事实上，最初的"黄蜂"发动机(R-1340)是普惠公司投入精力研发的第一个产品。它是一款单列星型发动机，包含9个气缸，以环形方式围绕曲轴箱排列。与其他所有星型发动机一样,它的特点在于采用了一个相当紧凑而轻巧的曲轴箱,这使得它的比功率达到了 1.05∶1,具有明显竞争优势。早期型号的额定功率为 447 千瓦(600 马力),但当发动机被改装成"双黄蜂"(R-1830)来为 DC-3 提供动力时,额定功率增加了一倍。"双黄蜂"发动机将"黄蜂"重新配置为双排 14 缸,其比功率为 1.58∶1。在当时最先进的发动机中,只有"双黄蜂"(及其 R-2000 改进型)投入了量产。尽管如此,我们还没有挖掘出它的全部潜力。"双黄蜂"(R-2800)后期改型设计中,发动机采用定制模式,以满足战时更高的性能要求。作为一台双排 18 缸发动机,"双黄蜂"(R-2800)发动机的输出功率为 1 567 千瓦(2 100 马力),但比功率降低到 1.46∶1。除军事用途外,该发动机还被用于战后航空公司广泛使用的四发飞机道格拉斯 DC-6 上。"双黄蜂"发动机的发展在其 R-4360 型上达到了顶峰,其输出功率提高,达到 3 210 千瓦(4 300 马力)。然而,在这个节骨眼上,活塞式发动机正面临着一个黯淡的未来,一方面要应对涡轮技术带来的挑战,另一方面要迅速克服往复式技术的限制。前者的出现及其随后在飞机推进方式中的迅速崛起是一个值得详细讨论的话题。值得一提的是,时至今日,活塞式发动机应用范围始终不大,仅为众多轻型飞机和小型直升机提供动力,这也是通用航空的特点。

4.1.3　燃气涡轮发动机

燃气涡轮发动机在航空领域的应用真正标志着航空运输领域的变革。与航空领域中许多创新一样,它的灵感来源于军事竞争研究,其发展尤其要感谢弗兰克・惠特尔和汉斯・帕贝斯特・冯・奥海因两位先驱的不懈坚持。这两个人的研究过程毫无关联,但都为航空喷气发动机(涡轮喷气发动机)的诞生作出了直接贡献(Hünecke,1997)。涡轮喷气发动机由三个基本组件(核心机)构成,包括压气机(空气进入并加压)、燃烧室(空气与燃烧的燃料混合并转化为气体)和单级或多级涡轮机(吸收和喷射气流)。涡轮喷气发动机的构造在理论方面简单合理、令人信服,但要有效集成也存在很多的挑战。惠特尔于 1930 年首次为涡轮喷气发动机申请专利,冯·奥海因紧随其后,历尽 6 年艰辛完成专利注册。两人都在 1937 年成功试用了他们的发动机原型机。冯·奥海因的成果在 1939 年开始投入使用,比惠特尔的 W1 早了两年。两种涡轮喷气技术发动机对应的第一架飞机分别是海因克尔 He178 和格洛斯特 E28/39,都是作战飞机的测试机。以涡轮喷气发动机为动力的典型飞机包括梅塞施密特 ME262 和格洛斯特"流星",这两款飞机有力地证明了全新推进技术的优越性。第二次世界大战结束时,代表最先进水平的喷气发动机包括罗-罗"德温特"和容克"尤莫"(Jumo)004,它们都体现了涡轮喷气发动机的所有重要特征。前者依靠离心压气机,在该压气机内压缩空气后以与转轴成 90°角径向向外排放。当时,该技术是首选技术,但最终被发现不适用于高推力水平工况。从 20 世纪50 年代开始,就主要应用于涡桨和涡轮轴发动机上。然而"德温特"的产品相对简单而且价格便宜,其 IV 型发动机能够提供 10.7 千牛顿(2 400 磅)的推力和 2.1∶1 的推力质量比。值得一提的是,"德温特"为早期喷气式客机加拿大阿芙罗 C - 102 提供动力。这架四发客机于1949 年首飞,原本是为环加拿大航空公司(现为加拿大航空公司)设计的,后来因制造商转型军事领域,潜在客户对其动力装置也有所怀疑,这架客机成了牺牲品(Campagna,2003;Molson & Taylor,1982:81 -85)。"尤莫"是第一台批量生产的喷气发动机,采用交替轴向压气机,空气平行于转轴排出。由于其固有的高效性和处理大质量高速率流体的能力,该发动机有望获得与高性能一致的高推力水平,但其应用却因过于复杂和费用问题而受到限制。在其"D"版本中,"尤莫"004 能够产生 10.3 千牛顿(2 315 磅)的推力,推力质量比为 1.38:1。崇尚喷气式飞机的制造商纷纷开始采用"德温特"和"尤莫"的技术。例如,美国的普惠 J42 和苏联的克里莫夫 RD-45 均以"德温特"为原型进行研发。而"尤莫"本身是在捷克斯洛伐克和苏联制造的(克里莫夫 RD-10)。

20 世纪 50 年代初,涡轮喷气式飞机开始在航空领域各分支中广泛应用。商业运营商也热衷于追随军方的选择。第一架商用喷气式客机是德·哈维兰公司的"彗星",于 1949 年首飞。虽然服役历程跌宕起伏(坠机对其应用前景产生影响),但经重新设计的"彗星"最终在 1958 年问世,配备了四台罗-罗"埃汶"轴流涡轮喷气发动机。除了为法国的首架喷气式飞机(即前述的"快帆")提供动力以外,"埃汶"发动机主要安装在战斗机上。"埃汶"系列中,性能最强的是 301R,在不开加力的情况下,其额定功率为 56.4 千牛顿(12 690 磅),推力质量比为 5.66:1。几乎同时代的普惠 JT3C 轴流涡轮喷气发动机也有类似的经历。该发动机于 1952 年首次投入使用,在军方的要求下(作为 J57)开始为波音 B-52 提供动力。在不开加力的情况下,普惠 JT3C 最大推力为 52 千牛顿(11 700 磅),推力质量比为 3.32:1。该发动机也被选择装配在用于为 B-52 提供燃油补给的四发空中加油机波音 KC-135 上。KC-135 与 1958 年投入使用的商用飞机波音 707 有许多共同的设计特点,包括发动机。后来,波音 707 席卷了整个商用航空业,世界各大主要航空公司开始激烈的竞争,纷纷引入波音 707(以及类似机型道格拉斯 DC-8),启动长途服务。

20 世纪 40 年代,燃气涡轮发动机出现了另外两种衍生版本:涡轮螺旋桨和涡轮轴。涡轮螺旋桨的诞生先于涡轮轴,利用涡轮热气来驱动螺旋桨。它的工作原理与涡轮喷气发动机相反,不是将空气质量流加速到高排气速度,而是使用减速齿轮将其转为低排气速度。其结果是大大提高了燃油效率(当飞机空速保持在约 725 千米/小时以下时),

使得发动机因其成本效益而对用户产生吸引力。与配备涡轮喷气发动机的飞机相比,为了提高效率,这款发动机作出的牺牲包括航速下降以及客舱噪声增加,两方面都不利于提高乘客满意度。

匈牙利物理学家、机械工程师雅各·简德拉斯克研发出了世界上第一台通过试运行且能正常工作的涡轮螺旋桨发动机(Cs-1)。作为布达佩斯冈茨车辆厂的高级工程师,他于 1932 年开始设计一台 100 马力的试验性燃气涡轮发动机机组,并于 1937 年投入运行(Gunston,1986:81)。随后他开始研制更大型的涡轮螺旋桨发动机詹德拉西克Cs-1。该发动机采用轴流设计,具有 15 级压气机、环形燃烧室、铸造进气室和许多其他现代化特征。这台 400 马力的发动机于 1940 年 8 月投入使用。虽然 Cs-1 的表现不如人意,但雅各仍计划将其改进版安装在瓦尔加 RM1 战斗轰炸机上。匈牙利于 1940 年 11 月加入了三国同盟条约。该条约生效后,Cs-1 发动机和瓦尔加飞机均遭到弃用,因此,成功设计出来的世界第一架涡桨飞机从未投入生产。1940 年 11 月,赫尔曼·戈林向匈牙利国防部提议,在匈牙利新建造一座英国轰炸机射程外的大型飞机工厂。1941 年 6 月相关生产合同签订,在不同的地点开始梅塞施米特 Bf109 战斗机和 Me210 战斗轰炸机的生产。这两款战斗机均移交德国空军和匈牙利空军使用,配备匈牙利制造的戴姆勒-奔驰 DB605 V12 活塞式发动机(Vajda & Dancey,1998:252)。

第一款实用涡轮螺旋桨发动机 RB50“遄达”由罗-罗公司基于“德温特”涡轮喷气发动机设计(Gunston,1986:142)。1946 年,随着技术的进一步发展,道奇(Dart)问世。经过长期发展,道奇发动机被维克斯公司设计的“子爵”客机选用(Gunston,1989:121-124)。“子爵”是一款四发客机,1952 年投入使用时创造了一个现代奇迹,既保证了乘客的舒适度,还提高了飞机的可靠性。世界各地许多航空公司都引入了这款飞机,而飞机自身也充分证明了涡轮螺旋桨发动机的动力优于老式活塞技术。这款飞机有好的声誉很大程度上要归功于道奇,道奇作为一款备受推崇的发动机,已经持续生产半个多世纪。除"子爵"外,它还为两款非常成功的双发客机提供动力,分别是福克 F27 和霍克·西德利 748(暂不论不太成功的竞争机型亨德里·佩奇信使者和日本 NAMC YS-11)。该系列发动机的典型型号为道奇 RDa7,能够输出 1 354 千瓦(1 815 马力)的功率,并且比功率为 2.48∶1。

紧随"子爵"脚步的是洛克希德 L-188"伊莱克特拉",一款于 1958 年问世的四发客机。"伊莱克特拉"起初势头良好,后来遭遇了一系列灾难,而且与同时期的涡轮喷气式飞机波音 707 相比黯然失色。它的服役生涯因此而缩短,但该飞机采用的艾莉森(现在是罗-罗)501-D 单轴涡轮螺旋桨发动机性能却在不断增强,该型发动机后来被装在了康维尔 580 飞机上。T56 发动机为两款非常成功的军用飞机提供动力,分别是洛克希德 C-130"大力神"军用运输机(及其民用衍生型)和 L-188 的衍生版本洛克希德 P-3"猎户座"海上巡逻机。艾莉森发动机具有亮眼的额定功率数据,达到 3 915 千瓦(4 350 马力),比功率为 4.45∶1。普惠加拿大公司的 PT6A 为小型涡轮螺旋桨发动机。该款发动机的研发工作始于 20 世纪 50 年代末,在 1960 年初投入使用,其功率数据比较普通,为 373 千瓦(500 马力),无涡轮(不含离合器)。该发动机的比功率为 2.45∶1,后经证明同样适用于在此基础上开发涡轮螺旋桨发动机或涡轮轴发动机(如 PT6B、PT6C 和 PT6T)。自此以后,PT6 持续生产并为一系列飞机提供动力,从轻型通用航空机型到教练机、通勤机和多种直升机。在其基础上成功研发三十多款衍生版本,根据最新纪录,该发动机最高版本可以产生超过 1 432 千瓦(2 000 马力)的功率(Garvey,2012:14)。

普惠加拿大公司 PW100/150 系列属于较大型的涡轮螺旋桨发动机(功率为 1 500~3 700 千瓦),用于许多涡桨支线飞机,例如 ATR 42/

72、BAe ATP、庞巴迪 Dash 8、道尼尔 328、巴航工业 EMB"巴西利亚"、福克 50 和中国西飞 MA60,此外,还用于 EADS C‑295 军用运输机和庞巴迪 415 超级直升机(前加拿大飞机公司 CL‑415)以及伊留申伊尔‑114 涡桨支线客机。

最近的一款发动机是罗‑罗 AE2100,这是一款为高速喷气式支线飞机研发的涡轮螺旋桨发动机,配合道蒂六桨叶螺旋桨使用。萨博 2000 是第一款使用该发动机的商用飞机(当时由艾莉森公司研发和制造)。该款发动机还安装在了印尼 N‑250 飞机上,但是 N‑250 的研发仅止步于原型机(见第 8 章)。此外,洛克希德·马丁公司 C‑130J"大力神"军用运输机、阿莱尼亚 C‑27J"斯巴达"中型军用运输机和新明和工业 US‑2 两栖搜索与救援飞机也选择了这款发动机。AE2100 发动机采用创新设计,是第一款使用双 FADEC(全权限数字发动机控制器)来控制发动机和螺旋桨的发动机。

涡轮轴是专门为旋转翼飞机(即直升机)而设计的。涡轮轴遵循与涡轮螺旋桨相同的原理,不同之处在于有两个独立的涡轮,第一个驱动压气机,第二个连接到驱动直升机转子的传动系统。最早的涡轮轴发动机是法国透博梅卡公司约瑟夫·斯德洛斯基(Joseph Szydlowski)于 1948 年设计制造的额定功率为 74.6 千瓦的小型发动机。1950 年,新版的"阿都斯特"发动机诞生,为南方飞机公司(后来并入法国航太公司,即欧洲宇航防务集团的法国公司前身)的"云雀"Ⅱ型提供动力,这也是第一架实用涡轮直升机。随着技术的发展,"阿都斯特"Ⅲ型诞生,被用于民用航空领域广泛使用的"云雀"Ⅲ型直升机。"阿都斯特"的最大额定功率为 640.3 千瓦(比功率为 3.6∶1)。"阿都斯特"又催生了"透默"(Turmo),1968 年被用于双发中型运输直升机"美洲豹"。"超级美洲豹"这款直升机今天仍在生产,深受那些为海上生产平台提供服务的能源公司青睐。西科斯基 S‑61 直升机用途类似,这款直升机可追溯到 1961 年,由两个额定功率为 1 044 千瓦(比功率为 4.6∶1)的通用电气 CT58 涡轮轴发动机提供动力。与 S‐61 同时出现的是苏联米里设计局的米‐8(出口版本为米‐17),后来成为世界上最常见的双发中型运输直升机。该直升机采用功率为 1 268 千瓦(1 700 马力)的克利莫夫(前 Isotov)TV2‐117 涡轮轴发动机,比功率为 3.84∶1。另一款从 1961 年开始研制、目前仍在量产且深受欢迎的机型是波音 CH‐47支奴干直升机。这款军用飞机能够执行重型运输任务,其商用型号为234,由两台霍尼韦尔(收购了莱康明公司)T55 发动机提供动力,每台功率为 3 631 千瓦(4 867 马力),比功率为 9.63∶1。T55 是小型莱康明 T53 发动机的放大版。T55 发动机同时被用于商用和军用直升机,如贝尔 204/205 和贝尔 AH‐1"眼镜蛇",还适用于中国台湾台中汉翔航空工业股份有限公司制造的涡轮螺旋桨动力军事教练机(T‐CH‐1中兴),即北美航空 T‐28"木马"(配备活塞式发动机)的衍生机型。

4.1.4　涡轮风扇发动机技术

20 世纪 50 年代,商用飞机越来越多地转向涡轮推进方式,与此同时,一个急需解决的问题也摆在面前,此问题随着航空公司越来越多地运营高亚声速飞机而变得愈加明显。因为对涡轮螺旋桨发动机来说,高亚声速飞机已超出其速度限制和效率极限,但又没有达到促使涡轮喷气发动机效率提升所需的速度。在掌握涡轮风扇技术之前,这个问题一直困扰着航空设计师。对于注重成本的航空公司来说,克服飞机在高亚声速下低效率运行带来的挑战至关重要。军方同样对研发涡轮风扇发动机表示极大的支持,因为它为高耐久性、高燃油效率战斗机的开发提供了可行保障。涡轮风扇发动机综合了涡轮喷气发动机和涡轮螺旋桨发动机的各方面特点,其在 720～1 100 千米/小时这一商用飞行的关键速度范围内提供了极高的运行效率。与涡轮螺旋桨发动机一样,涡轮风扇发动机从涡轮中吸入大量高温气体,但在高温气体的做功方式上有所不同。空气被吸入发动机后绕过核心涡轮,推动涡轮风扇转动,形成涵道比(by-pass ratio,BPR)。通常,通过风扇区域的气流相对于引入核心涡轮的空气量比例越大,燃油效率越高。因此,设计师们为了提高效率,开始设计高 BPR 的发动机。影响低 BPR 发动机在商业航空中使用的一个因素是其在各种工况下都会产生较大的噪声,而商业航空运营必须遵守严格的机场噪声标准。

高 BPR 发动机可以更有效地克服这一缺陷,其尺寸须随着飞机尺寸的增大而增大。因此,高 BPR 涡轮风扇发动机的问世为宽体客机的诞生创造了条件,保持了运营成本的可控。遗憾的是,第一台涵道式发动机(1956 年推出的罗-罗"康威")原本打算安装在飞机翼根处,从而确保 BPR 与安装造成的风扇宽度限制保持一致,因此其 BPR 较低(最初为 0.25∶1,后来为 0.60∶1)。这个缺陷再加上 JT3C 涡轮喷气发动机具备可在波音 707 和 DC-8 上轻松转换为涡轮风扇发动机(JT3D 的涵道比为 1.4∶1)的优势,阻碍了"康威"发动机这一创新性产品的发展(尽管它已成功地以机身安装的方式应用于四发客机维克斯 VC-10上)。此后一等就是 10 年,高涵道比(BPR 超过 5∶1)的涡轮风扇发动机才得以在航空业内使用。

美国空军希望为其庞大的洛克希德 C-5 运输机找到同时具备高推力和经济巡航特性的动力装置,但一直未能如愿。应美国空军要求,两家航空发动机制造商针对需求提交了设计方案,最终通用电气 TF39胜出。TF39 开创性地设计了 8∶1 的高涵道比,油耗与其他适配发动机相比下降 25%。具有戏剧性的是,该款军用发动机所取得的显著设计成果,最终却成就了通用电气商用型 CF6 发动机和普惠 JT9D 发动机。

在四发宽体客机波音 747 改变航空产业之际(1969 年),三发飞机随着罗-罗 RB211 发动机的出现也登上了历史舞台,RB211 发动机也时刻准备为波音 747 的宽体衍生机型、三发客机道格拉斯 DC-10 和洛克希德 L-1011 配套。事实证明,该系列发动机对空客公司的成立至关重要,解决了该公司首架飞机 A300B 喷气式客机的动力装置难题。发动机推力也随着其技术的发展而不断增加,通用电气 CF6-80C2 的最大额定功率可达到 263 千牛顿(59 000 磅),普惠 JT9D-7R 可达到 249 千牛顿(56 000 磅),罗-罗 RB211-524D 可达到 240 千牛顿(54 000 磅)(Taylor,1984)。在随后的 10 年里,为小型窄体客机量身定制的发动机在大型涡轮风扇发动机之外的市场起到了补充作用。和大型涡轮风扇发动机一样,低推力涡轮风扇发动机在燃油消耗方面也表现出较高的效率,还可大幅降低飞机运行的噪声水平。其中最突出的是 CFM56[BPR 为 5.96：1,额定推力为 118 千牛顿(26 500 磅)]和 V2500[BPR 为 5.44：1,额定推力为 110 千牛顿(24 800 磅)]发动机。这些发动机一起为备受推崇的波音 737 双发客机注入了新的活力,同时也为非常成功的双发客机 A320 提供动力,巩固了空客公司的地位。总而言之,大大小小的涡轮风扇发动机树立了航空发动机实践的标准,并沿用至今。

目前我们的注意力一直集中在发动机本身的特性上,重点关注了这些发动机与众不同的技术特点。接下来的讨论转换一下思路,很少有人提到发动机的使用平台——飞机,尤其是在机身上或机身内放置发动机时必须考虑的因素。事实上,机身的构型有可能会对发动机的设计和性能产生负面影响,罗-罗"康威"就是典型例子。同样,发动机在机身上的布局会对飞机的性能产生重大影响。这些将在下一节讨论。

4.1.5 发动机布局

飞机发动机布局过程中,最引人关注的问题是可供空气动力学专家选择调整的空间有限。发动机布局最终往往由飞机本身的主要特性决定。在第一次世界大战的恶劣作战条件下设计的经典战斗机,凭借优越的速度、机动性和敏捷性(得益于体积小),拥有超越其他战斗机的性能。无论在当时还是现在,在考虑飞机性能和实用性设计时,都必须协同考虑飞行控制和质量分配这两个至关重要的因素。人们发现,将发动机置于机身中心线最有利于控制,因为这样可以减小阻力。发动机位置发生任何偏离,都会降低飞行员驾驶飞机的能力,飞行员必须施加更多的方向舵偏转,以抵消不可避免的不平衡推力。实际上,单发战斗侦察机(如索普维斯"骆驼")采用的配置是将发动机安装在飞机中心线的前部,并嵌入机身内。当然,为减轻发动机安装在飞机前端所带来的质量分配问题,需要额外注意机翼的重心分布。为了解决这一问题,须适当采取配重布置,以平衡发动机的重心并确保飞行稳定性。

类似中心线位置和质量分配的问题,仍然是战斗机设计中需考虑的主要因素。这些因素还对通用航空产生很大影响。在通用航空领域,主流趋势仍是设计小型、轻型飞机。在商用航空领域,单发飞机、中型飞机的时代已经基本结束,尽管单发涡桨飞机仍然在细分市场发挥着积极的作用。例如,塞斯纳"商队"和皮拉图斯 PC-12,它们作为小型通勤客机和轻型航空货运运输工具仍发挥着重要作用。客观事实是,今天的商用航空在很大程度上被大型多发客机和货机占据,这催生了发动机布局问题,也让那些在这个领域试图设计单发飞机的人无从下手。

早期的喷气式飞机,例如四发客机"彗星"和苏联双发客机图波列夫图-104,通过将发动机嵌入紧靠机翼根部的位置减小飞行阻力,达到了发动机布局接近理想中心线的效果。但是,这也限制了发动机进气口的尺寸。如前所述,这种限制在引进涡轮风扇发动机时产生了严重影响。此外,由于发动机靠近机舱,这一布局加大了飞机的噪声,进而也影响乘坐舒适度。航空公司也对这种布局表示不满，因为嵌入式发动机的维护存在难度，飞机的运行成本升高。出于这些原因，20 世纪60 年代，发动机翼根式布局不再受欢迎。如今，飞机设计师通常采用三种发动机布局方案：第一种，将发动机安装在短舱中，并将短舱置于机翼下方；第二种，将发动机安装在机身尾部；第三种，两者结合，比如三发客机。每一种方案都有其支持者和批评者，具体取决于飞机的主要功能需求，以及为满足设计规范可作出的妥协程度。下面将概述每一种方案的优势和劣势。

第一种布局方案是将发动机置于机翼下的短舱中。这一方案在二战后波音公司（B-47 和 B-52）推出的喷气式轰炸机上得到了验证，并由该制造商以其开创性的波音 707 飞机应用于商用航空。此种发动机布局可以帮助飞机在推进效率和纵向稳定性方面取得不错的效果，并且不会受到机翼过度弯曲的影响。这种布局可能会优化飞机的质量分布。除此之外，发动机位置提供了良好的维修可达性，并且提高了飞机坠毁时乘客和机组人员的生存概率。然而，由于发动机离地间隙较小，容易在飞机起飞和着陆过程中吸入碎片而损坏，导致这种布局的吸引力下降。当高涵道比发动机（进气口较大）日益普及时，离地间隙问题更加突显。尽管如此，对于双发客机和四发客机，发动机的翼下布局仍然很受欢迎，目前生产的空客飞机（如双发客机空客 A320、A330 和A350, z 以及四发客机空客 A380）和波音飞机（如双发客机波音 737、767、777 和 787，以及四发客机波音 747）就证明了这一点。

第二种布局方案随着 20 世纪 50 年代末"快帆"喷气式客机的推出而被接受。这架法国飞机的两台发动机分别置于后机身两侧（平尾前方），诠释了尾吊布局的合理性。这种布局消除了翼根式布局的低离地间隙问题。同时，尾吊布局完全避免了吊挂（用于连接短舱与机翼）所产生的干扰，有效减小飞机所受的阻力。此外，将发动机移到飞机尾部,机舱噪声大大减少。减轻乘客的不适感是提高航空旅行吸引力的一个重要考虑因素,但不可否认,为其所花的代价是很高的。飞机空载时的重心与载客时的重心相距很远,安装在尾部的发动机会给飞机造成平衡问题。另外,为回避发动机尾气在其附近造成损害的问题,飞机需要一个超大的 T 型尾翼,加剧了不平衡问题。该问题极大困扰了现代飞机设计师,很多人不太支持该布局结构。事实上,自道格拉斯 DC - 9 及其后续机型 MD - 80/90/B717 系列和俄罗斯对应机型图波列夫图- 134 之后,这种尾吊布局似乎仅被小型商用飞机采用。

随着庞巴迪公司和巴西航空工业公司第一代喷气式支线飞机的广泛应用,发动机尾吊式布局在 20 世纪 90 年代迎来了第二个全盛时期。需要强调的是,这些飞机采用针对性设计,其尺寸比干线客机小。如今公务机采用尾吊布局较为普遍,最著名的是庞巴迪"挑战者"系列、部分达索"猎鹰"、湾流和霍克双通道飞机。

第三种布局方案如今也失去了优势,主要是因为与由更大的高涵道比涡轮风扇发动机驱动的新型双发宽体客机相比,三发宽体客机的经济性较差。该布局最初被认为是一个很好的折中方案,结合了上述两种布局的特性。在其鼎盛时期,道格拉斯 DC - 10(及其后来的衍生产品麦克唐纳-道格拉斯 MD- 11)和洛克希德 L - 1011 均采用这种布局方案。这些飞机除在翼根下安装两台发动机外,还在尾部安装了第三台发动机,或安装在垂尾根部(道格拉斯飞机),或安装在后机身的垂直安定面上(洛克希德飞机)。第一种中央发动机布局的优点是不会出现进气畸变,而第二种布局则成功地省去了部分尾翼,从而减小了飞机阻力。然而,这两种布局都存在问题,道格拉斯飞机的设计在机翼上增加了额外的结构质量,而洛克希德飞机的设计则有可能导致后机身的结构故障。值得注意的是,中央发动机的位置权衡最早出现在 20 世纪 60 年代的波音 727 客机上,这是当时需求量很大的窄体客机。波音

727 由三台发动机提供动力,全部安装在机尾,其中两台悬挂在后机身两侧的短舱中。中央发动机接收来自尾翼底部进气口的气流,通过 S 形管道将其输送至嵌入机身的涡轮,这与洛克希德 L－1011 的方式类似。随着波音 727 逐渐退出历史舞台,以及采用类似布局的喷气式客机,如图波列夫图－154 和雅科夫列夫雅克－42 的最终退役,时至今日,最典型的具备尾部安装中央发动机的飞机是达索"猎鹰"7X 和 900 公务机。

第四种不太常见的布局方案出现在西德 VFW－福克 614 上,这是一种双发短程/喷气式支线飞机,其发动机安装在机翼上方。罗尔斯－罗伊斯/斯奈克玛 M45H 涡轮风扇发动机是专门为这架飞机开发的。这架飞机是德国开发的第一架喷气式客机,但最终以失败收场,只生产了 19 架,包括 3 架原型机和 16 架批产飞机,部分批产飞机找不到买家。VFW－福克 614 飞机于 1971 年首飞,该项目于 1977 年终止。其发动机的位置使得飞机特别适合在加固较差的跑道上起飞和降落。较高的发动机位置意味着可以更好地防止因气流而扬起的灰尘和污垢被吸入发动机。采用这种设计的另一个动机是避免后置发动机的结构质量问题。但 VFW－福克 614 容易出现发动机问题,并且对其目标客户小型航空公司来说成本太高。这种发动机布局自此销声匿迹,但回头来看,可以说是一种奇怪但又具有创新性的设计。

显然,发动机安装位置的选择,对飞机设计师而言是根本性问题,对航空发动机设计师来说同样至关重要,他们必须确保发动机按照飞机设计规则所要求的运行。换句话说,飞机设计和发动机的设计必须协同推进。飞机设计时没有充分考虑发动机选型,可能会导致无论发动机位置如何都无法合适地匹配飞机;发动机设计时未充分考虑飞机承载能力,可能导致找不到任何可搭载的飞机。后一种情况是发动机制造商不惜一切代价来避免的,因为这将加剧它们已面临的严峻财务和外部环境挑战。这些挑战本质上是缘于在发动机研发过程中不可避免的巨额财务投入。

4.1.6　研发、合作和供应链

自航空发动机行业诞生以来,行业内的企业就被迫接受一个严峻的现实,即发动机研发和加工成本高昂,飞机产量太低。从经济的角度来看,这些高昂成本并不合理。换句话说,非经常性成本(NRC)几乎总是超过发动机的销售收入。只有在特殊情况下,例如在战争期间或战争升级期间,军队才要求大量生产,研发和生产成本问题才能得到充分解决。从本质上讲,国家需为企业兜底,企业需依靠国家补贴支持自身的技术进步和生产活动。这种情况目前仍然存在,虽然市场已经向商用航空倾斜,但是发动机研发相关成本不断攀升。潜在逻辑依然是:产量低,但仍须收回高昂的研发成本。业内普遍认为,一台发动机的研发成本约为 20 亿美元,准入门槛高,导致有意从事航空发动机制造的企业望而生畏。现有企业尽管没有受到新加入者的挑战,但仍必须应对新发动机研发所带来的种种风险。这种情况导致的结果是:全球航空发动机行业由少数企业主导,这些企业在激烈竞争的同时,被迫合作以降低风险(Todd & Humble,1987:46-48)。

在航空发动机领域占据第一梯队地位的企业,其产品普遍覆盖航空发动机的不同类型,广泛参与涡轮风扇发动机、涡轮螺旋桨发动机和涡轮轴发动机的设计与制造。美国在军事领域占有主导地位,在商业航空领域地位突出,其在发动机领域形成两大巨头:通用电气公司和普惠公司。欧盟发动机制造商代表是罗-罗公司和赛峰集团的斯奈克玛公司(Société nationale d'études et de construction de moteurs d'aviation)和透博梅卡公司。透博梅卡公司于 2001 年被斯奈克玛公司收购,成为斯奈克玛的子公司。在发动机领域,第一梯队的企业区别于普通企业的一个显著特点是,它们掌握大型涡轮风扇发动机复杂的设计和集成能力。

目前，俄罗斯联合航空发动机公司（United Engine Corporation，UEC）负责统筹协调俄罗斯的航空发动机企业。UEC 是一家垂直整合的公司，生产用于军用和商用航空及其他多种用途的发动机（United Engine Corporation，2014）。UEC 旗下包括俄罗斯所有主要的航空发动机生产商，克里莫夫、土星科研生产联合体和什韦措夫发动机设计局/彼尔姆，它们仍然使用既有的名称开展研发、制造和销售。乌克兰的伊夫琴科-进步设计局曾隶属于苏联航空发动机行业，现在是乌克兰工业政策部的一部分（Ivchenko-Progress，2014）。总体而言，虽然它们的能力较强，但与领先的西方企业相比，在国际市场上所占的份额非常小，基本上只为俄罗斯和乌克兰研发的飞机提供发动机。

一些企业构成了航空发动机研制的第二梯队。它们提供以下一项或全部服务：第一，发动机部件设计和开发方面的专业知识；第二，可供第一梯队企业使用的完善设施，通过合同许可作为其工厂和劳动力资源的补充；第三，有限范围内的发动机设计和生产方面的专业能力。就上述第一项服务而言，这些企业越来越受到第一梯队企业的重视。第一梯队企业通过它们加快自己的发动机研制项目，并与多个参与企业分担风险。这些企业中最知名的是美国的霍尼韦尔国际和威廉姆斯国际、德国的 MTU 航空发动机公司，以及日本三大巨头，包括石川岛-哈里岛重工业（IHI）、川崎重工（KHI）和三菱重工（MHI）。其中，霍尼韦尔国际收购莱康明公司和加勒特公司后，产品设计能力有了显著提升。前者以涡轮轴发动机（尤其是 T55 和 LTS101）而闻名，后者以小型涡轮风扇发动机（TFE731 系列）和小型涡轮螺旋桨发动机（TPE331 系列）而闻名。

第三梯队的企业由原材料供应商组成。这些原材料供应商是第二梯队和第一梯队企业的供应商，如美国铝业公司和美国赫氏集团，以及其他许多企业。有时,很难划清第二梯队和第三梯队供应商之间的界线,因为航空发动机行业近年来经历了一系列结构性变化,包括收购、合并,此外也有第三梯队企业通过提供原材料和半成品跻身第二梯队企业的业务范畴。例如,美国铝业公司宣布进行投资组合转型,签署了一份最终协议,收购了著名的喷气发动机零部件制造商弗里斯·里克森公司(Alcoa,2014)。

弗里斯·里克森公司是世界航空航天领域最大的无缝环件生产商。此次收购进一步加强了美国铝业公司的航空航天业务,使该公司能够通过提供更广泛的高增长、高附加值喷气发动机组件,实现额外的航空航天业务增长。此次收购在战略上符合该公司继续发展增值业务的目标(Alcoa,2014)。

总之,商用航空发动机行业的结构可以通过一个基本且简化的供应链结构来说明(见图4.1)。

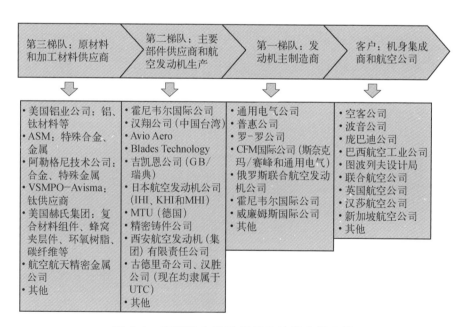

图4.1 商用航空发动机行业的基本供应链

第二梯队的企业类型多样、各有专长，从数量有限的部件制造商到具备发动机系统集成能力的专业化设计和研发企业。该行业一个非常明显的趋势是许多企业的专业化程度不断提高，沃尔沃航空公司就是一个例子。沃尔沃航空公司是瑞典 AB 沃尔沃的前全资子公司，2012 年被英国吉凯恩公司收购，成为吉凯恩航空发动机系统公司。

NOHAB Flygmotorfabrik AB 成立于 1930 年，为瑞典航空委员会生产飞机发动机。1937 年，该公司成为新成立的萨博公司的一部分；1941 年，又被出售给沃尔沃（Volvo）公司，并更名为 Svenska Flygmotor，后又更名为沃尔沃航空（VAC）。近 50 年来，瑞典空军发动机的开发、生产、技术支持和维护一直是其"核心业务"（Eriksson，2000）。军需下降导致该公司开始转向商用发动机，并根据其经验和核心能力，制定了一项专注于结构、旋转部件和燃烧室研发业务的新战略。20 世纪 90 年代末，VAC 与所有主要航空发动机制造商进行了项目合作，包括联信发动机公司（TFE731、TPE331 和 TPF351）、宝马-罗尔斯-罗伊斯公司（BR－715）、通用电气公司（CF6－80）、普惠公司（JTD8、V2500、PW2000 和 PW4084/90/98）和罗尔斯-罗伊斯公司（Tay）（Eriksson，2000：659）。目前，几乎所有在售的大型商用飞机发动机都选择了吉凯恩发动机公司（VAC 之前）生产的部件。

发动机生产商都希望自身产品谱系能全面覆盖市场需求，但实际上都会出现不同规格发动机断层的现象，表明个体企业能力的不足。为应对这一显著缺陷，这些企业开始寻求与其他企业合作以弥补不足。这些合作企业在其他业务领域往往是竞争对手。合作的动机通常有三个。第一是分摊新发动机的设计和研发成本，两家或更多企业分担成本优于单独承担成本。面对预计的高昂成本，找到潜在的合作伙伴被认为是研发新发动机的唯一可能。前提是双方同时有意将新设计的发动机加入各自的产品组合,并愿意忽略双方同时也是竞争对手这一因素。第二个动机与第一个类似,即节省非经常性开发成本。然而,这种合作的前提是合作伙伴之间存在不对称性,一家企业承认另一家企业是整体系统设计师,并认可自身尽管是专家,承担的却仅是缝隙/补充市场的角色。第三个动机从表面上看,与降低资金成本无关,而与市场准入相关。对制造商来说,赢得市场份额是非常必要的,只有不断增加市场份额,才能获得收入,摊销高昂的开发成本,而进入某些市场的前提就是与当地企业合作。为此,它们需要寻找一位合作伙伴来提供进入所需市场的机会。作为回报,合作提议者也承诺帮助其合作伙伴进入之前无法进入的市场。因此,双方都可以从市场扩大中受益,而且,较弱的合作伙伴可能会从较强的合作伙伴转让的先进技术中获得不可估量的收益。上述两个或多个动机的结合可能会进一步增强发动机公司之间合作的可能性。但我们可能很难确定哪一个动机是促成合作的最重要因素,尤其是考虑到官方声明的不透明性(在国际合作的情况下不可避免)。这种情况在本书研究的例子中更为明显。

占主导地位的发动机制造商往往参与各种合资企业的组建,这些合资企业的成立是为了迎合新兴市场对发动机的需求,同时以合作伙伴的方式分担开发和生产成本以及风险(见表 4.1)。

表 4.1　大型商用航空发动机行业的大型合资企业

合 资 企 业	合作伙伴和所有权占比
CFM 国际	通用电气(GE)——50% 斯奈克玛(赛峰)——50%
发动机联盟	通用电气——50% 普惠——50%

（续表）

合 资 企 业	合作伙伴和所有权占比
国际航空发动机（IAE）	普惠——25.00％ 普惠航空发动机国际有限公司——24.50％ MTU 航空发动机——25.25％ 日本航空发动机公司——25.25％： 川崎重工 石川岛-哈里岛重工 三菱重工
动力喷射	斯奈克玛（赛峰）——50％ 土星科研生产联合体——50％

　　佐证上述第一类合作动机的经典例子是 1974 年 CFM 国际公司的成立。通用电气公司和斯奈克玛公司均认为，98～120 千牛顿（22 00～27 000 磅）推力等级的发动机存在市场。双方都进行了初步设计工作，得出一个结论：它们应该通过成立合资企业的形式来开展合作，这将有利于发动机的成功研发。在双方精心设计下，CFM56 发动机应运而生，其中通用电气公司负责发动机核心机的设计研发，斯奈克玛公司负责其余部分。1979 年，CFM56 发动机投入使用，为军用产品提供动力（如 F108）。CFM56 发动机在为波音 737 和空客 A320 系列提供动力后，打响了自身的商业知名度。LEAP－1 A/B/C 经过大幅改进，专门为波音 737 MAX、空客 A320neo 和中国商飞 C919 提供动力，未来有望为合资企业带来更多的利益（Flottau，2012：46）。受 CFM 国际公司的影响，普惠公司和罗尔斯-罗伊斯公司选择消除彼此分歧，成立一家联合企业，生产一款可以与 CFM56 竞争的发动机。于是，它们于 1983 年成立了国际航空发动机公司（IAE，注册地在苏黎世）。除了这两个发起人（最初各持有 30％的股份）之外，它们还邀请了其他一些企业加入，

包括三家日本公司(IHI、KHI 和 MHI,最初合计持有 23％的股份)、MTU 航空发动机公司(最初持有 11％的股份)和意大利的菲亚特航天(Fiat Avio)公司(剩余股份)。

菲亚特航天公司很早便退出了国际航空发动机公司。2003 年,为了应对汽车行业的危机,菲亚特集团将菲亚特航天公司出售给一个由美国私募股权基金会凯雷集团(70％)和芬梅卡尼卡集团(30％)组成的财团(Fiatgroup,2014),并更名为艾维欧(Avio)。之后,该公司仍以供应商身份运营,直至 2006 年英国私募股权基金会 Cinven 宣布从凯雷集团收购 Avio S. p. A.,所有权再次发生变更。2013 年 8 月 1 日是其所有权和结构最新一次发生变化,Avio S. p. A. 被出售给通用电气公司,成了通用电气航空业务的一个组成部分(Avio Aero,2014)。这是该行业企业的所有权、经营战略和供应商关系快速而复杂变化的又一个例子。表 4.1 列出了国际航空发动机公司目前的所有权结构。

国际航空发动机公司的合作伙伴各尽其责、发挥所长。其中,罗尔斯-罗伊斯公司负责压气机,普惠航空发动机国际有限公司负责燃烧室和高压涡轮,日本三巨头负责低压转子,MTU 航空发动机公司负责低压涡轮,艾维欧公司负责附件齿轮箱。通过多方努力,V2500 发动机于 1988 年投入使用,并立即在空客 A320 上得到应用。有趣的是,普惠公司后来在大型涡轮风扇的设计和生产方面又背弃了罗尔斯-罗伊斯公司,转而选择了与昔日的竞争对手通用电气公司合作。就这个情况而言,两家美国企业都有意联手以抵抗罗尔斯-罗伊斯公司在空客 A380("遄达"900)上的领先地位。这两家公司通过合作成立了发动机联盟,并吸纳了 MTU(MTU 收购了 GP-7000 发动机项目 22.5％的股份,而斯奈克玛公司拥有 10％的股份)。这些合作伙伴将企业的专业能力汇集起来,通用电气公司负责发动机核心,普惠公司(在 MTU 的帮助下)负责风扇和低压系统,最终研发出了 HP7200,一款 363 千牛顿(81 500

磅)推力的发动机,BPR 为 8.7∶1,推力质量比为 4.73∶1。

第二类合作动机,可以以著名的奥林匹斯 593 发动机的例子作为说明。该发动机为 20 世纪 60 年代末英法协和式超声速运输机提供动力。该发动机合作伙伴布里斯托•西德利公司(现为罗尔斯-罗伊斯公司的一部分)和斯奈克玛公司认为,可以在前者的奥林匹斯军用型涡轮喷气发动机的基础上进行开发,最终为协和式飞机提供动力。通过这种方式,它们生产出了一台能够产生 142 千牛顿(32 000 磅)推力和推力质量比为 5.4∶1 的动力装置。经对两位合作伙伴能力的客观分析,在该合作项目中,布里斯托•西德利公司承担发动机主要部件的研发,斯奈克玛公司主要专注于加力燃烧部分。

奥林匹斯项目是一个由不平等合作伙伴组成联盟的例证,斯奈克玛公司的另一次合作则从另一角度解释了合作动机问题。该案例发生在当代,体现了联盟合作第三类动机。法国斯奈克玛公司和俄罗斯土星科研生产联合体成立合资企业动力喷气公司(Power-Jet),专门为俄罗斯苏霍伊 SSJ100 喷气式支线飞机制造发动机。在这种情况下,斯奈克玛公司凭借其从 CFM56 发动机中获得的技术实力,占据了更强大的地位,负责发动机核心部分的研发工作,而俄罗斯合作伙伴负责低压部分。2008 年,SSJ100 装配该合资企业的研发成果 SaM146 发动机完成首飞。发动机的推力为 76.8 千牛顿(17 270 磅),BPR 为 4.43∶1,推力质量比为 5.3∶1。相比于技术因素,市场准入可能是促成此次合作的主要原因。从西方用户那里获得订单的前景,足以说服土星科研生产联合体与西方发动机公司合作。

4.2　占主导地位的西方国家与"其他国家"

航空发动机市场非常复杂,这些企业在市场的某一领域激烈竞争,而在其他领域却选择合作的事实让人们更难理解该市场的复杂性。CFM 国际公司及其母公司美国通用电气公司是各自市场的主要生产商,占 2012 年交付的商用发动机总数的 70%左右(*Flight Global*,2013)。从 2013 年所有在役飞机的交付总量来看,CFM 国际公司和通用电气公司所占市场份额接近 60%(见图 4.2)。发动机制造商的市场份额在不同的飞机制造商和细分市场之间有很大差异。例如,CFM 国际公司为所有波音 737 机型(波音 737 - 300/400/500 和波音 737 - 600/700/800/900)提供发动机,包括当前波音 737 MAX 使用的 CFM LEAP 发动机。CFM56

图 4.2　2013 年全球商用飞机发动机的市场份额

(资料来源:*Flight Global*,2013:15)
注:这些数据涉及承担客运、货运、客货运和快速转换型的窄体、宽体及支线(包括俄罗斯)客机。数据基于 20 606 架飞机和 44 607 台发动机。

与 IAE 的 V2500 发动机(不适用于空客 A318)是波音 737 的主要竞争机型——空客 A320 系列的发动机选项。2012 年,这两者的交付比例是 CFM 国际公司为 53%,IAE 为 47%(*Flight Global*,2013)。

其他一些机型的发动机交付数据显示,2012 年交付的 97 架空客 A330 飞机中,70%使用了罗尔斯-罗伊斯发动机,而同年交付的 46 架波音 787 飞机中,59%安装了通用电气 GEnx 发动机,41%安装了罗尔斯-罗伊斯"遄达"发动机(*Flight Global*,2013)。最新的波音 747(747 - 8)也选择了 GEnx 发动机。作为世界上最大客机波音 747 的继任机型,空客 380 有两种发动机选项:罗尔斯-罗伊斯的"遄达"900 系列或发动机联盟的 GP7000 系列。在 2012 年交付的 30 架飞机中,16 架(53%)使用了罗尔斯-罗伊斯的发动机,14 架(47%)使用了发动机联盟的发动机。

到目前为止,很明显,全球商用航空发动机行业在很大程度上由少数西方企业主导①。根据所有目前正在生产的商用飞机(包括新版本的空客 A320neo、波音 737 MAX，以及尚未交付巴航工业公司的第二代 E-Jet)，中国的 ARJ21(已于 2015 年交付给客户)，以及正在研发中的中国商飞 C919(见表 4.2、表 4.3 和表 4.4)的发动机选用来看，情况就更加明了了。

以宽体飞机为例，除伊留申伊尔-96(大约只生产了 30 架)所使用的 PS-90A 发动机以外，西方国家制造的发动机完全占据主导地位。伊尔-96 还有另一个发动机选项，即 PW2000 系列，也是由西方国家制造的。PW2000 用于伊尔-96M，而 PW2337 用于 IT-96T。同样的"规则"也适用于窄体喷气式飞机，唯一的例外是俄罗斯制造的图波列夫图-204/214②。该飞机使用的是什韦措夫发动机设计局(前身是索洛维耶夫)的 PS90A 发动机③。与伊尔-96 相比，图-204/214 的生产量接近 80 架，相比于其他西方国家制造的飞机，数量依旧非常少。中国已经开始研发和生产两种窄体飞机——ARJ21 和 C919，均使用西方国家的发动机。

喷气式支线飞机领域使用的发动机由通用电气公司和罗尔斯-罗伊斯公司主导，它们是两大飞机制造商庞巴迪公司和巴航工业公司的发动机供应商。

这一领域的另一位新进入者是普惠公司。该公司成为三菱喷气式支线飞机的发动机供应商。另外，喷气式支线飞机采用的动力装置还有：俄罗斯苏霍伊 SSJ100 喷气式飞机采用的 SaM146(斯奈克玛公司/

---

① 一些供应商，包括来自中国大陆(西安航空发动机)及中国台湾地区(汉翔航空工业股份有限公司)的公司也将自身确立为第二梯队企业。然而，绝大多数第二梯队和第三梯队企业仍然来自西方。

② 严格来讲，图-214 是图-204-200 的衍生型号，由喀山飞机生产联合体(位于喀山)生产，而图-204 的所有其余衍生型号均由航星公司(位于乌里扬诺夫斯克)生产。

③ 该飞机的两个衍生型号图-204-120/220 均配备罗尔斯-罗伊斯 RB211-535 发动机，主要是为了开辟更广阔的国际市场。

表 4.2　目前用于生产或计划交付的宽体和窄体飞机的发动机

型　号	CFM 国际	通用电气	发动机联盟	IAE	普惠	罗-罗	什韦措夫发动机设计局
宽体飞机							
空客 A330		CF6			PW4000	"遄达"700	
空客 A350						"遄达"XWB	
空客 A380			GP7000			"遄达"900	
波音 747 - 8		GEnX - 2B67					
波音 767		CF6			PW4000		
波音 777		GE90			PW4000	RR895	
波音 787		GEnX 1B				"遄达"1000	
伊留申伊尔- 96					PW2000		PS90 - A
窄体商用飞机							
空客 A318	CFM56 - 5				PW6000		
空客 A319/A320/A321	CFM56 - 5			V2500			

（续表）

型　　号	CFM 国际	通用电气	发动机联盟	IAE	普惠	罗罗	什韦措夫发动机设计局
空客 A320neo	LEAP－1A				PW1100G		
ARJ21		CF34					
波音 737NG	CFM56－7						
波音 737 MAX	LEAP－1B						
庞巴迪 C 系列					PW1500G		
中国商飞 C919	LEAP－1C						
巴航工业 E－Jet 系列（E170/175/190/195）		CF34－8E/10－E					
巴航工业 E－Jet 系列（第二代）					PW1000G		
图波列夫图-204/214						RR RB211－535E4	PS90A

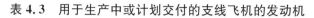

表 4.3　用于生产中或计划交付的支线飞机的发动机

型　　号	通用电气	普惠	罗-罗	动力喷射（斯奈克玛/土星科研生产联合体）	伊夫琴科-进步设计局
安东诺夫安-148/158					D-436
庞巴迪					
CRJ700/900/1000	CF34/8C				
巴航工业 ERJ145 系列（ERJ135/ERJ140/ERJ145）			AE3007		
苏霍伊 SSJ100				SaM146	
三菱喷气式支线飞机		PW1217G			

表 4.4　目前正在生产的涡桨飞机使用的发动机

型　　号	普惠加拿大公司	通用电气	克里莫夫
ATR 42/72	PW120 系列		
庞巴迪 Dash 8	PW120 系列 PW150A(400 系列飞机)		
CASA - IPTN CN235		CT7 - 9C	
安东诺夫安-140	PW127		TV3 - 117VMA - SBM1
西安 MA60	PW127		

土星科研生产联合体）和乌克兰安东诺夫安－148/158 采用的 D－436（乌克兰伊夫琴科-进步设计局）。斯奈克玛（法国）公司和土星科研生产联合体成立的合资企业动力喷射（Power-Jet）公司（SaM146）非常依赖西方技术，在合作项目中，由斯奈克玛公司负责核心机、控制系统（FADEC）、动力传输（附件齿轮箱、传输齿轮箱）、发动机集成和飞行测试，土星科研生产联合体负责低压部分的部件以及发动机的机上安装和地面测试（SNECMA，2014）。

伊夫琴科-进步设计局的 D－436 是一款涡轮风扇发动机，最初是在 20 世纪 80 年代为几架雅科夫列夫和安东诺夫（后来属于俄罗斯）飞机开发的，于 20 世纪 80 年代中期首次投入使用，计划用于图－334 客机（该计划于 2009 年取消，只生产了两架飞机）。目前，该发动机被安装在了安东诺夫安－148/158 上[①]，这款飞机只生产了 33 架，于 2014 年 7 月停产。目前，中国还没有可应用于 ARJ21 及 C919 飞机的国产商用发动机，因此这两款飞机均采用西方国家制造的发动机（通用电气公司和 CFM 国际公司）。

除安东诺夫安－140 飞机外（安－140 飞机由俄罗斯克里莫夫公司制造的发动机提供动力），批量生产中的涡桨支线飞机主要采用普惠公司（美国）加拿大公司的发动机，而普惠公司本身是联合技术公司（UTC）的一个业务部门。

在商用航空发动机这一领域中，全球发动机的研发和制造格局没有出现任何重大变化。与之相反，在机体集成领域，巴航工业公司已发展成为一家大型全球企业，其他几个新兴国家也进行了大量投资。除了下文所述外，航空发动机行业几乎没有发生变化。

现如今，随着俄罗斯和乌克兰商用飞机项目的缩水，从苏联时期开

---

① 安－158 是安－148 的加长版，最多可容纳 99 名乘客。

始积累的航空领域影响力随之减弱,它们在过去几十年中制造的飞机越来越少。此外,世界各地共产主义国家固有市场的丧失,对其航空领域的商业运营和销售规模产生了负面影响。

在共产主义时期(经济互助委员会集团,直到 1991 年),俄罗斯的飞机制造商向保加利亚、捷克斯洛伐克、东德、匈牙利、波兰和罗马尼亚[①]的国有航空公司交付了它们所运营的几乎所有商用飞机及发动机。古巴和越南等国家也依赖苏联制造的飞机和发动机,与苏联关系密切的一些非洲和亚洲国家也是如此。自 1989 年"铁幕"开始倒下以及随之而来的政治变革,几乎所有前"东方集团"的骨干航空公司都放弃了俄罗斯和乌克兰的飞机,转而使用西方飞机,如波音、庞巴迪、空客、巴航工业等公司的飞机。新近成立的大量私营航空公司也是如此。近年来,经历了重大革新和扩张的越南国家航空公司开始依赖空客、波音和 ATR 飞机运营,古巴国营航空公司(Cubana)也开始转向西方国家制造的飞机,尽管其仍在使用安东诺夫、伊留申和图波列夫的飞机。

除了上文提到的该领域内的核心企业和国家外,只有中国有发展先进商用航空发动机产业的雄心。

中国的发动机行业已经相当庞大,但主要是苏联时期的外国设计。其产业中一部分是经许可的制造,另一部分是"逆向工程"。这种情况可见于中国研制的很多型号的发动机,包括活塞式发动机、涡轮螺旋桨发动机、涡轮轴发动机、涡轮喷气发动机和涡轮风扇发动机。大多数发动机用于军用飞机,也有一些用于商用飞机。中国目前对发展有竞争力的发动机产业兴趣浓厚,在军用和商用发动机领域投入巨大。尽管军事用途在战略上更为重要,但中国拥有世界上增长最快的民航市场,

---

① 罗马尼亚的国家航空公司(Tarom)使用英国 BAC 1 – 11 飞机是个例外,包括大量经授权制造的 BAC 1 – 11 飞机(被命名为 Rombac 1 – 11)。

商业市场的潜力要大得多。中国有一个明确的目标，即结束或至少减少其对俄罗斯和西方国家发动机的依赖。

中国没有可用于现代商用飞机的涡轮风扇发动机，其所有制造的涡轮风扇发动机都用于各种军用飞机。大多数军用涡轮风扇发动机都采用苏联的设计，其中一款拥有罗尔斯-罗伊斯"斯贝"发动机的制造授权①。

中国正投入巨大的人力和财力发展航空航天产业，尤其是飞机制造业。中国在航空发动机领域雄心勃勃，但像其他任何新进入者一样，面临着巨大的进入壁垒。世界上只有少数几家企业拥有技术专长和经济资源来开发最先进的涡轮风扇发动机，掌握从设计到生产全过程需要的完整系统集成知识和能力。该行业巨大的开发成本迫使发动机生产商构建合作网络，共担风险、共享收益（Eriksson，2000）。先进航空发动机有成千上万的零件和小部件需要在极端温度和压力下工作。要达到这一水平，必须掌握设计、机械加工、铸造、复合材料、稀有合金、电子性能监控和质量控制等方面的最新技术，然后将其应用于设计和最终飞行试验中。即使技术上已经达到这个水平，仍然需要精心协调，处理复杂的文件，以满足航空认证机构的要求。此外，制造企业还必须精通航空发动机商务业务，包括销售、信托、售后服务和物流等方面的知识，这些在航空发动机领域往往被忽视。总之，追赶和超越成熟的技术领导者对后来者是一个巨大的挑战，追赶者必须瞄准一个也在不断进步的目标（Eriksson，2010）。所有这些高级壁垒迫使中国等新进入者与美国和欧洲国家的业内领先企业合作。从某些方面来看，研发一款

---

① WS-9"秦岭"（中国代号）涡轮风扇发动机用于西安飞机制造集团 JH-7 战斗轰炸机。罗尔斯-罗伊斯"斯贝"的设计工作始于 20 世纪 50 年代末，最初旨在用于商用飞机，但最终主要用于军用飞机（F-4K"鬼怪"及布莱克本"掠夺者"）。"斯贝"发动机也被用于 BAC 1-11 客机。罗尔斯-罗伊斯公司和艾莉森（美国）公司就美国制造授权版本展开合作，该版本被命名为"艾莉森"TF-42，用于沃特公司生产的军机 A-7"海盗"。

先进的发动机比飞机机体制造的要求更高。

中国航空发动机行业目前依然缺乏航空发动机"拼图"中的许多部分，比如最先进的压气机、涡轮叶片，以及工艺质量和标准化，无法研发出具有竞争力的商用航空发动机。

另一个障碍是，老牌制造商已经走过了超过 60 年的研发历程，能够制造安全、可靠的发动机。20 世纪 50 年代以来，欧美的领先企业从现有发动机中收集了大量性能和运行数据，这些数据使它们在设计航空公司所需的高燃油效率和高可靠性的新型发动机方面领先一步（Lague & Zhu，2012）。

中国科学院院士、北京航空材料研究院教授曹春晓（2014）在一份报告中讨论了中国商飞 C919 在提升中国飞机和航空发动机制造水平方面的作用。他表示，一开始使用了先进的外国发动机（见表 4.2），但中国往后的目标是研发自己的发动机。通常，发动机被视为飞机的心脏，曹春晓教授将中国的"发动机问题"比作心脏问题。他还承认，研制合适的发动机存在巨大的困难，其难度系数高于飞机机体研制，所需的材料也更具挑战性。

与空客公司、波音公司和巴航工业公司等飞机制造商相比，国外航空发动机制造商更不愿分享其工业秘密，限制了专有技术转移的可能性。限制技术转移的另一个原因是存在两用技术风险，即先进技术也同时被应用于军用飞机项目。

中国政府非常重视发动机研发，决定在这一领域投入大量资源，但目前仍依赖于外国援助。成立于 2009 年的中航商用航空发动机有限责任公司（ACAE），主要目标是为 C919 和未来的大型客机研制发动机。ACAE 成立之初，对外合作是其商业计划的首要核心内容。该公司甚至为外国战略投资者保留了 30% 的股权结构，但很快公司发现，领先的西方发动机制造商，如通用电气公司、普惠公司、罗尔斯-罗伊斯公司和斯奈克玛公司并没有合作意向。ACAE 继而向德国 MTU[①] 寻求合作，但在受到主要西方企业施压后，合作项目简化为一个单纯的气体循环研究项目（Perrett，2014）。中国商用航空发动机项目的前景目前还存在不确定性，可能还需要几十年的时间其产品才能应用于主流商用客机。

4.3　环境问题带来的挑战

减轻对环境的危害是航空发动机行业面临的最大挑战，这无疑也会影响其可能创造的收益。减轻污染至关重要的两个因素是降低噪声和减少飞机发动机产生的有害排放物（如二氧化碳、氮氧化物等）。关于噪声，技术的进步在很大程度上降低了航空发动机的噪声水平。已被公认的是，BPR 为 10∶1 的发动机可以将噪声水平降低一半（Hünecke，1997：210）。采用高 BPR 的涡轮风扇发动机大幅降低噪声水平，更接近美国联邦航空局和国际民航组织制定的目标。1972 年，美国《噪声控制法》正式制定了第一阶段至第二阶段的目标，规定停飞噪声高的客机，该项工作已于 2002 年完成。第三阶段，噪声较低的飞机需要安装"消音装置"或更换新发动机。第四阶段，新飞机的运行噪声水平需比先前标准低 10 分贝。虽然这些管制措施只在发达国家生效，但它们迫使其他地方的航空公司遵守规定，否则不符合标准的飞机将被禁止进入发达国家的机场。

飞机发动机排放是一个更为棘手的问题。各国政府和航空公司在措施制定方面存在分歧。一些政府，如欧盟成员国认为，航空公司必须

---

①　主要是在低压涡轮机方面寻求帮助。MTU 和 ACAE 甚至已经签署了谅解备忘录，但后来遭废止。

遵守排放交易规定以及承担相关的财务成本和处罚。各方一致呼吁使用"更清洁、更高效的发动机"。因此,发动机制造商专注于提供燃油效率更高的发动机,同时支持政府关于生产传统煤油基喷气燃料替代品的举措(United States,2012)。为实现上述第一个目标而作出探索的是普惠公司的PW1000G(BPR为12.1∶1)齿轮传动涡轮风扇发动机。普惠公司承诺,这款发动机的效率将在现有发动机的基础上提高15%。该发动机及其衍生型目前已被选定为庞巴迪C系列(PW1500G)、三菱喷气式支线飞机(PW1217G)、巴航工业E-Jet E2系列(PW1700G和PW1900G)等几款新型商用飞机提供动力,也将作为空客A320neo的选择。在齿轮传动涡轮风扇发动机中,风扇和低压轴之间的减速箱让它以更高的转速运行,从而减少低压涡轮和低压压气机的级数,进而提高效率。然而该设计也有弊端,能量会在齿轮机构中以热量的形式损失。此外,涡轮和压气机级数上节省的质量在一定程度上被齿轮箱的质量抵消。

开式转子发动机在此技术路线上继续发展,试图消除其弊端。设计师们普遍认为,高BPR发动机的回报率越来越低。随着短舱尺寸的增加,质量和阻力也随之增加。开式转子使用自由运转的螺旋桨,让短舱彻底成为历史。一个由欧盟委员会可持续和绿色发动机项目赞助的合作项目,激发了罗尔斯-罗伊斯和斯奈克玛等公司工程师们的热情。他们相信,未来几年可以设计出一种开式转子发动机,证明该技术的可行性。这一努力,加上复合材料的改进,预计将大大减轻涡轮叶片的质量,并显著提高发动机效率(Norris,2012)。

20世纪80年代通用电气公司在飞机飞行过程中演示了GE36无导管风扇,但在能源危机结束后该概念被搁置。该设计旨在提供涡轮风扇的速度和性能,并兼具涡轮螺旋桨的燃油经济性,基本上是涡轮风扇和涡轮螺旋桨发动机(也称为桨扇发动机)的混合体。通用电气公司的桨扇发动机项目后来在 NASA 的资助下重新启动,但 NASA 后来退出了该项目。斯奈克玛公司和通用电气公司(窄体飞机发动机)开始在与 CFM 国际公司的合作和欧洲清洁天空计划中率先推广开式转子发动机,使其成为 CFM 国际公司 LEAP 发动机可能的继任者(Warwick,2014)。这一具备经济优势的技术方案是否具有可行性的关键在于能否保护飞机免受转子爆破,或叶片脱出而造成的伤害。涡轮风扇发动机因为短舱的保护,允许一定的叶片脱出,但开式转子发动机需要机身和相关系统的防护遮挡。运营商、监管机构和公众的态度将决定这种发动机的成败。

寻找可替代航空燃料引发了许多争论,并催生了若干研究项目。许多提议的替代方案初次亮相时似乎都有可取之处,但仍存在众多不足。其中最主要的是成本,目前所有替代方案都会带来与建造生产工厂相关的巨额费用。当进一步聚焦到供应和分配环节时,这些成本会成倍增加(Warwick,2012)。例如,生物质替代品引发了机会成本问题,特别是利用农田生产运输燃料所带来的潜在社会牺牲,更不用说如何分配道路运输生物柴油和航空用生物燃料原料配额。此外,如果已有的燃油运输管道网络不合适,如何将这些替代燃料运输到机场也是问题。尽管存在很多问题,但有两种技术得到了发展,一个是费托合成(FT),另一个是加氢处理氢酯和脂肪酸(HEFA)加工。FT 是一项较老的技术,能够将天然气或生物质转化为液体燃料。HEFA 技术更新,并且更复杂,能够将亚麻荠和麻风树等油籽和藻类转化为液体燃料。FT 和 HEFA 燃料均已被批准用于飞机(2009 年和 2011 年),前提是它们与常规喷气燃料等比例混合。这两种技术运用的最终目标是让飞机完全使用替代燃料,并且成本受控。就发动机制造商而言,它们的发展依赖于商用航空,但它们的未来取决于替代燃料的商用目标能否实现。发动机制造商正在专注开发与生物燃料完全兼容的高效发动机。

参考文献

Alcoa (2014) Home page. Online, www. alcoa. com/global/en/news/news_ detail. asp? pageiD＝20140626000215en&newsyear＝2014(accessed 5 July 2014).

Avio Aero (2014) Avio Aero: A GE aviation business. Online, www. aviogroup. com/? lang＝en (accessed 6 July 2014).

Campagna, P. (2003) *Requiem for a Giant: A. V. Roe Canada and the Avro Arrow*, Toronto: Dundurn.

Cao, C. (2014) C919 will help China make giant leap, *Aviation Week & Space Technology*, 13 January.

Chillon, J. , Dubois, J-P. and Wegg, J. (1980) *French Postwar Transport Aircraft*, Tonbridge: Air-Britain (Historians) Ltd.

Eriksson, S. (2000) Technology spill-over from the aircraft industry: The case of Volvo Aero. *Technovation*, 20(12), 653 – 664.

Eriksson, S. (2010) China's aircraft industry: Collaboration and technology transfer—the case of Airbus, *International Journal of Technology Transfer and Commercialisation*, Vol. 9, No. 4, pp. 306 – 325.

Fiatgroup (2014) Fiatgroup, Cessioni FiatAvio and Avio S. p. A. Online, www. fiatgroup.com/it-it/mediacentre/press/Documents/2003/Cessione FiatAvio ad Avio. pdf (accessed 6 July 2014).

Flight Global (2013) Commercial engines, flight global analytics, special report.

Flottau, J. (2012) Transitioning leap, *Aviation Week & Space Technology*, 22 October, p. 46.

Garvey, W. (2012) 'Golden turbine', *Aviation Week & Space Technology*, 30 July, p. 14.

Gunston, B. (1986) *World Encyclopaedia of Aero Engines*, Wellingborough: Patrick Stephens.

Gunston, B. (1989) *Rolls-Royce Aero Engines*, Wellingborough: Patrick Stephens.

Gunston, B. (1990) *North American P-51 Mustang*, New York: Gallery Books.

Holden, H. M. (1996) *The Legacy of the DC-3*, Warrendale, PA: Society of Automotive Engineers.

Hünecke, K. (1997) *Jet Engines: Fundamentals of Theory, Design and Operation*, Osceola, WI: Motorbooks International.

Ivchenko-Progress (2014) Home page. Online, http://ivchenkoprogress. com/? page_id=22&lang=en (accessed 28 June 2014).

Jackson, A. J. (1990) *Avro Aircraft since 1908*, London: Putnam.

Lague, D. and Zhu, C. (2012) Unable to copy it, China tries building own engine, Reuters. Online, www. reuters. com/article/2012/10/29/us-china-engine-idUSBrE89S17B20121029 (accessed 18 August 2014).

Lumsden, A. (2003) *British Piston Engines and their Aircraft*, Marlborough: Airlife Publishing.

Molson, K. M. and Taylor, H. A. (1982) *Canadian Aircraft since 1909*, London: Putnam.

Norris, G. (2012) Family fortunes ... composite club, *Aviation Week & Space Technology*, 15 October, pp. 52 – 53.

Perrett, B. (2014) China considers setting up an independent engine maker, *Aviation Week & Space Technology*, 12 May, pp. 32 – 33.

Setright, I. J. K. (1971) *Power to Fly: The Development of the Piston Engine in Aviation*, London: Allen and Unwin.

SNECMA (2014) Home page. online, www. snecma. com/-sam146-. html? lang=en. (accessed 16 August 2014).

Taylor, J. W. R. (1984) *Jane's All the World's Aircraft 1984 –85*, London: Jane's Publishing.

Todd, D. and Humble, R. D. (1987) *World Aerospace: A Statistical Handbook*, London: Croom Helm.

United Engine Corporation (2014) Home page. Online, www. uk-odk. ru/eng (accessed 2 July 2014).

United States (2012) *Aviation Greenhouse Gas Emissions Reduction Plan*. Online, www. faa. gov/about/office_org/headquarters_office/apl/environ_policy_ guidance/policy/media/Aviation_greenhouse_gas_Emissions_reduction_Plan. pdf (accessed 1 November 2012).

Vajda, F. A. and Dancey, P. (1998) *German Aircraft Industry and Production*, 1933 – 1945, Bath: Bath Press Ltd.

Warwick,G. (2012) Fueling debate, *Aviation Week & Space Technology*, 8 October p. 54.

Warwick, G. (2014) Open answers, *Aviation Week & Space Technology*, 31 March, pp. 22 – 23.

第5章
机　场

丹尼尔·托德、哈姆-扬·

斯廷赫伊斯和詹姆斯·马奎尔

　　与其他运输业的基本需求一样，商用航空也建立起了航线和航站楼网络。航线将航空出行的起点和终点联系起来，而航站楼则是具象化的起点和终点。在考虑商用航空的运输作用时，人们通常会联想到航站楼，因为它使乘机转运或交叉联运成为可能，这也是运输系统的本质。鉴于这一为人所熟悉的特点，人们很自然地将航站楼与火车站、汽车站、海港和运输系统中其他发挥类似作用的终点站进行比较。然而，与铁路和公路运输路线不同，航空运输的路线并不固定，相反，由于不受陆地约束，航空路线随时可能根据天气和其他环境因素进行调整。在三维图上，航线显示为实时运行的"边界"，与之对应的航站楼实际上是航线三维图上的"锚"，以连接运行时的"边界"。航站楼通常称为"机场"，也就是本章讨论的对象。除此之外不可忽视的是，航站楼自身不能单独运行，还需要两个必要的条件：着陆场地或跑道，以及连接立体航路的雷达和导航设备。虽然这两个要素共同构成了机场基础设施，但本章所述内容仅针对航站楼或机场本身。虽然空中交通管理在航线运行方面发挥着决定性作用，但很大程度上是由政府部门负责。政府作为航线的决策者，也负责导航设备的运行和维护。考虑到这一先决条件，机场基础设施是本章的第一个主题。接下来的主题分别是机场分类、机场财务、机场绩效和机场作为经济发展工具所发挥的作用。

5.1 机场的属性是基础设施

与航空相关的基础设施成本很高(Canadian Institute of Traffic and Transportation,2008),这一点与海运和铁路运输相似,但与公路运输有很大差异。此外,大多数机场基础设施的成本来源于修建飞行设施及航站楼,且随着机场重要性而成比例增加。图5.1提供了一些机场布局示意图,展示了机场排布多条跑道的不同方式。芝加哥和达拉斯—沃斯堡机场都是跑道较多的机场。

在深入研究机场基础设施的各个组成部分之前,我们先聚焦两个

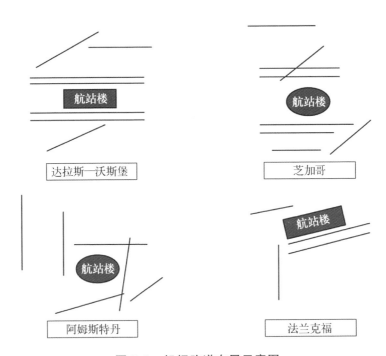

图5.1 机场跑道布局示意图

(资料来源:www.faa.gov/airports/runway_safety/diagrams/和机场网站)

基本问题：一是选址是否适合，二是是否制定了与市场匹配的协同发展计划。它们从本质上决定了是否值得投资建设某个新机场。这两个问题的关键是要从整体上考虑机场建设可行性，并基于实际情况作出准确判断。机场的选址须综合考虑地理和经济因素，以求在各项指标中达到较为理想的平衡，诸如平衡当地经济的活跃程度和飞行环境的合适程度（通常指天气条件）。此外，鉴于太靠近其他机场会造成空域拥挤的问题，还需要了解新建机场相对于其他机场的位置（Horonjeff & McKelvey，1994：193）。太靠近周边机场不仅会提高空中交通管制的复杂程度，对航空公司造成一定的限制（以及这些限制附带的成本），还有可能从一开始就严重影响新机场的容量，限制机场运营航班的数量和航线设置（对其收入造成严重影响）。解决了上述问题，接下来要考虑的就是土地的可用性和价格。此外，电力、供水和废物处理等公共设施的配套难易程度也是要考虑的问题。还有更重要的一点是机场与陆路交通之间的通达性，因为无论是乘客还是货运公司客户，都高度重视与城市间直接、快速的通勤。简而言之，机场周边地区不能太拥堵。

当然，市场的力量也隐含在上述地理因素中，但是否应该推进一个机场项目，根本上还是取决于当地经济的好坏。新建一个机场的首要问题是确定该地区有经济基础作为支撑。显然，投资者非常重视经济基础带来的市场潜力，他们投资的信心来源于机场的长期生存能力。当地必须有能力维持稳固而强劲的经济活动，以及相应的人口规模和就业机会。实际上，可以利用科学的方法通过经济水平来估算当地的交通需求，以建设可持续发展的机场"生命线"（Foster，1974：3-20）。理想情况下，机场在启用之前，当地经济水平必须达到一个满足最低交通量的门槛。但在现实中，致力于实现机场建设计划的倡导者有时会被自己的乐观情绪蒙蔽，并愿意接受（最低水平的）边际交通量。例如，据说美国至少有 162 个机场只依靠每天 3 次或更少的定期航班维持运营(Fiorino,2004：47)。

一旦判定拟建机场具备市场潜力,其建设和运营商便开始筹措"大量"投资。在这个时候就应当着重考虑所建机场的规模了,因为机场规模决定了所需的土地范围。机场周围为减少噪声滋扰等设置的缓冲区也算作机场的必需用地。小型枢纽机场通常占地至少 4 900 公顷[①],而大型枢纽机场则需要留出至少 13 000 公顷土地(Blankenship,1974：18)。在人口稠密的城市地区获得如此多的土地可能是一项艰巨的任务,这也给机场规划人员造成了几乎无法克服的困难,并大大增加了项目成本。伦敦希思罗机场(London Heathrow)的经验印证了这个事实:该机场的第五个航站楼于 2008 年投入运营,距启动时间超过 19 年,耗资约 80 亿美元,而其计划中的第三条跑道需要花费 130 亿美元才能完工(Sparaco,2009：46)。另一个例子是阿姆斯特丹史基浦机场(Amsterdam Schiphol)的第六条跑道[波尔德巴恩(Polderbaan)],从最初的设想到跑道开放花了 30 多年的时间,由于空间和环境的限制,该跑道距离航站楼很远,滑行时间约为 20 分钟。还有几个案例是在(人工)岛屿上建造的几个日本机场,如北九州、神户和长崎机场。

伦敦希思罗机场等坐落在大城市地区的机场,在扩建机场区域设施方面已经遇到了相当大的困难。航空公司引入空客 A380"超级巨无霸"让情况变得更加复杂,而且基础设施的扩张往往需要大量资本投入。同样,世界各地的主要机场也不得不接受空客 A380 投入使用后造成的高额改装费用。A380 由空客公司设计,用于在远距离航空枢纽间运送大量乘客,这其中许多枢纽时刻资源已经稀缺,并伴有其他拥堵问题。能接受空客 A380 起降、停靠的机场需要额外进行重大投资改建,例如扩建跑道、重新调整滑行道和航站楼改造。此外,由于机身尺寸问

---

① 译者注:计量土地面积的单位。1 公顷=1×10^4 平方米。

题,机场不得不调整其他飞机的滑行、起飞和着陆安排,以容纳空客A380,这会影响机场对其他飞机的导航能力,也可能会给这些大型枢纽机场(空客A380的主要使用地)内的其他机场用户(航空公司)造成额外成本。此外,前述大型且拥挤的国际枢纽还面临土地可用性和扩建跑道的成本问题。

基于上述问题,机场的综合能力可能会因运营空客A380而受到限制,这导致空客A380的运营边际成本更高(Forsyth,2005)。为了能运营空客A380,机场改建航站楼和跑道等基础设施所承担的机会成本可能会使当前机场基于飞机质量的服务收费结构复杂化。如果机场当前基于飞机质量的收费标准增加额外投资成本,那么机队中没有空客A380的机场用户也可能需要支付额外费用,实际上就是在补贴那些使用空客A380飞机的用户。许多人认为,运营空客A380的航空公司需要支付附加费,以避免这种交叉补贴效应。反过来,如果该费用降低了使用空客A380带来的经济效益,这可能会影响航空公司对这款飞机的购买和使用决策。许多人认为,运营空客A380相关的费用应反映出它们给机场带来的额外成本,以便航空公司选择一种能将运营成本降至最低的机队组合。

上述问题影响到机场的融资,并直接影响到负责机场开发和运营的管理部门。传统意义上,机场所有权归政府所有,但近几年有些地区已修订了相关法规,允许私有运营商更多地参与进来。政府机场管理部门的权力可能会完全移交给私有运营商(受1987年英国机场管理部门私有化的启发),不愿放弃所有权的政府可能会转而成立相关的管理公司(Doganis,1992)。当然,私有化将使机场融资的负担从政府肩上卸下,而企业化则是希望将私有运营商的成本效益转移给公有企业。完全私有化的机场包括伦敦希思罗机场、盖特威克机场和悉尼金斯福德·史密斯机场。属于国有企业化机场的有曼彻斯特机场、奥斯陆机场和新加坡樟宜机场。印度的新德里和孟买机场的一些情况引人注目,设施的建设和管理曾以特许权承包的形式交由私有企业负责,而后政府又恢复了对机场的控制权(Productivity Commission,Australia,2011:327-333)。美国机场基本没考虑过这些举措,坚持公有制。他们有关机场的资本项目主要依赖债券市场,但也受助于政府的机场改善计划(约占每年120亿美元需求的29%),以大幅增加投资规模(Unnikrishnan & Wilson,2009)。

　　用于连接机场和当地社区的地面交通同样修建成本高,交付周期长。通往机场的地面交通主要依靠公路。具有讽刺意味的是,提高公路通行能力并不是如人们期待的起到了缓解作用,反而加剧了拥堵问题。几乎无一例外,一旦新增公路运力投入使用,道路网络就会出现饱和,这种现象可以归因为:公路通行能力供应迟缓(通常是民众反对新修道路的结果),以及新增通行能力给非机场交通造成刺激(Blankenship,1974:24)。为了克服公路交通持续恶化的情况,机场开始转而寻求以轨道交通作为补救手段。具体包括各种形式的"火车"——铁路、地下火车和地铁[例如,伦敦和新加坡就采用了这种模式,后者在2002年将捷运(地铁)系统与樟宜机场相连接]。除了能显著减少道路拥堵外,在交通量足够大的情况下,轨道交通还可以提高人员流动的经济性。此外,与公路相比,轨道交通占用的空间更少,因此可以降低征地成本,并且比公路车辆交通更环保,不会引起环保主义团体的反感。

　　一些国家非常重视轨道交通,将机场也纳入国家铁路网。最著名的是欧洲,巴黎戴高乐、法兰克福和阿姆斯特丹史基浦(欧洲排名第二、第三和第四的客运城市)都是通过高速铁路与许多主要城市互联。巴黎2号航站楼有一个车站,提供通往布鲁塞尔、马赛和图卢兹等远距离城市的高速列车服务。而法兰克福机场火车站则直接接驳科隆—法兰克福高铁。阿姆斯特丹史基浦机场的航站楼正下方设有一个车站,提供到柏林和巴黎的高速铁路服务。机场与铁路网络互联明显缩短了城区前往机场的时间,并进一步将部分乘客的出行需求从航空转移到铁路。这一模式好坏参半,机场牺牲了对环境有害的短途运输,专注于长途飞行,但机场的总体客运量也受到影响。如果交通政策不在航空和铁路之间作统筹协调,那么客运量向短途运输市场转移可能会损害机场的发展,中国的航空运输市场就是遭受这种危害的例证。尽管中国航空运输量和机场设施数量有了巨大的增长,但中国大力发展高速铁路,全国各地涌现出了多条城际铁路。中国航空公司已经感受到了这种影响,例如：新投入使用的铁路列车时速达 380 千米,预计将分走北京至上海段国内优质航线 45% 的客流量。此外,广州至武汉航线上,一半的航空客运旅客已选择转乘高铁出行。总而言之,尽管这是政府部门基于空中交通量增加而深思熟虑后进行的选择,但据估计,在 600 千米或以下的航线上,铁路将作为一种替代方案抢走航空公司近一半的客流量(Perrett,2011：76)。

其他地区也已经建设起了可满足机场和城市中心高速通勤的专线,一个典型的例子就是中国香港。作为目前世界上最繁忙的货运枢纽和亚洲的主要客运枢纽之一,香港国际机场于 1998 年在赤鱲角上落成。机场建设之初便通过高速铁路连接到 34 千米以外的香港市中心,乘客在 24 分钟内便可从市中心抵达机场。香港国际机场为美国机场提供了样板。自 2001 年纽瓦克自由国际机场火车站开通以来,空铁连接经历了一次蓬勃的复兴。截至 2011 年,美国有 11 个机场开通了铁路服务,包括费城国际机场、劳德代尔堡机场、迈阿密国际机场、达拉斯—沃斯堡机场和芝加哥奥黑尔机场(Johnston,2011：18)。值得注意的是,这些机场的客运量很大,是确保空铁连接可行的必要条件。简而言之,这些例子恰好符合某类“大型枢纽”机场的特点。这就引出了一个问题：什么决定了机场的分类?

5.2　机场分类

也许有感兴趣的读者查过机场的分类,但并未发现一种被普遍接受的分类方式。区分机场类型的方法有多种,具体取决于促成机场建成的环境因素的组合。这种组合包括许多因素,历史、功能、地理以及并非罕见的政治"图谋"。这些因素相互影响交织,使所有分类过程都变得复杂。由此只能基于简化具体机场所发挥的实际作用而分类,将复杂的问题清晰化。例如,人们早就注意到,典型的机场同时处理乘客和货物,希望按照客运、货运功能对机场进行分类的研究人员就陷入了困境(Button,1982)。然而,为了对基础设施进行某种分类,以便于分类研究,机场分类必不可少。因此,我们不应忽视这样一个事实:任何机场都可以在多种维度下进行合理分类。和所有的研究工作一样,分类只是一种描述性工具,为了更好地帮助分析人员理解概念。

5.2.1　基于历史背景的分类

首先,基于历史背景进行分类只是权宜之计。以此为根据将机场划分为不同类别是最模糊的,但也是最容易接受的方法。与大多数基于历史背景的分析一样,这种分类方法缺乏科学分类的严谨性和准确性。不同于科学分类法,历史背景分类法是以已经发生的历史事件为依据,这些事件曾是某些设施——比如说我们今天所熟知的机场形成的征兆。此外,基于历史背景的分类方法并不仅仅解释了机场形成的基础原因,这种分类还允许我们将机场随时间变化的特点考虑在内。无论是记录了机场启用的最初原因,还是后来为应对环境的变化而进行的改变,这些历史事件本质上都触及地理方面的因素。对任何地区而言，地理位置都是设施建设选址决策过程中需重点考虑的，更不用说机场这种与国家经济和贸易紧密联系的重大设施的选址问题（Sealy，1957：183－204）。我们经常低估了地理因素在机场的形成和演变中所起的作用，这是一个永恒的主题，因此读者须始终注意历史背景分类背后的地理因素。

最有条理的一种历史背景分类方式，是把机场就分成两类（尽管标准略有差异）：一类是具有"国家门户"特征的机场，另一类是从一开始到后续发展过程中都发挥"中转站"功能的机场。"国家门户"是指作为全球主要城市的国际枢纽，其作用是确保机场所属城市区域与其他地区充分互联。简而言之，"国家门户"对一个国家来说不可或缺，履行至关重要的贸易职能。事实上，它们的重要性往往超出了其所属国家的范围，一个"国家门户"机场可以辐射影响周边小国的经济活动。举一些众所周知的例子——华盛顿杜勒斯机场、纽约肯尼迪机场、伦敦希思罗机场、阿姆斯特丹史基浦机场、巴黎戴高乐机场、北京首都机场和东京成田机场等，都具有这种突出的特征。机场是这些城市的主要出入口，这些城市对游客和商业利益都具有吸引力。

事实上，在几乎所有可以引证的实例中，现代机场选址演变成今天的模式，受到了"国家门户"功能定义的影响。换言之，历史上围绕国际化城市的机场选址已做过各种尝试，但后来均发现存在不足。如今机场选址已演变成一种约定俗成的模式：机场会选择离市中心越来越远的大型场地，取代了过去离城市更近但已不再有用的小型场地。城市用地缺乏扩张空间是这种模式背后的驱动力。虽然并非总是如此，但为了满足必要的空间需求，通常一些机场选址会落在土地更集中的农村地区。例如，在第二次世界大战结束后，建成希思罗机场之前，伦敦首屈一指的机场是克罗伊登机场。这座机场的历史可以追溯到商业航空起步之初。奇怪的是，克罗伊登机场离伦敦市中心的距离比希思罗机场还要远(前者是 19.3 千米,后者是 16.5 千米)。然而,受附近城市发展的约束,克罗伊登机场的发展遭遇了不可逾越的限制,无法扩大其着陆场地,不能兼容最新一代飞机。该机场最长的跑道最多仅可以从 1 200 米延长到 1 846 米,且耗资巨大。希思罗机场没有受到这样的限制,1945 年其最初计划是运营一条 2 770 米的主跑道和两条 1 846 米的辅助跑道。在接下来的 10 年里,航空公司被迫迁移到新建的希思罗机场,导致克罗伊登机场缺乏交通量。克罗伊登机场而后被宣布废弃,并被改造用于住房建设和商业活动。半个多世纪后,希思罗机场也出现了与克罗伊登机场相同的情况:空间限制阻碍了未来扩张。这种增长受限对国民经济有着巨大的影响,人们开始疯狂(且高度政治化地)寻求解决方案。

全球范围内,其他拥有同样陈旧或过时机场设施的城市也纷纷效仿,巴黎就是一个很好的例子。1974 年,巴黎负责监管机场的机构(巴黎机场集团)将大部分国际交通从奥利机场(1932 年开放)转移到鲁瓦西的戴高乐机场。奥利机场在全盛时期的设施非常充足,虽然占地 15.3 平方千米,且有足够的空间容纳一条 3 650 米长的主跑道,但有关部门认为该机场过于狭窄,不适合扩建。与此形成鲜明对比的是,鲁瓦西的戴高乐机场占地 32.4 平方千米,拥有更长的跑道(最长跑道长达 4 215 米)。这片宽阔的土地是以牺牲与巴黎市中心的距离(约 25 千米,而奥利机场距离市中心约合 13 千米)为代价的。有趣的是,奥利机场早前也曾有过打败勒布尔歇机场,成为该市主要机场的历史。勒布尔歇机场距离巴黎市中心只有 11 千米,随着时间的推移,勒布尔歇机场的空间限制问题逐渐凸显,如今历史在奥利机场上重演。说一句题外话,勒布尔歇机场的商业航空运输业务发生了变化,1977 年机场关闭了国际运输,1980 年关闭了区域和国内运输。目前,该机场用于公务航空,也是世界上最大的航展——巴黎航展的主办地。该航展每两年举办一次。无须赘言，在航展期间，勒布尔歇机场面临交通拥堵的问题。

柏林也是这种迁移模式的例证，尽管过程略微曲折。二战后，这座昔日的德国首都被三个西方大国和苏联瓜分。在这段历史中，航空运输的结构也被强加了压倒一切的政治色彩。首都被瓜分造成的结果是每个区域都维护其自己的机场。因此，作为冷战的遗产，新修复的德国首都留下了至少三个国际机场，每个机场都存在某些方面的缺陷。三个机场中最好的一个是舍讷费尔德机场，后来其部分并入了勃兰登堡机场，这是一个新的替代机场，但另外两个——坦佩尔·霍夫机场和泰格尔机场——却被废弃了。柏林勃兰登堡机场的规划人员摆脱了冷战时期的政治限制，在该市以南 18 千米处找到了一个更宽敞的场地。新机场启用后，将为国际航空公司提供 4 000 米的跑道，大大超过舍讷费尔德机场的 3 000 米长度（在延长至 3 600 米后，作为勃兰登堡机场的一部分，该跑道重新投入使用）。柏林勃兰登堡机场何时开放尚不清楚，最初计划于 2011 年开业，但已多次推迟，目前预计要到 2016 年才能开放①（von Bullion，2013）。

"国家门户"级机场的一个延伸概念是所谓的"二级门户"，也就是说，用作主要机场的辅助设施。顾名思义，"国家门户"很容易出现交通量大幅增加的问题，机场规划人员再怎么努力也无法及时缓解交通问题，而结果就是交通拥堵，航站楼被挤得水泄不通，飞机起降次数达到极限，这种机场的满负荷运转会影响航空安全和效率。乘客的不满常常是压垮机场的最后一根"稻草"，迫使机场当局不得不寻求解决办法。建设"二级门户"的办法看起来是可行的，而且比全面扩建主要机场所需的费用要低。解决问题的最佳办法只能是利用成本适中、接到通知

① 译者注：2020 年 10 月 31 日，机场正式启用。

后可以立即投入使用(或快速转型至航空运输业务)的邻近机场。这些机场承担着分流的角色,合并组成了更大的"国家门户",它们在乘客心中的知名度往往和一级机场不相上下。例如,人们普遍接受前面提到的奥利机场是通往巴黎的门户,很大程度上是因为它继续承担着从戴高乐机场分流过来的一部分国际交通运输任务。其他类似的例子在全球各大城市比比皆是。以纽约、伦敦和东京三大全球金融中心为例:纽约有纽瓦克机场分担肯尼迪机场的流量压力;作为全球主要的国际旅行目的地,伦敦依靠盖特威克机场、斯坦斯特德机场和城市机场来协助容量有限的希思罗机场;东京则将国内航班和少量国际航班分配给羽田机场,而成田机场只提供长途运输服务。

有一些机场从建设之初就被预设为"二级门户",作为大型机场的"简化版"。然而,属于这一子类的大多数机场都是出于其他目的而设计的——通常是作为军事基地或通用航空机场——并且几乎都是后来才升级为"二级门户",升级后这些机场获得了新的活力。伦敦城市机场完美地展示了什么是"为其他目的而建造"的机场,这种设计在别的方面也有益处。除了遵守严格的精简模式外,伦敦城市机场还展示了如何抓住机会,将"棕色地带"(待重新开发的城市用地)重新开发为航空发展用地。这种多功能性使用对全球大城市尤其重要,这些城市土地短缺问题严重,可用空间处于溢价状态,成本极高。伦敦城市机场位于伦敦市中心以东 11 千米处,建在因该市码头关闭而腾出的土地上。该机场于 1987 年开始运营,飞机在仅有的一条短跑道上"拘谨"地起降(现在也只有 1 500 米长),更不用说受限于地形飞机只能"陡峭"地爬升和下降了。不过,2009 年,伦敦城市机场已开始提供飞往纽约肯尼迪机场的喷气式飞机运营服务,并与欧洲城市保持多条航线。值得注意的是,英国航空公司从伦敦城市机场飞往纽约肯尼迪机场的航班使用的是空客 A318,执飞该航线需要在爱尔兰香农机场加油。香农机场可以视为另一种类型的机场——中转站，将在下文中讨论。综合考虑所有因素，伦敦城市机场证明了"二级门户"的实用性，这种机场即使在面临严格的运营限制和最低限度的基础设施时，其实用性也不会受到影响。

然而，必须承认的是，大多数"二级门户"是以不同的形式出现的。军事需求过剩的空军基地往往是改造成民用机场的便利基础，毕竟它们拥有完整的基础设施，随时可用于商用航空。某些情况下，所讨论的基础设施包括一条从一开始就具有足够的长度和强度来满足喷气式客机运行需求的跑道。在特殊情况下，空闲的军事基地可能会按最新的机场结构和导航进近设备要求进行改装，使其适合在短时间内转换为民用。最重要的是，它们的存在将机场管理部门从艰难而昂贵的土地征用流程中解放出来。出于同样的原因，这些机场延续了另一优势：虽然已经不堪飞机飞行所扰，但邻近居民可能会默许该区域继续进行航空活动。有一种假设认为，这种"邻避"（nimby）现象更有可能出现在发展航空业的新地区。但事实上，这种假设不是随时都能在现实中得到证实的。

斯坦斯特德机场位于伦敦东北 48 千米处，是一座具备了"二级门户"所有条件的军用机场。它建于第二次世界大战最激烈的时候，供美国空军使用，战争结束后很快被拆除，并移交给一批初创的航空货运运营商和包机承运人。在此时，该机场被指定为伦敦的主要分流机场。当人流量更大的希思罗机场和盖特威克机场因大雾而无法运营时，该机场便会启用。20 世纪 50 年代，斯坦斯特德机场再次受到军方的关注，成为美国空军备用基地。得益于其拥有的一条长约 3 049 米的大型新跑道，该机场随之产生实际效益。军方的干预未能中断该机场继续被用于包机和航空公司飞行员培训。尽管如此，政府规划人员也并没有忽视新跑道的建设。20 世纪 70 年代，规划人员曾考虑将斯坦斯特德机场发展为"国家门户",设想将其建成仅次于希思罗机场、盖特威克机场和曼彻斯特机场的英国第四大机场。结果,他们的宏伟计划出了差错,遭到了当地社区(出乎意料的)强烈反对。机场在 20 世纪 80 年代有了更为适合的发展,在悄无声息中壮大。到 20 世纪 90 年代,斯坦斯特德机场通过了全面测试,并扮演了"二级门户"的角色,承载着越来越多的定期航班服务。目前,斯坦斯特德机场负责飞往多个欧洲机场的航班,其中大部分由瑞安航空公司和易捷航空公司等低成本航空公司运营。除此之外,机场还提供航空货运服务,定期将机场与欧洲以外的目的地连接起来,包括美国的几个目的地(亚特兰大、芝加哥、休斯敦、孟菲斯、纽瓦克和费城)。

斯坦斯特德机场的大多数航班都由低成本航空公司运营。这一事实表明,航空业的新一轮发展在推动"二级门户"机场增长的过程中起到了作用。低成本航空公司崛起的原因部分与放松管制有关。例如,从 20 世纪 70 年代到 90 年代,美国的航空服务业经历了一段放松管制的时期,这一时期大幅修改甚至取消了许多影响航空公司经济决策的价格控制政策。1978 年发布的《航空业放松管制法》取消了政府对机票、城市间市场准入和并购的限制要求。该法案出台以前,航空公司必须向民用航空局(CAB)申请许可证,才能设置新的航线或运营点。此外,向乘客收取的机票费用也需要接受 CAB 的监督和批准。该法案通过后,CAB 的监管权限大幅降低,赋予航空公司制定票价和确定航线更大的灵活性(Creager,1983),低成本航空公司应运而生。自 1997 年以来,欧洲也出现了类似的发展,在这样的背景下,瑞安航空公司和易捷航空公司等低成本航空公司相继崛起。这些航司在选择机场方面采取了不同的策略,它们没有飞往"国家门户"机场,而是与斯坦斯特德和法罗等"二级门户"机场进行谈判并提供服务,进而推动了这些机场的发展(Almeida,2011)。

通用航空机场由于设施过于简陋,很少被推荐为"二级门户"机场的备选方案。相比之下,空军基地的装备更为精良,其中一些空军基地配备了长跑道、先进的导航设备和大量的维修车间。由于通用航空机场的运营商一直致力于满足小型飞机(通常是螺旋桨飞机)的市场需求,因此它们往往会避免去投资不必要的长跑道,而长跑道又是运营喷气式客机所需的关键基础设施。然而,环境因素有时会导致人们忽视这些障碍,并努力将通用航空机场转变为"二级门户"。在过去的几年里,出现了一些这样的先例。多伦多岛机场就是其中之一。有关部门将该机场更名为比利•毕肖普多伦多城市机场,体现了机场的新定位,为其开辟了一个作为支线航班运营中心的细分市场,以补充加拿大主要门户多伦多皮尔逊机场的全方位国内和国际航班网络。具有讽刺意味的是,多伦多岛机场在 20 世纪 30 年代规划时,原本打算作为该市的主要机场。然而,1939 年启动时,在皮尔逊国际机场原址上修建的马尔顿机场夺走了多伦多岛机场的地位。在二战后的很长一段时间里,多伦多岛机场的用途有限,主要用于货运、包机和飞行训练。由于受到岛屿场地的严格限制,皮尔逊机场的发展蒙上了阴影。尽管如此,人们并没有完全忽视这座机场,其跑道在 1959—1963 年铺设,最长的跑道达到了 1 219 米。拥有这些跑道,加上机场相对于城市中心的便利位置所产生的吸引力,足以促使 STOL 涡桨飞机的先驱运营商在 1980 年开始为该机场提供定期服务。尽管困难重重,该业务还是经受住了时间的考验。现在 STOL 服务占该机场交通量相当大的份额,并已将其目的地扩展到加拿大多个城市以及波士顿、芝加哥中途岛、纽瓦克和华盛顿杜勒斯等多个美国机场。

最后要讨论的是"中转站"级别的机场。该类型机场的用途,不是以"国家门户"的方式充当主要枢纽,或被设置为"第二门户"用以维持更高级别机场的发展,而是作为"中转站",促进大枢纽之间的远程连接。直到最近,"中转站"级别的机场才逐渐自行过渡成规模可观的航空枢纽。不过有些机场还未完成过渡,至今仍被当作中转加油站使用。美国阿拉斯加州的安克雷奇机场、缅因州的班戈机场、加拿大纽芬兰的甘德国际机场、爱尔兰的香农机场和苏格兰的普雷斯特威克机场大体上仍是经典模式的"中转站"。它们的存在是为了满足大雾天以及螺旋桨飞机的飞行需求,也就是说,在以多云的海洋气候而臭名昭著的地区,活塞动力飞机的飞行操作面临气候挑战,而这类机场所在地区的气候条件较好,适宜飞行。直到今天,班戈机场仍标榜自己是一个跨洋交通中转机场,它唯一的一条3 487米跑道能够容纳计划进入美国领空但因恶劣天气而暂不愿前往原目的地的航班。在班戈机场等待天气转好期间,改航的飞机可以抓住机会添加低价燃油,乘客也可以利用这段时间来满足海关和移民的通关要求。

　　"中转站"机场巅峰时期的情况真实反映了当时航空技术的局限性,这些机场坐落在当时最大商用飞机最远航程能够到达的地方。通常情况下,当时执行远程飞行的是水上飞机。这种飞机可以在水上起降,同时具有尺寸优势,因此不需要跑道。除了一般的基础设施外,那些执飞全球航线的飞机在穿越欠发达地区的时候存在跑道不足的问题。海上机场提供了一个解决方案,可以以相对较低的成本建立机场。如果海上机场配备了飞机加油和运送乘客所需的设施,就是个相当不错的解决方案了。仔细回顾下20世纪30年代比较出名的水上飞机服务,可以对这些服务中发挥重要作用的"中转站"有进一步了解。其中最出名的是夏威夷的檀香山机场、南太平洋的斐济机场、爱尔兰的福因斯机场和纽芬兰的博特伍德机场,这些机场要么位于即将跨越大洋的陆地末端,要么是在跨越大洋的路线上作为"垫脚石"出现。夏威夷的檀香山机场现在是一个"繁忙"的休闲胜地。作为传统机场,它最初于1935年投入使用,成为泛美世界航空公司"中国帆"水上飞机从旧金山到马尼拉然后飞往中国香港的第一个中途停留点。此航程由最新的马丁和波音飞机执行，飞行距离和续航时间都创造了历史。飞机需要在中途岛、威克岛、关岛以及火奴鲁鲁加油。斐济目前自称为南太平洋航空枢纽，其起源与檀香山机场相似，最初是作为塔斯曼帝国航空公司（TEAL，现为新西兰航空公司）水上飞机的中途站。该航线始于奥克兰，途经斐济、萨摩亚、库克群岛和汤加，到达塔希提岛的终点站。而福因斯机场和博特伍德机场却没有那么幸运了，因为它们的替代陆基机场（香农和甘德）缺乏当地市场，无法证明其用作加油站的备选能力。

其他曾经充当"中转站"的机场在很大程度上得益于它们的地理位置。在这方面，新加坡遥遥领先。作为世界海上航线的一个"加油站"，新加坡在帝国航空公司（英国航空公司的前身）通往澳大利亚的长途航线上充当运营点。这一点随着 1938 年"短暂帝国"水上飞机的启用而更加突出，"短暂帝国"水上飞机是当时装备最好的客机之一，为乘客提供的奢华设施无与伦比。该航线始于英国南安普敦，按照飞机 1 216 千米的航程分阶段到达新加坡。到达新加坡后，乘客换乘一架澳洲航空公司的"帝国"水上飞机，由这家澳大利亚的航空公司完成飞往悉尼航班的最后一段。换乘操作在塞利塔完成，军方也在此处驾驶水上飞机。二战后，随着水上飞机逐步被淘汰，新加坡的国际机场先后改为巴耶利巴机场和樟宜机场，樟宜机场现已成为世界领先的航空枢纽之一，通过飞往澳大利亚、东南亚和欧洲的航班运送旅客。

诚然，与新加坡的经验相比，巴林相形见绌，但巴林宣称自己拥有一条类似的发展道路。巴林机场的起源也要归功于帝国航空公司。1932 年，巴林机场作为伦敦至印度连接线上的"中转站"建立，成为波斯湾的第一个国际机场。和新加坡一样，巴林很快为帝国航空公司主宰长途航线的"帝国"水上飞机提供服务。二战后，军用飞机着陆场地的建设极大地促进了水上飞机向陆基飞机转变，并向商用航空公司开放,这使得巴林的航空业务从米纳·萨勒曼转移到穆哈拉格岛。从那时起,巴林机场的航空服务增长率逐渐提高,在 1971 年巴林王国独立后增长加速。该机场开始为枢纽分流,监管飞往中国香港等遥远目的地的航班。1976 年,协和飞机从伦敦起飞,巴林被选为协和飞机的首航目的地,巴林机场的活力再现。

5.2.2 基于功能的分类

上文基于历史背景介绍了机场的分类,对所有主要细节进行了合理的描述。这种分类方式充其量只是一种基于机场的设计用途划分的粗略分类法。此外,论述中还适当将吞噬其业务的后续特定事件考虑在内。在最坏的情况下,这种基于历史背景的偏好可能会破坏我们的概括方法,而概括是分类的基础。鉴于这一缺陷,人们迫切希望找到一种能避开历史环境的新分类方法,以关注当前的机场活动。美国联邦航空局提出了一个最著名的分类方法,且广泛用于美国机场。这一方法不仅全面,而且易于编辑,该方法以对所有机场至关重要的效益数据分析为基础,比如年度交通数据。

美国联邦航空管理局负责实施机场改进计划(AIP)。在此职责驱使下,该机构不得不设计出一种简单的方法来区分其管辖范围内的近3 400 个不同的机场。美国联邦航空管理局认为应该成立一个附属的规划组织[在国家综合机场系统计划(NPIAS)的支持下]负责进行机场分类,以确保政府拨款分配的合理性(Horonjeff & McKelvey,1994:35)。作为回应,NPIAS 的规划人员采用分级的方法,首先将众多拥有相关基础设施的候选机场分为四类:商用服务机场、主要货运服务机场、疏缓机场,以及入选的通用航空机场。顾名思义,商用服务机场主要用于定期客运,具体来说,当一个机场在每个日历年内旅客量超2 500 名时,即可将其定义为商用服务机场。而与航空货运对应的主要货运服务机场,必须每年达到 4 540 万千克的吞吐量。NPIAS 也承认在实践过程中,有些机场会同时满足客运量和货运量两个指标要求。大多数情况下,最后两个类别是对前两个类别的补充。疏缓机场主要是为了缓解商用服务机场的拥堵。因此在某种程度上,它们可以等同于之前讨论的历史背景分类中强调的"二级门户"。最后,NPIAS 认为,少数通用航空机场具有商用服务功能,但是所占比例较小。鉴于此,那些拥有至少 10 架飞机、每年接待 2 500 名以下定期航班乘客的机场也有可能获得 AIP 补助。

除了从绝对数量的角度来衡量(通用航空机场数量更多),其他所有的衡量标准都显示商用服务机场是最重要的,NPIAS 理所当然将商用服务机场的重要性提到了最高级别。第二步是根据"功能"的相对重要性对这类机场进行二次分类,一共分为两组。其中较为重要的一组称为"主要机场",衡量指标是每年吞吐量超过 10 000 名定期航班旅客。与之相对应的是"非主要机场",此类机场每年吞吐量在 2 500～10 000名定期航班旅客(2 500 名以下的纳入通用航空机场范畴)。接下来是第三步,也是分类中最引人关注的部分:强调枢纽规模。划分标准是机场在一年内定期航空公司运载的全国旅客总数中所占的百分比,并按等级排列:"主要机场"被分为大型、中型和小型枢纽三个等级;"非主要机场"也被分为两个等级,都属于"非枢纽"。

在客流量方面,"大型枢纽"远胜其他类别,承担了全国旅客总数1%或更多的运输任务。目前,至少有 34 个美国机场符合"大型枢纽"的标准,其中哈茨菲尔德-杰克逊亚特兰大国际机场、芝加哥奥黑尔机场、洛杉矶国际机场、达拉斯—沃斯堡机场、丹佛国际机场和纽约肯尼迪机场位居前列。由于这 6 个机场服务的地区众多,因此可以等同于历史背景分类中的"国家门户"。而剩下的 28 个"大型枢纽"很难让人联想到"国家门户"这四个字。仅佛罗里达州一个州就拥有 4 个机场,与该州的经济和政治实力不成比例。这 4 个机场分别是迈阿密国际机场、奥兰多国际机场、劳德代尔堡机场和坦帕国际机场。这 4 个机场证明了旅游产业的巨大影响力。与"国家门户"更为格格不入的是奥克兰大都会国际机场、罗纳德·里根·华盛顿机场和华盛顿·巴尔的摩国际机场,更不用说纽瓦克自由国际机场和拉瓜迪亚机场了。其中第一个机场明显被旧金山国际机场的光辉所掩盖,罗纳德·里根·华盛顿机场和华盛顿·巴尔的摩国际机场处于华盛顿杜勒斯机场主导的区域内,而纽瓦克自由国际机场和拉瓜迪亚机场与纽约肯尼迪机场的运作紧密相连,这几个"大型枢纽"更应属于历史分类中的"二级门户"。然而,不争的事实是,拥有大量"大型枢纽"是美国商业航空的真实写照。

美国"中型枢纽"的数量几乎与"大型枢纽"相同,总共约 35 个。虽然"中型枢纽"是相对从属的角色,但这类机场仍不可忽视。每个"中型枢纽"客运量占全国总量的 0.25%～1%。其中最著名的是孟菲斯机场、圣何塞机场、波特兰机场、罗利—达勒姆机场、堪萨斯城机场和克利夫兰霍普金斯机场,所有这些机场都是"合情合理"的"国际"机场。与此形成鲜明对比的是,"小型枢纽"在抢夺交通运输量方面没有那么大的雄心壮志,每个机场的年客运量占美国全国总量的 0.05%～0.25%,主要代表包括位于奥尔巴尼、伯明翰(亚拉巴马州)、科罗拉多斯普林斯、埃尔帕索、长滩、俄克拉何马城、里士满和斯波坎的机场。该类别共有 66 个机场。再小一点的机场就属于"非枢纽"类别。有些机场目前被称为"主要机场",虽然以每年运送至少 10 000 名定期航班旅客为目标,发挥枢纽机场的外围"辐射"作用,吸引区域流量和服务通勤,例如托莱多机场、海伦娜地区机场和威尔明顿国际机场,但在层级结构中,它们下一级的"非枢纽"机场没有相对固定的交通运输量。因此,此类机场在国家机场系统中的定位不合常规,理应划入"非主要机场"类别。

其他国家也在效仿这种分类方式，并进行适当的调整。加拿大和英国就是很好的例子。加拿大幅员辽阔且人口稀少，它也采用了基于功能的分类方式，但舍弃了美国分类方式中的一些细节。加拿大的机场分为五类：国际机场、国家机场、地区机场、地方商用机场和地方机场。加拿大国家机场系统认同 NPIAS 所建立的"交通量"的概念，认为这是决定机场重要性的关键。然而，单靠交通量来衡量是不够的，加拿大通过考虑进港乘客的出发地和离港乘客的目的地来进行补充。加拿大对国际机场进行了分类，其中运营往返美国航班的机场有自己独特的"跨境"类别。按此，加拿大有 13 个国际机场是维持海外联系的关键，包括多伦多、蒙特利尔和温哥华，以及国家首都渥太华和埃德蒙顿、温尼伯等主要省会城市的机场。甘德国际机场也在名单中，这是一个超越自身"中转站"初始定位的机场，发挥了缓解缅因州班戈市（Bangor）交通拥堵的功能。与此同时，还有 9 个国家机场一方面致力于全国范围的交通运输，另一方面提供往返美国的跨境交通。萨斯喀彻温省的两个中等城市萨斯卡通和里贾纳的机场就属于这一类别。地区机场属于小型枢纽，主要用于服务当地交通，并将乘客输送到国家和国际枢纽的连接点。阿尔伯塔省的马鹿和麦克默里堡机场是非常活跃的地区机场。剩下的两个类别与 NPIAS 定义的低等级机场极为相近。地方商用机场（如拉荣格机场、阿尔伯特王子机场和萨斯喀彻温省的铀城机场）专注于当地服务，通常是包机服务，而地方机场只能进行私人飞行。

虽然与美国相比，英国的地理面积很小，但英国的机场与北大西洋对岸的美国机场规模相当。因此，类似的分类模式也顺理成章地适用于英国。首先是"A 类"机场，也被称为"国际门户"，是从外国抵达英国的航班的主要站点，同时也用于将国内乘客运输到英国以外的目的地。值得注意的是，伦敦的国际门户机场有多个。除了希思罗机场、盖特威

克机场和斯坦斯特德机场这 3 个大家熟知的机场外,卢顿机场也属于
A 类机场。A 类机场数量稀少,地位在其他机场之上。在伦敦机场集
群之外,只有曼彻斯特机场有资格被称为"国际门户"。下一级是"B
类"机场,即"地区机场"。英国的 B 类机场与加拿大的第二层级机场有
所不同,B 类机场在国民经济中占有突出地位,每个机场都服务于一个
主要的城市地区。格拉斯哥、伯明翰、加的夫、东米德兰兹、纽卡斯尔和
利兹布拉德福德的机场证明了这一重要性。城市地区的主导地位为机
场提供了可观的客流量,其中大部分是赴海外度假的英国乘客。接下
来是"C 类"机场,或称之"地方机场"。它们也服务于旅游交通,但是客
流量和目的地的选择更加有限。其中最主要的是布里斯托、埃克塞特、
利物浦、南安普敦和蒂赛德的机场。最后,最低一级是"D 类"机场。这
些机场的活动仅限于通用航空。通过了解国家机场分类及其与规模之
间的关系,就可以对最大的机场进行分析。但在这之前,我们还将简短
讨论机场的财务问题。

5.3 机场财务

美国航空公司服务业的法令或放松管制措施并未在机场领域实
施。机场基本上仍由美国联邦航空管理局(FAA)监管。直到今天,
FAA 仍然负责监管机场服务和航空安全环境管理(Creager,1983)。这
对机场收费结构及其相关收入产生了影响。由于机场基础设施和运营
依赖联邦补贴,收费结构受到了 FAA 的重大影响。机场为了获得对健
康经济发展至关重要的补贴,必须签订要求机场将收入用于资本或运
营成本的拨款协议(Creager,1983)。

机场收费结构的根本是边际成本定价,这也意味着如果机场容量

没有实现最大利用率，将会导致长期盈亏不平衡，甚至出现赤字。机场收入的主要来源包括跑道使用费和航站楼使用费。机场着陆费历来是根据飞机质量而定。例如，斯波坎国际机场的着陆费为每 1 000 千克 3.8 美元，西雅图国际机场的着陆费为每 1 000 千克 6.6 美元[①]。美国按照最大认证着陆质量确定着陆费率（Morrison，1982）。由于着陆费主要取决于飞机质量，因此不管航空公司的客座率是否相同，或是机场拥挤程度是否相同，（只要使用同样的飞机）所有航空公司的着陆费都是一样的（Morrison，1982）。

关于将收费标准从按飞机质量收费调整为按用户收费，业界进行了诸多探讨，并期望通过改变收费方式来解决机场的拥堵问题。随着全球交通量持续攀升，机场拥堵问题将持续存在。跑道使用费的收费结构是基于边际成本定价，其中主要的考虑因素包括监管的影响以及航空公司的垄断力量。美国国内和全球的机场竞争也日渐激烈，削弱了单个机场的整体市场力量。拥有多个机场的城市，为了获得枢纽机场的地位，甚至为了成为某个服务点，机场之间都必须相互竞争（Airports Council International，2009）。包括着陆费在内，机场的总体收费形成了一个基于边际成本的结构，该结构通常会导致跑道使用费的预算赤字。

为了克服跑道使用费收入结构造成的预算短缺，机场通常依赖于航站楼使用费（除了公共补贴外）来填补总体收入。航站楼使用费通常包括停车场、餐厅和商店等运营产生的收入（Creager，1983）。机场通过增加独特的便利设施来提高乘客的出行体验，从而提升了自身的竞争力。在高档商场或购物中心，人们可以享受到各种各样的餐厅美食、专卖店、技术便利设施和其他服务。这种现象已经变得越来越普遍。

---

① www. spokaneairports. net/Business/2013_Budget. pdf。

例如,阿姆斯特丹史基浦机场有一个博物馆,里面陈列了各种荷兰艺术和历史相关作品。奥斯汀-伯格斯特龙国际机场每周举办超过 12 场现场音乐会。中国台湾桃园国际机场有一个电子书库,可供乘客在等待航班时打发时间(Becker,2012)。这些独特的航站楼设施不仅为机场带来直接收入,而且有助于与其他机场差异化竞争。与着陆费不同的是,航站楼使用费通常不受监管定价限制,因此,机场通常会通过竞标来获取机场供应商的部分垄断利润(Creager,1983)。收取航站楼使用费一直是帮助机场增加收入,弥补着陆费定价结构缺陷的有效途径。

现如今,机场开始在开源节流方面精打细算。例如,旧金山国际机场在其中一个航站楼上安装了 2 800 块太阳能电池板,解决了机场的部分电力需求。加利福尼亚州长滩机场也采用了太阳能的方式来降低电力成本。还有机场安装"太阳能树",全天跟随太阳捕获强日照。波士顿洛根国际机场在 2008 年安装了仿照飞机螺旋桨的风力涡轮发电机,以满足其能源需求。当机场基础设施和定价随市场竞争的必要变化时,机场创收更难,这些节省成本的措施可能会变得更加普遍(Briggs,2012)。

5.4 机场"绩效"

机场的绩效可以用几个不同的参数变量来评估。衡量机场绩效的一种方法是测量和跟踪飞机的起降,即航班起降数量。评估机场改进情况的另一种方法是衡量机场的质量。例如,Skytrax 每年进行一次乘客满意度调查(请访问 www. worldairportawards. com)。表 5.1 列出了 2009—2014 年的十佳机场所在城市。

表 5.1　全球十大机场排名

排名	2009 年	2010 年	2011 年	2012 年	2013 年	2014 年
1	首尔	新加坡	香港	首尔	新加坡	新加坡
2	香港	首尔	新加坡	新加坡	首尔	首尔
3	新加坡	香港	首尔	香港	阿姆斯特丹	慕尼黑
4	苏黎世	慕尼黑	慕尼黑	阿姆斯特丹	香港	香港
5	慕尼黑	吉隆坡	北京	北京	北京	阿姆斯特丹
6	大阪	苏黎世	阿姆斯特丹	慕尼黑	慕尼黑	东京
7	吉隆坡	阿姆斯特丹	苏黎世	苏黎世	苏黎世	北京
8	阿姆斯特丹	北京	奥克兰	吉隆坡	温哥华	苏黎世
9	名古屋	奥克兰	吉隆坡	温哥华	东京	温哥华
10	奥克兰	曼谷	哥本哈根	名古屋	伦敦	伦敦

资料来源：www.worldairportawards.com.

乘客和/或货物量是评估机场的另一种方法，具体而言，是指机场运输乘客或货物的数量。国际机场理事会（ACI）对此进行跟踪。表 5.2 显示了 2000 年和 2013 年客运量（能够查到的数据）排名前 30 的机场。

在过去 14 年中，十大最繁忙机场的客运量基本保持稳定。10 个机场中有 7 个一直位列前 10，分别是：哈茨菲尔德-杰克逊亚特兰大机场、伦敦希思罗机场、东京羽田机场、芝加哥奥黑尔机场、洛杉矶国际机场、巴黎戴高乐机场和达拉斯—沃斯堡机场。在这 14 年间，榜首一直被哈茨菲尔德-杰克逊亚特兰大机场占据。

2000 年排名前 10 的机场中，有三家自 2000 年后再无缘上榜，分别

表 5.2 客运量排名前 30 的机场

排名	2000 年			2013 年		
	机　　场	国家	客运量/人	机　　场	国家	客运量/人
1	哈茨菲尔德-杰克逊亚特兰大国际机场	美国	80 162 407	哈茨菲尔德-杰克逊亚特兰大国际机场	美国	94 430 785
2	芝加哥奥黑尔机场	美国	72 144 244	北京首都国际机场	中国	83 712 355
3	洛杉矶国际机场	美国	66 424 767	伦敦希思罗机场	英国	72 368 030
4	伦敦希思罗机场	英国	64 606 826	东京羽田机场	日本	68 906 636
5	达拉斯—沃斯国际机场	美国	60 687 122	芝加哥奥黑尔机场	美国	66 883 271
6	东京羽田机场	日本	56 402 206	洛杉矶国际机场	美国	66 702 252
7	法兰克福机场	德国	49 360 630	迪拜国际机场	阿拉伯联合酋长国	66 431 533
8	巴黎戴高乐机场	法国	48 246 137	巴黎戴高乐机场	法国	62 052 917
9	旧金山国际机场	美国	41 040 995	达拉斯—沃斯堡国际机场	美国	60 436 266
10	阿姆斯特丹史基浦机场	荷兰	39 606 925	雅加达苏加诺-哈达国际机场	印度尼西亚	59 701 543

（续表）

排名	2000 年			2013 年		
	机　场	国家	客运量/人	机　场	国家	客运量/人
11	丹佛国际机场	美国	38 751 687	香港国际机场	中国	59 609 414
12	拉斯维加斯麦卡伦国际机场	美国	36 865 866	法兰克福机场	德国	58 036 948
13	明尼阿波利斯—圣保罗国际机场	美国	36 751 632	新加坡樟宜机场	新加坡	53 726 087
14	首尔金浦国际机场	韩国	36 727 124	阿姆斯特丹史基浦机场	荷兰	52 569 250
15	凤凰城天港国际机场	美国	36 040 469	丹佛国际机场	美国	52 556 359
16	底特律都会韦恩县机场	美国	35 535 080	广州白云国际机场	中国	52 450 262
17	休斯敦乔治·布什洲际机场	美国	35 251 372	曼谷素万那普国际机场	泰国	51 363 451
18	纽瓦克自由国际机场	美国	34 188 468	伊斯坦布尔机场	土耳其	51 172 626
19	迈阿密国际机场	美国	33 621 273	纽约肯尼迪国际机场	美国	50 413 204
20	马德里巴拉哈斯机场	西班牙	32 893 190	吉隆坡国际机场	马来西亚	47 498 157
21	纽约肯尼迪机场	美国	32 856 220	上海浦东国际机场	中国	47 189 849

排名	2000 年			2013 年		
	机 场	国家	客运量/人	机 场	国家	客运量/人
22	香港国际机场	中国	32 752 359	旧金山国际机场	美国	44 944 201
23	伦敦盖特威克机场	英国	32 065 685	夏洛特道格拉斯国际机场	美国	43 456 310
24	奥兰多国际机场	美国	30 823 509	拉斯维加斯麦卡伦国际机场	美国	41 856 787
25	圣路易斯伯特-圣路易国际机场	美国	30 561 387	首尔仁川国际机场	韩国	41 679 758
26	曼谷素万那普国际机场	泰国	29 616 432	迈阿密国际机场	美国	40 563 071
27	多伦多皮尔逊国际机场	加拿大	28 930 036	凤凰城天港国际机场	美国	40 318 451
28	新加坡樟宜机场	新加坡	28 618 200	休斯敦乔治·布什洲际机场	美国	39 865 325
29	西雅图-塔科马国际机场	美国	28 408 553	马德里巴拉哈斯机场	西班牙	39 729 027
30	波士顿洛根国际机场	美国	27 412 926	慕尼黑机场	德国	38 672 644

资料来源：ACI。

是法兰克福机场(2000 年排名第 7 位,2013 年排名第 12 位),阿姆斯特丹史基浦机场(2000 年排名第 10 位,2013 年排名第 14 位)和旧金山国际机场(2000 年排名第 9 位,2013 年排名第 22 位)。多年来,这三家机场一直都位列前 10 最繁忙的机场,但与其他大机场相比,其排名出现下降。另外有三家机场没有进入 2000 年的前 10 名之列,但在 2013 年却进入了前 10 名。这三家机场的排名已经有好几年没有进入前 30,但都经历了高速增长。北京的首都国际机场在 2002 年首次进入该榜单前 30 名,2013 年排名第 2 位。自 2002 年以来,北京首都国际机场的客运量增长了 200%以上,相比之下,哈茨菲尔德-杰克逊亚特兰大机场同期的增长率不到 25%。迪拜国际机场于 2007 年首次进入前 30 名,2013 年排名第 7 位。就乘客数量而言,迪拜国际机场在 2007—2013 年增长了近 95%,而同期哈茨菲尔德-杰克逊亚特兰大机场的增长率不到 6%。雅加达苏加诺-哈达国际机场于 2009 年首次进入前 30 名,2013 年排名第 10 位。雅加达苏加诺-哈达国际机场在 2009—2013 年的增长率略高于 60%,而哈茨菲尔德-杰克逊亚特兰大机场同期的增长率略高于 7%,这说明了发展中经济体旅游业的高速增长。其中许多国家仍然面临相对较低的收入水平,随着发展中经济体收入水平不断提高,游客出行可能会增加。表 5.3 也说明了这一点。从表 5.3 可以看出,北美机场在前 30 大机场中所占比例在下降,亚洲在崛起。

表 5.3　按区域划分的机场

区　　域	2010 年机场数量/个	2013 年机场数量/个
北美	19(63.33%)	12(40.00%)
亚洲	5(16.67%)	10(33.33%)
欧洲	6(20.00%)	7(23.33%)

（续表）

区　　域	2010 年机场数量/个	2013 年机场数量/个
中美洲	0	0
南美洲	0	0
阿拉伯国家	0	1(3.33%)
澳大利亚大洋洲	0	0

资料来源：ACI。

注：表中数据(百分比)在计算时存在四舍五入现象,故加权值可能不为100%。

其他高速增长的著名机场包括中国的广州白云国际机场(2010 年首次进入前 30 名,2013 年排名第 16 位,增长率近 30%)、土耳其的伊斯坦布尔机场(2011 年首次进入前 30 名,2013 年排名第 18 位,增长率超过 35%)、马来西亚的吉隆坡国际机场(2011 年首次进入前 30 名,2013 年排名第 20 位,增长率超过 25%)。韩国的首尔仁川国际机场(2013 年排名第 25 位)[①]和巴西的圣保罗国际机场(2013 年排名第 33 位)也呈现出高速增长。与之相反,下降幅度相对较高的机场是美国的纽瓦克自由国际机场(2000 年排名第 18 位,2013 年排名第 39 位,同期增长 2%)、美国的明尼阿波利斯—圣保罗国际机场(2000 年排名第 13 位,2013 年排名第 42 位,在此期间客运量下降超过 7%)和美国的底特律都会韦恩县机场(2000 年排名第 16 位,2013 年排名第 45 位,在此期间客运量下降近 9%)。

仔细研究了一些国家对机场、飞机"性能"和规模的分类后,现在是

---

① 在这一方面,首尔的机场以及其他几个城市的机场可能不具有代表性。因为在这些城市,新机场已取代旧机场,但显然,旧机场原本就存在一定的客运量。对于首尔市而言,这涉及仁川国际机场取代金浦国际机场。另一个例证是曼谷,素万那普国际机场承接了以前廊曼国际机场的大部分客运量。

时候研究政府是如何将机场视为促进国民经济重要基础设施并发挥作用。

5.5　机场是经济增长的工具

最近，出现了一种与标准机场分类截然不同的机场。简而言之，这种机场被视为一座新规划城市的中心，而且是城市经济福祉的源泉。例如，位于马德里以南约 200 千米处的西班牙雷阿尔城中央国际机场，该机场于 2008 年竣工并开始运营。雷阿尔城中央国际机场的建成预计将创造 6 000 个就业岗位，并推动当地经济繁荣（Harter，2012）。该机场旨在建成一个补充马德里巴拉哈斯机场的"二级门户"，并吸引游客前往雷阿尔城。雷阿尔城中央国际机场配备了各种高端设施，有一条 4 200 米长的跑道，足以支持空客 A380 起降（Harter，2012）。遗憾的是，该机场未能达到其高预期。与西班牙其他旅游目的地相比，雷阿尔城缺乏吸引力，因为该市与其说是旅游目的地，不如说是一个适合工作的城市。由于旅游休闲需求不足，以及 2008 年机场启用时全球经济危机达到顶峰，机场无法满足维持运营所需的基本要求。到 2013 年 12 月，该机场一直空置，目前正在拍卖中①（Busch，2013）。这座机场是私人所有的，但得到了必要的政治支持，当地政府官员是西班牙本地储蓄银行的董事会成员，他们的支持让机场有把握从银行获得贷款。由于雷阿尔城中央国际机场破产，受影响的银行现在不得不合并或被接管（Harter，2012）。该项目的实际成本存有争议，估计从 3.56 亿欧元到 15 亿欧元不等（Busch，2013）。

---

①　译者注：2015 年 7 月某次拍卖会上，某企业作为唯一出价方以 1 万欧元成交。

在这种经济发展背景下,机场的主要作用不再是仅仅作为航空基础设施,相反,在此背景下诞生的机场从建设之初就被规划为整个区域的经济增长引擎,由此产生的机场和城市组合称为"空港城"。由于具有独特的航空运输优势,比如可以"缩短"时间和距离,有高价值、高时效货运需求的企业特别重视这类复合实体(Rodrique,1999)。在全球化时代,这些企业蓬勃发展,而它们与"空港城"之间相互促进、彼此受益。"空港城"的超高速增长显然超过了其他计划实体的增长前景,在很大程度上,一些机场在集中处理航空货运方面形成了优势,不经意间为发展"空港城"提供条件,也成了建设"空港城"的坚实基础。参照此类机场中的典型成功案例,预计一批刺激建设类似机场的规划即将出台。虽然这种预判带有"一厢情愿"的味道,但它是接近万能解决方案的规划举措。

5.5.1 机场增长极

加拿大米拉贝尔国际机场的故事向人们发出了警示。这是首个以新机场为增长极基础的规划项目,并在各方面都按期完工。它的故事与西班牙雷阿尔城中央国际机场有着相似之处,展现了期望值上升又破灭的整个过程。基于极其乐观的交通增长预测,米拉贝尔国际机场于 1970 年落成,目标是为蒙特利尔提供一个新机场,同时为这个魁北克省急需发展的角落地区带来经济刺激。米拉贝尔国际机场是加拿大政府(在其地区经济扩展部的支持下)和魁北克省规划人员共同发起的一个项目,机场距离蒙特利尔中心 55 千米。从一开始,该机场就承担着"国际门户"的功能,完全取代了当时的多瓦尔机场。多瓦尔机场选址在郊区,距离蒙特利尔市中心仅 20 千米,因此被认为不适合扩建。多瓦尔机场仅为国内乘客提供服务。该机场于 1975 年正式投入使用,占地面积 396.6 平方千米,是当时全世界占地面积最大的机场,其中大部分被划为工业区,这一纪录一直保持到 1982 年利雅得哈立德国王国际机场落成。为了确保机场能成功运营，加拿大政府曾要求所有往返蒙特利尔的国际航班都必须从米拉贝尔国际机场起降，引起了多瓦尔机场及其忠实客户群体的抵制。由于地面交通连接不畅，前往新机场不够便利，乘客产生了不满，而国际航班的乘客被迫前往米拉贝尔国际机场，国内航班的乘客只能继续使用多瓦尔机场，加剧了乘客的不满情绪。一方面是对规划人员的此般尝试普遍不满，另一方面是米拉贝尔国际机场显然未能如其所愿拉动周围的经济增长，未能促成一个充满活力的工业综合体（Higgins，1992：201-206）。只有庞巴迪公司和贝尔直升机德事隆公司愿意入驻，分别使用机场场地组装喷气式支线机和商用直升机。规划人员迫不得已，只能承认该宏伟设计失败，并开始缩减开支，将未用于机场扩建和工业发展的 32 780 平方千米土地退还给以前的土地所有者，从 1997 年开始，国际航班也不再被迫从米拉贝尔国际机场起降。航空公司迅速作出反应，将所有定期航班转回多瓦尔机场。如今的米拉贝尔国际机场只是其辉煌岁月的一个苍白阴影，靠包机、空运和通用航空业务维系生存。米拉贝尔国际机场向增长极发展的雄心壮志同样遭到挫败，只能退而求其次，以一个航空航天综合体的形式继续发展。

　　增长极的概念，是佩鲁在 20 世纪 50 年代提出的一个理论和实用工具，于 20 世纪 60 年代和 70 年代在规划业界流行，也是建设"空港城"的理论基础（Christofakis & Papadaskalopoulos，2011）。规划人员将这些"综合体"视为重组区域经济的工具。我们可以将综合体设想为高度联合的一组经济活动。这些经济活动首先在空间上共同受益于特定地区的经济发展（外部经济的结果），同时，也受益于彼此之间向前、向后联系所产生的扩散效益。综合体的多功能性广受好评，不仅能够促进地方经济增长，而且还能辐射周边地区。总之，综合体设法提供了一种证明互惠互利的经济工具，将城市和农村的利益与规划发展结合起来(Todd,1974)。增长极自然发展的生动案例启发了支持政府规划增长极的拥护者。他们曾认为政府深思熟虑的刺激计划能推动产业集群的出现并获得阶段性成果,也就是说,增长极是在市场力量的推动下,在肥沃的发展大环境中自然产生。

第一个明确与航空业相关的增长极,是在 20 世纪 60 年代末规划一个伦敦未来机场时提出的。该项目最终因新兴环境保护主义者与"邻避症候群"(反对新发展计划)活动人士的反对而折戟,而这一宏大项目的规划人员又将目光转向了现在的希思罗机场,并辩称原方案中设计的给机场周边地区带来的增益,一定能复制到新的选址地点(Great Britain,1971;Howard,1974:542-569)。在成本效益分析原则的指导下,规划人士开始在四个地点中筛选。其中,库布林顿得分最高,成功入选。然而,令规划人员非常失望的是,他们很快不得不面对各种质疑。在批评者揭露的众多缺陷中,有一个缺陷是该选址过度追求经济标准,而忽视了环境问题,也没有以一种人们信服的方式对可能造成的社会问题进行识别(Pearce,1998;Self,1970;Thompson,1972)。批评者随后将注意力转向了增长极理论固有的弱点。一方面,他们欣然承认机场本身就是巨大的"增长磁石",有助于刺激巨大的劳动力市场。毕竟,希思罗机场在 1969 年拥有 4.6 万名员工,这使其成为英国工人最集中的地区之一。有很多工作与航空活动直接相关,按照当地劳动力市场的标准,工作报酬也相当丰厚。这些周边产业在现在以及将来依然保持多样化。它大体上可分为三类职业群体(Wells,1984)。第一类是航空公司运营不可或缺的服务,尤其是管理、餐饮、飞机加油和机库维护。除了航空公司与乘客之间的接口之外,还需要第二类支持服务来开展航空货运业务,其中最主要的是货运代理、代理商、仓储公司和政府人员(海关和安保)。最后是机场管理部门,负责监管所有这些项目,并配备自己的专业人员。这些管理人员、技术人员和工人在各自的岗位上力保机场的安全高效运行。总而言之,根据机场的乘数效应,粗略概括,航站楼每接待 100 万名乘客,即可创造 1 000 个机场内就业机会和 200 个机场外就业机会。在最乐观的情况下,这 1 000 个机场就业机会可能会在整个社区增加 600 个间接和衍生就业机会(Hilling,1996:126 - 127)。

另一方面,批评者对机场是否有能力在与航空业间接相关的领域创造就业持怀疑态度——这是一个可以测试增长极刺激因素是否有效的试金石。这些间接业务是介于与航空业直接相关业务的一个或两个中间步骤。关于此类就业机会存在于机场附近的证据无法让人信服。批评者再次转向希思罗机场,以证明他们的怀疑和疑虑是正确的。在这次事件中,有关人士对希思罗机场长期以来鼓舞人心的商业记录进行了周密的检查。据称(Hoare,1974),检查结果令人失望,甚至与增长极相关的间接活动——特别是制造业的间接活动——反而因靠近机场而令人不安。这些企业认为自身是外部效应的受害者,尤其受到了就业市场缺乏灵活性而产生的有害影响。简而言之,在劳动力市场紧张的情况下,他们不得不与机场抢夺高质量的员工,并被迫支付高额工资以吸引他们加入企业,进而使自身处境不利。机场附近的另一个不利因素是噪声污染。无论是从事制造业还是从事服务业的企业,都认为噪声污染会对其生产力造成不利影响。除了最依赖航空业务的企业外,其他所有企业都不愿意建在机场附近。然而奇怪的是,从之后机场的经验来看,对于选择希思罗机场附近地区的企业而言,地面交通拥堵带来的不利影响并不是它们选址的主要障碍,这也颇为讽刺。总的来说,似乎只有少数几家企业希望建在机场附近。具体而言,此类企业分为三种:经常使用航空运输的企业,乐于靠近著名国际机场的外国企业旗下的子公司,与直接参与机场运营的企业建立合作关系的企业。

上述问题在接下来的 40 年里一直悬而未决,待开发的伦敦机场问题也仍未解决。与此同时,困扰希思罗机场的问题不断累积,并且情况非常严峻。机场管理部门被迫考虑在现有场地范围内进行扩建,计划以第三跑道为中心进行增量扩张。这让人想起了过去,一方面是"邻避症候群"的说客和环保主义反对者,另一方面是为了国家利益而支持机场发展的人,双方的"战火"瞬间点燃。值得注意的是,在当代对峙中,增长极理论已经完全黯然失色。然而,这种情况与其他地方的情况相去甚远,因为规划打造增长极非但没有消失,反而以不同的形式重生了——"空港城"本身就是"集群"思想流行的产物。

5.5.2　集群与"空港城"

事实上,当前的"集群"概念与过去的增长极理论只在表面上有相似之处。诚然,在同一地点出现类似活动的原因,也可用空间外部经济(也称为集聚经济)来解释。然而,这些同处一地的活动与其说是来自一个关键参与者的前向和后向联系的产物,不如说是在相符的商业环境中相同受益者的共存。最重要的是,集群的各个组成部分之间仍然存在激烈的竞争(与日本经连会不同)。这种强烈的竞争力是它们生存和繁荣的核心。在这种情况下,自然只有更成功的集群才会转变为在全球市场上有充分竞争力的专业区域(Porter,1990;2000)。"强调国际贸易,极易让人联想到经典的比较优势概念,将'集群'概念提升到了远远超出推动增长极理论的某种狭隘区域,再予以额外的关注。"相比之下,"集群"概念同样可以用作所有国家在全球竞争力排名中的衡量指标。不过,必须指出的是,对集群的衡量判别只不过是对经验规律的识别,而且停留在相当粗略的层面。

正是在这一背景下,人们重新热衷于定义,而后去推动在某一特定区域聚集的经济活动来促进经济繁荣,"空港城"应运而生。与一般的"集群"思维类似,"空港城"不会对全球化经济中有关国际竞争力的传统观念构成威胁。事实上，"空港城"概念缺乏严格的理论结构，这正代表了它的优势。当某些适合航空货运业务的地点成为企业集群的核心，并与培育它们的机场联合起来时，"空港城"便会应运而生(Kasarda & Lindsay，2011)。虽然当地环境会对这类机场产生不同的影响，但还是有着共同特点。无论是由于机场的战略位置，还是由于其所有者不惜一切代价投入航空货运业——或者最好是两者兼而有之——每个机场都能作为"空港城"中的特殊角色，实现跨越式发展。所有"空港城"中的机场在发展过程中遇到的障碍都能得到有效克服，这意味着及时配套了独立的机场管理和适当的政治支持。这种情况最早出现在美国。因此，"空港城"被认为是源自美国的概念并非毫无道理，某种程度上，在美国之外，只有享受自由贸易并充满活力的资本主义国家才能真正"复制"这一概念。我们参照过往的增长极概念，列举了"自发型空港城"的例子，以刺激其他地区对"规划型空港城"的兴趣。

美国的孟菲斯国际机场和路易斯维尔机场通常被认为是"自发型空港城"的两个主要代表。它们的成名与航空货运，尤其是隔夜包裹服务业务的增长密不可分，更具体地说，与专门从事运输的航空货运运营商的出现有关。负责运营这两个机场的决策者很有先见之明，预见到了航空货运带来的机遇，并愿意与这两家航空公司不遗余力地合作，实现扩张的雄心壮志。以路易斯维尔机场为例，机场管理人员成功吸引了美国联合包裹运送服务公司(UPS)，UPS于1980年得出结论，认为这里将是其枢纽运营的理想选择。在货运枢纽方面，路易斯维尔机场与孟菲斯国际机场展开竞争，孟菲斯国际机场在1973年吸引了联邦快递(现为FedEx)进驻，从而开辟了一条新的发展路径。1985年，孟菲斯国际机场被其主要入驻的航空公司授予"超级枢纽"称号。显然，每个机场都在相互模仿，具体取决于作为其主要客户的货运公司的商业战略。

除了表现出相似的竞争特征外,这两个相互竞争的机场还有其他共同之处。在地理位置上,它们都修建在内陆地区,从而避免了沿海地区机场的拥堵和天气问题。此外,由于位于大陆块的中心位置,它们占据了地理优势,通过确保航班调度可在工作日早些时候到达目的地(这种情况对孟菲斯国际机场最有利)。它们的目的地不仅分散在美国各地,还包括其他地区的主要城市。联邦快递开始提供从孟菲斯到欧洲(科隆、伦敦和巴黎)、中东(迪拜)、东北亚(首尔和东京)以及南美(巴西坎皮纳斯)的服务,而其竞争对手 UPS 则将路易斯维尔"世界港"设为飞往非洲(卡萨布兰卡)和美洲等外国目的地(墨西哥城、加拿大的蒙特利尔—米拉贝尔和多伦多)等航班的起点。

这两个机场都在第二次世界大战中由军方修建,并在此后作为残余军事设施保留了下来(空军国民警卫队)。同样,在随后的几年里,两个机场均以商用航空为主,鼓励客运服务。它们最终被评为 NPIAS 分类中的"中型枢纽"。虽然运营情况不错(目前每个机场的离境旅客人数超过 300 万),但客运量的增长低于机场容量,这让机场管理人员感到失望。鉴于在提高客运量方面遇到障碍,机场管理人员将注意力转向了航空货运替代方案。简而言之,他们愿意为合适的公司提供慷慨的合作条件。路易斯维尔机场为了"招安"UPS,新建了两条平行跑道(最长可达 3 620 米)来体现合作诚意。由于原本在战时修建的跑道非常不适合喷气式飞机高密度运营,UPS 曾威胁要退出该机场。凭借新建的现代化跑道布局,路易斯维尔机场成功挽留了 UPS,同时也确保了 UPS 为该市带来 2.1 万个就业机会。从这个角度来看,机场管理部门的决策实施成本相当高,但是人们认为这个钱花得物有所值(Kasarda & Lindsay,2011:86 - 87)。有了这么多的直接就业机会,"空港城"的其他衍生产品几乎都得到保证。因此我们可以说,路易斯维尔机场改变了它的城市东道主地位,催生了间接依赖于核心空运业务的物流园区、配送中心、办公园区和工业区集群。这还不是全部，因为机场及其主要用户的持续成功还为该市的大部分服务业——从零售店到娱乐场所——带来了福祉。

然而，这种对航空货运的终极依赖，尤其是对单一主要用户的依赖，既是一种裨益，也是一种潜在威胁，甚至危及当地的未来。正如威尔明顿的例子所示（Kasarda & Lindsay，2011：87），主要用户撤走后，对当地造成的影响可以说是毁灭性的。俄亥俄州的机场的基石是另一家领先的航空货运公司——航空快运（Airborne Express）。1979 年，航空快运公司买下了这个前空军基地，打算将其完全改造成航空货运中心。航空快运公司以相对较低的价格获得了该地块，然后投入了相当大的资金，将其打造成一个设备完善、高效的运营场所。然而，2003 年，航空快运公司被竞争对手快递包裹企业敦豪（DHL）收购。此后不久，问题开始出现。由于被迫裁员，DHL 在 2008 年选择放弃威尔明顿货运中心，俄亥俄州的机场裁员 8 000 人，对邻近地区造成了毁灭性的打击。

尽管存在这些缺陷，而且环保主义者对航空货运的反对呼声也越来越高，但一些地区仍然毫不气馁，并衷心接受以新机场为基础建立新城市的想法。例如，印度正式采用了"空港城"概念，提名杜尔加普尔作为"空港城"先导企业。新加坡樟宜机场也大力支持，以潜在的 9 万个就业机会为诱饵，让这一做法极具说服力。尤其在东亚经济蓬勃发展的地区，"规划型空港城"受到了人们的热烈支持。韩国和中国台湾地区都渴望将其指定的机场作为通往中国大陆的离岸门户，并且已经实施了若干计划，投资修建与该概念相关的各种设施。入选机场包括仁川国际机场和中国台湾桃园国际机场。以"不半途而废"著称的韩国当局，首先在一个填海岛屿上建造了一座大型机场（2001 年完工），然后在毗邻的沿海泥滩上建立了一个大规模开发区（仁川自由经济区）。该开发项目的一个组成部分是一座全新的极端环保城市,即松岛新城,并通过一座 11 千米长的公路桥梁与机场直接相连。松岛新城项目的第一阶段耗资超过 100 亿美元,于 2009 年启动。与此同时,仁川国际机场凭借其充足的空间(随时可以无限扩张)成为韩国航空公司(该公司声称是世界上最大的航空货运公司)的枢纽。在超过 400 亿美元的投资推动下,与机场相关和间接活动的所有收益预计都将在未来 10 年内自然实现。

就中国台湾而言,将桃园国际机场指定为"空港城"另有初衷。新机场的修建并没有带来自然增长刺激,桃园国际机场(建于 1979 年)依然增长缓慢(事实上,近年来桃园国际机场一直没有实现增长)。在与北京首都国际机场、东京羽田机场和香港国际机场的关键门户竞争中,桃园国际机场已经失利,甚至败给了规模更小(但地理位置更方便)的台北松山机场。桃园国际机场在空运方面的表现也没有达到预期,因为其航空货运附属设施未能推动经济发展。为重振机场发展,当地县政府与机场管理部门共同启动了一项"规划型空港城"的项目,其规模令人惊叹。总的来说,规划区域包括机场本身在内,共 4 115 公顷,其中包含专门用于直接和间接相关产业区域、高科技集群和新城市定居点(Francis,2012:44)。这项耗资 130 亿美元的项目于 2008 年启动,预计将创造 8 万个就业岗位,机场相关岗位和其他业务岗位各占一半。

虽然中国对这些离岸门户的态度有些模糊,但已经非常清楚地表明,中国打算继续凭借自己的力量开发其极具潜力的航空市场。到 2020 年,中国仅客运量就有望以年均 12.2% 的速度增长。为满足这一潜在市场,所需的基础设施规模巨大,需要 200 多个新建或扩建机场。在这个庞大的计划中,有空间去考虑建设与城市经济发展相一致的机场基础设施。有些地区已经抓住发展"空港城"的机会,并在省一级形成普遍影响力。然而,严格来说,这些机场和对应的城市并不是"空港城"。其根本区别在于它们没有将市场力量作为决定因素,转而采用"科学发展"的概念,由规划者设定增长目标,以配合政府的政策红利协调发展(Perrett,2012:31)。中国主要的"空港城"是在区域枢纽城市(成都、重庆和西安),而不是北京首都国际机场、上海浦东国际机场和广州白云国际机场等主要门户。显然,中国政府的规划者高度重视"空港城"在促进一些内陆省份经济发展中的作用。但令人惊讶的是,他们对"空港城"的重视程度在排名靠前的省份中似乎并没有特别突出。可以肯定,即将建成的北京大兴国际机场注定会成为世界上最大的机场,据说会包括一个附属的"空港城",但官方计划中对此如何考虑还有待观察。

参考文献

Airports Council International (2009) *Policies and Recommended Practices Handbook 2009*, Geneva: Airports Council International.

Almeida, C. R. de (2011) 'Low cost airlines, airport and tourism: The case of Faro Airport', *ERSA Conference Papers*, European Regional Science Association.

Becker, J. (2012) '14 airport amenities that will make you long for a layover', CNN, 19 June retrieved from: www. cnn. com/2012/06/18/travel/outstanding-airport-amenities, 16 September 2014.

Blankenship, E. G. (1974) *The Airport: Architecture*, *Urban Integration*, *Ecological Problems*, London: Pall Mall Press.

Briggs, J. (2012) 'How airports make money' presented at *Federal Aviation Administration Northwest Mountain Region Airports Conference*, 16 – 18 April, Seattle.

Busch, S. (2013) 'Spanish "ghost airport" goes on the block', CNN. Retrieved from www. cnn. com/2013/12/10/travel/spanish-ghost-airport, 16 September

2014.

Button, K. J. (1982) *Transport Economics*, London: Heinemann Educational.

Canadian Institute of Traffic and Transportation. (2008) *Transportation Distribution and Logistics: A Canadian Perspective*, vol 1: *Transportation Systems*, Toronto: CITT.

Christofakis, M. and Papadaskalopoulos, A. (2011) 'The growth poles strategy in regional planning: the recent experience of Greece', *Theoretical and Empirical Researches in Urban Management*, Vol. 6, No. 2, pp. 5 – 20.

Creager, S. E. (1983), 'Airline deregulation and airport regulation', *The Yale Law Journal*, Vol. 93, No. 2, pp. 319 – 339.

Doganis, R. (1992) *The Airport Business*, London: Routledge.

Fiorino, F. (2004) 'The new reality', *Aviation Week & Space Technology*, Vol. 160 (26 April), pp. 46 – 47.

Forsyth, P. (2005) 'Airport infrastructure for the Airbus A380: cost recovery and pricing', *Journal of Transport Economics and Policy*, Vol. 39, No. 3, pp. 341 – 362.

Foster, J. A. (1974) 'The elements of planning necessary for the development of a major civil airport', in Howard, G. P. (ed.) *Airport Economic Planning*, Cambridge, MA: MIT Press.

Francis, L. (2012) 'Heart of Asia: Taiwan renews its push to be an Asia-Pacific hub', *Aviation Week & Space Technology*, Vol. 174 (9 April), pp. 43 – 44.

Great Britain. (1971) *Commission on the Third London Airport (Roskill Commission)*, *Report*, *vol 1 and 2*, HMSo: London.

Harter, P. (2012) 'The white elephants that dragged Spain into the red', *BBC News Magazine*, 26 July. Retrieved from: www. bbc. com/news/magazine-18855961, 16 September 2014.

Higgins, B. (1992) All the Difference: *A Development Economist's Quest*,

Montréal：McGill-Queen's University Press.

Hilling，D.（1996）*Transport and Developing Countries*，London：Routledge.

Hoare，A. G.（1974）'International airports as growth centres：a case study of Heathrow Airport'，*Transactions Institute of British Geographers* Vol. 63，pp. 75 – 96.

Horonjeff，R. and McKelvey，F. X.（1994）*Planning and Design of Airports*，4th edn，New York：McGraw-Hill.

Howard，G. P.（ed.）（1974）*Airport Economic Planning*，Cambridge，MA：MIT Press.

Johnston，B.（2011）'Where trains and planes meet'，*Trains*，Vol. 71（June），pp. 18 – 19.

Kasarda，J. D. and Lindsay，G.（2011）*Aerotropolis: The Way We'll Live Next*，Toronto：Viking Canada.

Morrison，S. A.（1982）'The structure of landing fees at uncongested airports'，*Journal of Transport Economics and Policy*，Vol. 16，No. 2，pp. 151 – 159.

Pearce，D. W.（1998）'Cost – benefit analysis and environmental policy'，*Oxford Review of Economic Policy*，Vol. 14，pp. 84 – 100.

Perrett，B.（2011）'Gathering storm：Chinese airlines are facing the greatest assault from high-speed rail in history'，*Aviation Week & Space Technology*，Vol. 173（7 – 14 March），pp. 76 – 77.

Perrett，B.（2012）'Now hear this：Beijing pushes for accelerated reforms for civil aviation，notably in airspace management'，*Aviation Week & Space Technology*，Vol. 174（23 July），pp. 30 – 31.

Porter，M. E.（1990）*The Competitive Advantage of Nations*，New York：Free Press.

Porter，M. E.（2000）'Location，competition and economic development：

local clusters in a global economy', *Economic Development Quarterly*, Vol. 14, pp. 15 – 34.

Productivity Commission, Australia (2011) 'Economic regulation of airport services', draft inquiry report of the Productivity Commission, Canberra, August 2011.

Rodrique, J. -P. (1999) 'Globalization and the synchronization of transport terminals', *Journal of Transport Geography*, Vol. 7, pp. 255 – 261.

Sealy, K. R. (1957) *The Geography of Air Transport*, London: Hutchinson.

Self, p. (1970) ' "Nonsense on stilts": cost – benefit analysis and the Roskill Commission', *The Political Quarterly* 41, 249 – 260.

Sparaco, P. (2009) 'Runways are forever', *Aviation Week & Space Technology*, Vol. 170 (2 February), p. 46.

Thompson, F. P. (1972) 'Statistics and the environment: the Third london Airport study', *Journal of the Royal Statistical Society* D 21, 19 – 30.

Todd, D. (1974) 'The development pole concept in regional analysis', *Environment and Planning A* Vol. 6, pp. 291 – 306.

Unnikrishnan, M. and Wilson, B. (2009) 'On hold: credit forces airports to place some projects on back burner', *Aviation Week & Space Technology*, Vol. 169 (15 December), pp. 25 – 26.

von Bullion, C. (2013) 'Verloren in der Entrauchungsmatrix', *Süddeutsche Zeitung*, 23 October.

Wells, A. J. (1984) *Air Transportation*, Belmont, CA: Wadsworth.

第 6 章
飞机维护、维修和大修

安德鲁·波特、哈马德·阿尔卡比和
穆罕默德·纳伊姆

为确保飞机运营安全可靠,维护、维修和大修(MRO)工作对航空公司至关重要。MRO 的主要目标是保障飞机安全、耐用,同时保持飞机在最低成本、最高品质和最佳交付周期下运营(Knotts,1999)。虽然因维护故障而导致的严重事故非常少,但却有可能使飞机处于风险之中。正是考虑到这种风险,欧盟制定了一份因维护问题而禁止在欧洲空域运营的航空公司"黑名单"。根据国际航空运输协会(IATA)的数据,维护成本约占航空公司年度运营总成本的 12%,是仅次于燃油和运行成本的第三大成本(IATA,2013)。长期来看,据斯帕福德等人计算,飞机运营 10 年内的维护成本占其生命周期总成本的 27%,20 年的维护成本占其生命周期总成本的 38%(Spafford et al.,2012)。这一比例上升反映了维护需求随飞机机龄增加而不断增加的规律。

在维护质量和交付周期方面,可以通过航空公司航班受技术原因延误的影响程度来衡量。欧洲航空公司协会强调,在宏观层面,欧洲航空公司约 2.6% 的航班因技术原因未能按时离港(Association of European Airlines,2012)。此类延误最为耗时,平均延误时间为 42.1 分钟。表 6.1 显示了一家航空公司在 12 个月内航班延误原因,从中可以清楚看到,干扰航班安排的因素中,20% 以上是技术原因导致的延误,该比例与运营因素导致的延误占比相当。但从延误时间百分比来看,技术原因导致的延误令航程时间增加近 40%,远远超出其他类别。

因客运量波动而产生的经济压力,迫使许多航空公司评估其商业模式,以确保 MRO 能够继续满足上述三个目标。而在这一过程中,

表 6.1　延误类型、事件频率和延误时间

延 误 类 型	延误事件占的百分比/%	延误时间占的百分比/%
技术	22.3	39.2
运营	20.5	17.3
空中交通管制	16.7	11.7
机场和局方	11.3	6.3
乘客和行李	10.9	6.0
天气	8.0	12.1
停机坪服务	7.5	4.2
飞机损伤	1.2	1.7
设备故障	1.1	0.9
货物和邮件	0.1	0.1
其他	0.2	0.5
未分配的	0.1	0.1

资料来源：基于 2006 年 Al-kaabi 的数据。

注：表中数据在计算时进行了四舍五入，故加权值可能不为 100%。

MRO 业务外包的趋势持续增长。据马肯特尔估算，从 20 世纪 90 年代中期到 2012 年，全球范围内维护业务的外包比例已从 25% 上升至 70%（Marcontell，2013）。对于总部设在美国的航空公司，在外包供应商上的费用支出比例从 1990 年的 20% 增加到 2011 年的 44%（Tang & Elias，2012）。特别是许多航空公司将非核心的劳动密集型业务，如基地维护外包出去，自身则专注于更小范围的增值 MRO 业务。如此一

来，占据一定市场份额的独立 MRO 供应商数量增多（见表 6.2）。表 6.2 中的衡量方式基于机体工时，即在飞机上进行的实际业务。所有权指该 MRO 供应商是否为航空公司的一部分，或者不隶属于某个特定的运营商。最后一列标出的是该 MRO 供应商总部所在国或地区，这些企业的设施和运营网络遍布全球。

表 6.2　最大的几家机体 MRO 供应商

排名	公　　司	机体工时	所有权	所在国
1	新加坡航宇科技集团	1 150 万	独立	新加坡
2	港机集团	740 万	独立	中国
3	AAR 公司	460 万	独立	美国
4	新航工程公司	420 万	航空公司	新加坡
5	汉莎技术公司	410 万	航空公司	德国
6	AFI KLM E&M	390 万	航空公司	法国/荷兰
7	Timco 航空服务	320 万	独立	美国
8	北京飞机维修工程有限公司	280 万	航空公司	中国
9	穆巴达拉航宇公司	250 万	独立	阿联酋
10	西班牙国家航空维修工程部	230 万	航空公司	西班牙

资料来源：改编自 Teigtmeier(2013)发表的文章。

从历史经验看，如果某家航空公司决定将 MRO 业务外包，那么该业务将交予例如表 6.2 中列举的独立供应商。近年来，机体和发动机制造商也踏足了这一领域，以提升客户服务水平。例如，波音公司推出了"金色关怀"(GoldCare)解决方案,航空公司可以将维护和工程业务外包给机体制造商。该解决方案最初应用于波音 787 项目上(Flint,2006)。这种一体化的解决方案使航空公司能够完全专注于飞机运营,而让更了解飞机技术的制造商专注于维持飞机资产的可用性。有趣的是,最终实际的维护业务是由全球 MRO 供应商网络提供的,包括英国航空工程(British Airways Engineering)公司、君主飞机工程(Monarch Aircraft Engineering)公司、FL Technics 公司、泰雷兹集团和纳雅克飞机服务(Nayak Aircraft Services)公司。

　　根据 MRO 业务的外包程度,本章先讨论由航空公司承担的各种维护业务类型,然后再论述开展 MRO 业务所采用的主要商业模式。对航空公司而言,确定哪一种商业模式最适合其运营是非常重要的,因此文中明确了一些关键的决策变量和性能指标。最后,本章列举了可能影响 MRO 行业未来的一些关键趋势。

6.1　维护业务的类型

　　维护业务曾被视为一项不可避免但又成本高昂的工作,不过现在已被一些组织机构看作可带来盈利的业务(Waeyenbergh & Pintelon,2002;Alsyouf,2007)。不同的行业领域奉行不同的维护理念,但一般来说,维护可分为被动维护(或非计划性维护)和主动维护(或计划性维护)(Alabdulkarim et al.,2014;Kothamasu et al.,2006)。其中,主动维护可以细分为预防性和预测性维护。预防性维护需要基于预定的时间间隔,或特定部件或系统的寿命,制订一个固定的维护计划表,目的是避免潜在故障。预测性维护并不按照固定周期实施方案,而是对部件或系统的状况或可靠性进行估算后,安排维护计划,也被称为以可靠性为中心的维护（reliability centred maintenance，RCM）。

RCM 起源于飞机制造业（Alabdulkarim et al.，2014；Kothamasu et al.，2006）。20 世纪 60 年代，在波音 747 取证过程中，人们预见到若采用当时执行的维护方法，飞机将永远无法盈利（Smith，1993）。在对商用飞机故障历史数据库数据进行分析后，美联航证明了过往对飞机"故障率呈现浴缸曲线"的理解是错误的，美联航发现只有 11% 的非结构部件故障可归因于部件老化，而 89% 的故障是由疲劳以外的其他原因造成的（Smith & Hinchcliffe，2006）。RCM 具备以下主要特征：保留功能，识别可能破坏功能的故障模式；依照故障模式优先考虑功能需求；只选择适用的有效预防性维护任务（Smith，1993）。RCM 的应用有助于提高系统的可用性和可靠性，减少预防性和计划外维护的工作量（Backlund & Akersten，2003）。对 RCM 的批评主要集中在其复杂性和价格上，尽管航空公司为 RCM 承担成本是无可厚非的（Waeyenbergh & Pintelon，2002）。

RCM 的一个替代方案是全面生产性维护（total productive maintenance，TPM），这种方法在许多行业都受到青睐。TPM 这一概念于 20 世纪 50 年代初在美国诞生，并于 20 世纪 60 年代后期在日本得到进一步发展（Tsang & Chan，2000）。TPM 被定义为"全面参与的生产性维护"（Nakajima，1988）。TPM 的目标是：

（1）实现设备效率最大化。

（2）为设备的整个生命周期建立一个全面的预防性维护（preventive maintenance，PM）系统。

（3）由工程、运营和维护等各部门实施。

（4）从高层到基层工作人员，每一位员工都参与其中。

（5）通过激励和管理自主小组活动，促进预防性维护。

在衡量设备效率时，TPM 考察的是设备综合效率（overall equipment

effectiveness,OEE),即考察设备可用性、设备效能和设备质量。OEE 用于衡量系统的浪费情况。中岛将损失归结为六个方面：设备故障损失、换装和调试损失、速度损失、空闲和暂停损失、生产初期产量下降损失、质量缺陷和返工损失(Nakajima,1988)。中岛认为,任何 TPM 计划要取得成功,都应基于以下六个支柱(Nakajima,1989):

(1) 通过改进提高设备效率。

(2) 减少或消除"六大损失"。

(3) 建立由设备操作员执行的自主维护制度。

(4) 建立计划性维护制度。

(5) 开设培训课程,以提高设备操作员的技能水平。

(6) 建立预防性维护制度。

对 TPM 的批评之一是,此类维护主要关注设备效率,却忽视了成本和利润(Waeyenbergh & Pintelon,2002)。然而,TPM 的实施对整体业务的影响不仅仅是提高设备效率,它还有助于缩短制造周期,减少库存损耗和客户投诉,这些都可以用金钱来衡量(Ahmed et al.,2005)。

飞机 MRO 业务可分为四大类:基地维护和改装、发动机维护、航线维护、备件和周转件更换。前两种类型属于主动性维护,后两种可以归类为主动性维护和被动性维护的结合。表 6.3 概述了这些业务的成本是如何随时间而变化的。数据显示,虽然总体上成本有所增加,但在 21 世纪初成本下降,并在随后保持相当稳定。这一时期标志着维护业务外包进程的开始,以及 MRO 成本的初步降低。表 6.3 还列出了每年的全球机队总数。由此可以看出,这一时期机队总数持续增加,每架飞机的 MRO 支出下降了 10% 以上。

航线维护指的是飞机的常规检查。这种类型的维护包括对飞机主要系统的目视检查、偏差纠正和系统性能监控。航线维护以每日检查为基础,包括日常目视检查,以及维护日志中的任何问题检查或对运行中的故障处置。这一部分工作也正朝着预防性维护的方向发展，通过机载诊断检测潜在的故障，并在部件实际发生故障之前替换。

表 6.3 预估的全球 MRO 支出和全球机队规模

年份	MRO 支出/十亿美元					全球机队（数量）/个
	航线维护	基地维护和改装	备件和周转件	发动机维护	总 计	
2001	9.2	14.1	7.4	11.5	42.2	15 271
2002	8.5	12.0	6.9	10.4	37.8	15 612
2003	8.2	10.7	6.7	10.5	36.1	16 168
2004	8.5	11.6	6.9	10.1	37.1	16 800
2005	8.9	11.5	7.2	10.7	38.3	17 330
2006	8.0	10.0	7.4	13.5	38.9	18 230
2007	7.3	8.6	7.9	17.1	40.9	19 000
2008	8.1	9.6	8.7	18.8	45.2	18 800
2009	8.3	9.9	9.0	18.5	45.7	18 890
2010	7.8	8.7	7.8	18.0	42.3	19 410
2011	8.0	8.7	8.6	21.6	46.9	19 890
2012	8.9	8.7	9.5	22.4	49.5	20 310

资料来源：成本数据源自 IATA(2013)，机队信息源自波音公司不同年份的商用市场展望报告。

注：原书表中数据存在统计错误，译者已修正。

此外，航线维护的另一部分工作是执行以下两类维护检查：

（1）A检，包括对飞机的一般检查，燃油检查和服务，以及更换过滤器和润滑油。A检每3～6周进行一次，每次耗时1～2天，具体实施间隔和时长取决于飞机类型、用途等因素。

（2）B检，是检查操作系统功能是否正常的额外工作。该项工作需要将飞机放在一个吊架上，需要大约200工时，持续1～3天。B检的频率是每2～4个月进行一次。

如今，MRO供应商制订了更具均衡性的维护计划，B检的工作被分散到几次A检中。如此一来，航线维护检查日程在时间上均匀分布，并且每次耗时都较为接近，这有助于航空公司更有效地制订运营计划。

相比之下，基地维护涵盖了更密集的维护检查，包括拆除飞机主要部件以及对机体的全面检查。同样，基础维护主要可分为两种：C检和D检。C检每15～30个月进行一次，实施间隔取决于飞机类型和航空公司的运营情况，每次检查通常持续约1～2周，需要大约6 000工时。C检期间将对整架飞机进行检查和维修，按照制造商要求进行小幅结构改进。C检可分为"轻度"或"重度"，具体取决于所承担的工作规模。尽管采用更均衡的维护计划可更均匀地分配工作量，但大约每4次C检至少需要1次"重度"检查。表6.4给出了典型C检的预估成本。

表6.4　C检的预估成本

飞机类型	"轻度"C检的成本/美元	"重度"C检的成本/美元
喷气式支线飞机	60 000～90 000	100 000～180 000
窄体飞机	120 000～180 000	220 000～350 000
宽体飞机	375 000～550 000	550 000～700 000

资料来源：改编自Ackert（2010）发表的相关文章。

相比之下，D 检平均每 5 年进行 1 次。飞机在该项检查中会被完全拆开，发动机和起落架被拆除，涂装通常会被除去，以检查机身状态，还将检查结构是否有材料疲劳和裂纹现象。改装或客舱重装等其他机上工作也属于 D 检。鉴于 D 检的工作量，一架飞机通常要停飞长达 6 周的时间。由于停飞时间相当长，意味着 D 检可能需要提前一年进行规划，以确保航空公司的航班时刻表不会中断。

发动机维护涵盖了防范发动机在运行过程中因故障而停车，还包括更换时寿件以及发动机的全面维修。发动机维护往往是成本最高的一项 MRO 工作，通常会外包给那些更为完善的机构，因其可以更好地应对这种具有复杂技术要求的工作。承担外包工作的供应商可能是原始设备制造商，因为它们希望向航空公司提供更多的客户服务。飞机维护还需要更换备件和周转件。基础备件和周转件分布在航空公司整个网络中，而其他特殊件的分布则更集中。某种备件可能归一家航空公司所有，也可能由运营商们共享。近年来，航空公司降低成本的做法是将更多所持有的备件业务外包，从航空公司在此类 MRO 业务中的成本占比来看，77% 进行了外包。芬兰航空公司就是其中一个例子(Gubisch,2012)。

6.2　航空公司的 MRO 商业模式

根据不同的 MRO 业务是由内部开展还是外包给第三方的决定，航空公司可采取许多不同的 MRO 商业模式，包括从将 MRO 业务完全纳入航空公司内部(此类航空公司有能力开展所有类型的 MRO 活动，通常在全球范围内有多个维护点)，到 MRO 完全外包(即航空公司负责管理 MRO 活动，但不是实际操作方)。图 6.1 概述了各种模式，下文将依次进行讨论。

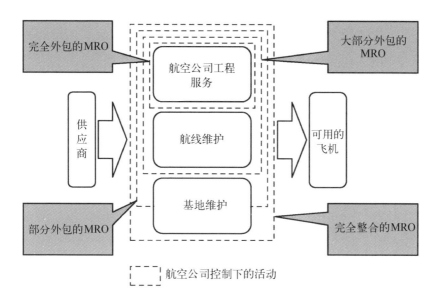

图 6.1 航空公司 MRO 模式

［资料来源：改编自 Al-kaabi 等人（2007a）发表的文章］

6.2.1 完全整合的 MRO

这种模式下航线和基地维护由航空公司内部提供。通过将 MRO 工作垂直整合，维护成为航空公司的一项核心业务。虽然许多航空公司将 MRO 视为一项成本开支，但包括汉莎技术公司在内的一众航空公司已经成功地将 MRO 转变为一项盈利单元。在这些航空公司，承担 MRO 业务的是一家独立的子公司，有单独的财务账户。在许多情况下，MRO 获得的利润比航空公司本身更可观（Heracleous et al.，2004）。在完全整合的 MRO 模式中，航空公司的业务规模大小，以及开展 MRO 的经验多少是成功与否的关键。

虽然航空运输业 MRO 总体外包程度一直在提高，但大型航空公司（集团）一直采取完全整合的 MRO 模式，这一现象从表 6.2 中的组织机构所有权可以看出。这些 MRO 公司的母公司有着共同的特征，如拥有庞大的机队规模和全球航运网络、运营多种机型。MRO 在该系统中占据的份额确保其可以向其他航空公司提供服务。为了扩大业务，一些航空公司与世界其他地区的合作伙伴成立合资企业，以扩大其服务在全球的覆盖范围，并有可能进入原本无法进入的市场。例如，北京飞机维修工程有限公司（在表 6.2 中排名第 8 位）是中国国际航空公司和德国汉莎航空公司的合资企业，该公司在北京拥有大量的维护设施，并为航线维护提供广泛的服务。

6.2.2　部分外包的 MRO

在这种商业模式下，航空公司将在内部开展机体相关的所有航线维护和基地维护活动，发动机等专业系统的基地维护则外包出去。与完全整合的方法类似，采用这种商业模式的航空公司也拥有一个财务独立的维护中心，形成一定规模后可以向其他航空公司提供服务。鉴于飞机技术的进步，这种 MRO 模式成本较为高昂，尤其是航空公司需要维护各种不同类型的飞机。

尽管如此，一些航空公司已经利用部分外包模式下的固有规模经济来降低上游成本，并为下游竞争者提供特定的 MRO 服务（Chen，2005）。垂直整合的一个好处是，MRO 的业务模块可以灵活部署，以服务母公司自身的机队，或服务运营相同型号飞机的其他航空公司。借助其体量的灵活性，该模式还可适应季节性需求的波动变化（Rosenberg，2004）。大中型航空公司普遍采用了部分外包的模式，例如，美国达美航空公司将其 24% 的 MRO 业务外包（Rosenberg，2004），主要是发动机维护，同时为其他航空公司提供第三方 MRO 支持。

6.2.3 大部分外包的 MRO

这种商业模式仅保留关键的 MRO 工作,其他部分均外包。保留的部分通常包括航线维护,因为这是航空公司客运服务准时性的保障(Seidenman & Spanovich,2005)。随着航空公司规模的不断扩大,拥有 MRO 能力变得至关重要。这种 MRO 商业模式无法保证供应商可获得性和/或交付效果。

6.2.4 完全外包的 MRO

在这种商业模式下,所有的 MRO 工作都以外包形式开展。航空公司专注于其核心竞争力,即向乘客提供航空运输服务,航线和基地维护都是外包的。由于拥有自己的 MRO 能力所需的成本占其总运营成本的比例较高,许多低成本航空公司和新进入者会采用这种商业模式。

MRO 的外包程度也因其具体的 MRO 类别而异(见表 6.5)。表 6.6 总结了四种 MRO 商业模式的优势、劣势、机会和风险(SWOT)。

表 6.5　MRO 活动的外包水平

维 护 活 动	按成本分列的外包百分比(2008 年)/%
航线维护	16
基地维护	53
发动机维护	75
备件和周转件	77

资料来源:改编自 Phillips(2008)发表的相关文章。

表 6.6　MRO 商业模式的 SWOT 分析

MRO 商业模式	优　势	劣　势	机　会	风　险
完全整合	● 利润中心 ● 更好地控制 MRO 工作 ● 庞大的知识库	● 结构不灵活 ● 容忍市场需求 ● 没有侧重点	● 利用能力和专业知识来扩展 ● 专注于新市场 ● 建立联盟或合资企业以优化能力	● 波动的 MRO 需求 ● OEM 市场渗透率 ● 新技术
部分外包	● 根据现有能力进行定制 ● 利润中心 ● 优秀的专业知识水平	● 略显僵化的系统 ● 不容忍市场需求 ● MRO 工作管理方面存在困难	● 确保长期合同 ● 专注于特定的 MRO 活动 ● 为其他航空公司提供创造性的支持方案 ● 整合供应商	● 能力未充分优化 ● 技术进步 ● 飞机类型需求发生变化
大部分外包	● 模型是动态适应的，有 MRO 市场供应和需求 ● 为支持航空公司自身运营而定制的 MRO 工作 ● 对重要活动施加更多控制	● 航空公司对供应商的依赖 ● 短期视角	● 将内部能力转化为核心竞争力 ● 削减供应商与主要供应商的长期关系	● 对供应商业绩的依赖性 ● 对外包 MRO 工作的选择至关重要 ● 与供应商的关系

MRO 商业 模式	优　势	劣　势	机　会	风　险
完全 外包	• 高效 • 注重成本 • 利用供应商资源库 • 适合新进入者和低成本航空公司	• 依赖于供应商的可用性 • 绩效措施主要基于成本 • 取决于供应商的表现	• 保留重要的MRO活动 • 与关键供应商签订长期合同	• 模式极其依赖于供应商的表现 • 如果可供选择的供应商较少,则成本可能会很高 • 面临供应商机会主义的风险

资料来源：本章作者。

6.2.5　MRO 外包的决策框架

鉴于以上讨论,航空公司选择最适合自身的外包模式非常重要。根据弗兰切斯基尼等人提供的相关资料(Franceschini et al.,2003),阿尔卡比等人总结了一个通用框架,予以指导(见图 6.2)。

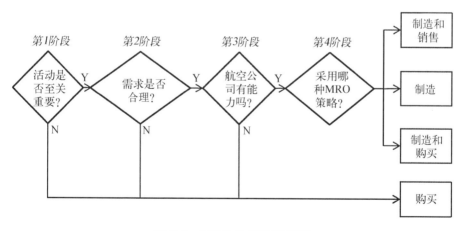

图 6.2　MRO 外包决策框架

［资料来源：改编自 Al-kaabi 等人(2007a)发表的文章］

与大多数描述外包业务的文献资料一致，该框架中第 1 阶段是确定业务的核心工作。航空公司没有必要承担前面概述的所有 MRO 服务，但重要的是，要确定哪些是应该留由航空公司控制的核心业务，特别是这些业务会对业绩的哪些方面产生影响。任何被视为非核心且风险可控的业务都应该外包。例如，航空公司可能会把基地维护外包出去，尤其是不常用的资源。

第 2 阶段是评估业务的需求程度。如果航空公司不足以支撑机队维护所需，那么外包是一个可行的替代方案。MRO 的需求可能受到多种因素的影响。机队规模是一个直接影响因素。航空公司可能会因为自身拥有较大的机队而选择自己整合 MRO 业务。机队结构也是一个重要的影响因素。阿尔卡比等强调，机队的结构越复杂，外包的程度就越低。如果航空公司有能力维护一定规模的复杂机队，那么它也有机会向其他航空公司提供 MRO 服务。

另外两个可能很重要的影响因素是飞机的机龄和机队的利用率（Gramopadhye & Drury，2000）。一方面，飞机的结构状态受机龄影响，深入的检查随着机龄增长变得越来越重要。另一方面，飞机的利用率也会影响维修检查的频率，利用率基于飞行时间和周期来判定，定期维修的间隔时间随着飞机利用率的提高而缩短。然而，阿尔卡比等人在对欧洲航空公司的调查中发现，外包水平与上述这些因素之间没有统计学关系（Al-kaabi et al.，2007b）。最后，机队的租赁水平会影响 MRO 的需求。飞机租赁正变得越来越流行，因为航空公司希望增加机队的灵活性，同时减少风险（Gibson & Morrell，2004；Oum et al.，2000）。租赁合同中可能包含维护条款，这一现象也从侧面表明了航空公司愿意考虑将 MRO 业务外包。

在第 3 阶段，航空公司需要评估其是否有能力进行内部维护。相关能力的建立往往与公司的战略方向保持一致。已建立 MRO 支持网络的传统航空公司通常会将定期维护活动留在内部执行,并将多余的 MRO 能力以服务的方式出售给其他航空公司。然而,其他商业模式可能更偏向于外包。例如,阿尔努认为,低成本航空公司更倾向于将 MRO 工作外包出去(Arnoult,2010)。在操作层面上,这些航空公司可能没有能力维护飞机内的某些系统。正如前文强调的,发动机维护就是这样一种经常被外包的工作。

根据对上述问题的论述,决定一家航空公司 MRO 业务外包水平的具体情况如下:

(1) 具备服务自身和售卖服务的能力:航空公司已经将其 MRO 转变为一个可创造利润的中心业务,在满足航空公司自身需求的同时,将其余能力"出售"给其他航空公司。汉莎技术公司就是一个例子,汉莎航空公司的 MRO 业务占其工作量的 45%,其余时间则为外部客户提供 MRO 服务(Arnoult,2010)。

(2) 具备服务自身的能力:旨在满足航空公司自身对特定 MRO 的需求。

(3) 具备一定的能力并需要购买服务:虽然有能力在内部执行部分特定 MRO 工作,但需要通过外部供应商支持其他 MRO 需求。

(4) 需要购买服务:属于完全外包的情况,特定 MRO 需求由外部满足。

除上述因素外,MRO 工作类型的不同,也会对航空公司 MRO 业务的配置有不同程度的影响。还有许多外部因素影响航空公司的选择,一些未来的趋势现在也被视为考虑因素。

6.3　MRO 的趋势和发展

最后还有重要的一点,那便是考虑目前影响 MRO 业务发展的一些趋势。

6.3.1 业务全球化

根据表 6.3,2002—2011 年,MRO 业务的全球支出有所增加,并存在地区差异。

亚洲是增长最快的市场之一。2013—2022 年,整个亚洲地区 MRO 支出的增长率预计为 5.5%(Berger,2013)。该区域内某些地方,如印度和中东,这一增长率将超过 8%。相比之下,全球平均水平为 4.1%。亚洲的预期增长背后有几个因素。

一是该地区内航空运输服务将大幅增长。2012—2032 年,航空客千米收入的年增长率在 5.5%(Airbus,2013)到 6.9%(Boeing,2013)之间,该增速大于预计的全球增速。航空客运增长将带来飞机需求的增长。随着飞机可靠性的提高和航空公司倾向于使用更大型的飞机,相关维护需求并不会以同样的速率增长。

另一个因素是,亚洲地区在相关业务上更具成本节省潜力,特别是在基地维护方面。这是由于该地区劳动力成本较低,对航空公司更具吸引力。表 6.7 列出了奥纬咨询公司(Oliver Wyman,2013)的标准化调查数据,强调了北美和全球其他地区 MRO 业务的成本差异。中国和东南亚的劳动力成本可能比北美低 30%。如果将北美飞往该地区的飞机转场费用也计算在内,相关业务仍有可能节省 18%~20% 的成本。然而,马肯特尔认为,这种成本差异正在缩小,到 21 世纪 20 年代初,亚洲地区工资水平将与北美相当(Marcontell,2013)。

汉莎技术公司就是一个受益于工资水平差异的典型例子。该公司在菲律宾有一个基地维护中心,除了为自身飞机提供服务外,该中心还与维珍航空和智利航空签订了合同,确保其能力得以充分利用。另一个例子是美国联合航空公司,该公司在中国香港对其飞机进行基地维护。上述公司反映出北美航空公司的常态,即将高达 25% 的基础维护外包给亚太地区(Tang & Elias,2012)。

表 6.7 与美国相比,机体工作方面的成本差异

所 在 地	基本工时率	包含额外成本的工时率 (包括现场管理和飞机转场成本)
北美洲	1.00	1.08
拉丁美洲	0.78	0.90
西欧	1.26	1.48
南欧	1.17	1.33
东欧	1.02	1.16
中东	0.90	1.04
新加坡和中国香港	0.96	1.11
中国内地和东南亚	0.72	0.88

资料来源:数据来自奥纬咨询公司。

6.3.2 外包比例增加

在本章中,外包的增长一直被强调为推动 MRO 业务变化的主要因素。鉴于航空公司更专注于运营核心业务,这种情况可能会继续发展下去。此外,越来越多的机体和发动机制造商开始提供维护服务。从采购环节中可以发现,这些制造商在设备的初始采购上提供折扣,这么做的基础是这些制造商能够从设备生命周期内的维修和保养中赚取更大利润。斯帕福德和罗斯指出,在目前的交易模式中,28% 的机体维护分工和 54% 的发动机维护分工在购买之前就已确定(Spafford &

Rose，2013）。同时调查显示，未来这两个数字可能分别上升至45％和59％。

6.3.3　专注降低成本

考虑到航空公司的收益率一直很低（Doganis，2010），加上自2008年以来的全球经济衰退，航空公司被迫更加专注于降低成本。就MRO而言，虽然在某些方面有降低成本的可能，但这么做可能会影响安全性和可靠性。尽管如此，降低成本的机会确实存在。许多航空公司一直在简化机队结构。其好处是减少备件储量，降低库存成本。如果这样行不通，可采取外包备件和周转件业务的方式，通过与运营相同机型的其他运营商共享需求来实现经济效益。这种情况一般存在于同属一个全球航空联盟的航空公司之间。例如，星空联盟中的航空公司可以基于网络交易备件（Buyck，2013）。

在MRO业务中，精益理念大受青睐。精益理念即运营应专注于客户诉求并消除浪费。相关案例可在斯里尼瓦桑等人的著作中找到（Srinivasan et al.，2007）。阿耶尼等人还指出，飞机MRO业务中的精益理念仅仅局限于减少浪费，继而降低成本（Ayeni et al.，2011）。只要精益理念有效落实，MRO运营商即可盈利。例如，达美技术运营公司（Delta TechOps）利用精益理念将每台发动机的维护时间减少20％（McAuliffe，2007），并使需要维修的项目数量减少了一半，节省了零件成本。此外其每月还可以维修更多发动机，从而增加收入，提高盈利能力。

6.3.4　减少燃油消耗

燃油费用是航空公司运营成本的一个重要组成部分，MRO活动也有助于降低飞机油耗。实现这一目标的一个特殊方法是通过机体改装，将可以减少燃油消耗的新技术集成至飞机上。例如，许多航空公司已经开始在飞机上安装翼梢小翼,以减少机翼末端的阻力,从而减少燃油消耗。

发动机维护也有助于减少燃油消耗。贝克表明,通过更频繁的基地维护,可将因发动机退化而额外使用的燃油量减少 7%(Beck,2012)。然而,更频繁的维护带来的成本也让实际总成本更高。为实现总体最优目标,采用航线维护可能更有效果,例如有建议称每六个月清洗一次发动机核心机,能够减少 0.5% 的燃油消耗(Beck,2012)。

6.3.5 新一代飞机

每一代新飞机的到来都可以节省更多的维护成本。阿里指出,就宽体飞机而言,20 世纪 90 年代的设计相较于 20 世纪 80 年代的设计,维护成本降低了约 25%,而波音 787 等新一代飞机应该与 20 世纪 90 年代设计降低的维护成本大致相同(Ali,2011)。其中一个原因是飞机设计中考虑到了维护问题,例如纳入诊断系统以更早发现故障,定位关键零部件以方便维护时更易接近该部位。

对 MRO 供应商来说,新设计还带来了其他方面的影响。例如,较新的设计使用了更多的复合材料。MRO 业务需要充实关于维护和维修此类材料的新专业知识。随着信息技术在飞机上的使用越来越广泛,维修工程师还需要接受培训,学会如何有效地使用这种技术,以完善其实际维护维修能力。最后,由于新一代飞机具有显著的成本优势,特别是在燃油经济性方面,新飞机的平均退役机龄正在降低。这对承担 MRO 业务的供应商来说,基地维护检查需求将降低,因为飞机退役前所需的此类维护检查更少了。

6.3.6 租赁飞机数量增加

如今租赁机队的规模持续增长,许多航空公司选择租赁而非直接购买飞机。阿尔卡比等人的研究表明，MRO业务的外包程度和租赁飞机的比例呈正相关（Al-kaabi et al., 2007b）。飞机租赁也创造了对MRO服务的额外需求。飞机一旦被归还给租赁商，再次使用之前，可能需要进行改装，例如装配新的内饰或重新喷漆。此外，为了使飞机在将来对租赁商更有吸引力，可能需要在既定计划之外对其进行基地维护。

6.3.7　资产利用率提高

航空公司总是希望飞机尽可能在空中飞行，这一特点因控制总体成本而越来越重要。低成本航空公司在这方面的实践尤为有效。较传统航空公司而言，低成本航空公司的飞机每天可以额外多运营两个航段，此举给MRO业务带来各种影响。首先是需要努力降低零部件故障率，从而减少技术原因导致的延误。当故障发生时，MRO的反应需要更快，以确保飞机能够尽可能按照预定时间起飞，因为排班中计划的停机时间更少。最后，鉴于维护需求与飞行小时数和起飞着陆周期有关，提高利用率可能会减少维护检查的间隔时间。

6.4　结论

本章展示了MRO对航空公司的运营持续发挥着重要作用。虽然MRO的外包趋势显著增长，但很明显，类似航线维护这样的关键业务仍在航空公司的控制中。航空公司是否开展MRO业务关键在于其是否对MRO有足量的需求，以及该业务是否具有战略重要性。因此，一些MRO工作仍保留在航空公司内部，但对于维护成本较高的发动机，外包模式将依然存在。

对于拥有大量综合 MRO 设施的大型航空公司来说,其服务网络如今已覆盖全球。在支撑其自身业务的同时,这些航空公司的全球服务网络也能够从一些低运营成本的国家中获益。放眼未来,MRO 对运营成本将产生相当重要的影响,特别是在改善燃油消耗等方面。MRO 业务外包也将继续发挥重要作用,而原始设备制造商则将在这个市场大展拳脚。

参考文献

Ackert,S. P. (2010)'Basics of aircraft maintenance programs for financiers:evaluation & insights of commercial aircraft maintenance programs'. Online. www.aircraftmonitor.com/uploads/1/5/9/9/15993320/basics_of_aircraft_maintenance_programs_for_ financiers___v1. pdf (accessed 8 November 2013).

Ahmed,S.,Hassan,M. H. and Taha,Z. (2005)'TPM can go beyond maintenance:excerpt from a case implementation', *Journal of Quality in Maintenance Engineering*,11(1):19-43.

Airbus (2013) Global market forecast 2013–2032. Online. www. airbus. com/company/market/forecast(accessed 27 March 2014).

Alabdulkarim,A. A.,Ball,P. D. and Tiwari,A. (2014)'Influence of resources on maintenance operations with different asset monitoring levels:a simulation approach', *Business Process Management Journal*,20(2):195-212.

Ali,K. M. (2011)'Trends in aviation and impact on MROs', presentation to the 7th Maintenance Cost Conference. Online. www. iata. org/whatwedo/workgroups/Documents/MCC-2011-SIN/Day_02/1400-1430_Boeing_ Trends_in_ Aviation_and_MRO_Opportunities. pdf (accessed 26 July 2013).

Al-kaabi,H. (2006)'Airlines maintenance,repair and overhaul (MRO) configurations', PhD thesis, Cardiff University.

Al-kaabi,H.,Potter,A. and Naim,M. (2007a)'An outsourcing decision model for airlines' MRO activities', *Journal of Quality in Maintenance Engineering*, 13(3): 217 – 227.

Al-kaabi, H., Potter, A. and Naim, M. M. (2007b) 'Insights into the maintenance, repair and overhaul configurations of European airlines', *Journal of Air Transportation*, 12(2): 27 – 42.

Alsyouf, I. (2007) 'The role of maintenance in improving companies' productivity and profitability', *International Journal of Production Economics*, 105(1): 70 – 78.

Arnoult, S. (2010) 'The MRO quandary', *Airline Business*, November 2010: 48 – 50.

Association of European Airlines (2012) Punctuality statistics 08/2012. Online. www.aea.be/AEAWEBSITE/STATFILES/RB11-12-08. pdf (accessed 22 March 2013).

Ayeni, P., Baines, T., Lightfoot, H. and Ball, P. (2011) 'State-of-the-art of "Lean" in the aviation maintenance, repair, and overhaul industry', *Proceedings of the Institute of Mechanical Engineers Part B: Engineering Manufacture*, 225(11): 2108 – 2123.

Backlund, F. and Akersten, P. A. (2003) 'RCM introduction: process and requirements management aspects', *Journal of Quality in Maintenance Engineering*, 9(3): 250 – 264.

Beck, A. (2012) 'Engine maintenance and fuel burn', presentation to the 8th IATA Maintenance Cost Conference. Online. www.iata.org/whatwedo/workgroups/Documents/MCC-2012-ATL/Day2/1150-1230-snecma-eng-mtce-vs-fuel-consumption. pdf(accessed 22 July 2013).

Berger, J. (2013) 'Global MRO market: Forecast and trends', presentation to Aircraft Maintenance Russia and CIS 2013, Moscow, 20 – 21 February.

Boeing (2013) Commercial market outlook. Online. www. boeing. com/boeing/commercial/cmo/ (accessed 27 March 2014).

Buyck, C. (2013) 'Untapped potential', *Aviation Week & Space Technology*, 11 November: MRO10.

Chen, Y. (2005) 'Vertical disintegration', *Journal of Economics & Management Strategy*, 14(1): 209 – 229.

Doganis, R. (2010) *Flying Off Course: Airline Economics and Marketing*, 4th edition, London: Routledge.

Flint, P. (2006) 'Boeing GoldCare aims to take MRO, supply chain burden off 787 customers', *Air Transport World*, 14 May. Online. http://atwonline. com/operations/boeinggoldcare-aims-take-mro-supply-chain-burden-787-customers (accessed 22 July 2013).

Franceschini, F., Galetto, M., Pignatelli, A. and Varetto, M. (2003) 'Outsourcing: guidelines for a structured approach', *Benchmarking: An International Journal*, 10(3): 246 – 260.

Gibson, W. and Morrell, P. (2004) 'Theory and practice in aircraft financial evaluation', *Journal of Air Transport Management*, 10: 427 – 433.

Gramopadhye, A. K. and Drury, C. G. (2000) 'Human factors in aviation maintenance: how we got to where we are', *International Journal of Industrial Ergonomics*, 26(2): 125 – 131.

Gubisch, M. (2012) 'In a state of flux', *Airline Business*, 28(11): 28 – 34.

Heracleous, L., Wirtz, J. and Johanston, R. (2004) 'Cost-effective service excellence: lessons from Singapore Airlines', *Business Strategy Review*, 15(1): 33 – 38.

IATA (2013) Airline maintenance cost executive commentary. Online. www. iata.org/whatwedo/workgroups/Documents/MCTF/AMC-ExecComment-FY11. pdf (accessed26 July 2013).

Knotts, R. M. H. (1999) 'Civil aircraft maintenance and support fault diagnosis from a business perspective', *Journal of Quality in Maintenance Engineering*, 5(4): 335 – 348.

Kothamasu, R., Huang, S. H. and VerDuin, W. H. (2006) 'System health monitoring and prognostics: a review of current paradigms and practices', *International Journal of Advanced Manufacturing Technology*, 28(9 - 10): 1012 - 1024.

Lufthansa Technik (2013) 'Lufthansa Technik interactive'. Online. www. lufthansatechnik. com/worldmap (accessed 30 October 2013).

Marcontell, D. (2013) 'MRO's offshore edge shrinking', *Aviation Week & Space Technology*, 175(22): 56.

McAuliffe, G. (2007) 'Aftermarket: the ascendency of lean in MRO', *Aviation Today*, 1 June 2007. Online. www. aviationtoday. com/am/categories/commercial/Aftermarket-The-Ascendency-of-Lean-in-MRO_12094. html (accessed 26 July 2013).

Nakajima, S. (1988) *Introduction to a Total Productive Maintenance*, Cambridge, MA: Productivity Press, Inc.

Nakajima, S. (1989) *TPM Development Programme*, Cambridge, MA: Productivity Press.

Oliver Wyman (2013) Is it time to consider bringing some overseas aviation work back home? Online. www. oliverwyman. com/mro-survey-2013.htm (accessed 28 June 2013).

Oum, T. H., Zhang, A. and Zhang, Y. (2000) 'Optimal demand for operating lease of aircraft', *Transportation Research Part B: Methodological*, 34: 17 - 29.

Phillips, E. (2008) 'Throttling back', *Aviation Week and Space Technology*, 14 April: 74 - 75.

Rosenberg, B. (2004) 'Everybody's doing it', *Aviation Week Space and Technology*, 19 April: 68.

Seidenman, P. and Spanovich, D. J. (2005) 'Leveraging line maintenance', *Overhaul & Maintenance*, 12 December: 22.

Smith, A. M. (1993) *Reliability-Centred Maintenance*, New York: McGraw-Hill.

Smith, A. M. and Hinchcliffe, G. R. (2006) 'Beware of the fallacy of the bathtub curve', *Plant Engineering*, 60(2): 35 – 38.

Sobie, B. (2007) 'Outer limits', *Airline Business*, October: 46 – 53.

Spafford, C. and Rose, D. (2013) MRO survey 2013: thrive rather than survive. Online. www. oliverwyman. com/mro-survey-2013. htm (accessed 26 July 2013).

Spafford, C. , Hoyland, T. and Lehman, R. (2012) MRO industry landscape 2012: market dynamics and new points of leverage. Online. www. oliverwyman. com/media/373424_NYC-AGE98201-001_P1_-_Press_Proof. pdf (accessed 26 July 2013).

Srinivasan, M. M. , Best, W. D. and Chandrasekaran, S. (2007) 'Warner Robins Air Logistics Center streamlines aircraft repair and overhaul', *Interfaces*, 37(1): 7 – 21.

Tang, R. and Elias, B. (2012) 'Offshoring of airline maintenance: implications for domestic jobs and aviation safety', Congressional Research Service. Online.www.hsdl.org/? view&did=729477 (accessed 27 March 2014).

Teigtmeier, L. A. (2013) '*Aviation Week* ranks biggest airframe MROs', *Aviation Week*, 26 June. Online. www. aviationweek. com/Article. aspx? id =/ article-xml/awx_06_26_2013_p0-591584. xml (accessed 26 July 2013).

Tsang, A. H. C. and Chan, P. K. (2000) 'TPM implementation in China: a case study', *International Journal of Quality and Reliability Management*, 17 (2): 144 – 157.

Waeyenbergh, G. and Pintelon, L. (2002) 'A framework for maintenance concept development', *International Journal of Production Economics*, 77 (3): 299 – 313.

第 7 章
民航安全

汉斯·希尔肯斯

7.1　简介

　　为什么要专门用一章来讨论民航安全问题？乍一看，安全问题较之航空公司的盈利能力、机场容量等问题而言，算不上当今民航业的难题。根据死亡、受伤人数及飞机损毁率统计，商用航空（以下简称民航业）从未像过去 10 年那样安全。即使民航业奇迹般变得十分安全，全球范围内每年也只能挽救 500～1 000 人的生命（Learmont，2012a）。在比利时这样小的国家，仅 2011 年就有 770 人死于交通事故。

　　本章阐释的观点是，持续提高民航业的安全性依然是必不可少的。安全威胁正不断演变，该行业的新进入者必须达到行业同等安全水平。一旦满足于当前的安全现状，从业者将滋生自满情绪，危及来之不易的现有成就。因此，民航安全一如既往，十分重要。

　　本章通过分析民航安全的统计数据，简要回顾民航安全的历史，得出一个简单的安全分析框架。之后，本章将讨论当前和近期关系民航安全的主要问题和挑战。章节的最后是结论。

7.2 安全与民航业

7.2.1 定义及统计数据

我们首先给出"安全"的定义和有关统计数据。"安全"(safety)通常被定义为：飞机在每 1 亿千米飞行里程或 1 亿飞行小时或 1 亿次离港内发生机体损毁(指飞机完全损坏,无论是否发生人员死亡)事故的数量。本文主要使用上述定义,但有时也会使用每年或每 1 亿次飞行所产生的事故数量或死亡人数这一定义,因为部分文献使用的是第二种定义。当然,航空事故也会影响地面人员的安危,发生在建筑物聚集区的几起坠机事件就曾造成地面人员重大伤亡。对地面人员的保护可以采取一系列措施,如:飞机起飞爬升路线避开建筑物聚集区,以及在发生事故时提供充足的救援人员和救援设备以应对事故的发生。受篇幅限制,本章暂不深入讨论这一领域。

"事故"(accident)①没有一个通用的定义,本文使用如下广义定义：事故是指造成飞机损坏以致长时间甚至永久停飞,或者造成一名及以上乘客或机组人员严重受伤的事件。致命事故是指造成至少一名乘客或机组人员死亡的事故。

民航安全系数有多高? 表 7.1 显示了自 1950 年以来,全球范围内,每 10 年发生的事故数量及所造成死亡人数的最高年份和最低年份。表 7.2 显示了 2003—2012 年全球范围内发生的事故数量、死亡人数和飞机损毁率(每百万次离港所损坏的飞机数量)。在撰写本文时,2012 年数据是可获得的最新数据。表 7.2 反映了在解读安全数据时存

① 译者注：本文专指航空事故,下文同。

在的一个问题：并非所有资料都使用相同的定义和单位。表7.2中的事故数量和死亡人数（Aviation Safety Network，2013）是针对所有飞机的，而飞机损毁率（IATA，2013）则仅统计了西方国家制造的飞机。由于西方国家制造的飞机因其更现代化的电子设备而往往具有更好的安全记录，因此表7.2中的飞机损毁率与事故数量和伤亡人数相比略显乐观。此外，"飞机损毁"的定义也有待商榷。一架经历过事故的飞机即使可以在无须重造的情况下进行修理，也可能会因修理成本过高而被报废。在这种情况下，与之相关的事故若没有人员受伤，则该飞机不会被计入安全统计数据。

表 7.1　1951—2012 年每 10 年最低/最高年份发生的事故数量及所造成的死亡人数

年 份 区 间	最低/最高年份	事故数量/次	死亡人数/人
2011—2012①	最低 最高	2012：23 2011：36	475 524
2001—2010	最低 最高	2004：33 2002：43	454 1 112
1991—2000	最低 最高	1999：46 1996：56	696 1 831
1981—1990	最低 最高	1984：39 1985：42	676 2 010
1971—1980	最低 最高	1975：55 1972：71	1 186 2 375
1961—1970	最低 最高	1964：45 1962：70	1 017 1 681
1951—1960	最低 最高	1955：53 1960：64	562 1 395

资料来源：http://aviation-safety. net/statistics/period/stats. php？cat＝A1，8 May 2013.
注：
① 原文数据间隔为 2 年，译者未修改。

表 7.2　2003—2012 年事故数量、死亡人数及飞机损毁率

年　份	事故数量	死亡人数	飞机损毁率(仅统计西方国家制造的飞机)
2012	23	475	0.20
2011	36	524	0.37
2010	31	847	0.61
2009	31	760	0.71
2008	34	589	0.81
2007	31	773	0.75
2006	33	905	0.65
2005	39	1 073	0.77
2004	33	454	0.80
2003	33	703	0.87

资料来源：http://aviation-safety. net/statistics/period/stats. php? cat＝A1，8 May 2013；www. iata. org/pressroom/facts_fgures/fact_sheets/Pages/safety. aspx，8 May 2013.

表 7.1 给出的是安全水平的绝对值,而不是每次离港或每个飞行小时的安全水平,能够反映出事故数量和死亡人数的绝对数值总体呈下降趋势,这还是在座千米数平均每年增长 5%,即航空客运量大约每 20 年翻 3 倍的情况下取得的成绩。无独有偶,机票票价也呈现出类似趋势。1920 年,往返阿姆斯特丹和伦敦的机票价格为 250 荷兰盾。现在,同一张机票售价约为 150 欧元,而 1 欧元在推出时的价值为 2.2 荷兰盾。这反映了民航业在不到一个世纪的时间内所取得的巨大进步。

表 7.2 反映出过去 10 年飞机损毁率的情况在逐渐改善,但数值的

波动性很大。这是因为飞机损毁的绝对数量很低（通常保持在每年30～40架之间），以至于多几起或少几起事故就能决定这一年是好是坏。

表 7.3 反映了民航安全领域一个无法回避的问题，那便是安全数据表现最好和最差地区之间的极大差距。欧美和北亚的安全表现最佳，俄罗斯和拉丁美洲近年来在飞机损毁率方面有显著改善。非洲的改善速度则较为缓慢。相对不安全地区的常见问题包括：航空公司的安全文化缺失，独立监督能力（指规则制定与监督相分离、航空监管机构不受政治干预影响）不足，基础设施（如导航辅助、空中交通管制）匮乏，以及客运量快速增长，造成训练有素的机组人员和维修人员短缺。这些问题通常又与运营环境带来的挑战相互叠加，例如在被群山环绕的机场起降或飞行中遭遇快速多变的天气。国际航空运输协会（IATA）等国际组织制定了多项民航安全提升计划，旨在将全球不同航空公司、不同国家和地区的民航安全等级提高到最佳实践水平。

表 7.3　2006—2012 年各地区飞机损毁率（仅西方国家制造的飞机）

年　　份	2006	2007	2008	2009	2010	2011	2012
非洲	4.31	4.09	2.12	9.94	7.41	3.27	3.71
亚太地区	0.67	2.76	0.58	0.86	0.80	0.25	0.48
俄罗斯及独联体	8.60	0.00	6.43	0.00	0.00	1.06	0.00
欧洲	0.32	0.29	0.42	0.45	0.45	0.00	0.15
拉丁美洲	1.80	1.61	2.55	0.00	1.87	1.28	0.42
中东及北非地区	0.00	1.08	1.89	3.32	0.72	2.02	0.00

年　　份	2006	2007	2008	2009	2010	2011	2012
北美地区	0.49	0.09	0.58	0.41	0.10	0.11	0.00
北亚地区	0.00	0.88	0.00	0.00	0.34	0.00	0.00
全球范围	0.65	0.75	0.81	0.71	0.61	0.37	0.20

资料来源：www. iata. org/pressroom/facts_fgures/fact_sheets/Pages/safety. aspx，8 May 2013.

　　虽然在安全数据统计中,干线和支线航空公司一般不作区分,本文也不会刻意区分,但小型航空公司,尤其是运营涡桨飞机的航空公司,面临着特殊的安全挑战。支线航线通常较短,这使得相对不安全的起飞和降落阶段更为关键。涡桨飞机并不总是能够在大气对流层上方飞行,因此需要特别关注大气紊流和结冰问题。支线航空公司所使用的机场通常没有配备精密的仪表着陆系统等设备,而飞行员在获得足够的飞行经验(即累积足够的飞行小时)后,也通常会离开支线航空公司,跳槽到其他国内或国际航空公司。因此,虽然支线航空公司与干线航空公司面临的挑战没有本质上的区别,但这些挑战所造成的影响却可能不尽相同。本文不会深入探讨这一话题,但会适时提及干线和支线航空公司之间的差异。

　　读者可能感兴趣的一个问题是,是否存在客观"安全"和"不安全"的飞机。在作者看来,相对于飞行小时数和载客量而言,航空事故很少发生,而因无法纠正的设计缺陷导致的事故就更少了,因此没有理由判定所谓的"不安全"飞机。由飞机设计缺陷而导致死亡的事故有两例:一例是道格拉斯 DC-10 飞机货舱门无法锁紧,在飞行中至少两次非正常开启;另一例是波音 737 飞机的方向舵控制系统存在缺陷,可导致方向舵非指令性偏转。上述两例设计缺陷都得到了纠正，至今没有再引发过致命的航空事故。因此，即使这两款飞机曾经发生过致命事故，我们仍不能说这两款机型不安全。此外还有其他设计缺陷的案例，在引发致命事故之前就被及时发现了。苏联制造的飞机在安全性方面的名声不太好，但作者根据事故统计数据判断，问题并不在于飞机本身，而在于使用不当。由于这些飞机通常已经停产且在二手市场可低价购得，因此目前一般由次级运营商运营。这些运营商所在国家的安全资源和监管能力极其有限导致这些飞机并未被正确操作和维护（一些事故就是由于飞机超载而引起的），也没有配备最现代的航电设备。总之，目前执飞民航客运航线的每一架飞机在设计上都可以被认为是安全的飞机，但是在运营方式上却并不总是安全的。

7.2.2　喷气发动机问世前的飞行安全

在人类实现动力飞行的头一个十年，与飞行本身相比，安全还处在从属地位。第一代飞机总体上稳定性不高且难以控制，只有在最平静的天气里才能升空，而且机上只能搭载一名飞行员。只要飞行活动仍然被认为是精彩的娱乐表演活动，人们就能够接受飞行事故甚至是致命事故的发生。这种情况在第一次世界大战期间发生了变化，制造商们在此期间生产了 150 000～200 000 架飞机（Ellis & Cox，2001）。安全声誉不佳的飞机有时会导致军队飞行员士气低落。飞机事故导致的人员损失与战斗中的人员损失大致相当（例如，参见 Hooton，2010），对军事行动的开展造成了阻碍。例如，由于德国信天翁 D. Ⅲ 型和 D. Va 型战斗机的下翼结构薄弱，飞行员害怕俯冲追击敌机，从而可能挽救了许多英国和法国飞行员的生命，也抑制了德国战斗机部队的进攻和防御效能（Guttman，2009）。安全成了飞机作战效能的一个重要因素。人们认为，训练对于飞行安全和飞行员作战能力都至关重要，尤其是英国的飞行训练体系成为全世界学习的榜样（Hooton，2010）。但当时飞行训练需要改进的地方仍有许多，有的飞行员仅有 7 个飞行小时的飞行记录就投入了战斗。

第一次世界大战结束后，有许多年轻的飞行员不顾风险，坚持继续飞行。那是"由钢铁意志的人驾驶木头制造的飞机"的时代。航空运行问题再次出现。在美国，航空公司依靠得到政府补贴的邮政运输实现盈利。那时，航空邮件的丢失稀松平常，对于普通公众而言，丢失邮件与损失飞行员同样重要。在欧洲，航空出行成为富人的特权。这些精英团体需要安全可靠的出行，按照今天的标准，即便是航空产业之外的标准来看，当时的安全规范也只是最基本的。尽管航空事故在当时很常见（创立荷兰航空公司飞行员协会的 4 名飞行员全在执行飞行任务时牺牲），媒体还是对此进行了广泛报道，损害了航空业的声誉。在欧美，运行方面的顾虑使得努力提升安全成为当务之急，直至今天依然如此。荷兰皇家空军安全部门的一位前负责人告诉作者："每一次事故在发生之前都有 300 次的机会差点就发生了。"早在事故发生之前，它们就以系统缺陷、备件缺乏或维护异常等预兆出现，造成航班延迟或者取消。

自"航空业的黄金时代"以来，对民航安全贡献最大的一定是喷气发动机。喷气发动机推出后，航空事故率显著下降，从 20 世纪 50 年代的每年 50 余架（那时商用喷气式飞机还很少见）（Boeing，2010），下降到了 1999 年的 1.07 架（Baberg，2001），除了在最短的航线上，喷气式支线飞机已几乎取代了所有的螺旋桨飞机。全金属飞机、台卡导航系统（Decca）等无线电导航设备、机组人员选拔方式的改进等其他方面的创新虽不及喷气发动机这么关键，也为民航安全作出了重要贡献。在美国和加拿大商用喷气式飞机运营的头十年，每百万次离港的致命事故数量从 40 多起减少到不足 2 起（Boeing，2011）。这些成绩的取得是在引进台卡导航系统及其他导航方式之后,驾驶舱资源管理和自动化时代到来之前。以下事例也可说明发动机技术的重要性：洛克希德四发"星座"飞机是最后一代远程活塞式螺旋桨飞机之一,因其发动机可靠性不佳被讽刺性地冠以"世界上最好的三发客机"的外号。进入喷气式客机时代后,飞机的生产能力得到提升,产量和生产速度都比以前的机型提高了至少 50%(参见表 7.4 中的两个典型示例),让大众航空出行成为可能。这也意味着随着每起事故的潜在伤亡人数上升,航空安全变得更为重要。

表 7.4 典型的最后一代螺旋桨飞机和第一代喷气式飞机对比

飞 机 型 号	巡航速度/ (千米/小时)	(最大) 载客量/人	航行里程/千米 (最大容许载重量)
末代远程螺旋桨飞机：道格拉斯 DC-7C	555	105	5 810
第一代远程喷气式飞机：波音 707-120B	897	179	6 820

资料来源：www. airliners. net/aircraft-data/，8 December 2012.

随着喷气式飞机的出现,安全从一个不断追求的属性,演变为理所当然的基本要求。20 世纪 50 年代后期,一家航空公司撤回了一则广告,广告中一架飞机出现在欧美之间的海洋上空,看起来像是连接了两个大陆。管理层认为,广告中呈现的广阔水域可能会让旅行者望而却步。荷兰皇家航空公司长期以来一直使用"安全第一"的宣传词,后将其改为"可靠的航空公司"。安全本不应该成为航空旅客担忧的问题。

自喷气式飞机问世以来,涌现了一些或真实存在的或理解认知上的安全问题,其中一些问题已经得到解决,还有一些问题至今仍构成挑战。我们将在后面一节中讨论未解决的问题,在这里简要介绍已解决的问题以作铺垫，分别是：驾驶舱从三人机组到双人机组的过渡，飞机老化，双发延程运行（ETOPS），可控飞行撞地（CFIT）。我们将按此顺序一一解读上述问题。

7.2.3　双人机组驾驶舱

在 1982 年空客公司推出空客 A310 之前，喷气式客机的飞行机组人员由两名飞行员和一名飞行工程师组成。欧洲飞机主制造商空客公司认为自动化技术和驾驶舱显示技术日益成熟，减少飞行机组人数的时机已经到来。由于一架远程客机的高效运行可能需要多达 12 名机组人员，因此若能将飞行机组人员减少 1/3，将节省一大笔开支，但这也可能影响安全。此举带来的最重要影响是：双人机组将造成飞行机组人员的整体专业水平及专业多样性削减，脑力决策能力减弱，分担工作负荷的可用人力减少。另外，如果其中一名飞行机组人员丧失行动能力，三人机组中仍有两人可驾驶飞机，在双人机组中则仅剩一人，减少了 50%。

但在实践中，上述论点到底有多重要？具体来说：是否有任何经验证据表明双人飞行机组驾驶的飞机不如三人飞行机组的安全？或者前者的任务饱和度或决策质量比后者更成问题？答案是没有这样的证据。根据巴贝格的说法，"（技术）对人力减少进行了补充"（Baberg，2001）。当前，双人机组驾驶舱已成为常态，民用航空的安全水平比以往任何时候都高，尽管天空比以往任何时候都更拥挤。然而，我们不能说双人机组驾驶舱更安全，因为许多其他变量已经发生变化，以至于根本无法确定机组成员数量对安全的影响。此类变化包括：更加重视机组资源管理（以便更有效地利用可用的人力资源）；更可靠的、对用户更友好的导航系统，如数字地形数据库和 GPS（卫星）导航；更先进的飞机健康监测系统；等等。此外，在职业生涯的大部分时间执飞双人机组驾驶舱飞机的飞行员数量逐年增加。从对飞行员进行的非正式采访来看，飞行员数量已经不再是问题，驾驶舱从三人机组到双人机组的过渡问题已成为过去。任务饱和度至今仍是导致事故发生的一个因素，但是从经验上来说，根本不存在这样一种任务分配方式，在任务饱和度对飞行安全很重要的情况下，三人机组的任务饱和度比双人机组显著降低，这样的设想在逻辑上也是很危险的。此外，人们普遍认为，人类的行动能力比监测能力强，特别是在双人机组驾驶舱里，监控任务已经从人转移到计算机上。有人认为，自动化可能会在工作量很低时进一步减少工作负荷，并在工作量很高时又进一步增加工作负荷，但似乎没有确凿的证据证明这一点（Funk et al.，1998）。

双人机组驾驶舱替代三人机组驾驶舱的案例给我们的启示包括：首先，安全问题可能是过渡性的问题，即在向新的技术、新的工作实践或新的组织形式过渡过程中所产生的问题，在过渡完成后会消失。新的技术和其他变化本身并不是问题，真正的问题在于人们必须适应这些变化。其次，安全问题在很大程度上是潜在的问题。不可否认，双人机组驾驶舱内脑力和决策能力的下降在某些情况下确实会降低安全性，但并没有证据表明这些潜在的危害会使得双人机组不如三人机组安全。这一方面是由于在驾驶舱人员数量变化的过程中伴随着许多其他变化，另一方面是由于民航事故数量很少，在大多数情况下，事故成因各异，几乎无法获得统计证据去证明诸如从三人机组驾驶舱过渡到双人机组驾驶舱等复杂变化对安全的影响。而想要证明三人或双人机组驾驶舱布局在哪些情况下可能有助于防止事故发生就更困难了。没有发生的事故无法形成调查报告，但是成功遏制的事故征候则可以。即便在双人机组驾驶舱内发生的事故征候更多，但是这些事故征候大多数都被成功遏制住，因此事故总数未必比三人机组驾驶舱的更高。

双人机组驾驶舱的广泛应用表明，在现代喷气式飞机时代，技术进步可以成功取代一部分人类机组成员。

7.2.4　飞机老化

1988 年,美国夏威夷的阿罗哈(Aloha)航空公司一架波音 737 飞机发生重大结构失效,机身顶盖前端与飞机分离,飞机奇迹般地安全着陆。除了一名被低压气穴吸走的空乘人员外,飞机上的所有人员都幸存。事故的原因是金属疲劳,该问题既没有在维修过程中被及时发现,也没有通过失效保护的结构设计予以缓解,反而在飞机运行的潮湿环境中进一步恶化。这使得飞机制造商和适航当局意识到,喷气式客机在其生命周期内通常会比之前的活塞螺旋桨飞机积累更长的飞行小时,所需的监控和维护可能超出飞机设计的预期值。从此以后,每一款机型及其衍生型都会制订专门的监控和维护计划,单就西方国家的商用飞机而言,再也没有出现因机身老化而导致民用飞机致命事故的案例(这与搭载老旧过时的航电设备的飞机有所不同),也不再出现维护不力成为事故根因的情况。因此,尽管在上述案例中发生了因飞机老化而引起的事故,但由于航空产业日益成熟,技术手段已经成功克服了这一挑战。

在某种程度上,飞机老化造成的安全性影响也是一个过渡性问题。老化问题随着现代飞机积累了航空史上前所未有的飞行小时数而浮现,而最终也得到了充分解决。由于针对此问题所采取的措施是永久性的(对老旧飞机实施更严格的检查机制),它也可以被视为认知框架问题。人们过去将老化飞机所引发的事故框定为老化飞机特有的问题,然而这样的问题实质上与意外安全隐患相关。该问题的解决方案与处置机龄较短飞机的意外安全隐患是类似的。毕竟,针对该问题所采取的措施,与为了维持机龄较短飞机的适航性而采取的措施相比,本质上没有什么不同:都是在特定机型出现特定问题时进行定期检查并颁布适航指令。正如我们所见,空客 A380 作为一款新飞机,也可能会遇到与老飞机同样的问题。然而,由于现代客机精巧复杂的"嵌入式"安全设计,维护不力(稍后会提到)通常不会立即导致事故发生。从这个意义上讲,老旧飞机还应该继续受到特别关注,这并不是因为飞机老化本身是危害,而是因为维护差错可能会随着时间的推移才显现出来,正如阿罗哈航空公司的波音 737 事件一样。

7.2.5 双发延程运行(ETOPS)

在活塞螺旋桨飞机时代,有一条国际公认的规则,即双发客机飞行区域不应超出最近可用机场 60 分钟航程半径范围,以便飞机在单发失效后能以最佳单发高度下的巡航速度安全降落。此规则制定的原因显然是当时发动机的可靠性有限。随着喷气发动机越来越强劲可靠,越来越多的客机只配备 2 台发动机。西方的第一代远程喷气式客机都配备 4 台发动机(德·哈维兰"彗星"飞机、波音 707、道格拉斯 DC - 8、维克斯-阿姆斯特朗公司 VC - 10 和康维尔 880/990),在此之后,西方国家只有三款远程喷气式客机有 4 台发动机(波音 747、空客 A340 和 A380),两款有 3 台发动机[道格拉斯 DC - 10/麦克唐纳-道格拉斯(以下简称"麦道")MD - 11、洛克希德 L - 1011 客机],其他所有客机机型都只有 2 台发动机,比如空客 A330、波音 757 和 767。除了空客 A380 由于尺寸庞大而需要 4 台发动机外,其他机型都不再需要 2 台以上的发动机。由于双发比四发更高效,因此航空公司开始要求放宽"60 分钟规则"。该项工作由美国联邦航空管理局(FAA)主动牵头,在飞机、设备、机组成员和有关程序(如维护)满足特定要求的前提下,允许指定航空公司的飞机距离最近备降机场的航程不能超过 120 分钟。这些要求诸如:为航电等机载设备供电的发电机能够由发动机驱动,或者由其中一台发动机加上辅助动力装置(APU)驱动。飞机即使经过高海拔数小时冷浸后,也要满足上述后一条要求。上述条款规定被称为双发延程运行(ETOPS),已经被世界各地的适航当局广泛采用。这一条款给安全性带来的影响可简单归纳为:在双发喷气式客机所发生的事故中,从未有过因不同原因造成双发失效而发生事故的。曾经发生过因机上所有发动机全部失效而导致的事故,但其失效是共同的原因造成的,如燃料不足,那么在这种情况下发动机的数量就无关紧要了。随着时间的推移,ETOPS 的规则发生了演变。1988 年 FAA 批准了首个180 分钟 ETOPS 许可。从那以后,240 分钟 ETOPS 许可也频繁获得批准,而新的波音 787 梦想飞机则是按照 330 分钟的 ETOPS 飞行加上15 分钟的改航时间设计的。就像三人机组与双人机组之争一样,当ETOPS 机制刚刚启用时,在《国际飞行》(*Flight International*)等行业期刊上存在很多争论,焦点就是 ETOPS 机制是否损害了安全性。幸运的是,在最初关键的那几年,并没有发生与 ETOPS 相关的事故,双发喷气式客机远离机场进行长途飞行的安全性似乎已完全得到认可。四发空客 A340 订单不足便是一个强有力的信号,这款飞机完全被双发的波音 777 和空客 A330 取代,并因此停产(Parker Brown,2012)。由此可以推断,与一般客机的安全性相比,双发喷气式客机的安全性已不再是一个需要担忧的问题。

　　尽管对 ETOPS 的安全关切看起来也是一个过渡性问题,但并不尽然。ETOPS 机制背后的驱动力在于,双发飞机的安全性至少应与四发飞机相当。虽然无法确定,但是可以想象到若按照相同的技术标准来制造飞机,这些四发喷气式客机可能比双发喷气式客机更安全。双发喷气式客机的发展已经取得长足的进步,四发喷气式客机的发展却基本上停滞,除了空客 A380 以外(新的波音 747 - 8 是基于 20 世纪60 年代设计推出的现代化版本)。换一个角度来看,双发与四发的一个关键区别在于,双发所节省的费用大部分通过更低的票价传递给了客户,这些费用也可用于制订更多安全措施。所有这一切都归结为一个问题——"何种程度的安全才是足够安全?"或者,更直白一些: 安全的经济价值是多少?

7.2.6 可控飞行撞地(CFIT)

无论飞机可靠性变得多高,偶尔也会坠入山区,甚至是平坦地带。即使飞机没有任何问题,这种情况也可能发生,比如导航错误导致事故发生。这类事故被称为"可控飞行撞地"。在20世纪90年代,这类事故开始引起人们的极大关注。主要原因是该类事故发生的相对频率在上升。其他原因包括,技术问题为主要诱因的事故数量减少,在潜在危险区域执飞的航班越来越多,符合人们愈加关注非飞机原因引发事故的普遍趋势。

与双人机组驾驶舱和 ETOPS 的情况相反,可控飞行撞地不是潜在的安全问题,而是实际存在的问题。这曾是多年来造成致命航空事故的最普遍原因。但在技术和驾驶舱资源管理的双重作用下,该问题在很大程度上得到了解决。首先,现代飞机采用了卫星导航系统。目前只有美国的全球定位系统(GPS)可以覆盖全球,因此本章中的"基于卫星的导航系统"是指 GPS。未来,欧洲的伽利略卫星导航系统将发挥相同的作用。除了在高纬度地区以及因山脉等地形导致卫星信号接收受限的情况外,这种导航方式不仅可达到几百英尺①内的精度,而且能保持精度的稳定。使用地面无线电发射台的导航设备(如 VOR/DME),其精度随着与发射台距离的增大而降低。该特性使 GPS 需要与数字地形导航结合使用,后者将包含人造建筑在内的地球表面数字图像存储在计算机中。通过使用 GPS,或者通过将雷达高度计数据与

---

① 译者注: 英制中的长度单位。1 英尺＝0.308 4 米。

数据库中的高程数据进行对比,便可精准确定飞机的位置。计算机技术已能够可靠地将必要的计算过程自动化,并整合来自各种传感器(GPS 接收器、雷达高度计和惯性导航系统)的数据。这使得导航系统之间可无缝切换(但由于缺乏高程数据,无法进行水上数字地形导航),来自各种传感器的数据可以自动对比并用于综合监视。每架现代飞机都配备的增强型近地告警系统(EGPWS)就是卫星导航和数字地形数据库结合的产物。有了这个系统,飞行员不仅可以看到飞机离地面有多高,还能看到既定航线上飞机与地面的距离关系,这有利于飞行员对离地高度相关问题的预判。

新导航系统的引入并非绝对可靠。由于不同制造商提供的导航地图并不总是相互兼容,因此事故征候和事故就会发生。至少有一起事故的原因就是数字地图上有错误的机场识别代码,随后该代码被输入了飞管系统。但这些问题都得到了切实的解决,可控飞行撞地事故的发生也越来越少(Boeing,2011)。尽管这类事故仍会发生,但已低于其他类型事故发生的频率。而现在发生的可控飞行撞地事故,一般都不是由于机组缺乏数据无法定位而引起的,而是飞机失控(稍后讨论)或者飞行员没有遵循既定的进近和着陆程序等原因造成的。即使在 2006年,当可控飞行撞地事故死亡人数占当年所有航空事故死亡人数的 1/4时,发生此类事故的飞机都未配备现代增强型近地告警系统(Heerkens,2007)。

这些飞机不配备现代增强型近地告警系统的原因在于,除了更先进的导航设备外,对可控飞行撞地问题还存在第二种解决方式——主要是改进向飞行员提供信息的方式。图 7.1 所示数字地图中,圆点表示飞机所在的位置,超过飞机高度的地形显示为红色,与飞机相同高度和低于飞机高度的地形分别显示为黄色和绿色。显然,即使飞行员不知道飞机所在的位置,也可以很容易地预判和避开高地。"预判"是这里的关键词。在数字地形导航时代到来之前，飞机通常配备有近地告警系统（GWPS，EGPWS 的前身），如果飞机达到预设的最低离地高度，该系统就会向飞行员发出告警。但如果地形过于陡峭倾斜，由于时间短，系统来不及反应，飞行员就无法知道必须转向哪个方向才能避开高地。显然，导航技术和显示技术是紧密联系的，只有数字地形导航才能提供如图 7.1 所示图像所需的数据。

图 7.1　数字地图示例（在佳明有限公司的许可下复制，版权归佳明有限公司所有）

　　尽管图 7.1 显示的图像看起来很直观，但设计此种显示模式却一点也不简单。例如，三种颜色是否足以让飞行员避开地面？绿色、黄色和红色之间的转换非常突兀，但在飞行员工作负荷已经很高的时候，增加更多细节可能会导致信息过载。毕竟，飞行员通常不需要"离地高度"信息，他们的飞行计划应该保证远离危险的地形。当他们需要依赖电子显示来避开地面时，显然问题已经出现了，所以显示的信息应该尽可能简单。这又引出一个稍后将详细讨论的话题：机组和飞机之间的关系。目前，我们可以得出结论，讨论技术在解决严重安全问题中所发挥的核心作用时，可控飞行撞地可能是最直观的例子。

7.2.7　小结

2012 年对民航安全来说是具有里程碑意义的一年。2012 年致命事故（导致人员死亡的事故）数量下降到每千万次飞行不到一次。关键在于，"10^{-7} 规则"最初仅适用于飞机部件。如今，由数千个部件组成的整架飞机，其整体安全程度堪比单个部件的安全程度（Learmont，2012b）。确切地说，不仅是从 20 世纪 50 年代喷气发动机问世以来，而且从 20 世纪 70 年代喷气式客机开始配备双人机组驾驶舱和计算机导航、显示和飞行控制设备以来，民航安全已持续得到大幅提升（Baberg，2001）。即便如此，新的安全挑战仍不断涌现。当然，新问题的出现在一定程度上是由于老问题逐步被解决。其中可控飞行撞地问题总是让人担忧，同时其他安全问题也受到更多关注。到 20 世纪 90 年代初，技术上已能够有效防止可控飞行撞地事故。但新挑战不断出现，有些挑战与安全并无内在联系，而是由于经济性要求与安全问题间接联系在一起。双人机组驾驶舱和 ETOPS 在技术上或安全上并非必要事项，只是航空公司渴望通过降低运营成本进一步降低票价，最终吸引更多的人乘坐飞机。有时，逻辑上能够提升安全性的技术反而会带来新的安全隐患，本章稍后讨论的计算机飞行控制系统就是一个例子。此外，世界各地的民航安全状况差异很大。在西欧，2011 年每百万次离港的飞机损毁率为零；在北美，该数值为 0.10；但在拉丁美洲和加勒比地区，该数值升至 1.43；而在非洲南部，该数值高达 3.93（Learmont，2012a）。以上数值反映出的状况是长期存在的。造成相关地区存在差异的具体因素包括：缺乏安全监管，安全监管机构缺乏独立性，缺乏专业知识和资金(例如用于培训的资金)，不利于飞行的地理和气候条件，以及有限的资金还要投入其他优先事项，等等。目前，这些地区已经采取一些措施来改善民航安全，例如，由国际航空运输协会主导进行安全审计，并帮助航空公司解决审计过程中发现的问题，可是成效显现还需时日。结论是，对安全的追求永无止境。

另一个结论是，技术确实可以让飞行更安全。尽管人们对双人机组驾驶舱和ETOPS所起到的作用持保留意见，但飞行安全仍在持续改善。当然，更严格的飞行程序和维护程序也让飞行安全得到改善，但与技术相比，它们发挥的作用还是次要的。此外，如今的飞机维护程序全靠信息技术作为支撑才得以实现。同样，事故调查以及人机交互等研究也在很大程度上依赖于数据采集、存储和处理技术。

最后，我们可以根据上述的安全问题推断出一个简单的分析框架，这个框架旨在对飞行安全问题进行分类，并将问题和潜在的原因进行配对。框架的第一个要素是"事故"，即按照事故的类型和事故发生时所处的飞行阶段为分类标准。事故的类型包括：可控飞行撞地、空中解体(起火或结构失效造成的)或飞机失控(例如，当飞机进入失速状态并且无法改出时)。双发喷气式飞机出现双发失效的情况(这是ETOPS的噩梦)也可被视为飞机失控。事故可能发生在飞行的三个阶段：起飞、巡航和着陆。从历史上看，70％～80％的事故发生在起飞和着陆阶段(Boeing,2010)。这是有一些内在道理的。在这两个阶段，飞行员的工作负荷很大，纠正错误的时间很短，还会受到其他飞机甚至地面车辆的干扰，飞机距离各类障碍物和地面又很近。在起飞阶段，飞机发动机全功率运行，因此相对更容易引起故障；而在着陆阶段，设备缺陷累积，飞机空速接近失速临界速度，燃油量低，机组人员还有可能处于疲劳状态。针对双人机组驾驶舱的反对意见，主要也是考虑到飞机起飞和着陆阶段的各类状况。

第二个要素是"事故原因的类型"，可以分为直接原因、间接原因和促成致因三类。直接原因是与事故具有最短因果链的原因。结冰导致飞机失控就是一个很好的例子。间接原因则是通过若干个中间现象与事故关联。例如，飞机除冰设备失效可能引起结冰，从而导致飞机失控。促成致因本身并不导致事故，而是构成直接原因和间接原因同事故之间的因果链。如果双人机组驾驶舱的飞行员忙于在恶劣天气中操作导航系统，以致没有注意到启动后的除冰设备未能正常运行，那么高强度工作负荷就是导致事故发生的一个促成致因。反对者认为，促成致因对双人机组驾驶舱及 ETOPS 运行这两种情况的影响都很大。高强度工作负荷的例子清楚地反映了这一点。有人担心在 ETOPS 运行情况下，当单发失效时，系统冗余度会降低到不可接受的水平。因此，ETOPS 机制要求为飞机的关键系统提供备份电源，使得飞机在单发失效（本例中的促成致因）时，不会引起像导航系统断电等情况，从而避免飞机因为燃料耗尽（事故的直接原因）而坠毁。

事故原因还可按照技术原因和人为原因进行分类。人为原因统称为"人为因素"，而更早时被称为"飞行员人为差错"，但在现代民航安全研究和实践中，"差错"这个词具有太多的定义。此外，关系民航安全的人员，并不只有飞行员。空乘人员、维修人员、零部件供应商、适航和安全监管机构，还有飞机及其零部件的设计人员都会对民航安全产生影响。从本质上来看，人总是处于事故因果链的起点位置。即使出现故障的是飞机部件，归根结底，部件也是由维修人员负责安装的，由适航当局批准的，由监督机构监控其符合性的，由设计人员决定该部件是否应该用在飞机上的。飞行数据记录器（FDR）和驾驶舱语音记录器（CVR）等设备，以及部件自动跟踪系统，通常可以精准地查明导致事故的事件是从哪里开始偏离正轨的，以及在哪个时间点上有人为参与的情况。遗憾的是，仍有例外情况存在，如法国航空 AF447 航班事故（后文将进行讨论）。

事故原因还可以进一步归类为，是源自飞机本身，还是源自外部环境，如空中交通管制（ATC）、天气、机场（特别是跑道）状况和地形特征。如前所述，这些因素的影响程度随着时间而变化。在 20 世纪 90 年代，天气和地形特征这两个因素尤其重要，因为当时可控飞行撞地是主要的事故类别。如今，最主要的事故类别是飞机失控（LOC）、跑道侵入（飞机意外进入其他跑道）和跑道偏移（飞机滑出跑道），因此机场状况这一因素起着重要作用。

很多事故原因仅在某时间段暂时是重要原因或普遍原因，人为因素却一直是最重要的原因。过去 20 年里，在事故总数的绝对值基本保持稳定，每百万载客里程的事故数逐年下降的情况下，人为因素作为直接原因、间接原因或促成致因，造成了 70% 甚至更多的致命事故。显然，人为因素的改进是改善安全的主要目标，这将在下一节中讨论。

事故框架中最后一个要素是事故征候或事故造成的后果。在本章中，我们只讨论导致机上人员受伤或死亡的事故，不涉及对地面人员的影响。

通过以上分析可得出如图 7.2 所示的航空安全影响因素模型。

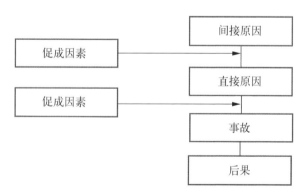

图 7.2　航空安全影响因素模型

该模型可以恰到好处地展示出事故的因果链,其缺点在于没有显示飞机运行及事故发生时的组织环境。飞机是由某个组织制造出来的,也只有依靠组织的运营才能飞行。飞机及其操作十分复杂,需要训练有素的人员、严谨的程序、明确的职责分工等。我们期望事故在造成伤害之前就得到解决,但事故的原因不是孤立存在的,它们源自组织内履行各自职责的行为者之间的相互作用和影响。图 7.3 中的模型(Wagenaar et al. ,1990)显示了不安全行为(可能导致事故的行为)是如何在人际互动的组织中产生的。

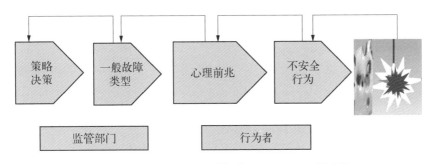

图 7.3 安全系数组织模型(B. Baksteen 绘制)

可以用一个例子来阐明这个模型。随着空客 A320 的推出,空客公司决定大幅提升"失速保护"系统的自动化程度,以防止飞行员飞得太慢以致机翼突然失去升力而导致飞机失控,并且可能需要比着陆进场期间更高的高度来恢复正常。这就需要根据图 7.3 中的模型做出策略决策。空客公司通过限制飞行员可操控的迎角(即机翼相对于气流的角度)范围来规避这一风险。当飞行员向后拉操纵杆时,飞机的机头抬起到某个迎角值就会稳定下来,不会一直抬头。这一策略导致了另一种常见的故障类型:飞行员可能没有完全理解或者并不关心失速保护系统的工作原理,也没有意识到它的局限性,因此他们没有为这项新技术做好准备。在这种情况下,飞行员有了这样一种心理前兆,即在进场着陆阶段,预先假定低空失速这种每个飞行员都害怕的事故征候肯定不会再发生了,因此他们不会充分监测飞机的所有飞行参数。有好几起事故案例都是这样的情况。飞行员在飞机即将着陆前收紧了油门——这是一种不安全行为——他们自认为可以在降低功率的情况下接触跑道,但却没有监控飞机的垂直速度。即使空客 A320 在这样的情况下没有失速,但当发动机功率不足时,飞机垂直速度会迅速增加。至少有一架空客 A320 飞机在飞行员还没来得及纠正错误之前就撞上了跑道前方的地面(Funk et al. ,1998)。

我们现在有两个模型来分析民航安全问题:因果模型和组织模型。我们将在下一节通过这些模型来分析当前民航安全中的一些问题。

7.3 民航安全当前的问题和困境

本节选取的讨论内容是当前民航安全领域的一些焦点问题,既阐释了民航业如何努力让已十分安全的飞行变得更加安全,也用了一些近期发生的航空事故作为案例进行阐释。这里讨论的问题包括飞机上的人机关系、培训、设计、维护和安全、安全监管和技术作用。跑道侵入(飞机无意中进入另一架飞机的跑道)和跑道偏移(飞机因打滑等原因离开跑道)问题在本章不进行讨论。虽然这类事件发生得相当频繁,但我们认为,这类问题带来的经验教训已经在讨论其他问题时得到了充分阐释。

7.3.1 人机关系

2009 年 6 月 1 日,法国航空公司 AF447 在南大西洋上空 35 000 英尺的高度飞行时遭遇湍流、低能见度和结冰气象。空速测量系统的空速管结冰，使飞行员和自动驾驶仪无法获得可靠的空速数据。此时自动驾驶仪断开，飞机开始下降。可能为了让飞机回到巡航高度，飞行员随后将操纵杆向后拉（抬起机头）。由于此时飞行高度较高，最大巡航速度接近空客 A330 的失速速度，飞机在爬升过程中失速。飞机迅速下落的过程中，机组人员仍操作飞机保持机头抬高的失速姿态，直到飞机最终坠入水中。此次事故中机上乘客及机组人员无一生还。这起事故的直接原因是飞机失控，但如果不考虑间接原因和促成致因，就难以解释该事故为何会发生，对此，我们将在稍后讨论。

这起事故有多个值得关注之处。首先，事故发生地点处在空中交通管制人员无线电联系范围之外，而且坠机地点的水域太深，以致调查人员花费很长时间才找到飞行数据记录器。因此，在相当长一段时间里，人们缺乏用于查明事故原因的可靠数据。其次，这是一起罕见的航空事故，它既没有发生在飞机起飞或着陆阶段，也不涉及可控飞行撞地或与其他飞机的碰撞。最后，在某种程度上，事故原因包括机械及人为因素，且这些因素相互影响，关系复杂，下文将对其中一些因素进行讨论。

7.3.1.1 驾驶舱仪表是机组信息源

上述事故的直接原因，即最终的决定性因素（如果这一因素得到缓解或未出现，将会阻止事故发生）是持续的失速，正是失速才导致飞机高度出现灾难性的急剧下降。目前可以确定的是，飞机没有受到任何会妨碍飞行员改出失速的损坏。法国事故调查机构（BEA）在其最终事故报告中称，飞行员当时可能是将伴随飞机失速的振动误认为是超速的迹象（BEA，2012）。按照该型飞机的设计，当空速降至 60 节①以下

---

① 译者注：一个专用于航海的速率单位，后延伸至航空方面。1 节＝1 海里/小时＝1.852 千米/小时。

时，为了防止出现不可靠的告警，飞机的语音失速告警系统会自动关闭，这又进一步强化了飞行员的上述判断。这是导致事故的一个促成致因。因此，飞行员可能认为他们已经改出了失速，但实际上飞机速度不升反降，而提高速度才是改出失速的必要条件。失速告警在此过程中响了好几次，这可能使飞行员更加困惑。此外，飞机高度告警也在同一时间响起，这是另一个促成致因。这两个告警在逻辑上表明是高空失速，但与此同时，飞行指引仪（提供空速和姿态信息的仪表）显示飞机处于机头朝上的姿态。由于空速管结冰（一个间接原因），飞机空速的测量数据变得不可靠，根据标准操作程序，本应该切断飞行指引仪，但飞行员可能仍在继续依赖飞行指引仪做判断。BEA 观察到，有迹象表明，在高强度工作负荷的情况下，飞行员更多地依赖视觉提示，而非语音提示。此外，本来已经断开连接的飞行指引仪又重新连接上，这可能导致机组人员相信飞行指引仪的指示才是有效的（BEA，2012）。

这起事故相关的内容远不止上文所述，但有几点尤其值得注意。首先，在现代飞机中，飞行员完全依赖驾驶舱仪表来感知态势（获取飞机在空中的位置和空速），特别是在夜间和低能见度的情况下。驾驶舱的窗口狭小，所提供的视野不足以让飞行员在所有状况下准确评估飞机的空间位置，或者及时有效地发现飞行问题，包括飞机的速度问题。这对驾驶舱仪表的可靠性和清晰度提出了很高的要求。在最终事故报告发布后，A330 制造商空客公司宣布，将重新评估系统在低于 60 节的速度下发出失速告警是否能提高安全性，尽管它们对这是否能防止 AF447 事故的发生持怀疑态度（Learmont，2012c）。毕竟，这架飞机已经远远超出了正常的飞行包线，持续的告警可能不会起什么作用。与此相比，更重要的是要让飞行机组更好地理解仪表给出的提示。飞行机组能够看懂仪表显示内容还远远不够。这关乎人机界面的质量，以及飞行机组对飞机工作原理的理解和认识。

　　与安全相关的人机界面问题有多种多样的表现形式,事后看来,有时这些界面起到的作用是徒劳的。例如,2002 年 1 月,一架空客 A320 正准备降落在法国斯特拉斯堡机场。其中一名机组人员试图设置自动驾驶仪,把飞机进近跑道的下降角度设为 3.3°。为此,他旋转了仪表盘上的旋钮。一键之差,他没有选中 3.3°的下降角,而是选了每分钟3 300 英尺的下降率,导致飞机直接俯冲坠落到山上(BEA,n. d.)。

　　在配备电子机械仪表的飞机上,这类事故并非绝无可能发生,这正反映出现代飞机面临的挑战:旋钮、开关和显示器可以具有多种功能,其中的逻辑可能并不总是显而易见的。这就可能会导致上述案例中的差错。现代驾驶舱中可以有多达 8 个甚至更多的显示屏,因此通常被称为"玻璃驾驶舱"。如图 7.4 所示的高度计,其显示格式是固定的,而在图 7.1 所示的显示器上,大量数据可通过多种格式显示。例如,高度可以用时钟的形式表示,钟表上的不同指针分别显示百位、千位和万位英尺高度,就像传统的电子机械仪表一样,或者以数字的形式显示。两者各有优劣。"时钟"显示格式容易引起误读:图 7.4 中的高度计似乎表示 21 800 英尺(6.64 千米),但实际是 20 800 英尺(6.34 千米)①。但是数字表示法并不能像移动指针那样清楚地显示出高度变化的方向和速度。在现代显示器中,所有关键的飞行数据——速度、航向、高度、姿态、偏转角、侧滑角以及爬升或下降的速度——都可以在一个仪器中显示,这限制了飞行员必须查看的仪器数量。而且还有冗余设计,当一个显示器出现故障时,它的信息可以呈现在另一个显示器上。此外,驾驶舱仪表还可以只显示当前飞行阶段所需的信息,从而减轻飞行员的工作负荷。同时,多个来源的数据会集成在同一个显示器里,以对用户友好的形式呈现。例如,通过卫星导航测量的飞机位置可以显示在数字

---

　　① 译者注:此处数据为原版书数据。但译者认为正确的读数为 21 900 英尺(6.67 千米)。

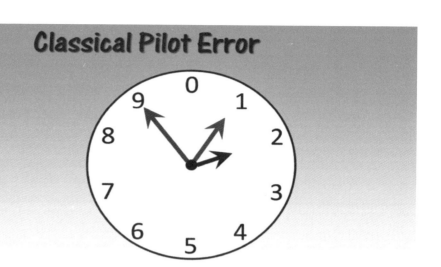

图 7.4　非人体工程学高度计（由 B. Baksteen 绘制）

地图上，同一幅地图里还可以显示高地、地标和机场的位置等信息。地图可以根据需要放大和缩小。只要使用得当，可以确保较高的可靠性（卫星导航数据可以与来自无线电信标、惯性导航系统、雷达高度计和数字地图的数据自动关联）。

此外，还可将其他系统集成进来。合成视觉系统（SVS）或许就是一个重要示例。SVS 通过数字地形地图和 GPS 数据构建了一个飞行员视角的环境图像。所生成的图像显示在低头或平视显示器（HUD）上。在后一种情况下，即使在夜间或恶劣天气下，飞行员也可以像在晴朗的白天一样透过驾驶舱窗户观察地形，但看到的细节会少一些。SVS 目前应用于公务机，相信在未来几年内将显现其价值。SVS 目前尚未在大型客机上使用，研究表明它将有助于飞行员感知地形（Bailey et al.，2002）。

现代显示器有上述优点，同时也存在一些不足。如果出现电力故障，飞行机组可能会立即失去所有重要信息，这在过去几十年里已经发生过好几次。安装一些基本的备用仪表,如空速表和高度计,可以缓解此缺陷带来的不利影响。此外,如果发生事故,可能难以查明舱内显示器在关键时刻向飞行员传递了哪些信息。一个显著但已经逐渐减少的问题是,过去驾驶"蒸汽仪表"飞机的飞行员可能难以适应数字显示器,只不过这样的飞行员越来越少了。一位经验丰富的机长在接受作者采访时称,他观察到的一个现象是:一些年轻的飞行员已经习惯了家用计算机的数字显示器,因此对于从这样的显示器上获取信息感觉习以为常。他们把自己的位置看作地图上的一个点,往往对显示的信息不加验证,哪怕是检查一下原始信息来源(如无线电信标、卫星信息、老式指南针等)。目前暂不清楚这种现象有多普遍。

7.3.1.2　模式混淆

人机界面不仅仅要将数据明确无误地传递给飞行机组,它还要确保机组理解飞机正在做什么。现代飞机的两个特征可能会带来潜在的问题。一是飞机设备的逻辑通常不再是物理可见的,而是隐藏在计算机和数据库中。二是设备逻辑不再是固定的。例如,一架现代客机可以有多个飞行控制逻辑。最复杂的就是"解耦"飞行员操纵杆的运动和操纵舵面的运动。当飞行员向后拉操纵杆时,他并不是直接拉起升降舵,只是告诉飞行控制计算机,他希望抬高飞机机头。计算机计算出操纵舵面的必要动作,并确保不引起飞机过载或失速。如果发生事故征候,例如由于设备故障导致高度或空速数据不可靠,那么飞行控制计算机还有几种其他模式,如失速保护模式、无失速保护模式,甚至是"直接模式",即计算机不再计算操纵舵面的所需动作,只对给定的操纵杆位移产生一个固定的操纵舵面动作,就像传统的液压系统一样。当然,至关重要的是,机组人员要了解飞控计算机使用的模式。在法国航空公司 AF447 航班的案例中,空速管结冰降低了空速数据的可靠性,因此飞行控制计算机切换到了一种备用模式,在这种模式下,正常的失速保护不再有效。

现代飞机有如此多的仪表和如此多的操作模式，"模式混淆"已成为一种安全隐患（Baberg，2001）。例如，波音 747 - 400 有 9 种俯仰模式、10 种滚转模式、5 种自动油门模式和 6 种自动着陆模式，这些模式的组合会使情况变得更加复杂。一方面，飞行员可能很少使用其中的某些模式或某些组合；另一方面，飞行员可能不知道自动驾驶或自动油门在某个时间点处于何种模式，这都是潜在的危险。例如，如果自动驾驶仪处于高度保持模式，但未启用自动油门并且没有提供足够的动力，则可能会在飞行员没有意识到的情况下发生空速下降。这是因为，如果没有足够的动力来维持飞机高度和速度，自动驾驶仪将试图通过抬高机头来增加升力，以保持飞机的高度，但这也会增加阻力，导致降低空速。如果当时飞机高度较低，这种情况无疑是危险的。

当飞行机组理解飞机运行逻辑不够深入时，可从飞行机组自身角度提出几种解决方案，但这一问题可能永远无法得到根本解决。一种解决方案是组织更多或更好的培训，这将在下一节进行讨论。另一种方案是通过将某些特定任务自动化或者实施"飞行包线保护"，来削弱飞行机组的角色。飞行包线保护是指机载系统对飞行员的操控输入做出反应，防止潜在的不安全行为。自动化和飞行包线保护都存在争议，因为它们降低了飞行员的行为自由。假设一架飞机正处于必须大角度爬升以避免撞到高地的情形，在最常见的飞行包线保护形式（即失速保护）下，飞行员拉升飞机可以达到的最大迎角是受限的，那么所产生的升力也就是受限的。当飞机迎角达到临界值后，无论飞行员多么用力地向后拉杆，飞机机头都不会再抬高。在没有飞行包线保护的情况下，飞行员也许可以将迎角提高 $(1/10)°$［这 $(1/10)°$ 是飞行包线保护系统中设置的安全裕度］，从而拯救飞机。或者也可能使飞机失速并坠毁。什么是最好的答案？不带感情的理智答案应该是：只要因为飞行员越过飞行包线保护系统限制所能拯救的乘客数量,多于因为飞行员做出飞行包线保护系统本会阻止的动作而丧生的乘客数量,那么就不应该依赖自动化系统。但是支持上述任何一种选择的数据都不存在。显而易见的是,飞行员对自身技能比对自动化机载系统更有信心。乘客们似乎也这么认为。

7.3.1.3　让飞行更直观

本文讨论的让飞行机组更熟练操作飞机的最后一个方法是:降低飞行机组的工作复杂性。通过特定形式的自动化可以在一定程度上实现这一目标:在许多情况下,计算机与人类相比,可以更快、更可靠地检测和诊断复杂机载系统中存在的缺陷。但在理论上,飞机的操作还可以变得更加直观。举一个例子:在军用航空领域已经应用了几十年,目前正在引入商用航空领域的平视引导系统(HGS),该系统用于显示特定的飞行信息,与军用版本平视显示器(HUD)一样,HGS 是一块玻璃,位于飞行员视野前方,上面显示数据,飞行员可以在观察驾驶舱外部情况的同时,接收空速、航向和高度等信息。符号系统使 HGS 更直观,其中最重要的是速度矢量,或者称为飞行路径标志(FPM)。这个符号,通常是一个由破折号贯穿的圆圈,显示飞机飞行的方向(如图 7.5 所示)。如果没有以飞行路径标志为特征的 HGS,飞行员必须靠脑力来计算,比如计算飞机在跑道上的着陆点,就要根据人工地平仪(显示机头的指向)、发动机功率指示器、迎角指示器、空速指示器和垂直速度指示器(VSI)来推算。这些仪表数据的任意组合,加上风力和风向,都会影响飞机移动方向的推算结果。毫无疑问,HGS 大大减轻了飞行员工作负荷,尤其是在工作负荷最重的着陆阶段。HGS 的另一个优点是可以显示 SVS 图像(前面提到过)。理想情况下,这给飞行员提供了一个晴天状态下不受雨、雾或黑夜影响的环境视图(虽然不是彩色的),而且还不依赖于类似地面无线电信标这样的外部系统。

图7.5 平视引导系统，飞行路径标志显示着陆点

另一种使飞行更直观的方法是采用"空中公路"符号体系。该体系目前正在开发中，可以在 HGS 或低头显示器上显示。这个符号体系由一系列正方形或圆圈组成，飞行员必须从它们中间"穿过"，与电脑游戏类似。从理论上讲，这消除了利用航向和高度变化等数据进行点到点飞行的必要，尽管在实践中这些数据仍然是与空中交通管制员通信所必需的。空中公路符号体系尚处于试验阶段，该体系表面上看起来很简单，但是以正确方式呈现这些符号并不简单（Newman，2003）。圆形符号是否比方块符号更好？是否应该只显示方块符号的边缘以免遮盖其他信息？如何确保飞行员不会混淆近处的方块和远处的方块？而且要确保所有这些符号都能通用于不同的光线条件和不同尺寸的显示器。当研发完成后，该符号体系有可能使驾驶大型客机更简单，也许还更安全，特别是在山区飞行时。此外，该体系可能还有另一个目前被忽略的优点：用于核查飞行员和机载系统的表现。在现代飞机中，飞行员和机载系统之间的交互通常是通过键盘进行的。例如，将航向、速度等信息输入飞行管理系统(即自动驾驶仪的现代智能版)。但飞行员难免输入有误,而且如果输入信息时面临时间压力,则工作负荷大增,更容易出错。例如,一旦这样的信息输入出现错误将导致飞机撞向高地。如果飞机上配备了"空中公路"符号体系,那么在多数情况下,飞行员很容易就能将错误识别出来。

7.3.1.4　飞行机组和空中交通管制员之间的接口

本节讨论的最后一个问题是数据输入机载系统的差错问题:即飞行机组、飞机和空中交通管制(ATC)之间的通信。由于密集的交通、时间压力、阻碍无线电通信的大气条件以及交互指令的复杂性,通信往往极具挑战性。目前正在实施的一种解决方案是以数字化方式向飞机发送 ATC 指令。指令出现在显示屏上,飞行机组可以选择接受或拒绝,也可以请求修改。当飞行机组接受指令时,按下按钮就可将指令发送到飞行管理系统(FMS)中执行。显然,这就避免了与语音指令相关的一些安全隐患,例如听错指令或向 FMS 输入指令时出错。但目前还不能断定数字指令是否比语音指令更安全——毕竟还没有获得足够的实践经验,任何事情都不能想当然。例如,一旦飞行员不再需要复述 ATC 的语音指令,那么 ATC 指令中本身的错误可能会被忽视。到底是 ATC 数字指令错误导致的事故更多,还是语音指令错误导致的事故更多,目前尚无定论。

2002 年,一段位于德国南部上空的飞机机组与 ATC 之间的通信片段曝光,展示了一场悲剧。一架图波列夫图-154M 和一架波音 757 在 10.97 千米高度以近似直角的角度相互接近。当值班的 ATC 管制员意识到碰撞危险时,他指示图-154 下降。片刻之后,图-154 的机载交通告警和防撞系统(TCAS)发出碰撞告警并指示飞行员爬升,而波音 757 的 TCAS 则指示机组下降。图-154 的机组按照当时东欧国家的规定程序,服从空中交通管制,继续下降,无视 TCAS 的指示。波音 757 飞行机组按照西方的推断逻辑,即如果 TCAS 发出告警,空中交通管制显然已经出现问题,因此不可信。他们遵循了 TCAS 的指令。如此,两架正在下降的飞机相撞,所有机上人员全部遇难(Bundesstelle für Flugunfaluntersuchung,2004)。除了其他促成致因外,程序差异(是遵循 ATC 还是 TCAS 的指令)显然在这一事故中是关键因素。此后,这类问题得到了解决:TCAS 指令在全球范围内具有优先权。有人可能会说,引入本应作为安全措施的 TCAS 却带来了新的危险,因为确保飞机安全间隔的责任不再由机组和 ATC 双方承担,而是由这两者和所有相关飞机的 TCAS 设备共同承担。ATC 和飞行机组可以进行口头沟通、交换意见和讨论选项,TCAS 设备的指令选项数量却非常有限,并且缺乏有效的双向沟通方式。目前尚无 TCAS 指令自相冲突所导致的事故,但不排除发生此类事故的可能性(Brooker,2005)。这起事故可以用瓦赫纳尔(Wagenaar)等人的模型来解释(见图 7.3)。"策略决策"旨在制订一旦 ATC 和 TCAS 发生冲突时应遵循哪个指令的规则。这些规则曾经是模棱两可的。这种模糊性导致的"一般故障类型"由不同的操作者根据不同的规则进行操作。其"心理前兆"是选择性地遵循规则(比如图-154 飞行机组)。虽然 TCAS 明确警告下降是危险的,但是他们也没有请求 ATC 提供可遵循的航向偏移指令从而避免碰撞。波音 757 飞行机组的"心理前兆"是相反的却也是相似的:继续执行 TCAS 指令,尽管碰撞告警仍在继续。这样导致的"不安全行为"是双方飞行机组同时操作飞机下降。要防止事故再次发生,就要消除"策略决策"存在的问题,即为 ATC 和 TCAS 指令的优先级设定全球标准。

通过对上述问题的简单论述我们可以得出结论,飞行机组和飞机之间的关系极其复杂,技术进步带来的影响也类似于双刃剑:一方面,技术有望提升安全性,例如使飞行操纵的某些方面更直观;另一方面,技术也会带来新的安全隐患,因为技术本身具有局限性,而且飞行机组做不到完全理解新技术的机理。对于技术带来的隐患,可以通过培训来补救,这就是下一节的主题。

7.3.2　机组培训

由于篇幅限制,我们无法讨论所有与民航安全有关的机组培训内容。我们着重讨论目前航空安全专家、航空当局、航空公司和飞行员协会关注的最重要的安全问题,即操纵高度自动化飞机所需的基本飞行技能、人机界面和(客机)机组资源管理。本文不讨论类似机组人员选拔之类的问题,这类问题虽然重要,但已经不再构成重大的安全隐患。目前的机组人员选拔方法看起来已经非常可靠,能够将不适合驾驶飞机的人排除在驾驶舱以外。飞行员由于培训类型差错或身体缺陷而无法胜任工作,更多是监管问题而不是培训问题。很明显,就图 7.3 中的模型而言,培训的设计和组织涉及策略决策,旨在消除一般故障类型或减轻此类故障的程度。

7.3.2.1　操纵高度自动化飞机所需的基本飞行技能

在当今高度自动化的客机中,飞行员几乎不需要操纵控制装置。一些人认为,通过自动驾驶仪或飞行管理系统驾驶飞机的表现更出色,至少更稳定,尤其是在着陆阶段。一些航空公司甚至不鼓励飞行员手动着陆,它们认为自动着陆通常会给乘客带来更好的体验。但这带来了一个问题,即飞行员是否拥有足够的基本飞行技能,以备不时之需。针对我们之前提到的法国航空公司 AF447 航班事故,在《国际飞行》和《航空周与空间技术》(*Aviation Week & Space Technology*)等行业杂志上,一些专业飞行员曾详细讨论过,不论是没能意识到当时空客 A330 飞机处于失速状态,还是没能对失速做出正确反应,这种明显的机组能力不足是不是由于他们缺乏基本的飞行技能。我们不会在这里给出明确的答案,据我们所知,目前尚无明确的答案,甚至可能根本就不存在一个标准的答案。尽管如此,还是可以对此作出一些分析。

首先,飞行员缺乏基本飞行技能确实是一个问题。驾驶自动化飞机的飞行员并不缺乏训练,但这些飞机的日常飞行活动都只在其飞行包线内的很小一部分区域内,除了着陆之外,飞行员几乎不会遇到其他需要基本飞行技能的挑战性场景。因此,一旦遇到特殊情况,飞行员可能确实没有为手动驾驶飞机做好准备。有人建议,航空公司飞行员应该定期接触"异常姿态场景",这是在轻型飞机或特技飞机中通常使用的术语。"异常姿态场景"包括失速、旋转、大角度俯冲等。埃巴特森等人观察到飞行员的手动驾驶表现与飞行员近期飞行经验之间存在关系,尤其是双发喷气式飞机其中一台发动机失效的情形下,飞行员手动操纵飞机是最合适的(Ebbatson et al. ,2010)。

其次,航空公司的培训有时会出错。例如,一些航空公司对飞行员进行培训,让他们在对失速做出反应时,把注意力集中在减少飞机的高度损失上(Crider,2010)。上述做法是否值得推广,在低空是否可行还有待商榷[大多数失速都发生在低空(着陆阶段)],可以肯定的是,这将使飞机更难改出失速。改出失速的本质是减小迎角(气流冲击机翼的角度),意味着需要将机头向下压。另一种方法是通过提高发动机功率来增加速度,然后再减小迎角,但由于现代喷气发动机对油门动作的反应缓慢,而且失速带来的阻力阻碍了加速,所以速度提升要慢得多。在巡航高度,飞机下方有足够的空间来压低机头以改出失速。因此,对于AF447航班的飞行机组来说,这才是应该采取的正确动作(BEA,2012)。可是当时AF447航班的机组人员似乎把精力集中在了保持高度上。

再次,在客机上开展异常姿态训练是有问题的。用真正的飞机开展此类训练非常危险,即使在试飞期间,飞机也不会被故意带入像AF447航班这样的情形:迎角如此之大,以致速度衰减到低于可靠测量的范围下限。还有一个不容忽视的细节,没有两款机型的表现是完全相同的。例如,在飞机速度和高度非常接近一个既定值的时候,麦道公司的 MD - 11 就比其他客机更容易发生硬着陆。与轻型飞机相比,后掠翼飞机更容易发生荷兰滚,而且失速特性通常也没有轻型飞机那么温和,因此轻型飞机才适合用作训练如何处理异常姿态。模拟器是一种选择,但仅限于有限的操控范围。通用航空的飞行员可能得益于异常姿态的模拟器训练(Rogers & Boquet,2012)。但在模拟器训练中,飞行员往往会高估过载负荷,因此在给予控制输入时,会纠偏不足(Ledegang et al. ,2011)。众所周知,运动感示是很难模拟的。此外,模拟器的行为是根据模拟对象飞机的行为来建模的,但可用于模拟异常姿态的数据极其有限(Gingras & Ralston,2012)。因此,即使飞行员在轻型飞机或特技飞机上训练过基本飞行技能,也不能保证他们在客机发生危机情况时能够正确处置。

最后,真正的问题可能根本不是缺乏基本飞行技能。AF447 航班事故报告中提出,在面临突发危机时,飞行机组可能会遭受"惊吓"或情绪冲击,这使他们无法采取正确的行动(BEA,2012)。据我们所知,这一假设尚未通过经验检验,但存在很大的可能性。毕竟,许多基本的飞行技能就身体动作来讲,操作并不困难,比如在即将失速的情况下向前推杆。还有迹象表明,飞行员有时对自动化机载系统的关注还多于对保持正确飞行路径的关注(Learmont,2012d)。是否意识到掌握特定飞行技能的必要性,是否意识到标准程序不能完全覆盖特定的危机情况,以及是否能实实在在操纵好飞机,这可能才是真正的问题。对此我们还需要进一步研究,解决方案也并不简单。飞行员什么时候应该遵守程序? 什么时候应该依靠自己的技能和主动性? 这似乎不会有标准的答案。当事故发生后,飞行员通常更容易证明自己遵守了程序要求,却很难解释在危机情况下做出的特殊行为,尤其是危机情形往往还很难复现。这涉及"公正文化"的问题，对此我们将在另一节中讨论。就法国航空公司 AF447 航班而言，有些人认为飞行机组对事故实际应承担的责任比从事故报告中推断的责任更大。毕竟，除了短暂缺乏空速数据外，这架飞机处于正常工作状态，任何有能力且训练有素的飞行员都应该能够操控的。然而，在理解这一观点的同时，作者认为，在一个漆黑的夜晚，在几乎没有或很少有外部环境能作为方向参考的情况下，由于湍流以及不熟悉的飞机姿态和运动，这些因素给飞行员造成的困惑不应该被低估。不可否认，哪怕其中一名机组人员的行动稍微正确一点，事故就可能会被阻止，但这也仅是可能和猜测。作者认为，鉴于我们永远无法确切知道失事飞机的驾驶舱内究竟发生了什么事，并且根据无罪推定的原则，应参考事故报告对机组人员进行评判。

因此，现在还不能断定，更重视基本飞行技能是否会使飞行更安全。美国联邦快递公司的创始人弗雷德·史密斯（Fred Smith）表示，驾驶舱内的人员只会使飞行变得更危险而不是更安全，并支持无人驾驶货机的设想（Pierobon，2012a）。直觉上我们完全同意这一说法，但目前还无法进行试验验证。如果事实果真如此，那么是否具备基本飞行技能就不再是问题了，因为计算机也同样能完成飞行任务。但只要飞行员在驾驶舱内，他们就必须具备安全飞行所需的飞行和决策技能。为了能够正确运用这些技能，他们需要完全熟知所驾驶的飞机。这是下节将探讨的内容：培训和人机界面。

7.3.2.2 培训和人机界面

现代客机不仅十分复杂，而且正如我们所见，许多机载系统的运行逻辑对机组人员来说是块难啃的"硬骨头"。为了能安全飞行，机组人员需要对飞机的工作原理了解多少呢？在知道该做什么和为什么该这么做之间，如何寻求平衡？在按照规则行事和按照认知行事之间，又该如何平衡？对于安全飞行需要什么，以及哪些才是可实现的？人们各持己见。波音子公司翱腾（Alteon）开发了多人机组飞行员执照培训系统（MPL），经过外界最初的疑虑之后，目前似乎已获得广泛的认可。该系统特别注重以能力训练为基础。飞行学员不单独飞行，而是在一名教员的指导下，两名学员一组轮流飞行，轮流观察和评价自己的学员同伴。这将帮助飞行学员更好地理解飞机和机组人员之间的相互作用。学员们在毕业后，也应该能在他们飞行的客机上开展例行的观察和评估。由于该系统引进的时间才短短几年，现在以这种方式评价接受训练的飞行员在机长岗位上的表现还为时过早。

一种提高安全的方法是培训机组人员，使他们充分发挥作用；另一种方法是根据安全风险的经验数据来评估和改进他们的表现。这就是航线运行安全审计（LOSA）背后的理念。在实际航班中随机选取机组人员，通过正式观察协议的形式，对机组开展结构化的观察。黑尔姆赖希等人观察到，在航线运行安全审计开展研究并采集数据的航班中，64%的航班机组犯过差错（Helmreich et al.，2001）。这些差错中有50%涉及不合规（"违反规则"），但只有6%的差错导致了期望之外的飞机状态（错误的速度、航向等）。与此相反，熟练度差错（由于缺乏知识或技能而导致任务执行不力）仅占所有差错的5%，但其中超过60%是会导致进一步后果的。因此，这两种类型的差错都同样威胁飞行安全，但两者的机理截然不同，这为对策制订带来了困难。

7.3.2.3 培训和（客机）机组资源管理

在20世纪70—80年代发生的多起事故引起了人们对客机机组资源管理（CRM）问题的重视。其中一起是商用航空史上最严重的事故——荷兰皇家航空公司的一架波音747客机与美国泛美航空公司的另一架波音747客机在西班牙特内里费机场地面发生相撞，起因是荷兰皇家航空公司飞机的机长在没有得到空中交通管制中心放行许可的情况下开始起飞滑跑。机上工程师表示不确定泛美航空公司的飞机是否已经离开了跑道,但机长驳回了他的担忧(Bruggink,2000)。这起事故和其他类似事故都指向了机组成员之间沟通不畅、紧急情况下任务分工不合理、机长"权威"过高和机组成员不自信等问题。事故发生后客机机组资源管理受到人们更多的关注,部分内容已被纳入常规训练,部分内容被纳入航线运行安全审计等特殊项目。这些项目所采用的方法各有不同,其共同目标是:

(1)让机组成员意识到,除了技术因素,客机机组资源管理技能对安全飞行也至关重要。

(2)提供沟通和领导力等客机机组资源管理技能培训。

(3)让机组成员学会评估自己和同伴的行为。

除了这些通用的项目之外,近年来许多特定的客机机组资源管理问题已经得到解决。最近的一个例子是"静默驾驶舱环境",即在起飞和着陆阶段,或在低于特定高度的情况下,机组成员之间禁止进行任何与飞行任务无关的交流,并且在允许的交流范围内也必须尽可能使用标准化的短语。这也适用于与空中交通管制中心之间的通信,旨在减少沟通差错的概率,以及提高飞行机组的注意力和纪律性。

如果缺乏客机机组资源培训,无论开展多少其他培训,都可能存在安全隐患。前面提到的多人机组飞行员执照培训系统从一开始就对飞行员进行团队合作培训,这是否会提高新一代飞行员在机组资源管理方面的表现,有待时间来证明。即使得到了最好的培训,飞行员也会偶尔出现失误或违反纪律。法国航空公司 AF447 航班就是一个例子。在导致灾难的事件(自动驾驶仪断开)发生前不久,机长离开了驾驶舱去休息。当替补飞行员就位时,没有明确说明由谁指挥——是正在驾驶飞机的飞行员,还是这位替补飞行员。按照惯例,一般由取代机长的替补飞行员担任指挥,但这也不是明文规定。当机长离开休息时,他将座椅向后推到底,以便能够站起来。替补飞行员随后坐了下来,但仍把座椅保持在了靠后位置,这导致他无法在正常的坐姿下接触到控制装置。飞机进入失速状态后,所有这些问题可能共同导致了驾驶舱内的混乱状态(BEA,2012)。

7.3.3 设计、维护和安全

机组人员是飞行安全的最终"守门员"。但许多事故的根源在于图纸或机库。一些事故因飞机本就存在的内在设计缺陷而发生。麦道公司的 DC‐10 宽体三发飞机有一个货舱门,地勤人员一不留心就容易造成货舱门未完全锁上。设计缺陷一般很少导致事故,一旦发生就是系统性的,会影响同一型号的所有飞机。通常,有两个设计原则可保证在发生事故之前及时发现设计缺陷。第一个原则是失效安全设计,即任意单个部件或子系统的失效不会导致整机关键功能的丧失。这主要是通过机体结构、航电设备和机组人员(两名飞行员而不是一名)的冗余度来实现的。第二个原则是"安全寿命",即飞机部件被设计成在一定的飞行起落数或者飞行小时数或者特定时段内不会失效。例如,在空客 A380 投入使用后不久,在一些机翼结构部件上就发现了疲劳裂纹。这需要采取纠正措施,但并没有导致任何事故,一方面是因为裂纹的扩张非常缓慢,可以在相关部件失效之前(安全寿命之内)被发现,另一方面是因为机翼由许多冗余零件组成,不会因为其中部分零件产生裂纹而整体失效(失效安全)。

针对设计缺陷的纠正措施不仅包括重新设计或更换有缺陷的部件,还可以有多种形式。一个很好的例子就是麦道公司(现已被波音公司收购)的 MD‐11,该机型是 DC‐10 的改进型。如果飞行高度和空速不合适,MD‐11 很容易发生硬着陆和弹跳。硬着陆和弹跳结合起来是非常糟糕的,因为如果飞行员没有及时复飞,每次弹跳都会比上一次产生更严重的硬接地。特别强烈的硬着陆甚至会导致机翼断裂。鉴于该型飞机已停产，通过重新设计来减少硬着陆是不切实际的，因此采取了其他措施来降低硬着陆发生的可能性并减轻其后果（Kaminski-Morrow，2013a）。已经发布或者实施的措施包括：改进飞机的纵向稳定性系统以维持俯仰姿态；对机组人员进行额外的培训；安装平视显示器，使机组人员更好地了解飞机的水平和垂直速度以及飞行路径；安装驾驶舱指示器，告知机组起落架是否已完全接触跑道；增加飞行高度（Kaminski-Morrow，2013a）。

飞机维护的目的是确保安全，因此有缺陷的维护会导致事故就不足为奇了（参见前文描述的阿罗哈航空公司的波音 737 一例）。有时维护程序本身存在缺陷（例如，关键部件的失效早于预设的检查间隔时间），但与飞机维护相关的事故主要是由人为因素引起的。这里有两个反复出现的主题：组织文化和工作压力。两者都是航空公司和飞机维修机构管理人员的重要职责。福格蒂和肖发现管理层对工人的态度、团队规范和工作压力存在直接的影响（Fogarty & Shaw，2010）。换言之，如果管理层的态度是"安全工作就是等不忙的时候干的"，那就不能指望工人将安全视为他们的第一要务。"安全第一"的理念在今天丝毫没有失去意义，当前航空公司面临着前所未有的压力，既要最大限度地利用飞机（以降低座千米成本），也要最大限度地减少延误（在繁忙的机场，延误很容易导致起飞时间的流逝）。当然，在最注重安全的文化氛围中，也可能会发生差错。现代技术可以在这方面发挥正面作用。例如，目前正在开发的便携式在线计算机设备能够生成检查单，供维修人员在维修过程中检查其要采取的动作，还可以检查这些动作是否成功完成（Liang et al.，2010）。格里索姆和多恩研究了自动通信交互（ACE）系统的原型，该系统可在与机上工作人员交互时收集飞机维修数据（Grissom & Done，2008）。预测健康监测系统可以预测即将发生的飞行故障，并通过数据链自动将维修数据发送到基地。这不仅提高了安全性,而且有利于迅速采购替换零件,待飞机降落后及时装机。

但是技术不能解决所有问题。当维修成为事故的一个影响因素时,频繁的差错通常不是一次性事件,而是系统性问题的表现。1990 年 6 月 10 日发生的英国航空公司 BAC 1 - 11 事故就是一个很好的例子。本次事故中飞机驾驶舱的一扇窗户在高空破裂,机长的一部分身躯被吸出窗外。客舱乘务人员紧紧拉住机长,同时副驾驶紧急下降和着陆。该事故没有造成人员死亡。事实证明,在此次飞行前不久更换风挡玻璃时,用于固定风挡玻璃的一些螺栓并未按规定安装,所用的螺栓要么太短,要么直径比规定的要小。这一异常状况并未引起相关人员的注意,在飞机继续下一次载客飞行前,既没有维修主管对其进行检查,也没有进行维修测试。事故报告指出,维修人员对其所负责的维修工作的质量负有全部责任(没有后备人员),轮值维修经理违背行业惯例,未充分遵循公司标准,没有充分履行他"在安装风挡玻璃过程中确保工作质量"的职责,航空公司和其他相关机构也没有监控这位轮值维修经理工作中的实际操作[航空事故调查处(Air Accidents Investigation Branch,1992)]。这是由飞机维修组织的系统性缺陷导致事故的一个典型案例。此后,包括人为因素在内的安全管理备受关注。安全管理已纳入国际民用航空组织(ICAO)和 IATA 等国际组织执行的航空公司审计内容(见下一节),时至今日,这仍然是一个需要关注的领域(参见 Baldwin,2013)。

上文只讨论了飞机维修人员所面临的一些挑战和解决方案。从某种意义上说,他们与机组人员面临的挑战是一样的:处置信息、按程序工作、培养和保持安全文化以及应对工作压力。无论现代技术如何从旁协助,飞行员和维修人员才是让飞机飞起来,并尽可能不让飞机坠毁的人。

到目前为止讨论的安全问题尚未涉及一类重要的参与者——负责

制定规则和监管的机构。这些将在下一节中讨论。

7.3.4 安全监管

我们不会深入探讨这个主题，只会讨论一些典型的民航监管问题（而非一般性监管），或一些当前特别值得关注的问题，即监管的一般组织、排斥措施和黑名单、事故征候和事故调查、公正文化。

7.3.4.1 监管的一般组织

各国都有自己的安全监管机构，比如美国联邦航空管理局。从其所行使的职能来讲，既要确保这些组织的独立性，也要让规则制定和监管彼此分离。许多国家都有独立的运输安全组织，可以独立于民航当局调查事故，比如美国国家运输安全委员会（NTSB）。后文将讨论事故调查相关内容。在欧洲，欧洲航空安全局（EASA）已从有关国家的民航当局手中接管一部分任务。民航当局制定的有关民航安全的主要规则如下：

（1）适航要求，即飞机获准放行所需满足的条件。

（2）对运营飞机和基础设施（如机场）的个人或组织的运营要求。

（3）检查和维护程序，包括安全管理程序。遵循这些程序的前提之一是操作人员确保其操作证书是有效的。

（4）适航指令（AD）：如果在飞机维修过程中或事故发生后发现飞机存在缺陷，且该缺陷被视为非孤立事件，民航当局可以下令对飞机开展更改、额外检查等工作。更改可以适用于某一型号的所有飞机，也可以仅限于某些子型号（可能配备特定型号的发动机或设备）或已累积一定数量的飞行时间或飞行起落的个别飞机。在极端情况下，某一型号或子型号的所有飞机都可能立即停飞。在紧急情况下，可能需要在每次飞行之前或之后进行检查，但有时飞机运营商可能有超过一年的时间来实施特定的检查或改装任务。现代飞机的一个特点在于，飞机的设计很容易理解，所以飞机的状况通常是可以预测的，这既是一个好处也是一种阻碍。因为即使出现意外缺陷，通常可能在一定数量的飞行小时或飞行起落后才会发生。这意味着，如果飞机的飞行时间或飞行起落接近这一数值，则应立即进行检查，但其他飞机可能在短期内是安全的，因此无须立即采取行动。此外，一旦确定了缺陷的原因，受影响的飞机数量就可以迅速减少。当然，这对航空公司来说很重要。额外的检修不仅意味着额外的成本，而且还会因航班取消、转机乘客减少、失去不满意的乘客等问题而损失收入。

全球性的民航标准是由 ICAO 制定的。这些规则中有许多涉及安全以外的其他问题（例如着陆权协议），但也有相当数量的规则涉及安全问题，例如跑道布局和照明、飞机起降间隔等。欧美在飞机适航标准等方面有着高度的一致性。由于这些地区的民航市场自航空产业诞生之日起就在全球占据主导地位，而且许多最重要的飞机制造商（例如波音和空客）都位于这些地区，因此欧美的适航标准实际上就是全球标准。国际航空运输协会（IATA）是一个全球性的航空公司协会，实施 IATA 运行安全审计（IOSA），通过该审计是成为 IATA 组织成员的条件（Learmont，2011）。IATA 还建立了全球匿名事件报告系统（STEADES），机组人员、空中交通管制员、维修人员和其他人员都可以报告有关预防或解释事故的事件。低成本航空公司通常不是 IATA 的成员。

民航机构的规则制定和规则执行通常局限于它们所在的国家，但它们有一些强有力的工具来影响航空公司甚至世界各地同行的行为。这是下一节的主题。

7.3.4.2　排斥措施和黑名单

欧美都已采取措施，防止其认为不安全的外国航空公司的飞机进入其领空。其中一种是排斥措施，即禁止特定航空公司的飞机进入欧洲或美国领空，理由可以是在检查其飞机时发现严重缺陷，或是发生事故暴露其系统性安全问题。如果某个国家的安全监管体系(比如该国民航当局的职能或独立性)不完备,欧美会拒绝该国家所有航空公司的飞机进入自己的领空。排斥措施从来不是小事,可能会产生重大政治影响,因此这是一个政治决定。有指控称,与强国相比,对欧洲国家意义不大的小国,其航空公司更易成为欧美排斥措施的对象,但这些指控从未得到证实。尽管如此,一些非洲国家仍感受到歧视(Pierobon,2012b)。同样未得到证实的是,排斥措施对安全性的长期积极影响——外国航空公司和监管机构为防止成为排斥措施的对象而更加关注安全,这可能比直接预防"不安全"飞行更重要。

黑名单是另一种迫使外国航空公司或监管机构认真对待安全问题的措施。黑名单的本质是公开不安全的航空公司名单,进行"点名批评"。不仅政府机构可以这样做,类似消费者协会等也可以这样做。黑名单的目的是迫使航空公司确保安全,并使旅客在出行规划时能够做出更安全、更明智的选择。由于黑名单措施通常会与排斥措施同时使用,因此黑名单的实际效果很难确定。考虑到被列入黑名单的风险,航空公司会降低那些虽然没有导致事故,但可能对安全产生潜在影响事件的透明度。对于旅客来说,安全信息几乎没有实际意义,因为即使是相对不安全的航空公司也很少发生事故。而在航空出行相对不安全的地区,这种方式可能仍然比其他出行方式(如汽车旅行)更安全。这一点尤其重要,因为黑名单会影响航空公司所有的业务,而不仅仅是飞往欧美的航班。

排斥措施和黑名单都是根据过去的经验来预防事故的发生。事故调查就是为过去的经验赋予意义的一个重要工具,这是一个目前备受争议的话题,也是下一节的主题。

7.3.4.3　事故征候和事故调查

无论航空出行多么安全,事故还是会发生。一旦发生事故,就应向监管当局报告。顺便说一句,这种规则也适用于"事故征候",即发生未造成损坏、人员伤亡的不安全或不正常的状况(例如,差一点就发生碰撞的情形)。民航当局以及警察、医护人员等其他相关方处理事故的优先事项为:照顾幸存者;防止进一步发生事故,例如,移除危险货物;保护好有助于查明事故原因的任何资料。与此同时,需要确保其他航班的安全有序运营,例如对发生事故的机场实施交通分流。民航当局和有关航空公司还有一项重要职责,就是与受害者家属和媒体进行沟通。这里就出现了一个难题。家属自然急于了解涉事乘客、机组和地面人员的状况,但有时事故发生的当下无法获得可靠的信息,例如,当遇难者遗骸被严重烧毁,救援人员根本无法立即识别和鉴定。此外,媒体以及受害者家属和法定代表人希望了解事故的原因,寻求公正裁决或经济赔偿,但确定事故原因可能需要好几个月的时间。以法国航空公司AF447 航班为例,事故调查组整整用了 2 年时间才从海底找回飞行数据记录器。对于事故调查方来说,进退两难的窘境就在于,如果过早提供尽可能多的信息,就要承担未来被迫撤销这些信息的风险,如此不仅信誉受损,甚至还须承担法律后果;但如果只提供经过核实的信息或者无关紧要的信息,又容易引起公众猜测,怀疑是为了保护航空公司或飞机制造商等利益相关方而故意隐瞒信息。

在处理完事故造成的直接后果后,正式的事故调查就可以启动了。调查的主要目的是通过查明事故原因以便采取纠正措施,从而防止类似事故再次发生。其次是要确定对事故负有责任的个人或组织。事故调查过程大致可分为以下几个阶段:

(1) 建立事故发生的情景:时间,位置,天气,飞机所处的高度、维修历史和已知状况,机组人员资质等。

(2) 建立导致事故的事件链:机载系统的运行情况、机组人员和空中交通管制所采取的行动等,形成与事故相关的一系列事件的发展变化过程,细化到每一秒。

（3）找到与事故相关的每一个事件的原因,关键在于：机组人员的培训方式（这可能决定了他们处理问题的能力）、飞机的维修和航前准备方式（是否选择了合适的备件,并正确地装机？机组人员是否获得了安全飞行所需的所有信息?）等。

（4）识别影响事故原因的系统性因素：例如,如果是维修操作不当,这是一次性事件还是由马虎草率的维修造成的?

（5）确定事故的直接原因、间接原因和促成致因。

（6）提出应对措施建议,以防止此类事故或涉及类似原因的事故再次发生。

通常,一旦查明了事故的合理原因,就会发布一份中期报告。这样做一是为了满足家属及其他相关方的信息需求,二是为了向公众提供最大程度的信息透明度,三是为了加快安全改进措施的实施,四是为了邀请涉事航空公司等相关方对初步调查结果发表评论。最后,发布事故调查最终报告。

7.3.4.4 公正文化

如前一节所述,飞机事故调查的主要目的是防止事故再次发生,主要方式是查明事故的原因。查清事故原因是改善未来航空安全性的一个途径。然而,对于事故的受害者或他们的家属来说,查明事故原因可能意味着,确定哪一方对他们的遭遇负责。而对于司法机构来说,这可能还意味着找到证据,来对涉嫌过失犯罪甚至过失杀人罪的个人或组织提起诉讼。不幸的是,上述各方的目标可能而且经常是相互冲突的。有关各方能够自由提供准确可靠的信息,对于确定事故原因至关重要。但是,如果他们知道或担心其提供的信息可能会用于刑事诉讼当中且对自己不利,那么他们可能就不会提供信息了。因此,作为一项规则,对涉事人员开展的事故调查行动,应当与司法行动分割开来。在具体实践中,这会导致几个问题。第一,司法机构通常缺乏收集事故信息的手段,也缺乏解读这些信息的专业知识。因此,他们在很大程度上依赖于事故调查人员的工作。第二,事故调查人员收集的信息若有助于在未来预防类似的事故,那么必须将其进行公布和传播。鉴于涉事各方通常很容易确定,对于为事故调查提供信息的个人,实际上不可能保护他们免于司法机构根据这些信息所采取的行动。第三,司法机构和政客们受到真实存在的抑或想象中的压力,这些压力既来自媒体本身,也来自那些通过媒体发声的受害者及其亲属,他们要求"确保正义得到伸张",或者至少确定承担赔偿责任的一方。最后,事故的致命后果是犯下差错造成的,还是玩忽职守造成的,这两者之间的界线可能非常模糊。以 2000 年 7 月一架协和超声速客机从法国巴黎戴高乐机场起飞时坠毁的事故为例。事故的根本原因是此前起飞的一架麦道 MD-11 客机上脱落的金属片。这一金属片留在飞机跑道上,刺穿了协和客机的一个轮胎,轮胎碎片穿透了机翼油箱,造成致命的起火燃烧。因此,负责确保金属片固定在麦道 MD-11 上的技术人员和其他工作人员被指控过失杀人罪。他们最初被判有罪,但在上诉后,该判决又被推翻,判由涉事航空公司支付赔偿。该事故中没有正当理由可以推断技术人员故意玩忽职守,这只是不经意间犯下的差错,最多只能算马虎大意。这一差错的后果是独有的,而且几乎无法预见。但差错已经犯下,造成的后果确实很严重,从此机场跑道上残留碎屑的危害变得众所周知。

　　不管对涉事人员的司法处理是否合理,如果司法处理的结果导致涉事人员不愿配合事故调查,那就有问题了。保密事故征候报告系统也是如此,比如 IATA 的 STEADES。这类系统在全球有好几个,它们对于获取预防事故发生的知识至关重要(如前所述,许多事故征候的发生可能直接导致事故,尽管实际上并没有导致事故)。曾经发生过司法机构希望从保密事故征候报告系统中获取数据的案例。民航组织正在呼吁建立"公正文化"，即充分信任雇员会尽其所能，除非存在强有力证据证明不是如此。毕竟，飞行员（或其他机组成员）永远是坠机现场的第一人。当"公正文化"盛行时，雇员可以报告事故征候，包括他们自己卷入的事件，而不必过分担心受到影响。

保密性与透明度之间的权衡矛盾至今仍然存在，尚没有普遍令人接受的解决方案。目前也不清楚该问题的严重程度。像协和客机事故这样的案例似乎是一个例外，但正如行业期刊所暗指的那样，这些例外案例仍可能促使雇员普遍拒绝报告事故征候。同样无法得知的是，假如类似的未引起注意的事故征候得到及时报告，到底能否避免一些事故的发生？

在前面几节中，我们讨论了当前民航安全的几个要点。其中有一个要点对上述所讨论的主题都产生影响，那就是技术的作用。在讨论基本飞行技能和人机关系时，我们已经提到了这方面的内容，但就安全而言，技术通常能提供什么？它的局限性又是什么？

7.3.5　人与机器：技术的作用

技术的进步是否让飞行变得安全，或者说更安全？如果我们将前面提到的两种趋势结合起来，答案必然是肯定的。这两种趋势，一是在过去几十年中，每百万次飞行的飞机损毁率持续下降；二是在实际发生的事故中，人为因素稳定占据事故直接原因、间接原因或促成致因的70%。但不能忘记的是，人类选择了使用技术来提高安全性。我们可以想象，人们本可以利用技术进步做出其他选择，例如更多地利用技术来降低成本或提高生产率。但飞机制造商或适航当局没有做出这样的选择，这是有充分理由的。即使技术主要用于提高安全系数，航空产业的生产能力和效率也得到了大幅提升。而且效率和安全常常是相辅相成的。维持飞机和其他设备处于适合运营的状态，以及对这些昂贵系统的最佳利用,对于安全都是至关重要的。

如果技术的发展有益于安全,那么这是如何做到的? 技术是否也对安全提出了挑战? 后文将简要概述技术为安全提供的主要益处和挑战。

技术会提高民航安全性吗?

技术的进步使飞机及其系统更加可靠。1944 年的德国容克"尤莫"004 发动机为第一款实现批产的喷气发动机,其每 10 个飞行小时就需要进行大修。洛克希德"星座"飞机配备的莱特"双旋风"活塞发动机,每 3 500 个飞行小时需要进行一次大修(Wikipedia,2012)。现在一台罗-罗新型 RB211 – 535 发动机即使在翼运行 42 743 小时后仍无须进入维修车间(Rolls-Royce,2012)。技术进步还带来了其他益处。仅举几个例子,现代显示器、飞行包线保护和数字地形数据库,都在增强安全性方面表现出极大的潜力。即使有些人认为,飞行包线保护等系统存在风险,因为它限制了飞行员的行动自由或可能导致飞行员丧失基本飞行技能,但相关技术至少为飞机制造商提供了是否安装此类系统的选择。技术进步带来的安全益处远不止于此。高保真的飞行模拟器可以让机组人员在一定程度上模拟紧急情况,这些情况如果在真实飞行中发生将非常危险。模拟器还可以"回放"事故,从而找出事故的原因。数字记录器储存的飞行数据可以揭示事故的原因。

技术的进步并不能使飞机完美无缺。由于设计和制造问题,波音公司和空客公司的最新机型都出现了发动机故障,但未导致人员伤亡。这些在新机型上出现的问题虽然少见但并非完全没有,目前似乎也已经得到了解决。空客 A380 就是一个很好的例子。2010 年 8 月,一架空客 A380 右舷外侧的发动机在飞行中发生故障。部分涡轮叶片由于高速旋转,劈开了发动机短舱并穿透了机翼。所幸的是,机翼中的燃油没有被点燃,飞机成功紧急迫降,全员平安无事。这种发动机故障是客机面临的最严重危害之一,因为这会对飞机造成损伤(例如,机翼结构失效,发动机碎片穿透加压客舱,液压管或电线破裂)。据公开资料,空客公司面临的最大问题不是安全问题,而是航空公司对飞机意外停场所要求的赔偿。类似的情况也发生在修复受损飞机时,人们发现空客A380机翼上的某些小部件不够坚固。同样,此时空客公司面临的最大问题不是关乎安全,而是关乎对已下线飞机进行改装的成本。对于航空公司来说,检查和修理所导致的飞机停场是一大问题。

总而言之,我们的结论是,技术的进步确实让民用航空更加安全。但正如空客A380的例子所反映的那样,每一架新飞机,或任何新的系统,都将面临新的安全挑战。

值得一提的是,技术在管理信息方面的极大作用。如果没有现代信息系统,现代航空公司的运营几乎不可能实现,或者很可能做不到现在这么安全。现代信息系统不仅用于管理备件及信息,还用于管理文件。操作和维护手册需要分发、更新和跟踪(以便识别尚未更新的手册)。在很长一段时间里,当手册要更新时,是通过在活页夹中插入新页来完成的,有时是替换上一页,有时是补充上一页。无论过去还是现在,这都是一个烦琐的过程,很容易出错。越来越多的机组人员和维护人员手册已经实现数字化并可随身携带,例如利用苹果平板电脑(iPad)或专用电子飞行包(EFB)。这不仅相对便宜和可靠,而且还有额外的优势——比纸质手册更容易查找信息。但这种相对较新的技术也有其缺陷。

2012年4月,一架波音737-300在起飞时,机尾与跑道发生了碰撞,原因是飞行员设定的飞机速度太低。事故的起因是,在借助电子飞行包计算起飞速度时,所使用的起飞质量值太低。设定的错误的起飞质量是上一个航班使用的,被保留在EFB内存中,造成此后果是因为机组人员在着陆后没有完全关闭设备,而只是将其置于待机模式(Kaminski-Morrow,2013b)。机组人员显然不知道EFB微妙的工作原理。如果是使用纸质文档，则不会出现这种问题。

7.4 结论

在本章中，我们简要讨论了动力飞行自一个多世纪前诞生以来，其安全性的演变和发展，并对安全因素进行了分类。然后，我们分析了当今最重要的安全问题。在此基础上，我们得出以下结论：

（1）就每百万次飞行的飞机损毁率而言，民用航空的安全性比以往任何时候都高。即使在安全记录相对较差的地区（南美洲、非洲、亚洲某些地区），其安全水平也高于 20 世纪 50 年代初期的西方国家，当时航空旅行已经确立为一种切实可行的出行方式。

（2）航空领域的许多发展（双人机组驾驶舱、飞行包线保护、数字显示、自动化）对于安全的影响存在或曾经存在争议。然而，这些发展综合起来，对安全的积极影响似乎超过了消极影响。没有证据表明上述任何一项发展对民航安全造成了结构性的不利影响，部分原因在于其中一些不利影响似乎是过渡性的。

（3）安全是一个需要持续关注的问题。新技术、新参与者和对航空旅行的新需求都将不断带来安全挑战。

（4）无人驾驶飞行此前之所以没有人提及，是因为它可能至少还要几十年才会出现。前文提及过，美国联邦快递公司创始人弗雷德·史密斯曾说过，无人驾驶的飞机可能比有人驾驶的飞机更安全。若果真如此，就会带来一些关键问题。飞机上是否应该至少有一名飞行员？这位飞行员是否能够直接控制飞机，抑或仅仅给出"策略性"的指令，如飞行目的地，然后让智能飞行管理系统决定如何执行？如果按照后一种方式进行无人驾驶，那么上述发出策略性指令的任务是否就不必指派给一位专业的机组人员了？最重要的问题在于：乘客能否接受没有飞行员的客机？当前，答案毫无疑问是否定的，但如果无人驾驶的飞机使得民航飞行更加经济，或者确实更加安全呢？

　　无人驾驶的客机还很遥远，就眼下而言，我们对待安全的态度或许应该遵循荷兰航空公司飞行员协会（Dutch Airline Pilots' Association）前主席本诺·巴克滕（Benno Baksteen）机长的格言："飞行本身是不安全的，……你必须使它变得安全。"

参考文献

Air Accidents Investigation Branch（1992）. *Report on the Accident to BAC One-Eleven G-BJRT over Didcot，Oxfordshire on 10 June 1990*. London，HMSO.

Aviation Safety Network（2013）. Statistics. Retrieved from http：//aviation-safety. net/statistics/period/stats. php？cat＝A1，8 May 2013.

Baberg T. W.（2001）. Man-machine interface in modern transport systems from an aviation safety perspective. *Aerospace Science & Technology*，Vol. 5，pp. 495 – 504.

Bailey，R. E.，Parish，R. V.，Arthur Ⅲ，J. J. and Norman，R. M.（2002）. Flight test evaluation of tactical Synthetic Vision display concepts in à terrain-challenges operating environment. In：Verly，J. G.（ed.）*Enhanced and Synthetic Vision 2002. Proceedings of SPIE*，Vol. 4713，pp. 178 – 189.

Baldwin，H.（2013）. EASA's new human factors roadmap. *Aviation Week & Space Technology*，Vol. 175，p. MRO20（digital edition）.

BEA（2012）. *Final Report on the Accident on the 1st June，2009 to the Airbus A330-203，Registered F-GZCP，Operated by Air France，flight AF447 Rio de Janeiro-Paris*. Le Bourget，BEA.

BEA（undated）. *Rapport de la commission d'enquete sur l'accident servenu de 20 Javier 1992 pres du Mont Sainte-Odile（Bas Rhin）à L'Airbus A320 immatricule F-GGED exploite par la compagnie Air Inter*. Accident report. Retrieved from www. bea. aero/docspa/1992/f-ed920120/htm/f-ed920120.html, 15 November 2013.

Boeing（2010）. *Statistical Summary of Commercial Jet Airplane Accidents; Worldwide Operations 1959 – 2010*. Seattle，Boeing.

Boeing（2011）. The industry's role in aviation safety. Retrieved from http：// web. archive. org/web/20110629092157/www. boeing. com/commercial/safety/ manufacturers_role. html♯controlledFlight，5 October 2013.

Brooker（2005）. STCA，TCAS，Airproxes and collision risk. *Journal of Navigation*，Vol. 58，pp. 389 – 404.

Bruggink（2000）. Remembering Tenerife. *Air Line Pilot*，August.

Bundesstelle für Flugunfaluntersuchung（2004）. *Investigation Report AX001-1-2002*. Braunschweig，BSU.

Crider，D. A.（2010）. Upset recovery training：learning from accidents and incidents. *Aeronautical Journal*，Vol. 114，No. 1160，pp. 629 – 636.

Ebbatson，M.，Harris，D.，Huddlestone，J. and Sears，R.（2010）. The relationship between manual handling performance and recent flying experience in air transport pilots. *Ergonomics*，Vol. 53，No. 2，pp. 268 – 277.

Ellis，J. and Cox，M.（2001）. *The World War I Databook*. London，Aurum Press.

Fogarty，G. J. and A. Shaw（2010）. Safety climate and the theory of planned behavior：towards the prediction of unsafe behaviour. *Accident Analysis and Prevention*，Vol. 42，pp. 1455 – 1459.

Funk，K.，Suroteguh，C.，Wilson，J. and Lyall，B（1998）. Flight deck automation and task management. *1998 IEEE International Conference on Systems，Man，and Cybernetics*，vol. 1，pp. 863 – 868.

Gingras，D. R. and Ralston，J. N.（2012）. Aerodynamic modeling for training on the edge of the flight envelope. *Aeronautical Journal*, Vol. 116, No. 1175, pp. 67 – 86.

Grissom, T. and Done, R. (2008) Hands free data collection for aircraft maintainers. *IEEE Autotest Conference*, Salt Lake City, UT, 8 – 11 September.

Guttman, J. (2009). *SE5a vs Albatros D.V.* New York, Osprey.

Heerkens, J. M. G. (2007). Onbemand bestaat niet. Met stewardess aan stuurknuppel wordt vliegen veiliger. *Piloot en vliegtuig*, Vol. 14, No. 3, p. 44.

Helmreich, R. L., Klinect, J. R. and Wilhelm, J. A. (2001). Systems safety and threat and error management: the line operations safety audit (lOSA). In *Proceedings of the Eleventh International Symposium on Aviation Psychology*. Columbus OH, Ohio State University, pp. 1 – 6.

Hooton, E. R. (2010). *War over the Trenches*. Hersham, Midland Publishing.

IATA (2013). IATA safety statistics. Retrieved from www. iata. org/ pressroom/facts_figures/fact_sheets/Pages/safety. aspx, 8 May 2013.

Kaminski-Morrow, D. (2013a). Japan seeks stability gains on MD-11. *Flight International*, Vol. 183, No. 5389, p. 18.

Kaminski-Morrow, D. (2013b). False data cause 737 to strike tail. *Flight International*, Vol. 183, No. 5387, p. 11.

Learmont, D. (2011). Airlines achieve safest year ever for air travel. *Flight International*, Vol. 179, No. 5280, p. 9.

Learmont, D. (2012a). Lessons still to learn. *Flight International*, Vol. 181, No. 5324, pp. 26 – 33.

Learmont, D. (2012b). Modern jets reach safety milestone. *Flight International*, Vol. 182, No. 5359, p. 8.

Learmont, D. (2012c). AF447 prompt alarm review. *Flight International*, Vol. 182, No. 5351, p. 12.

Learmont, D. (2012d). Training is failing. *Flight International*, Vol. 179, No.

5277, pp. 30 – 33.

Ledegang, W. D, Groen, E. L. and Wentink, L. (2011). Pilot performance in centrifuge-based simulation of unusual attitude recovery. *Journal of Aircraft*, Vol. 49, No. 4, pp. 1161 – 1167.

Liang, G. F., Lin, J. T., Hwang, S. L., Wang, E. M. and Patterson, P. (2010). Preventing human errors in aviation maintenance using an online maintenance assistance platform. *International Journal of Industrial Ergonomics*, Vol. 40, pp. 356 – 367.

Newman, R. L. (2003). Advanced display certification issues. *Digital Avionics Systems Conference*, 12 – 16 October.

Parker Brown, D. (2012) Farewell to the Airbus A340. Retrieved from www. airlinereporter. com/2012/01/a-farewell-to-the-airbus-a340/, 8 December 2012.

Pierobon, M. (2012a). Unmanned issues. *Aviation Week & Space Technology*, Vol. 174, No. 40, p. 34.

Pierobon, M. (2012b). Inspecting inspections. *Aviation Week & Space Technology*, Vol. 174, No. 45, p. MRO27.

Rogers, R. O. and Boquet, A. (2012). The benefits and limitations of ground-based upset-recovery training for general aviation pilots. *Aeronautical Journal*, Vol. 116, No. 1184, pp. 1015 – 1039.

Rolls-Royce (2012). RB211-535. Retrieved from www. rolls-royce. com/civil/products/largeaircraft/rb211_535/, 20 December 2012.

Wagenaar, W. A., Hudson, P. T. W. and Reason, J. T. (1990). Cognitive failures and accidents. *Applied Cognitive Psychology*, Vol. 4, No. 4, pp. 273 – 294.

Wikipedia (2012). Wright R-3350 Duplex Cyclone. Retrieved from http://en. wikipedia. org/wiki/wright_R-3350_Duplex-Cyclone, 23 December 2012.

第8章
新兴工业化经济体及其飞机制造业

纵观亚洲的经济和产业政策

索伦·埃里克松

8.1　引言

过去几十年来，全球制造业和全球贸易历经数次重大转变。20世纪50—60年代，国际化开始兴起，推动者主要是西欧、北美（美国、加拿大）的工业化国家以及澳大利亚、日本等少数其他国家组成的老牌工业核心国（old industrial core，OIC）。

这一时期的全球经济一体化基本上是浅层次的一体化，表现形式大多是独立企业间短距离的货物和服务贸易、证券资本的国际流动以及相对简单的对外直接投资。而如今，全球经济一体化已向更深的层次发展，形成了地域分布广泛而复杂的全球生产网络，或者多个类似的全球生产网络之间开展合作，并通过各种机制使之常态化（Dicken，2011）。

质疑者常使用总体贸易和投资数据进行反驳，但他们根本没有注意到这其中发生了质的变化。产业内部和企业内部的贸易（交易）都实现了大幅增长，两者清楚地表明了生产过程在分工上愈发细化，在地域上愈发分散的特点（Dicken，2011）。全球飞机制造业也呈现出上述发展趋势（Eriksson，1995）。全球化进程推动更广泛的地域连接和更高程度的分工整合，这也给全球诸多地区，尤其是为新兴工业化经济体（newly industrializing economies，NIE）带来了新的发展机遇。

目前还没有一个统一的标准来定义一个国家或地区属于发展中国

家还是新兴工业化经济体。新兴工业化经济体既可以指正在经历快速经济增长和工业化(通常以出口为导向)的国家或地区;也可以指经济比其他发展中国家发达,但却尚未达到发达国家水平的国家或地区;还可以指人均 GDP 或者宏观经济指标上超过发展中国家一般水平的经济体。符合上述这些条件的国家或地区也被称为先进发展中国家(advanced developing countries)或新兴经济体(emerging economies)。

20 世纪 70 年代和 80 年代,亚洲涌现出第一批新兴工业化经济体——韩国、新加坡、中国香港地区和中国台湾地区。20 世纪 90 年代和 21 世纪初,新兴工业化经济体的代表有中国、印度、马来西亚、菲律宾、泰国和土耳其。经济学家和政治学家有时会对这些国家/地区的分类产生分歧。各类组织,如世界银行、国际货币基金组织、联合国和世界贸易组织,也都有各自的定义方式。

越来越多的国家试图在其他航空强国的"阴影"下发展本国的飞机制造业(Todd & Simpson,1986;Eriksson,1995;Vértesy,2011),这也促使该产业的全球化程度越来越高。近年来,许多发展中国家和新兴经济体将航宇/飞机制造业作为自身经济和工业发展的一个目标和手段。原因主要有以下几点(Eriksson,199:122 - 123):

(1) 政治孤立和/或国家独立:从政治角度来看,各类禁运限制无疑是推动一国发展飞机制造业,尤其是发展军用飞机制造业的重要因素。此外,追求国家独立性,意味着一个国家也可能为了提升民族自豪感而发展飞机制造业,借此来保持自身的经济和工业独立。

(2) 经济发展:这是许多国家投资这一产业的主要立场。它们希望该产业能够促进自身的经济和工业发展,并对其他产业和社会领域产生"衍生"和"溢出"效应,例如创造就业机会、培养新的企业和开发新的技术。

(3) 维持工业领域经济增长的两条路径:即可增加或减少国际贸

易的参与程度。前者意味着鼓励出口生产，后者意味着深化进口替代的进程。就飞机制造业而言，促进出口可以帮助国内产业赚取外汇并开辟新的市场，而进口替代可以通过制造国产飞机来节省资金。

（4）声望：飞机制造业的发展受很多因素影响，有些因素是可以证明的，有些则不行。而声望因素就属于后者，虽然难以证明，但这一影响因素确实存在（Eriksson，2003）。

很多国家可以组装军用或商用飞机，但很少有国家具备设计、研发和生产整架飞机的能力。研制一款新飞机的大部分成本在于集成不同领域和行业的众多技术和系统。现代飞机对技术的要求极高，各个系统层级须满足高性能、高可靠性、高安全性和高效率的要求。

出于获取技术转移的需要，新兴经济体国家的航空企业十分依赖其他航空强国的老牌企业，技术转移能否真正成功既取决于新兴经济体国家获得的技术，也取决于对技术的吸收情况（Steenhuis & de Bruijn，2001）。斯廷赫伊斯和德布鲁因在国际技术转移面临极大障碍时，就基于学习曲线探讨了飞机制造业中的国际技术转移（Steenhuis & de Bruijin，2002）。其中一个结论是，接受技术转移的企业有时采用了不恰当或不切实际的学习曲线。一个国家想要发展飞机制造业，要考虑的不仅仅是技术本身。学习的过程非常复杂，需要学习其中的"显性"和"隐性"知识。"显性"知识可以用官方的、系统性的语言来获得，但"隐性"知识则基于经验，植根于个人和组织机构的行动或特定环境中。

因此，技术转移不仅仅是机器、设备和工具在地理位置上的转移。在此过程中也伴随着社会文化知识和技能的转移①（Levin，1993）。鉴

---

① 译者注：社会技术过程（socio-technical process）源于英国特利斯特（Trist）提出的社会技术系统（socio-technical system）理论。该理论认为，组织是由社会系统和技术系统相互作用而形成的复合系统。它强调组织中的社会系统不能独立于技术系统而存在，技术系统的变化也会引起社会系统发生变化。组织不仅是由厂房、人力、资金、机器和生产程序综合起来的物质组织，也是人的行为构成的人群关系系统。

于航空航天等先进技术产业的长期竞争力源于创新能力,模仿者和渴望领先的新进入者要想赶超他国已确立的技术领先地位,都面临着严峻的挑战——它们所瞄准的领先者也在不断前进。简单地从技术领先国家引进当前的最新技术是无用的,因为等到这些技术被引进和吸收之后,技术领先国家又更进一步了(Freeman,1988)。围绕飞机制造业,斯廷赫伊斯等人讨论了四个发展中国家的追赶和技术转移战略,包括领先企业的技术改进和技术创新(Steenhuis et al.,2007)。

众所周知,民用和军用飞机的研制生产是有关联的。许多飞机制造商同时生产民用和军用飞机,许多系统也同时适用于民机和军机。从历史上看,欧美许多飞机制造商也是从制造军用飞机起家,后来进入民用飞机领域的。因此在本章中,军机业务将作为商用飞机业务发展历史的一部分来讨论。

这一章将重点讨论涉足商用飞机领域制造业务的亚洲经济体。这些经济体都基本符合新兴工业化经济体的定义。可能其中一些国家已凭借其成功的经济和工业发展而不再被视为"新兴"经济体(尽管曾经很长一段时间它们都被视作新兴经济体),但在航空领域,它们仍是新兴经济体或新兴工业化经济体,因此也有研究的必要。需要说明的是,日本属于"老牌工业核心国",不在本章的讨论范围内。

本章重点研究各经济体的以下内容:

(1)商用飞机产业的发展背景和起源。

(2)所使用的经济和产业政策观点。

(3)商用飞机研发情况。

(4)商业分包模式的演变,反映出生产过程在分工上日益细化,在地理上日益分散①。

---

① 飞机制造业制造部分的其他生产活动(例如 MRO)也将(在本章中)被讨论,航空发动机也是如此。

8.2　西亚

8.2.1　以色列

以色列曾是新兴工业化国家，2010 年成为经合组织（OECD）成员国，现在已经被普遍认作"高度发达"经济体。以色列拥有非常强大的飞机制造业，能够生产配套民用和军用的航空航天系统。

以色列航空工业公司（IAI）是该国第一大航空企业，成立于 1953 年，最初名为贝德克（Bedek）航空公司，负责维护以色列国防军（IDF）的飞机。1959 年，这家国有企业获得授权许可，生产法国设计的"富加教师"（Fouga Magister）——一款双座涡轮喷气式教练机，本土名为 Tzukit。1967 年第三次中东战争后，法国对以色列实施禁运，以色列开始研发法国"幻影"战斗机在本国的衍生机型（Nesher 和 Kfir）。1980 年，以色列政府决定利用 IAI 所积累的经验来研制一款现代战斗机 Lavi，但该项目在 1987 年被终止。Lavi 项目的夭折，导致 IAI 出现了严重的危机，不得不进行裁员和重组，该公司之后将注意力转向商用飞机领域。

20 世纪 60 年代中期，IAI 开启多元化业务，开始涉足民用飞机生产。该公司第一款自主设计和制造的机型是"阿拉瓦"（Arava）飞机——一款军民两用的短距起降运输机。设计工作始于 1966 年，飞机于 20 世纪 80 年代末停产，累计生产了 103 架（Globalsecurity，2014）。

1961 年，美国罗克韦尔标准公司（Rockwell Standard Corporation）的航空指挥官贝瑟尼分部（Aero Commander Bethany Division）宣布研发新的公务运输机项目"喷气指挥官"（Jet Commander）1121。1967 年，北美航空公司与罗克韦尔标准公司合并为北美罗克韦尔公司，而北美"佩刀客机"(Sabreliner)和罗克韦尔"喷气指挥官"两款相似机型存在市场重叠的问题,于是北美罗克韦尔公司决定继续生产历史悠久的"佩刀客机",而将"喷气指挥官"的生产权和工装都卖给了 IAI(Mondey,1981)。IAI 在此基础上研发了西风公务机(Westwind 1121/1122/1123/1124),并持续生产至 20 世纪 80 年代末。

阿斯特拉(Astra)系列公务机(1125/SP/SPX)是在西风公务机的基础上研制的。20 世纪 80 年代末,IAI 将最初的 1125 升级为 SP,重新设计了机身和机翼。1994 年,进一步推出 Astra SPX,引入了新的发动机和翼梢小翼(Jetadvisors,2014)。

20 世纪 90 年代初,IAI 的子公司银河宇航(Galaxy Aerospace)研发了一款拥有洲际航程的新型公务机——阿斯特拉"银河"(Astra Galaxy)。这款飞机于 1999 年开始交付,但几年之后,IAI 的公务机产品线出售给美国湾流公司——一家主流公务机公司,专注于改进产品性能和降低成本。20 世纪 90 年代末,美国大型航空航天和防务企业通用动力公司又收购了湾流公司。2001 年,湾流公司又收购了银河宇航公司,后者的 Astra SPX 飞机和"银河"飞机分别被更名为 G100 和 G200(Gulfstream,2014)。

2006 年,阿斯特拉 SPX/G100 飞机在生产了 22 年后停产,取而代之的是改进型 G150,而更大的"银河"/G200 飞机则从 1999 年一直生产到 2011 年。2005 年,湾流公司和 IAI 开始设计 G200 的后继机型。这款新机型于 2008 年推出,当时被称为 G250(Croft,2008),于 2011 年 7 月更名为 G280。

虽然 G150 和 G280 自 2001 年以来就是湾流公司公务机系列不可或缺的一部分,但这两款机型仍然由 IAI 在以色列特拉维夫市的工厂制造。

湾流公司拥有 G150 和 G280 的型号合格证,而 IAI 则拥有生产许可证。首先由 IAI 位于特拉维夫市的工厂完成绿皮飞机的制造,然后飞机转场至位于美国达拉斯的湾流完工中心进行内饰安装和喷漆工作。IAI 总计被授权生产了 442 架"喷气指挥官"(Jet Commander 1121)和西风系列(1122、1123 和 1124)公务机。以下是阿斯特拉飞机和"银河"飞机的生产数量(截至 2013 年 12 月)①:

(1) 145 架阿斯特拉/阿斯特拉 SPX/G100。

(2) 104 架 G150。

(3) 250 架"银河"/G200。

(4) 23 架 G280。

为拓展商业市场,IAI 又启动了空中卡车(Airtruck)项目——一款涡桨货运飞机,能够运载 5 个标准尺寸的集装箱,航程约为 1 850 千米(1 000 海里)。该机型的设计目标是满足美国快递包裹承运商联邦快递公司对新一代货机的需求,在枢纽机场和喂给航线②服务中取代波音 727 和福克 F27 飞机。联邦快递公司承诺采购大约 100 架飞机,但 IAI 仍寻求更多的订单,以支撑其继续研制这款飞机。IAI 还试图寻找风险共担的分包商来制造飞机的主要部段。为此,IAI 在欧洲和远东地区开展了销售谈判与合作伙伴谈判。在数次尝试后,IAI 最后还是终止了该项目。

IAI 试图拓展商用飞机业务的另一尝试是与美国飞机制造商费尔柴尔德公司(后成为飞机制造商道尼尔公司的所有者)签署了一份新协议③,在以色列组装新推出的道尼尔 428(Dornier 428)喷气式支线飞机。IAI 和费尔柴尔德公司在 1999 年 6 月签署协议,该协议委托 IAI

---

① 美国湾流公司通信副总裁史蒂夫·卡斯(Steve Cass)提供的信息。

② 译者注:在航空运输中,喂给航线通常连接枢纽机场和它的主要支线机场,形成轴辐组织模式,类似于航运中的"母港"和"喂给港"。枢纽机场与喂给机场之间存在一定数量的可中转航班,即在空间上和航班时刻上与枢纽机场保持着高连通性。

③ 译者注:该协议签署时间为 1999 年 10 月。

进行工程规划、飞行试验和取证工作。在此基础上，双方又签署了新协议，加入了机身的设计、制造和组装工作（Globes，1999）。2000年初，IAI加大了对该项目的参与力度，工作范围扩展到其他部件的设计和制造，如电气部件和空调系统等。原本计划于2003年交付首架机，但由于市场条件的变化（官方解释），该项目在2000年8月被迫终止，订单过少无疑是原因之一。

未来，IAI的重点将是努力寻求生产远程公务机的机会（Fulgham，2012）。

IAI的商用飞机集团作为分包商参与了以下国际商用飞机项目：

（1）波音777：尾翼（唯一供应商，包括前缘组件、翼梢和蒙皮面板）。

（2）波音787：第46/47部段（客舱地板格栅组件和货舱地板组件、门围板）、第48部段（球面框）和水平安定面（翼梢组件、前缘组件和边条、后缘）。

另外，IAI还是发动机项目的主要国际分包商，生产发动机短舱、风扇整流罩和燃烧室。IAI的贝德克航空集团（Bedek Aviation Group）还是波音公司（737、767和747）客改货项目的最主要参与者之一。

8.2.2 土耳其

土耳其横跨亚欧大陆，97%的土地面积在亚洲，约88%的人口居住在亚洲区域。尽管从地域和人口的角度看，土耳其主要是一个亚洲国家，但它与西方世界有着紧密的经济和政治联系。土耳其于1952年成为北约成员国，长期以来自视为北约联盟的东部堡垒。另外，它也是中东地区的强国之一。

土耳其的飞机制造业以土耳其航空工业集团（TUSAS）为中心，该集团成立于1973年6月28日，隶属于土耳其工业和技术部，旨在减少土耳其国防工业的对外依赖（TAI，2014）。自共和国成立以来，土耳其一直寻求发展拥有本国的飞机制造业，但该集团在头十年的发展非常有限，经历过好几次失败尝试。由于土耳其空军需要现代化战斗机，1984 年美国"和平玛瑙"（Peace Onyx）军售计划最终设立，借此成立了 TUSAS 航空航天工业公司（TUSAS Aerospace Industries，TAI），并在首都安卡拉城外的穆尔特德兴建了 TAI 的新工厂（Wanstall，1990a）。

"和平玛瑙"计划的内容是关于美国对土耳其销售和授权许可生产通用动力 F - 16 战斗机的协议。最初，TAI 的股权分配是土耳其51%，美国49%（其中通用动力公司42%，通用电气公司7%，后者为 F - 16 生产 F110 发动机）。新工厂始建于 1984 年中期，第一架土耳其本土制造的 F - 16 于 1988 年初出厂。F110 发动机在由 TUSAS 发动机工业公司（TUSAS Engine Industries，TEI）专门建造的大型厂房内生产，该厂房位于安卡拉以西 240 千米的埃斯基谢希尔市（Wanstall，1990b）。

从那时起，土耳其政府通过 TAI，大量投资了许多军用飞机项目，主要是各种军用飞机的现代化改造和升级项目，也有外国军用直升机的许可生产项目。这些都与抵销贸易密切相关，换言之，土耳其从国外购买飞机会为 TAI 带来许多分包项目。

20 世纪 80 年代，土耳其政府决定更换老旧的 C - 47（道格拉斯DC - 3 的军机版本）机队，在其现有的洛克希德 C - 130"大力神"和运输机（Transall）C - 160（法、德联合研制的军用运输机）机队的基础上，再采购一批战术运输机。政府经过内部讨论，最终选择了西班牙和印度尼西亚联合研制的 CN - 235 轻型军民两用运输机，采购合作方式既有整机采购，又包括许可生产。1991—1998 年，TAI 许可生产了 50 架CN - 235，并全部交付给了土耳其空军。

到了 20 世纪 90 年代，TAI 显然希望利用其所积累的知识和技术资源,参与到商用飞机领域中来。

20 世纪 90 年代中期,同其他许多国家一样,土耳其政府计划研发一款小型双发支线飞机。为此,土耳其计划在本国兴建 40 座支线机场,以创造支线飞机市场需求。但这个项目最后不了了之。

在一次访谈中(Moxon,2000),TAI 总经理卡亚·厄震科准将(Brig. General Kaya Ergenc)表示 TAI 希望摆脱对军机生产的依赖,并计划在十年内将商用飞机项目的销售额增加到公司营业额的 40%～50%。20 世纪 90 年代,TAI 的民用飞机生产合同主要是由国有的土耳其航空公司购买飞机交换得来。这些合同包括波音公司的 600 架份 737 翼梢小翼和 400 架份飞行控制面板(Moxon,2000)。

TAI 于 2005 年进行了重组,公司目前的股东是土耳其武装部队基金会(54.49%)、土耳其国防工业部(45.45%)和土耳其航空协会(0.06%)。

2014 年,TAI 的商用飞机生产主要涉及(TAI,2014):

(1)空客公司:空客 A350XWB 副翼设计和制造的风险共担合作伙伴合同。另一项合同是 TAI 与 EADS-CASA 在 1998 年签署的,为空客 A319/320/321 飞机制造 200 架份第 18 段机身壁板,该合同于 2004 年 8 月 18 日交付最后一架份,已履约完成。而副翼的交付持续至今。

(2)波音公司:2003 年 TAI 与波音公司签订了 200 架份波音 777 背尾翼的生产合同;2006 年签署了一份新合同,继续生产波音 777 背尾翼以满足波音公司从 2007 年 12 月至 2012 年 12 月的生产需求。有了这一额外订单,TAI 的生产总数达到 350 架份。另一个商业项目是为波音 787 生产升降舵、货机阻拦网和机身密封组件。

(3)庞巴迪公司:TAI 与庞巴迪公司分别于 2011 年 1 月 21 日和 2011 年 12 月 17 日签署了特殊条款协议(STA)和一般条款协议(GTA),主要为庞巴迪 C 系列生产固定后缘(FTE)。

（4）势必锐航空系统（Spirit AeroSystems）公司：TAI 与该公司的合作始于 2002 年的一个生产项目，为波音 737、747、767 和 777 生产各种子组件①。

（5）阿古斯塔·韦斯特兰（Agusta Westland）公司：TAI 为 A139 直升机生产多种不同构型的机身。2012 年交付 42 架份，2013 年交付 50 架份（包含两种不同构型）。TAI 还负责制造座舱盖、雷达罩和尾梁蒙皮。

8.2.3 伊朗

位于伊斯法罕省萨因沙赫尔（Shahin Shahr）的伊朗飞机制造工业公司（HESA）成立于 1976 年，负责生产贝尔 214ST 直升机。

214ST 直升机是在贝尔 214B"大起重机"（Big Lifter）直升机基础上研制的军机项目，专门在伊朗生产。贝尔公司在该项目上投入的研发费用由伊朗政府资助（Apostolo，1984：54）。

该工厂最初计划生产 350 架贝尔 214ST 直升机和贝尔 214 直升机的其他若干款改型机。1978 年启动了 3 架原型机的研发（Donald，1997），但由于伊朗革命和随后伊朗遭制裁，该项目终止。

1995 年，伊朗和乌克兰签署了一项政府间协议，授权 HESA 组装安东诺夫安-140 涡桨飞机，这是该工厂首次开展商用飞机生产业务。伊朗装配的第一架安-140（被称为 IrAn-140）于 2001 年总装下线。2001—2008 年，HESA 只组装了 7 架 IrAn-140（Aviacor，2014）。直到 2013 年，HESA 也只生产了 14 架 IrAn-140 飞机，而最初计划是年生产 12 架（Muravsky，2013）。

这架飞机曾被宣传为象征着伊朗在航空产业取得的成就，但从一开始，IrAn-140 项目就存在发动机故障、安全性差等问题。伊朗航空

---

① 势必锐航空系统（Spirit AeroSystems）公司的总部位于美国堪萨斯州的威奇托市，是全球最大的飞机（一级）分包商，为波音公司和空客公司提供机身组件。

专家对许可生产合同及飞机的糟糕表现多有不满。2014 年 8 月,唯一一架获得适航证的 IrAn‑140 在德黑兰起飞后坠毁,伊朗跻身航空制造业的希望显然也随之破灭(*Flightglobal*,25 November,2014)。

该型号所涉及的事故至少有四起,导致适航当局禁止了该飞机的所有运营。其中一个问题是该型号配备的克里莫夫 TV3‑117VMA 发动机不适合在伊朗的气象条件下运行。由于发动机的性能表现不佳,IrAn‑140 飞机最多只能搭载 37 名乘客。后来安东诺夫航空科学技术联合体希望用普惠加拿大公司的 PW127A 发动机替代原来的发动机,但遭受制裁意味着 HESA 无法实现这一更改(*Flightglobal*,25 November,2014)。

事故发生后,伊朗民航当局表示在 HESA 和安东诺夫航空科学技术联合体组成的调查小组确定失事原因之前,禁飞 IrAn‑140 飞机。

另一个失败的项目是安东诺夫安‑148 喷气式支线客机的许可组装。HESA 与安东诺夫航空科学技术联合体签署了生产 50 架 70 座级安‑148 飞机的合作意向书。根据意向书,大多数飞机将在伊朗组装,只有最初的几架由位于基辅和沃罗涅日的工厂组装。这就要求伊朗本土的生产水平要随着项目推进而逐步提高,该项目原计划于 2009 年完成所有生产。但协议签署之后再无下文。

8.3　南亚

8.3.1　印度

8.3.1.1　介绍

印度拥有庞大的飞机制造业,军用飞机和国防装备是其发展的重点。印度国防部管理的国有企业印度斯坦航空有限公司(Hindustan

Aeronautics Ltd.，HAL)在其中至关重要。该公司是发展中国家和新兴工业化国家中最大的航空企业之一，拥有 3 万多名员工。

HAL 涉足飞机制造业的多个领域，包括飞机、航电设备、发动机和直升机的制造和组装，也涉足 MRO 和机场运营。

该公司的历史可以追溯到 1940 年在班加罗尔创建的印度斯坦飞机有限公司。该公司最初是一家私有初创企业，但成立不久就被印度政府收购了 1/3 的股份。在第二次世界大战期间，班加罗尔工厂被移交给美国陆军航空队(航空技术服务司令部)，并被用作维修基地，负责飞机大修和维修。美国陆军航空队(USAAF)于 1945 年 10 月撤出，并将班加罗尔工厂交还给印度政府。1964 年，印度斯坦飞机有限公司与印度航空(Aeronautics India)公司合并，成立了印度斯坦航空有限公司，保留了 HAL 的名字(Eriksson,1995)。

历史上印度获得了大量外国飞机的制造许可。最开始是在第二次世界大战期间组装美军教练机哈洛(Harlow)PC‐5,战后则组装英国珀西瓦尔·普伦蒂斯(Percival Prentice)教练机。HAL 设计的第一架飞机是 H‐2 双座初级教练机，于 20 世纪 50 年代初投入生产。在 20 世纪 50 年代末，基于国外飞机设计的国产双座单翼飞机普什帕克(Pushpak)问世。

1956 年，印度签署了一项协议，得到授权许可生产其首款喷气式飞机——英国福兰飞机公司(Folland Aircraft,后被霍克·西德利公司收购)的"蚋式"(Gnat)战斗机/教练机，后来经过一些更改，更名为"阿耶特"(Ajeet)(Eriksson,1995)。从那时起，许多外国军用飞机都在印度开展许可生产，最著名的是苏联/俄罗斯的战斗机米格‐21、米格‐27 和苏霍伊苏‐30MKI。英法的"美洲虎"(SEPECAT Jaguar)对地攻击机和英国 BAE Systems 的"鹰式"(Hawk)喷气式教练机也由 HAL 组装。

HAL 总部设在班加罗尔,并在当地设有大量工厂,包括飞机部、大修部、航天部、机场服务中心、发动机部、铸造和锻造部、工业和船用燃气轮机部、设施管理部、直升机部、直升机 MRO 部和复合材料制造部等。

此外,HAL 的工厂遍布印度,包括纳西克、科拉普特、海得拉巴、坎普尔、科尔瓦、勒克瑙和巴拉克波尔(属于加尔各答市)。其中,纳西克(飞机部、飞机大修部)和科拉普特(发动机部、苏霍伊发动机部)工厂组成了 HAL 的米格复合体(Mig Complex),从事苏联/俄罗斯军用飞机和发动机的许可生产以及开展相关的 MRO 业务。

海得拉巴和科尔瓦的工厂主要生产军用飞机的航空电子设备。勒克瑙配件工厂生产各种零件和系统(液压系统、环控系统、各种仪表、杆盘和刹车盘等),而巴拉克波尔工厂则主要作为法国许可生产的"印度豹"(Cheetah)和"猎豹"(Chetak)直升机的 MRO 工厂。

8.3.1.2　商用飞机业务

1960 年,HAL 在坎普尔成立运输机分部,生产英国霍克·西德利公司的 HS‐748 客机。这款中程涡桨飞机最初是由英国的阿芙罗公司(Avro,当时霍克·西德利集团的子公司)在 20 世纪 50 年代末设计的,作为老旧的道格拉斯 DC‐3 的潜在替代机型。然而,该项目启动后进展缓慢,订单很少。1959 年 7 月,印度政府宣布,打算以许可生产的方式在坎普尔组装 HS‐748,极大地推动了该项目的发展(Munson,1983:283)。1960—1983 年,印度总共生产了 89 架该型飞机。

HAL 自主研制了一款小型农用飞机 HA‐31"春天"(Basant),但在 1975—1978 年只生产了 19 架。HAL 后来又设计了一款螺旋桨初级教练机 HPT‐32"风神"(Deepak),在 1983—1998 年制造了 142 架(HAL,Kanpur,2014)。

1983 年,德国道尼尔(Dornier)公司与 HAL 签署了道尼尔 228 双发多用途轻型运输机的生产许可协议①。许可生产于 1985 年启动，目前仍在进行中，迄今共生产了 125 架（HAL，Kanpur，2014）。德国的生产线已于 1998 年关闭，但印度仍在继续生产。

目前，该款机型的生产权掌握在瑞士 RUAG 国际集团（RUAG International）的航空部手里，该集团在 2002 年道尼尔母公司破产时收购了有关权利和许可。几年后，新一代道尼尔 228NG 的研制项目启动。RUAG 在德国奥伯法芬霍芬的工厂生产新一代道尼尔 228，并与 HAL 合作生产，其中 HAL 负责机身结构，而 RUAG 国际集团则负责总装集成。道尼尔 228NG 采用了新的玻璃驾驶舱、改进的内饰和五叶螺旋桨，并进行了许多设计调整（Airvectors，2014）。

2014 年 7 月，RUAG 国际集团与印度塔塔先进系统（Tata Advanced Systems）公司签署协议，后者将在印度海得拉巴工厂组装完整的机身和机翼结构，并提供给 RUAG 国际集团航空部。塔塔先进系统公司将承担协议规定的所有零部件制造和组装工作（Business Air，2014），并为此成立了一家合资公司——塔塔－HAL 技术有限公司（Tata HAL Technologies Ltd.）。

HAL 还为一些外国飞机制造商制造零部件。近年来，HAL 承担的商用飞机分包工作略有增加，其中 2014 年生产了以下零件：

（1）空客 A320 前客舱门（空客公司，法国）。

（2）波音 767 大货舱门（波音公司，美国）。

（3）波音 777 上位锁箱组件（波音公司，美国）。

（4）波音 777 襟副翼（波音公司，美国）。

（5）波音 737－300 货物转接门和套件（IAI，以色列）。

（6）G－150 后机身（IAI，以色列）。

---

① 道尼尔 228 拥有多种构型，包括客运型、货运型、空中的士型、企业专用型、海上监视型、边境巡逻型和医疗救援型等。

（7）莱格赛 450/500 客舱门（巴航工业公司，巴西）。

2004 年之前，HAL 为波音公司生产波音 757 机翼上方的应急出口舱门，在此之前还生产过道尼尔 228 的起落架、福克 50 的水平安定面、英国宇航系统公司 ATP 飞机的水平尾翼（Eriksson，1995）。

8.3.1.3　努力自主研发国产飞机的努力

20 世纪 80 年代中期，印度政府、印度国家航空航天实验室（NAL）和 HAL 展开了讨论，主题是进一步提升印度在商用飞机制造领域的参与程度，并计划出台一项长期战略，以促进印度商用飞机产业的发展。讨论的结果是形成了一项对小型多用途轻型运输机（LTA）进行可行性研究的建议。这款双发涡桨飞机（后来更名为 SARAS）由两台普惠加拿大公司的 PT6A - 66 发动机提供动力，计划载客量可达 14 名乘客，可执行多种任务，包括公务运输、轻型包裹运送、遥感调查、海岸防卫、边境巡逻、空中救护和其他社区服务①。

可行性研究成果发表后，印度政府决定寻找能够提供技术和资金支持的外国伙伴来继续这个项目。印度最终与俄罗斯米亚西舍夫（Myasishchev）设计局达成协议，但由于缺乏资金投入而于 1993 年终止。最后，该项目改由印度技术发展委员会、民航部和 HAL 提供资助。

1996 年，在新加坡接受作者采访的 NAL 和 HAL 官员表示，预计印度市场至少需要 400 架该款飞机，而国际市场也有"数百架"的需求。

该项目经历了数次延期，在研制了 15 年后，终于在 2004 年 5 月实现了首飞，这样的研制周期对于一款飞机而言实在过于漫长。第二架原型机于 2009 年 3 月的一次试飞中，在距离班加罗尔 40 千米的比达迪附近坠毁，3 名飞行员丧生，这导致该项目陷入了更大的危机。印度民用航空总局（DGCA）的调查报告指出导致 SARAS 飞机坠毁的 61 个

---

①　1996 年 2 月新加坡亚洲航空航天贸易会所获宣传单上的信息。

缺陷。就在坠机事故发生前一个月，这架飞机在未经 DGCA 许可的情况下，在 2009 年印度航展上进行了为期四天的飞行演示（*Deccan Herald*，2010）。

因此，印度研制和销售国产民用客机的第一次尝试遭遇重大挫败。据《印度时报》报道，印度空军计划购买 15 架经过改进和换发的 SARAS 飞机。然而除此之外，到 2014 年 1 月，这款飞机经过近 30 年的研制，仍没有获得印度或国际适航当局的认证！

面对 SARAS 项目的失败，印度政府、NAL 和 HAL 又开始讨论新的项目。2007 年，NAL 和 HAL 宣布研发一款 70 座的涡桨支线运输机 RTA-70，计划于 2013 年总装下线。但 RTA-70 项目至今没有任何进展，甚至都还没有最终决定该飞机是涡桨还是喷气式飞机。这本应该是在项目研制初期就做出的基础性决策。

最后，该项目变成了 90 座的喷气式支线飞机，被命名为"印度支线喷气式客机"（India Regional Jet，IRJ）。IRJ 是一款代表印度研制中型民用飞机梦想的飞机。该项目计划在时任总理曼莫汉·辛格（Manmohan Singh）召开的讨论促进制造业发展举措的高层会议上获得立项批准。同时，IRJ 也被印度当作是追赶中、日、俄研制支线飞机步伐，并减少对庞巴迪公司和巴航工业公司依赖的一项成果。庞巴迪公司和巴航工业公司在支线飞机的全球市场中占据主导地位（Livemit & *The Wall Street Journal*，2014）。

据飞机项目 NAL 方负责人萨蒂什·钱德拉（Satish Chandra）称，从国家工业发展的角度来看，该项目也是合理的，即积累专业知识，从而在其他领域衍生副产品（Livemit & *The Wall Street Journal*，2014）。该项目计划于 2017 年完成飞机总装下线，但尚未决定（截至 2014 年初）发动机构型（喷气还是涡桨），这也是当时 RTA-70 的一个主要问题。虽然该飞机被贴上了"印度支线喷气式客机"的标签，但

NAL 官方也曾提及配备涡桨发动机。该项目似乎面临很大的不确定性，如果继续推进下去，印度会发现自己将进入一个竞争异常激烈而且已经相当拥挤的市场。

除了 HAL，成立于 1994 年的塔佳航空航天有限公司（Taneja Aerospace&Aviation Ltd.，TAAL）是印度第一家制造通用航空飞机的私有企业（TAAL，2014）。

该公司最初的业务是在印度制造意大利帕泰那维亚（Partenavia）公司的 P68C 型六座双发飞机。1995—1998 年，TAAL 在霍苏尔工厂许可生产 P68。第一批 5 架飞机是用来自意大利的成套组件制造的，1998 年 TAAL 推出了第一架本土生产的 P68 飞机。1998 年帕泰那维亚公司破产，另一家成立于 1996 年的意大利公司火神航空（Vulcanair）公司收购了帕泰那维亚公司的所有资产、型号设计、商标和权利①。随后火神航空公司终止了之前帕泰那维亚公司与 TAAL 之间的协议。印度商用飞机产业的分布情况如表 8.1 所示。

表 8.1　印度商用飞机产业的分布情况

地　区	具体产业内容
班加罗尔	总部和分部
坎普尔	运输/商用飞机部
海得拉巴	新塔塔工厂，为道尼尔 228NG 生产机身和机翼结构

目前，TAAL 为 HAL、印度空间研究组织（ISRO）以及 NAL 制造

---

① 1991 年帕泰那维亚公司被并入前意大利航空航天工程集团阿莱尼亚（Aeritalia）公司。但后者试图将前者出售给比亚乔（Piaggio）公司失败后，于 1993 年交易给了另一家意大利航空公司（Aercosmos）。

结构部件，并为印度海军和空军的直升机和飞机提供改装服务。此外，它还为 SARAS 飞机生产主要结构部件。

8.4 东南亚

8.4.1 印度尼西亚

8.4.1.1 背景

印度尼西亚在 1945 年宣布独立后，该国的经济政策就受到强烈的民族主义和反殖民情绪影响。印度尼西亚第二任总统苏哈托（Suharto）提出"新秩序"，其基础是一系列旨在支持多个工业项目强劲发展的五年计划。其中一个项目就是成立国有商用飞机制造企业——印度尼西亚飞机工业有限公司（IPTN），这是印度尼西亚政府为促进该国技术发展而进行的规模最大、最雄心勃勃的投资（Eriksson，1995）。

在苏哈托执政期间，印度尼西亚政府内部有两派观点截然不同且相互竞争的经济顾问团体：技术官僚和多元化的经济民族主义者。前者坚定地支持市场竞争，而后者则对自由市场意识形态持保留意见，敦促政府积极干预和监管市场行为。优素福·哈比比博士（Dr B. J. Habibie）作为经济民族主义的代表人物之一，首先提出了印度尼西亚高科技发展战略，他也是印度尼西亚研究和技术部前任部长、IPTN 的创始人（Eriksson，2003）。

哈比比认为，如果印度尼西亚政府不去主导并强有力地推动建立一个自给自足的高科技制造业基地，印度尼西亚永远不可能在经济上赶上工业化国家。在哈比比看来，印度尼西亚未来的竞争优势在于高附加值的高科技优势及人力资源的升级。他认为，印度尼西亚必须注重只有技术才能提供的"竞争优势"，而不是遵循传统，依赖其丰富的土地资源和劳动力形成的"比较优势"(Smith,1998)。

哈比比提出的发展模式并不采用强调成本收益分析和比较优势的正统经济学方法,相反,他提出一些指导原则,如发展强大的基础教育及国家研发能力,以尽可能减少对进口技术的依赖。该"国家战略"的一个重要部分是发展汽车产业,以培养"实践性"的科技竞争力(Eriksson,2003)①。

显然,这一战略的主要目标是技术本身,而不是优先考虑商业。在《航空与航天科技周刊》的一次采访中(Elson,1983:15),哈比比表示:"未来项目的选择,将主要考虑能否满足国内需求以及促进国家工业化和技术转移的目标。"在另一次采访中(Bailey,1992:51),哈比比称:印度尼西亚尝试发展本国飞机制造业并不是最近才有的想法,印度尼西亚独立后的第一任总统苏加诺曾设立飞机工业部长这一职务,但由于缺乏技术准备和产业环境,并没能成功发展本国飞机制造业。这既不是决策的问题,也不是资金的问题,而是缺乏知识的问题。

在这种理念指导下,很容易忽视管理能力和对整个项目的管理,而这也是技术发展中不可或缺的部分:

> 对管理知识的忽视,一定程度上源于大多数国家(不仅仅是印度尼西亚)的政府官员对"创新""技术转移"和"技术发展"存在的偏见。他们中的大多数都先入为主地关注技术进步的显性指标,例如科学家和工程师的数量、许可协议的数量以及成立新企业的数量,而不是将这些指标与商业可行性结合起来。因此,沟通协调、市场营销、售后服务、人员管理、定价、进度管理和库存控制等

---

①　想要了解苏哈托执政时期的印度尼西亚,可参阅《印尼科技现状》(Amir,2013)。该书描述了印度尼西亚政府、产业界和各种利益集团之间的互动,对 IPTN 也提出了一些新颖的观点。

软实力和管理技能就被忽视了(McKendrick,1992：65)。

哈比比对高科技的执着让他在国内外受到了许多批评。反对观点主要是担忧高科技对整体经济的影响有限,而且高科技产业不一定适合印度尼西亚现阶段的经济和技术发展(Eriksson,2003)。技术官僚们质疑高科技生产在劳动力过剩型经济体中的经济有效性,还有人担心建立经济和技术开发区与社会其他领域的联系非常有限。图 8.1 为IPTN 在国家发展中的作用。

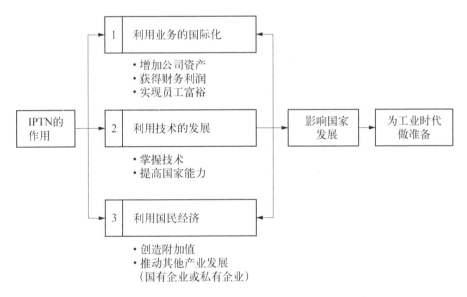

图 8.1　IPTN 在国家发展中的作用(哈比比的观点)

［资料来源：Eriksson(1995)发表的相关文章］

8.4.1.2　IPTN 的成立

印度尼西亚新兴飞机制造业集中于雅加达东南约 180 千米的万隆市。1974 年,具有德国飞机制造业工作背景的哈比比带领一个小团队回到印度尼西亚,在印度尼西亚国有企业石油及天然气矿业公司(Pertamina)

设立先进技术和航空技术部,为团队启动相关工作提供了条件。随后,哈比比所在的部门和国有企业努达尼奥飞机制造厂(Lembaga Industri Penerbangan Nurtanio)合并,成立努达尼奥飞机工业有限公司(PT Pesawat Terbang Nurtanio)。1976年4月,苏哈托总统颁布了一项行政令,指派哈比比管理该公司。1976年8月,努达尼奥飞机工业有限公司正式成立。1978年,哈比比还被任命为国家研究和技术部长(Eriksson,1995)。

努达尼奥飞机工业有限公司于1985年更名为印度尼西亚飞机工业有限公司(Industri Pesawat Terbang Nusantara,IPTN)。2000年8月,公司再次更名为印度尼西亚航空航天公司(PT Industri Dirgantara),对外简称IAe。本章仍使用IPTN这个简称。哈比比博士和苏哈托总统在各种场合为国家对飞机制造业的大量投资进行辩护。一次在接受采访时,哈比比谈到了印度尼西亚航空业的未来(Davidson, 1981:1236):

> 从整个印度尼西亚来看,近14 000个岛屿延伸的距离相当于巴黎和纽约之间的距离,面积相当于整个欧洲,有1.63亿人口依赖航空运输。既然我们必须使用飞机作为基本的出行方式,为什么不自己造呢? 为什么要去买呢?

1984年9月3日,《财富》杂志刊登了一则广告:

> 在CN-235轻型运输机的总装下线仪式上,苏哈托总统阐述了飞机制造业对印度尼西亚"至关重要"的5个原因:进一步整合和统一这个群岛国家;支持安全和国防;创造就业机会;开发新技术;提升其他国家和整个世界对印度尼西亚应用现代技术之能力的信心。

由于身居印度尼西亚国家研究和技术部长这一要职，哈比比长期以来对印度尼西亚的技术项目拥有决定权和影响力。直到 1998 年国际货币基金组织介入，以及 1999 年他参选总统失败并由阿卜杜勒拉赫曼·瓦希德(Abdurrahman Wahid)出任总统，他的影响力才开始减弱。哈比比所推行的方法有一些突出的特点：

> 一个是项目推进过程中带有极度个性化的色彩。除了仍处于早期阶段的 N-2130 项目以外，所有的项目都在哈比比的直接控制之下——没有他的批准，就不能做出任何重大决定；从未发布过任何信用财务业绩报表；也缺乏常用的监督和制衡措施(如财政部的监督)；即使是内阁中最有权力的"技术官员"，也无法挑战哈比比与总统之间的亲密关系(Hill,1998：44)。

国家层面扶持 IPTN 发展的其他政策手段包括：禁止进口竞争机型，免除国有企业购买国内产品的政策限制，以及给予哈比比相当大的自由裁量权(McKendrick,1992：42)。

IPTN 官方公布的长期目标如下(Eriksson,1995)：

(1) 在飞机等航空产品的设计和制造方面实现自力更生。

(2) 在国际市场上具有竞争力。

(3) 支持国防和安全事业。

(4) 促进国内其他技术和产业的发展。

(5) 推动先进技术和新产品的研发。

8.4.1.3　IPTN 的飞机制造业务

为建立具有广泛影响力的印度尼西亚飞机制造业，使其具备设计、研发和制造整机的能力，IPTN 制订并实施了飞机制造技术转移的四阶段计划(如图 8.2 所示)。

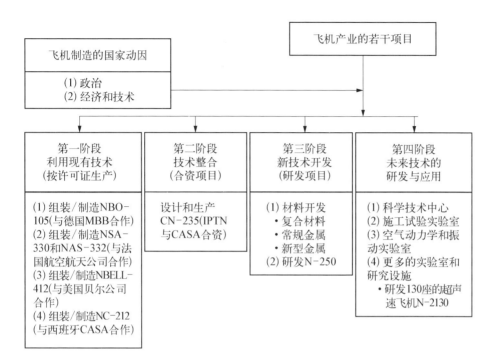

图8.2 IPTN的技术发展路线图

[资料来源：Eriksson(1995)发表的相关文章]

第一阶段始于1976年，IPTN许可生产西班牙航空制造有限公司(CASA)的C-212航空飞机(Aviocar)(短距起降轻型运输机)和德国梅塞施密特-伯尔科-布洛姆公司(MBB)的Bo 105直升机。后来，IPTN还获得了法国宇航公司(Aérospatiale)的SA 330"彪马"(Puma)直升机生产许可。这是为随后生产更大、更现代化、更复杂的SA 332"超级彪马"(Super Puma)直升机做准备。

1982年，IPTN签署了一份生产美国贝尔412直升机的协议。但1995年9月，美国联邦航空管理局(FAA)和印度尼西亚民用航空总局(DGCA)对IPTN的万隆工厂进行联合审查后，认为IPTN未能符合FAA的规定，因而叫停了该直升机的生产。据相关方透露，审查发现

IPTN 部分设计数据丢失，图纸有效性出现问题，还错误使用制造手册，且 IPTN 和位于美国沃斯堡的贝尔公司沟通不畅。20 世纪 80 年代中期，IPTN 获得了 MBB 和川崎重工联合研制的 BK‐117 直升机的生产许可，但是该项目并不成功，只生产了几架后就终止了。

第二阶段（合资项目）始于 1979 年，IPTN 与西班牙 CASA 合作研发 CN‐235 通勤/运输飞机。这一阶段是通过与 CASA 联合设计和制造来实现对现有技术的整合。CN‐235 的目标市场是支线客机市场，尽管 CN‐235 看起来显然是商用和军用需求的折中方案：飞机拥有一个后机腹门、安装于舷侧突出部的主起落架以及一对上单翼，还可装载 4 个 LD‐3 集装箱或一对 88 英寸①的货物托盘。1979 年，IPTN 在马德里成立了一家项目管理公司——航空技术工业公司（Air Technology Industries），由哈比比担任总裁。CN‐235 项目于 1980 年开始设计研究，次年开始原型机生产，1983 年 9 月总装下线，1986 年首架机交付，在西班牙和印度尼西亚万隆均建有总装线（Eriksson，1995）。该项目对 IPTN 至关重要，是印度尼西亚下一步设计更大、更先进的飞机的基础。

两家企业的分工如下：IPTN 负责生产尾翼模块的主要部件（水平安定面、垂直安定面和方向舵）以及外翼、外侧襟翼、副翼和舱门；CASA 负责生产中央机翼和动力系统、内襟翼、主起落架和前起落架以及前机身。中机身和后机身的生产和机身装配由两家企业各自的总装线负责（Eriksson，1995）。

在 1995 年以前，IPTN 生产的 CN‐235 面临销售障碍，主要是因为缺乏国际公认的适航证。直到 1995 年，IPTN 生产的 CN‐235 才获得欧洲联合航空管理局（Joint Aviation Agency，JAA，EASA 的前身）

---

① 译者注：英制中的长度单位。1 英寸 $=2.45\times10^{-2}$ 米。

颁发的适航证,在此之前,CASA 生产的 CN - 235 已经获得 FAA 的认证,通过出口早已大获成功(Eriksson,1995)。

截至 2001 年,印度尼西亚共生产了约 35 架 CN - 235。截至 2012 年初,又生产了 22 架,合计 57 架。从全球角度来看,这一生产数量是极少的,远没有达到盈亏平衡点。CASA 生产了大约 250 架 CN - 235,其中绝大部分都产自西班牙塞维利亚的总装线,还有 50 架是由 TAI 根据 CASA 与 TAI 签署的许可协议生产的,在 1991—1998 年生产并交付给土耳其空军。

为了增加订单,印度尼西亚政府要求本国的航空公司订购 CN - 235,但被印度尼西亚最大的国有航空公司梅帕蒂航空公司(Merpati Airline,也称印度尼西亚鸽航)总裁拒绝,政府因此撤去了他的职务。此外,缺乏出口信贷是 IPTN 面临的另一个销售障碍,不得已只能转为易货贸易,例如关于泰国大米和马来西亚宝腾汽车的互购协议(Eriksson,2003)。

第三阶段是将获得的技术应用于印度尼西亚本国全新产品的设计和制造上。1989 年 6 月,IPTN 宣布启动首款自主研发的飞机项目——N - 250 飞机项目,这是一款电传操纵的 50～54 座涡桨支线飞机。1993 年 6 月,哈比比放弃了 50 座的设计,转而研发 64～68 座的加长版 N - 270,并重新命名为 N - 250 - 100。除了电传操纵的飞行控制系统、全权限数字化发动机控制、复合材料螺旋桨、发动机指示和机组告警系统之外,飞机还配备了其他当时最先进的技术,如多普勒湍流气象雷达和防撞系统。第一架飞机于 1994 年 11 月在万隆总装下线,1995 年开始飞行试验(Eriksson,1995)。

在 20 世纪 90 年代,哈比比和 IPTN 曾数次发布虚假信息,声称 N - 250 飞机获得了大量意向订单和确认订单,试图造成一种项目成功的假象。甚至在飞机进行首飞之前,官方就开始谈论在美国的波特兰、莫比尔或凤凰城建立海外生产线（Eriksson，2003）。根据哈比比的说法，N-250的海外生产是IPTN长期战略的一部分。他预计未来15～20年里，国内"垄断市场"对N-250的需求将高达400架。

N-250的第二架原型机（第一架用于取证的原型机）曾定于1996年5月首飞，但由于飞机部件的文件不符合FAA的要求，这架飞机的首飞被迫推迟。此外，FAA表示，在IPTN供应商记录系统满足国际标准之前，FAA将拒绝审查该飞机。

1997年初，IPTN招募了一批欧洲航空顾问来指导和协助N-250飞机的JAA（EASA的前身）取证工作。总部设在雅加达的Bramadi Pratama咨询公司通过招募BAE Systems的前雇员、JAA的前任官员和试飞员，来协助IPTN和DGCA开展取证工作。1998年亚洲金融危机期间，由于国际货币基金组织阻止印度尼西亚政府向IPTN提供支持，N-250的飞行试验因资金限制而冻结，整个研制项目陷入困境。

由于该项目得不到政府的支持，IPTN转而联系亚洲和欧洲的企业，试图为N-250项目寻找工业合作伙伴。1999年，印度尼西亚政府和中国就该项目进行了讨论。IPTN实际上寻求的是一笔至少9 000万美元的投资，来支持飞机完成取证。按计划，IPTN还将生产两架N-250原型机用于飞行试验，但整个项目随后终止。

第四阶段是未来技术的研发和应用，由于研发周期持续多年，因此与其他阶段有所重叠。这一阶段推出了130座N-2130超声速涡扇客机项目。

IPTN决定推出N-2130项目，并不是因为CN-235在国内或国际市场的"成功"销售，尽管IPTN曾尽力去营造这样一种假象。事实上，在1996年IPTN决定启动N-2130项目时，仅出口了少量的CN-235，而CN-250仍未获得任何订单。在1995年兰卡威航空航天展（LIMA）期间，哈比比宣称，早在N-250完成首飞时，政府就已经批准研发 N-2130 喷气式飞机。

IPTN 公司曾计划生产 3 种不同尺寸的 N-2130，分别可容纳 80 名、100 名和 130 名乘客，并计划于 2006 年投入市场。哈比比称，印度尼西亚国内市场潜力巨大，不存在需求方面的担忧。一家名为 PT Dua Satu Tiga Puluh 的公司专门为 IPTN 筹集 N-2130 项目所需的资金。该项目持续了几年，开展了风洞试验和一些原型机制造相关工作。但在 1999 年底，该项目被政府正式驳回，惨遭中止/下马（Eriksson，2013a）。

尽管历史上没有取得成功的经验，IPTN 仍于 2010 年宣布研制一款新型公务机——19 座涡桨飞机 N219。该飞机在尺寸和外观上类似于德·哈维兰加拿大公司（de Havilland Canada）的 DHC-6"双水獭"（Twin Otter，后被维京飞机公司收购改名为 Viking Twin Otter）。N219 的研发费用预计约为 8 000 万美元，将由印度尼西亚政府出资，计划于 2019 年首飞（Osborne，2014），并将借鉴 N-250 飞机的研制经验。如果该款飞机投入市场，它不仅要与 DHC-6 竞争，还要与道尼尔 228NG、中国哈尔滨飞机制造公司的运-12、捷克 LET L410 和波兰 PZL M28"空中卡车"（Skytruck）竞争，尽管上述飞机除 DHC-6 外，主要由非商业运营商使用。

8.4.1.4 其他业务

除了希望成为主要的国际飞机制造商，IPTN 还希望成为飞机零部件的国际供应商。多年来，该公司为全球飞机主制造商承担了分包工作，如波音公司（波音 737 前缘襟翼、波音 767 襟翼）、福克公司（减速板、减升板、翼身整流罩和操纵台框架）、通用动力公司/洛克希德公司（F-16 发动机前维修口盖、襟副翼、副油箱挂架、武器挂架、主起落架舱门、石墨环氧树脂蒙皮垂直尾翼）和三菱重工（波音 767 龙骨梁）（Eriksson，1995：167-168）。1995 年后，该公司开始为空客公司生产零部件。此外,该公司还持续为西班牙 CN-235 生产机体结构件。根据该公司的资料(2001 年访问期间获得的信息),IPTN 已向 CASA 交付了 159 架份的 CN-235 组件,价值 7 700 万美元。根据 2005 年签署并于 2011 年终止的一份协议,IPTN 为庞巴迪环球快车公务机生产前缘缝翼蒙皮。

2014 年,IPTN 承担的国际分包工作如下:

(1) 空客 A380:生产和组装内段外侧固定前缘(inboard outer fixed leading edge,IOFLE)机翼组件。该项目于 2002 年签署了生产 300 架份的合同,每年交付 36 架份。

(2) 空客 A350:生产和组装翼根整流罩(root end fillet fairing,REFF)组件。该项目于 2010 年签署了生产 805 架份的合同。

(3) 空客 A320/A321:生产和组装 D 形机头蒙皮、挂架和前缘组件。

(4) 空客 A330:生产各种部件,也可在空客 A340 上使用。

(5) 波音 747-8:生产机翼前缘蒙皮和延伸翼尖。该项目于 2008 年签署合同,计划 2017 年终止,每年交付 18 架份。

(6) 欧洲直升机公司"超级美洲豹"MK Ⅱ:生产机身和尾梁,共计 125 架份。目前已交付 4 架份尾梁。目标是每年交付 15 架份尾梁、10 架份机身。该合同于 2008 年签署。

20 世纪 80 年代,IPTN 与美国发动机制造商通用电气公司签署协议,在后者的协助下建立一个发动机维修中心。虽然 IPTN 致力于成为航空发动机的零部件生产商,但这一愿望从未实现。IPTN 还从事各类 MRO 服务,既为自己生产的飞机,也为国内外运营商的各类飞机提供 MRO 服务。此外,IPTN 还向非航空企业提供各种工程服务,以获得一些额外收入(Eriksson,2013a)。

尽管拥有令人印象深刻的专业知识和技术资源,但随着政府资金被抽走,IPTN 仍在艰难地试图重整旗鼓,不断证明自身存在的必要性。20 世纪 90 年代后期的经济和政治危机使公司的情况进一步恶化。自那以后,IPTN 主要通过许可生产和国际分包来维持公司运转。

8.4.2 马来西亚

马来西亚地处东南亚,农业、林业和矿产等自然资源丰富。20 世纪末,马来西亚的经济发展迅速,成为第二代"亚洲四小龙"之一。作为新兴工业化经济体,马来西亚的制造业,尤其是电子和汽车产业,在国家经济中的重要性和影响力越来越大。马来西亚的经济和工业发展与前总理马哈蒂尔·本·穆罕默德(Mahathir Bin Mohamad)制定的"2020 年愿景"(Wawasan,2020)密切相关,该愿景呼吁马来西亚能在 2020 年前发展成为自给自足的工业化国家。该政府在第二轮工业总体规划(1996—2005 年)中,把飞机制造业确定为十大重点发展领域之一。

20 世纪 80 年代中期,马来西亚发表了首个关于建设本国飞机制造业的"非正式"声明(Eriksson,1995)。在此之前,马来西亚在航空领域的积累主要是 MRO,相关能力主要来自国有的马来西亚航空公司和马来西亚皇家空军。马来西亚皇家空军的 MRO 业务主要是由 1975 年成立的 Airod 公司(飞机检查、修理和大修服务站)来承担。

1983 年 12 月,马来西亚航空工业有限公司(AeroIndustries of Malaysia Sdn Bhd)成立,这是马来西亚试图进军飞机制造业的第一步,作为一家国有投资控股公司,其目标是成为马来西亚未来飞机制造业发展的主体。1984 年 1 月,该公司更名为马来西亚航空航天工业有限公司(Aerospace Industries Malaysia Sdn Bhd,AIM)①。

---

① 2004 年,AIM 更名为马来西亚国家航空航天和国防工业有限公司(National Aerospace & Defence Industries Sdn Bhd,NADI),并完成上市。

马来西亚发展飞机制造业的第一次"实践"尝试始于 1985 年,当时位于吉隆坡梳邦国际机场的 Airod 公司实现了私有化,并与美国洛克希德公司的全资子公司洛克希德飞机服务国际公司成立了合资企业。洛克希德公司持有 49% 的股份,马来西亚政府、马来西亚航空系统公司(Malaysian Airlines System,MAS)和联合汽车业务公司(United Motor Works)均分其余 51% 的股份(Eriksson,1995)①。马来西亚原本设想通过洛克希德公司来培育马来西亚的技术能力、商业和管理技能,让 Airod 在原有的 MRO 业务基础上,发展成为飞机零部件生产商。但由于洛克希德公司后来退出与 Airod 的合作,最终希望落空。

尽管马来西亚有意进军航空领域,但与印度尼西亚表现出的雄心壮志相去甚远,到 1987 年,马来西亚仍未建立起任何航空制造能力。《国际飞行》杂志在 1987 年 1 月 31 日发布的一条新闻称,根据在英国哈特菲尔德签署的协议,马来西亚将成为英国宇航公司的长期供应商,为英国宇航公司生产商用飞机部件,最终为英国宇航公司"全谱系"飞机产品生产部件。但可能由于马来西亚航空公司并未购买 BAe ATP 支线客机,而是购买了 9 架福克 50(Interavia,1990),该协议未能生效。几年后,马来西亚政府和英国政府签署了一份涉及大额防务订单的谅解备忘录,但马来西亚的航空领域却没有从中得到任何好处(Eriksson,1995)。

1993 年 4 月,马来西亚政府宣布同意收购澳大利亚飞鹰飞机(Eagle Aircraft Australia)公司,该公司是单发双座飞机 XTS 的制造商,该飞机结构几乎全由复合材料制成,这是马来西亚发展飞机制造业的第二步。1991 年,飞鹰飞机公司寻求合作伙伴,马来西亚借机参与,

---

① 现如今,Airod 是一家隶属于 NADI 的马来西亚国有公司。

马来西亚的国有石油公司(Petronas)以及财政部共同出资,提供了350万澳元现金和200万澳元贷款,收购了飞鹰飞机公司旗下子公司复合材料技术(Composite Technology)公司50%的股份,并成立了一家合资公司——飞鹰飞机国际(Eagle Aircraft International)公司(Vatikiotis,1993)。随后经过协商,马来西亚政府又为飞鹰XTS项目注资400万澳元,从而获得合资公司剩余50%的股份(Phelan,1993)。这为马来西亚复合材料技术研究有限公司(Composites Technology Research Malaysia,CTRM)奠定了基础,该公司后来成为飞机制造业和其他非航空领域的国际分包商。

1993年,马来西亚开展了另外一项收购活动。马来西亚SME航空公司[SME Aviation,成立于1992年,后改名为SME航空航天公司(SME Aerospace)]收购了瑞士德特威勒(Dätwyler)MD-3教练机的所有设计和生产权利。MD-3教练机是瑞士在20世纪60—70年代研发的一款双座中单翼飞机,马来西亚将其更名为"空中迪迦"(Aero Tiga)后,由SME航空公司负责生产。

同年,马来西亚还与德国道尼尔复合材料公司签订协议,在马来西亚建立道尼尔海星(Seastar)两栖飞机的生产线,当时该飞机项目陷入了困境(Eriksson,1995)。20世纪80年代初,德国开始研制海星飞机,但该项目遭遇了资金上的困难。这款飞机同飞鹰XTS一样,主要由复合材料制成,这是马来西亚愿意收购飞鹰飞机公司旗下子公司的决定性因素,因为该国政府将复合材料制造作为其工业发展的一个标志性工程。随后,马来西亚道尼尔海星(Dornier Seastar Malaysia)公司成立,马来西亚(包括AIM)持有65%的股份,道尼尔持有35%的股份。

马来西亚对海星飞机寄予厚望,以该项目为契机,从当地的大学招聘了一批应届毕业生,送至槟城巴六拜(Bayan Lepas)的新飞机制造厂，培训他们成为工程师和技术人员。马来西亚道尼尔海星公司的销售和市场总监瑞金德·辛格在一次采访中表示（David，1994），槟城工厂将在 1995 年投入使用，能够年产 20 架飞机。他还声称，公司已收到 57 份不承诺确认订单的意向书，以及 39 份口头订单。照此说法，公司未来的生产线将是一派繁忙景象。

Airod 总经理拿督阿里夫阿旺表示，该项目将是马来西亚迈向航空时代的重要一步。1994 年，有人就意识到这个项目距离"落地"还有很长的路要走。1995 年初，该项目因马来西亚方面的股东拒绝进一步注资而濒临失败（Lewis，1995）。也许他们已经意识到，该项目在技术上或财务上都不可能成功。

直到 1995 年，槟城工厂都还未开始建设。时任马来西亚总理曾非常支持海星飞机项目，将该项目作为该国"2020 愿景"的一部分。但随着该项目终止，总理本人和政府部门都颇为尴尬。马来西亚退出后，海星飞机项目并没有结束，德国仍在继续"捕猎"新的投资者。过去几年里，越来越多的内幕被"披露"出来，例如（Sarsfield，2012）：

道尼尔海翼（Dornier Seawings）公司计划在 2012 年第三季度前，为 12 座的海星 CD－2 双发涡桨两栖飞机选定总装基地，并计划在 33 个月后交付首架机。公司董事长康拉多·道尼尔声称，"我们有 3 个候选目标，目前正在与之进行深入探讨。"候选基地分别位于加拿大魁北克、中国和印度，其中魁北克的技术基础最好。公司正在与这 3 个国家的潜在合作伙伴进行商讨，选中的合作伙伴将为该项目提供资金支持。

1996 年，荷兰飞机制造商福克公司宣布破产时，曾努力将其业务出售给其他投资者和制造商。福克公司董事长本·范·斯海克曾表示，福克公司已经接洽了约 30 家企业，这些企业对福克公司的全部或部分业务有潜在的收购意向。其中包括法国宇航公司、庞巴迪公司、英国宇航系统公司以及印度斯坦航空有限公司。据福克公司称，俄罗斯图波列夫设计局和雅科夫列夫设计局曾报价约 2.4 亿美元收购其业务。福克公司的一位发言人表示，需要有一份优秀的商业计划书，供福克公司与俄方进一步讨论收购条件（*Moscow Times*，30 March，1996）。

在接下来的一年里，有关福克公司未来命运的新闻报道并不多。不出意料的是，有消息称"福克公司希望马来西亚伸出援手"。根据马来西亚政府与两国投资企业的讨论结果，马来西亚入股似乎是福克公司最后的一丝希望。后来，谈判并无下文，马来西亚最终并没有"接管"福克公司的相关业务[①]。

另一边，1997 年底，马来西亚政府与英国宇航公司谈判，拟由马来西亚国有投资企业国库控股公司（Khazanah Nasional Berhad）为首的一批企业出资，收购英国宇航公司的阿芙罗国际航空航天分部（Avro International Aerospace Division）最多 50％的股份。初步的框架协议包括将零件生产线转移至马来西亚，以及帮助马来西亚发展本国飞机制造业的一系列措施。经过多次商谈后，马来西亚跻身高端飞机制造领域的尝试再次宣告失败。至此，马来西亚放弃参与前途不明的飞机项目，转而推动本国企业参与到全球供应链中。

8.4.2.1 供应商/分包商

马来西亚复合材料技术研究有限公司（CTRM）最初仅为了制造飞鹰飞机而成立，如今已拥有以飞机零部件生产为主的一系列业务。该公司的主要客户包括空客公司/EADS、古德里奇公司、吉凯恩航空航天

[①] 1997 年 4 月 13 日，在马来西亚北方大学举行的马来西亚航空航天研讨会上，与会者讨论了福克公司的合作协议。其中马来西亚产业与政府高技术小组（Malaysian Industry-Government Group for High Technology，MIGHT）认为，如果能够得到"任何"飞机制造商的帮助来实现"2020 愿景"，那么马来西亚因此能赢得很多声望。

(GKN Aerospace)公司和势必锐航空系统公司，主要产品为商用飞机复合材料零部件，详细情况如下(CTRM,2014)：

（1）空客 A320：机翼壁板（覆盖约 20％的机翼表面）、机翼扰流板和各种整流罩。

（2）空客 A380：内段外侧固定前缘（IOFLE）、固定前缘下壁板（FLELP）和内段内侧固定前缘（IIFLE）。

（3）空客 A350XWB：尾部级联环组件。

（4）波音 737NG：鞍形整流罩。

（5）波音 777：边条生产（机身侧向延伸的细长翼面）。

（6）波音 787：一些较小部件，如进气口后隔板、进气口内筒部件、复合材料尾部级联环组件。

除此以外，CTRM 还为 IAE V2500 发动机短舱制造零件[①]。

另一家国有企业是 SME 航空公司。该公司最初是为收购瑞士德特威勒 MD－3 教练机而成立的，如今成为一家航空钣金零件制造商。根据其官网资料（2014 年）显示，SME 航空公司主要为空客 A320、A340 和 A380，以及波音 777 和 747 等生产和组装零部件，具体内容如下：

（1）空客 A320：内段/外段机翼的脚手架、前缘副梁、缘部细部、复合材料预制件、扰流板铰链托架组件。

（2）空客 A330/A340：空客 A340 尾部吊挂整流罩、空客 A330/A340 翼梢小翼的预制件。

（3）波音 777：一些较小零件，如机翼外段细部、加强筋。

---

① 作者曾发过电子邮件询问零件和组件制造的相关信息，并咨询"老鹰"150B 是否仍在生产，得到的回复是很快会有专员来答复这些问题。但即使作者两次致电，并得到对方进一步的承诺，实际上所提出的问题依然无人答复。

（4）阿芙罗 RJ/RJX：飞机零件[①]。

第三家企业是亚洲复合材料制造有限公司（Asian Composites Manufacturing Sdn Bhd,ACM）。该公司成立于 1998 年,总部位于马来西亚吉打州的亚罗士打（Alor Setar）,在 2013 年 11 月更名为马来西亚航空航天复合材料有限公司（Aerospace Composites Malaysia Sdn Bhd,ACM）。公司最初是由波音公司和马来西亚国内的投资企业共同建立,后来成为波音全球运营有限公司（Boeing Worldwide Operations Limited）和全球航空材料巨头美国赫氏集团的合资企业（*Businessweek*,2014）。ACM 为飞机生产平面和曲面的一、二级复合材料结构组件和子组件,包括副翼蒙皮、扰流板和翼梁,以及平面壁板、前缘、后缘和其他各种部件（ACM,2014）[②]。

有新闻曾报道波音公司与赫氏集团将 ACM 扩建了 40%,以满足波音公司商用飞机的增产需求（Hexcel,2013）。ACM 为波音公司的所有商用飞机生产飞行控制舵面,包括波音 737NG、747‒8、767、777和 787。

第四家企业是马来西亚势必锐航空系统有限公司（Spirit AeroSystems Malaysia Sdn Bhd）。该公司由美国势必锐航空系统公司于 2007 年在吉隆坡附近的梳邦国际机场设立,于 2009 年开始运营,提供各种生产、工程和支持业务。公司最初主要负责生产用于空客单通

---

①　最后一架阿芙罗 RJ/RJX 于 2003 年下半年完成交付。理论上,SME 航空公司应该已无零件生产的业务,但实际上公司提供的信息含糊、矛盾和不准确。2014 年 6 月至 8 月,作者每月都发送电子邮件请求对方澄清一些问题,但这些邮件都石沉大海。2014 年 8 月和 9 月,作者又 4 次致电对方,但无人应答。后来作者向 SME 航空公司的母公司 NADI 发送电子邮件,但依然没有得到答复。作者也致电 NADI,但接听人员完全不懂英文。因此,这家公司的信息可信度不高。截至 2014 年 12 月,公司官网信息自 2012 年 7 月以来就再无更新了。

②　一些期刊介绍了 ACM 的产品信息。为了核实这些信息,作者向 ACM 发送了 2 封电子邮件请求获得更多信息,但无人回应。在致电 ACM 并得到对方的承诺后,对方也没有再联系作者。

道飞机的复合材料子组件。现今,公司还为空客 A350XWB 前缘下板提供设计支持(Spirit AeroSystems,2014)。

8.4.3 新加坡

8.4.3.1 简介

新加坡自独立以来经济迅猛发展,是亚洲新兴工业化经济体向航空航天领域"进军"的典型成功案例之一。在独立之初,新加坡经济主要依赖转口贸易和英国军事基地,现如今,已建立起多个有竞争力的产业集群和服务业集群。

20 世纪 60 年代,为确保政治稳定和经济增长,新加坡人民行动党(PAP)推出了九大政策,这为新加坡今天的经济成功奠定了坚实的基础,也被后人称为新加坡发展模式(Singapore's model of development,SMD)。促进经济发展、最大限度减少腐败、大力投资教育和向他国学习是九大政策的几个方面。向他国学习意味着新加坡接受并鼓励与西方世界建立紧密联系,以支撑本国的经济发展项目,具体措施包括:为工业化创造投资环境,推动出口,引进外国投资和跨国公司。新加坡成功地实施了一系列发展经济和工业的政策,并不断根据本国实际情况进行调整(Eriksson,2011a)。

20 世纪 70 年代末,新加坡 GDP 年平均增长率高达 9.4%,在当时位居全球前列。但随着第二次国际石油危机的发生,发达国家纷纷开始实施保护主义措施,于是新加坡启动了所谓的"第二次工业革命"。与其他新兴工业化经济体(韩国、中国)相比,新加坡经济在加强资本和技能的应用上进展过慢(Tan,1995)。到 20 世纪 70 年代末,政府才将战略重点从劳动密集型制造业转向技能和技术密集型、高附加值的产业。

一头是经济产值更高的韩国、中国,一头是生产成本更低的东南亚开放国家(印度尼西亚、马来西亚和泰国),在两头的挤压下,新加坡被迫实施新的工业发展战略,主要体现在以下方面:政府选定了几个与更先进的技术和服务相关的优先发展领域;国家薪酬委员会(National Wages Council)大幅提高社会工资水平,迫使低附加值产业离开新加坡(Regnier,1992:56);政府的投入向技术研发(R&D)和技能提升倾斜;政府大幅增加教育支出,特别重视工程研究。

1986 年,新加坡经济委员会发布报告,将新加坡的发展战略从工业转变为更加多样化的第三产业,尤其是先进服务业(Margolin,1993:93)。新加坡政府认为,制造业在未来仍将发挥重要作用,但需要进行全面升级,因此进一步强化了吸引外国跨国公司到新加坡投资的政策,更多地关注先进制造业,吸引外国企业将总部迁至新加坡,从而推动这些企业把产品研发、先进技术和管理服务等要素都转移至新加坡。

1991 年,新加坡颁布了迈向发达国家的战略经济规划。该规划重申政府的既定目标,提出将新加坡建设成一座全球城市(global city),打造亚太地区的"商业中心",以比肩其他全球领先的城市。同年,新加坡还成立了国家科学技术委员会(National Science and Technology Board,NSTB),增加对技术研发和技术型基础设施建设的投资,并通过实施国家科学技术规划(National Science and Technology Plans,NSTP)引领新加坡的技术能力发展(Blomqvist,2005)。

1999 年,政府还推出"工业 21"工程(Industry 21),计划将新加坡打造成为全球制造和贸易服务性产业中心。"国际商业中心 2000"(International Business Hub 2000)计划提出服务业发展战略——将新加坡发展成世界级城市,集商业与金融、物流与分销、通信与信息于一体的区域中心(Chia & Lim,2003)。

得益于得天独厚的战略地理位置,新加坡长期以来一直是重要的全球交通枢纽。自 19 世纪以来,新加坡港一直是世界上最大和最繁忙的港口之一,具有重要的战略地位。新加坡樟宜机场自 1981 年开放以来,一直获得世界最佳机场殊荣[①],并于 2013 年成为世界上第 13 大客运机场和第 12 大货运机场(按货运吨位计算)。整个飞机制造业作为国家整体经济和工业发展战略的一部分,也作为观光旅游业的一部分,已经成为新加坡经济的重要支柱。

新加坡航空(Singapore Airlines,SIA)公司是新加坡经济和运输政策的主要受益者。1990 年,SIA 集团为新加坡贡献了近 5% 的 GDP (Guillouët,1990:92)。凭借优越的地理位置,新加坡采取了开放的空域政策,允许国际航空公司在新加坡相互竞争、吸引乘客。因此,许多国际航空公司将樟宜机场作为欧洲和亚太地区的中转站(Ling & Shaw,2004)。此项政策也在一定程度上帮助 SIA 获得了境外目的地的对等降落权(Perry et al.,1997)。这是继港口对外开放后,又一个有助于国际互联互通和本国经济发展的重要举措。

2012 年,在世界银行的物流绩效指标(LPI)排名中,新加坡位居 155 个国家之首。LPI 衡量的是贸易供应链的实际效率,或者称为物流绩效。供应链是国际贸易和商业的支柱,其中物流涉及货物运输、仓储、边境清关、支付系统和许多其他功能。新加坡一直将自己定位为商业中心,欢迎那些希望在东盟(ASEAN)甚至亚太地区开展业务的企业进驻。

2009 年,航空业务为新加坡的 GDP 贡献了 142 亿新加坡元,具体构成如下(Oxford Economics,2011):

(1) 航空业务直接产出 87 亿新加坡元。

(2) 航空业务的供应链间接产出 31 亿新加坡元。

(3) 航空业务及其供应链的雇员消费达 24 亿新加坡元。

---

① 新加坡樟宜机场 2013 年为 100 多家国际航空公司提供服务,连接全球约 70 个国家和地区,运送旅客超过 5 370 万人次(Changi Airport,2014)。

此外,航空业务对旅游业的带动效益达到 93 亿新加坡元,使该部分的总产值达到 235 亿新加坡元,占 GDP 的 8.9%。航空业务为新加坡提供了 11.9 万个工作岗位,另外还有 7.8 万人通过航空业务的带动在旅游业等领域获得工作岗位(Oxford Economics,2011)。

8.4.3.2　飞机制造业

1975 年,新加坡政府成立了新加坡飞机工业(Singapore Aircraft Industries,SAI)公司,涉足各类航空业务,包括生产制造、MRO、仓储和供应(Eriksson,1995)。新加坡飞机工业公司成立之初主要面向新加坡军用飞机的 MRO 业务,随后开始涉足飞机组装和零部件制造业务。尽管新加坡飞机工业公司的大部分业务是面向军机,但公司一直致力于拓展商用飞机业务。

1981 年,新加坡飞机工业公司进行重组,成立了 5 个子公司和 2 个联营公司。20 世纪 80 年代,新加坡飞机工业公司参与的最著名的飞机项目是为新加坡空军生产麦道公司的 A-4 天鹰(Skyhawk)战斗机的换发改型。第一次整机生产是组装 24 架意大利西来义-马歇蒂(SIAI-Marchetti)公司的 S.211 喷气式教练机,随后是许可组装法国 AS-332"超级彪马"直升机和 AS350"小松鼠"直升机(Eriksson,1995)。这些项目都是由新加坡飞机工业公司的子公司新加坡航空维修公司(Singapore Aerospace Maintenance Company,SAMCO)总体负责,而新加坡飞机工业公司旗下的新加坡航空制造(Singapore Aerospace Manufacturing,SAM)公司则负责机体结构制造和部件装配。

新加坡经济发展局(EDB)负责航空业务的一位高级官员在一次采访中表示,新加坡希望在飞机制造业更深入地参与飞机制造(Rek,1987:1269)。当时,新加坡的主营航空业务是飞机维修和大修,新加坡飞机工业公司在 1990 年有 73% 的营业收入来自这项业务(Singapore Aerospace,Annual report,1990:22)。从 20 世纪 80 年代末到 90 年代

初,新加坡飞机工业公司的制造业务占比有所增加,生产了以下商用飞机部件(Eriksson,1995):

(1) 空客 A320:后客舱门。

(2) BAe125:起落架。

(3) 福克 70/100:客舱门。

(4) 波音 777:前起落架舱门。

(5) 子组件,包括 MD-11 发动机支架。

(6) 空客 A340:发动机支架和反推装置。

(7) 一些发动机部件(PW4000)。

随着新加坡对飞机设计与制造的日益重视,新加坡飞机工业公司生产高附加值产品的能力也不断提升。基于此,20 世纪 80 年代末,新加坡飞机工业公司与中国航空技术国际控股有限公司(以下简称"中航国际")和哈尔滨航空工业(集团)有限公司共同参与法国宇航公司的 P120L 直升机(现在的 EC120 蜂鸟 Colibri)的研发项目。新加坡飞机工业公司持股 16%,负责检修口盖、尾梁,以及尾翼复合材料结构的设计与制造(Eriksson,1995)[①]。

1994 年底,中国和韩国提议合作研发亚洲航空快线 100(AE-100)——一款 100 座双发喷气式支线客机。项目初期,两国的代表企业,中航工业(AVIC)和韩国商用飞机开发联合体在工作分工、项目领导权和总装线选址等方面都存在分歧,多次磋商后无果,为了项目能得到有效推进,中方最终要求韩方放弃项目领导权和飞机总装线选址(Lewis,1996a)。

---

① 在早期项目定义和初步研发阶段,法国宇航公司占股 54%,是整个项目的领导者。1992 年,DASA 与法国宇航公司将各自的直升机分部进行合并,组成了欧洲直升机公司。该公司后来也纳入了欧洲航空航天防务集团(EADS),并于 2014 年 1 月更名为空中客车直升机公司。

此后不久,韩国商用飞机开发联合体退出,新加坡航空航天技术(Singapore Technologies Aerospace,STA)公司加入了该项目。新加坡认为这是一个朝着商用飞机制造的宏伟目标再迈进一步的难得机会。由于需要一家领先的西方制造商来提供技术转移、市场营销和售后支持,中国邀请空客公司加入该项目(Lewis,1996b)。

空客公司加入后,各方进行了一段时间的激烈讨论,最终将AE-100 项目改为 AE31X 项目。为应对波音公司推出的波音 717(之前的 MD-95 双发喷气式飞机),各方讨论加快 AE31X 项目研发进度(Lewis,1998)。但接下来的协商并没有解决诸多复杂问题,新加坡因未能就项目达成共识而感到气愤(Moxon & Lewis,1998),于当年的晚些时候退出了该项目。最终,1998 年 9 月,空客公司宣布终止该项目,称其在经济上不可行①。

经历这次失败后,新加坡航空航天技术公司不再参与任何大型飞机的国际合作项目,并将发展定位转变为成为一家综合服务供应商,在飞机维护和改装、部件支持、发动机支持、航空培训服务、航空工程和制造这五大领域提供综合性的服务(ST Engineering,2014)②。

新加坡航空航天技术公司目前拥有 8 000 多名员工,已发展成为全球最大的飞机机体 MRO 服务供应商(见第 6 章),为美洲、亚太和欧洲航司的全球航线网络提供服务。

新加坡政府在航空领域也实行吸引外国跨国公司落脚新加坡的政策。多年来,有大量航空领域的外国企业进军新加坡,但鲜有从事飞机

---

① 有趣的是,在 AE31X 项目被取消的几年前,空客公司就启动了空客 A319 缩短型变体的研究。AE31X 项目被取消的几年后,空客公司又推出了空客 A318 项目。该项目和 AE31X 项目存在诸多相似之处,业内也普遍认为空客 A318 源自夭折的 AE31X。

② 新加坡航空航天技术公司成立于 1997 年,是新加坡科技工程有限公司的子公司,在欧美、亚洲和大洋洲的 24 个国家拥有 100 多家子公司和关联公司。

制造的企业[①]。

罗-罗公司宣布在新加坡建造新的"遄达"发动机装配工厂的计划，标志着新加坡的航空航天制造业在技术先进性和附加值方面都向前迈出了一大步。根据 2007 年的公告，该工厂占地 15.4 万平方米，将为波音 787 和空客 A350 生产"遄达"发动机，其中包含"遄达"航空发动机的装配和测试设备、宽弦涡扇叶片的制造设备、先进技术中心以及地区培训中心。这些设施场所全部投入使用后，将创造约 500 个就业机会，员工总数超过 2 000 人（Rolls‐Royce，2014）。

2013 年 1 月，罗-罗公司的竞争对手普惠公司（联合技术公司的子公司）也决定在新加坡建厂，为其先进的齿轮传动涡扇发动机生产风扇叶片和高压涡轮盘。该发动机将用于多款新一代飞机（Aerospace Factsheet，2014）。至此，普惠公司在新加坡的业务增加到 9 项，员工总数超过 2 400 名（EDB，2014a）。

1971 年，联合技术航空系统公司[②]（联合技术公司的另一家子公司）在新加坡成立，其前身为汉胜太平洋航空航天有限公司（Hamilton Sundstrand Pacific Aerospace Pte. Ltd.）。公司在新加坡共建有两个制造工厂：一是成立于 1976 年的勿洛（Bedok）工厂，负责生产航空部件、齿轮和齿轮轴，对集成驱动电机、定速传动装置、润滑和回油泵、发动机电子控件等提供大修和维修支持；二是成立于 2005 年的樟宜工厂，负责生产压气机轮、涡轮机轮、辅助动力装置的齿轮箱外壳、燃油泵和润滑泵的外壳、集成驱动电机的外壳等（UTC Aerospace Systems，2014）。

[①] 作者通过核对（包括邮件或电话联系）发现，2014 年新加坡航空工业目录罗列的公司中，大部分公司都没有在新加坡从事制造业务。许多国外制造公司在新加坡从事 MRO 相关或贸易活动。

[②] 2012 年，汉胜（Hamilton Sundstrand）公司与古德里奇（Goodrich）公司合并，成立了联合技术航空系统（UTC Aerospace Systems）公司。

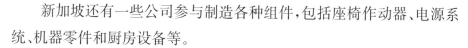

新加坡还有一些公司参与制造各种组件,包括座椅作动器、电源系统、机器零件和厨房设备等。

8.4.3.3　MRO 和航空产业集群

新加坡的航空航天业务基本围绕 MRO 展开。20 世纪 90 年代,在新加坡航空产业政策的扶持下,新加坡的 MRO 逐步发展成为地区性 MRO 中心(Ng et al.,2012)。

新加坡 MRO 市场占据亚太地区 1/4 的份额,有超过 100 家跨国公司在新加坡开展 MRO 业务,包括机体维修、发动机大修、部件维修、结构和航电系统维修、飞机改装和改型等,这使新加坡成为航空公司首选的 MRO 一站式解决方案供应商(EDB,2014b)。在全球四大机体 MRO 供应商中,有两家来自新加坡,分别是新加坡航空航天技术公司的母公司新加坡科技工程有限公司(ST Engineering,排名第一)和新加坡航空集团子公司新加坡工程公司(排名第四)。

新加坡国土面积小(约 700 平方千米[①]),却有近 550 万人口(2014 年),是全球人口密度最高的国家之一。新加坡的经济和工业活动高度集中,劳动力充足,专业供应商和配套企业齐全,这使新加坡自然而然地形成了一个大型集群。新加坡的航空业务主要集中在东部地区——樟宜机场和实里达机场附近。实里达机场是新加坡第一个国际机场。

近年来,新加坡政府计划将实里达机场附近的实里达航空产业园打造成一个综合性的航空业务集群,涉及业务包括:航空 MRO 和制造,商用和通用航空业务,航空教育、研究和培训。该产业园于 2007 年兴建,进驻的企业大部分为 MRO 企业,但也有以罗-罗工厂为代表的一些制造企业。2013 年,新加坡经济发展局(EDB)宣布为樟宜机场扩

---

①　译者注:由新加坡岛及附近的多个小岛组成,总面积 719.9 平方千米。

建 1 080 公顷土地，计划在 2025 年前后建成，这将为 MRO 和航空货运业务提供新的产业园区。

新加坡采取了一系列措施来进一步发展本国航空相关业务。为使新加坡成为领先航空枢纽，科学技术和研究机构（Agency for Science, Technology and Research，A∗STAR）实施了 A∗STAR 航空规划，进一步加强新加坡的 MRO 产业和创新产品制造产业（Association of Aerospace Industries，2014）。新加坡民航局通过航空发展基金（Aviation Development Fund，ADF）的各种激励渠道为航空产业提供支持。新加坡劳动力发展局（Workforce Development Agency，WDA）通过提升从业人员技能来增强劳动竞争力。新加坡的大学针对航天/航空产业的各个环节推出了针对性的教育项目。2011 年，美国安柏瑞德航空大学（Embry-Riddle Aeronautical University）在新加坡开设具有航空特色的工商管理和航空科学的本科和硕士课程。

8.4.4　菲律宾

尽管菲律宾在飞机制造业内属于生产小国，但仍然值得关注，因为菲律宾在 20 世纪 70 年代初就计划发展本国的飞机制造业，是东南亚地区较早关注该领域的国家（Eriksson，1995）。

为了推动本国飞机制造业的发展，实现自力更生，也为了确保国家安全和促进技术转移，费迪南德·马科斯（Ferdinand Marcos）于 1973 年成立了菲律宾航空开发集团（Philippine Aerospace Development Corporation，PADC）（Eriksson，1995）。PADC 的第一个项目始于 1974 年，为德国 MBB 的 Bo 105 直升机许可组装，截至 1981 年共生产 44 架 Bo 105。同年，PADC 还开始组装英国的布里顿-诺曼（Britten-Norman）BN‑2"岛民"（Islander）飞机——一款小型运输机，截至 1989 年共生产了 67 架（Eriksson，1995）。

　　20 世纪 70 年代中期,PADC 宣布启动 PADC 固定翼飞机项目。该项目是 PADC 和菲律宾政府下辖的国家科学和发展委员会的合资项目,目标是研发一款四座多用途飞机,但该项目只进行到原型机阶段就再无下文了(Eriksson,1995)。1988 年,菲律宾空军公开宣称,已订购 18 架西来义–马歇蒂 S. 211 喷气式教练机,将由 PADC 负责总装。1992 年,菲律宾空军又订购了第二批。1993 年,PADC 承接了另一款西来义–马歇蒂 SF 260 教练机的部分部件生产和飞机总装工作。1994 年 6 月,PADC 生产了第一架也是唯一一架在菲律宾总装的 SF 600"坎古罗"(Canguro)飞机(Eriksson,1995)。这架由意大利设计的小型涡桨客机(最多载客 9 人)未获得商业成功,只生产了数架。此后,PADC 仅总装了 8 架空中长矛(Lancair)公司的小型飞机,供菲律宾国家警察局(Philippine National Police)使用。

　　多年来,PADC 的主要业务是为小型飞机提供 MRO 服务,这些飞机包括布里顿–诺曼的"岛民"飞机、赛斯纳(Cessna)公司和派珀(Piper)公司的各种飞机。菲律宾的商用飞机 MRO 服务主要由汉莎技术菲律宾(Lufthansa Technik Philippines)公司提供,其次是由新加坡航空工程公司(占股 65%)和菲律宾宿务航空(Cebu Air)公司(占股 35%)合资成立的新加坡航空工程(菲律宾)公司提供。

8.5　东亚

8.5.1　中国

8.5.1.1　简介

　　中国飞机制造业的整体规模是所有新兴国家或新兴工业化国家中最大的,从业人数规模位居世界第二。其产品以军机为主,主要面向国内市场。在发展的早期阶段,由于中国飞机制造业(生产数据)被归为机械制造业大类(该大类拥有各种各样的生产活动),因此很难准确分析其具体生产情况(见第 1 章)。

中国的飞机制造业在特定时期(甚至部分地区在相当长的一段时间内)生产了大量非航空产品。以成都为例,"20 世纪 80 年代初,中国开始重组飞机制造业相关机构,并向产品多元化发展。成都的航空企业开始制造轻型车、窗户、摩托车和干洗机"(Eriksson,2013b)。

由于中国飞机制造业较为复杂又规模较大,这一部分将首先回顾中国飞机制造业的总体发展历史,然后再聚焦近年来中国商用飞机产业的发展,重点关注中国为进入全球供应链和跻身大型客机市场所做的尝试①。

在 1949 年之前,中国几乎没有飞机制造业,仅限于使用现成零件组装少量外国飞机。1949 年之后,中国政府决定发展主要面向国防需求的飞机制造业。由于西方国家实行经济封锁,中国只能从苏联引进技术。1953 年开始,中苏签署了多项协议,许可生产多种机型,其中绝大部分为军用机型,如米-4 直升机、安-2 通用双翼飞机和雅克-18 教练机(Eriksson,1995)。

20 世纪 50 年代末,中苏关系恶化。1960 年,苏联突然从中国撤走专家,此时,中国刚刚获得许可开始生产下一代苏联战机,如米格-19 战斗机和图-16 轰炸机。苏联停止向中国出口飞机组件和原材料,迫使中国开始走向技术和产业独立。20 世纪 60 年代初,中国开始设计自己的飞机。1966 年"文化大革命"爆发后,其自主设计任务及(同时代的)运输机研发任务举步维艰。十年动荡期间只有成熟的飞机项目才得以继续推进。这段时间中国飞机研制的主要策略是对国外研发的飞

---

① 本书第 4 章阐述了中国发展商用航空发动机的雄心。

机进行"逆向工程"(Eriksson,1995)。

8.5.1.2 飞机制造业和对外开放政策

1976 年以后,中国改变了经济发展方向,并于 1978 年开始实行对外开放政策。航空产业也因此发生了变化,开始愈发重视民用航空运输,为中国经济的增长提供支撑。第七个五年计划(1986—1990 年)提出要改善交通运输,特别是将航空运输列为国家重点发展领域。这刺激了中国飞机制造业的发展。构建成功的航空运输体系对中国的经济发展非常重要,中国地广人多、市场潜力巨大,这一政策不仅有利于中国自主发展飞机制造业,还给国外飞机和设备生产商带来了巨大商机(Eriksson,1995)。

20 世纪 80 年代的中国制造业既缺乏最先进的技术,又缺乏管理技能和方法。截至 80 年代末,中国制造了数千架飞机(主要为军机,也有少量民机),其中大部分都是基于苏联机型的再设计。值得关注的一个特例是 1970 年上海地方政府和当时的航空航天工业部启动的运-10 商用飞机项目。运-10 飞机被认为与老式的美国波音 707 相似,同样配备了两台普惠 JT3D 涡扇发动机。该项目只制造了几架原型机。大多数专家认为这是一项"逆向工程",尽管中国对此表示否认。

1985 年 4 月,中国上海航空工业(集团)有限公司与美国麦道公司签署协议,共同生产 MD-82 飞机。该协议作为中国购买麦道飞机的一份抵销协议,规定在中国本土组装 25 架 MD-82 飞机,并于 1986 年启动该项工作。之后中方和麦道公司又达成了再组装 10 架 MD-82 飞机的协议,该批飞机的最后一架于 1994 年完成交付。随后双方合作生产新型的 MD-90 飞机,但只生产了 3 架之后该项目就宣告终止。MD-82 项目是中国组装的第一款现代客机,为中国飞机制造业积累了重要的学习经验(Eriksson,1995,2010)。

中国与西方国家(不仅是美国)政治关系的逐渐改善,使中国有机会接触到西方的先进技术。随着 1985 年多边出口管制统筹委员会 (Coordinating Committee for Multilateral Export Controls, COCOM) 放宽了对中国出售军事技术的管制,技术转移的主要阻力得以缓解。

1993 年 6 月,中国的飞机制造业相关机构进行了重组。原航空航天工业部下属的机构被划分为两个新的国有企业,即中国航空工业第一集团公司(AVIC Ⅰ)和中国航空工业第二集团公司(AVIC Ⅱ)。两家企业都致力于研发和生产军用和商用航空产品,其中中国航空工业第一集团公司专注于中型和大型飞机(是中国军机生产线的主体),中国航空工业第二集团公司则专注于小型飞机和直升机。两家公司并行造成了资源分散和项目重复,最终,中国航空工业第一集团公司与中国航空工业第二集团公司于 2008 年 10 月合并。合并后的中国航空工业集团有限公司(AVIC)由 10 个业务板块组成:航空发动机、航电设备、国防、通航飞机、直升机、运输机、航空技术研发、飞行测试、贸易与物流和资产管理。AVIC 将重点发展本国的军事技术和商用飞机,并参与国内外市场竞争(Eriksson,2013b)。

8.5.1.3　早期国际化:融入全球供应链

随着 1978 年中国实行对外开放政策,落后的中国飞机制造业对先进的技术和生产方法产生了迫切需求。当时中国飞机制造业迈向现代化的一种合适途径,是将本国企业发展成为外国飞机制造商的供应商(即分包商)。1979 年,中国签署了第一份与外国飞机制造商的协议,计划从 1980 年开始,为麦道公司的 MD - 80 飞机制造起落架舱门。这份协议同随后在 20 世纪 80 年代和 20 世纪 90 年代签订的许多其他协议一样,都是中国航空公司采购国外飞机的抵销贸易手段(Eriksson,1995,2010)。换言之,中国用国内市场换取技术转移。之后,外国飞机制造商为了降低生产成本,开始将越来越多的零部件外包给中国生产。早期阶段外包的主要是一些"简单"部件,如整流罩和小舱门;后来,中国分包商开始涉足更先进的部件、系统、材料和技术（Eriksson，1995，2010，2011b）。例如，麦道公司将 MD-82 的整个机头部段转包给了成都飞机工业（集团）有限责任公司（以下简称"成飞"），波音公司将波音 737 复杂的垂直尾翼转包给了西安的飞机制造公司。20 世纪 90 年代早期和中期，中国获得的机身零部件转包业务比其他任何新兴经济体都要多（Eriksson，1995）。从那时起，中国参与了许多国外制造商的项目，作为国际分包商的重要地位日益显著，其中空客公司和波音公司与中国飞机制造业的关系尤为紧密。

成飞生产空客 A320 的后客舱门和机头部段的部分组件；沈阳飞机工业（集团）有限公司（以下简称"沈飞"）生产空客 A320 的应急门和固定前缘、机翼梁间肋、货舱门和蒙皮板，以及空客 A330 的货舱门；西安飞机工业（集团）有限责任公司（以下简称"西飞"）生产空客 A320 和空客 A330 的电子舱门，以及空客 A320 系列的翼盒和机翼固定后缘；陕西宏远航空锻造有限责任公司生产钛锻件；上海飞机制造厂①生产空客 A320 系列飞机货舱门框。成飞生产波音 737 的前客舱门和机翼上方的应急门、波音 747-8 的副翼和扰流板以及波音 757 的尾翼（已于 2004 年停产）。几年前，成飞与波音公司签署了一项新的协议，为波音 787 梦想飞机生产复合材料方向舵。

2008 年，波音公司宣布将大幅提高上海航空工业（集团）有限公司、西飞和沈飞波音 737 部件的生产速率。并且，西安将负责生产波音 737 包括水平安定面在内的整个尾翼部段。此外，中国企业还将更深入地参与波音 777、747 和 737 的分包业务。2011 年，波音公司在中国的办事处透露，波音公司在中国北部港口城市天津市的合资企业将于 2013 年完成扩建并投入运营。这项耗资 2 100 万美元的项目将使天津

---

① 译者注：现为上海飞机制造有限公司。

波音复合材料有限责任公司的规模扩大一倍。该公司由波音公司和中航工业合资组建，为波音 737、747、767、777 和 787 客机生产零部件，员工总数达一千多人(Eriksson,2013b)。

另一家商用飞机主制造商加拿大庞巴迪公司与沈飞签署了一份重要合作协议——为 Q400 飞机提供主要部件。沈飞所提供的成套部件按质量计算约占 Q400 飞机的 12%(Bombardier,2014)。此外,沈飞还为庞巴迪 C 系列飞机生产机身。

中国在飞机零部件供应领域的地位与日俱增,获取了各类新材料、新技术和飞机设计技能,实现了本国技术水平的提升,进而带动中国飞机制造业整体竞争力的提升。同时,中国仍旧渴望自主发展商用飞机产业。但这一步要复杂得多,不仅需要现代制造技术,还需要其他各类知识,例如管理、市场营销技巧和适用的物流知识等,以及要在适航性和安全性上符合国际规则和规章,还要赢得客户(航空公司和乘客)的信任。除此之外,研发一款飞机还要完成一项非常艰巨的任务——系统集成,即研发和集成所有的复杂技术系统,并以一体化的方式开展工作。

8.5.1.4　21世纪的商用飞机项目

20 世纪 90 年代,经历了 MD‑80 项目,中国飞机制造业总体上实现了现代化。虽然国外公司仍深度参与设计与技术转移,但中国在该领域整体竞争力得到了提升,其研发和制造商用喷气客机的信心增强。西方企业既看到中国和其他亚洲国家的巨大市场,也看到亚洲国家在合资项目中作为投资方的巨大潜力,都认为这是与亚洲伙伴合作的好机会。随之孕育而生的第一次合作尝试是波音公司在 20 世纪 90 年代初提出的 NSA 支线喷气客机项目。该机型类似于 737,曾计划由美国牵头,中国、韩国和其他几个亚洲国家共同投资,但最终只停留在图纸上。

1994年,中国和韩国提出了研发AE-100双发100座喷气式支线客机的计划。该项目将由中航工业和韩国商用飞机开发联合体联合开发(详见新加坡部分)。项目早期,双方就因诸多分歧导致韩国退出了该项目。中国希望空客公司加入(Lewis,1996b)。空客公司加入后,AE-100被改为AE31X飞机项目。1998年,空客公司退出了该项目。中国向商用飞机产业二度迈进的尝试再一次失败了。

2000年,中华人民共和国国防科学技术工业委员会认为,中国的飞机制造业暂时还缺乏研发和制造现代大中型飞机的能力。由于中国市场在当时及可预见的未来都需要大量新飞机,中国政府认为,如果不发展自己的民用飞机,国家的飞机制造业就不完整。彼时中国正在推进的飞机研制项目中,既有国内项目,也有与国外合作伙伴合资的项目(Eriksson,2010)。

2000年5月,巴西飞机主制造商巴航工业公司在北京设立了办事处,旨在强化双方合作和扩大销售。2002年,在新加坡举办的亚洲航空航天展上,巴航工业公司明确表示希望在中国设立一条喷气式支线飞机总装线(Goldstein,2006)。基于中国区域经济政策的支持,最终中巴双方在哈尔滨成立了合资公司——哈尔滨安博威飞机工业有限公司(Li,2004)。

时任巴西总统亲自参与了这项交易,并与时任中国国家主席江泽民协商,但未能解决一些突出问题(*Aviation Daily*,2001)。2002年4月,中国政府将国外生产飞机的进口税从5%提高到23%,为国产飞机提供了有利条件。这也被认为是中国政府在"施压",要求在中国国内生产巴航工业公司的飞机。哈尔滨安博威飞机工业有限公司是巴航工业公司(占股51%)和中航工业(占股49%)的合资公司,负责生产ERJ145支线飞机。2004年6月,第一架在中国总装的ERJ145交付给中国南方航空公司。

2011 年初,巴航工业公司中国区总裁关东元表示,哈尔滨安博威飞机工业有限公司已交付 39 架 ERJ145,还有 2 架储备订单,预计最后一架将在 2011 年第二季度交付客户(Francis,2011)。由于中国客户不再购买 ERJ145 飞机,巴航工业公司希望继续生产更大的 E190 飞机,但这还需要中国政府的批准。因为 E190 与中国自主研制的 ARJ21 飞机存在市场竞争,相关方一直在推动政府阻止 E190 生产线进入中国(Francis,2011)。

中国的 ERJ145 总装项目在 2011 年结束,总共生产了 41 架飞机。关于在中国生产 E190 事宜,一直未能达成协议,不过在近两年的谈判后,在中国组装莱格赛(Legacy)650 公务机的协议已达成,该飞机是 ERJ135/145 的衍生型。哈尔滨安博威飞机工业有限公司计划在 2013 年,将 ERJ145 的总装线改建为莱格赛 650 的总装线(Hashim,2012)。第一架在中国总装的莱格赛 650 飞机于 2013 年完成了首飞。

中国第一款自主研制的新一代喷气式支线飞机——ARJ21 在 2001 年北京航展上亮相。虽然依靠了国外合作伙伴和供应商的协作及技术援助,但这款飞机仍代表了中国自主研制现代客机的又一次努力探索。ARJ21 是一款独立自主设计、具有自主知识产权的飞机,其航电设备、发动机和电传操纵系统等技术来源于欧美。超过 20 家欧美供应商提供了关键材料、零件和高技术含量的系统。这些公司包括 CFM 国际公司(美国/法国)、伊顿公司(美国)、通用电气公司(美国)、霍尼韦尔国际公司(美国)、古德里奇公司(美国)、汉胜公司(美国)、穆格公司(美国)、派克宇航公司(美国)、罗克韦尔·柯林斯公司(美国)、利勃海尔航空航天公司(德国/法国)和赛峰集团(法国)(信息来自 2007 年 9 月 5 日在中国香港举行的 2007 年亚洲航空航天大会研讨会)。

ARJ21 与 1999 年停产的美国 MD-80/90 飞机(曾在中国上海许可生产)具有相同的客舱截面、机头轮廓和尾翼(Eriksson,2013b)。意味着 ARJ21 的机头部段使用了与 MD‐80/90 机头部段相同的工装 (Eriksson,2013b)。乌克兰的安东诺夫航空科学技术联合体也提供了技术支持,该公司为 ARJ21 提供了新的超临界机翼设计、整体结构强度分析,以及额外的风洞试验(*Antonov News*,2007)。

　　ARJ21 最初计划于 2007 年交付,但由于研制过程中出现的技术问题,如机翼布线、计算机系统、起落架重新设计等,造成了数次延误。现在看来,这架飞机将在 2015 年 4 月或 5 月投入运营[①],比原计划晚了 8 年,这已经是项目启动后的第 13 年了(Perrett,2014a)。

　　2006 年,空客公司决定与天津地方政府、中航工业合作,在天津自贸区合资建立飞机总装厂——空中客车(天津)总装有限公司,负责总装空客 A320 系列飞机。这是空客公司在欧洲以外建立的第一个总装厂。该战略决策旨在提升空客公司在中国的影响力,以对抗竞争对手波音公司(Eriksson,2010)。该合作项目(被认为)是中国迄今为止最成功的商用飞机项目,总装厂于 2008 年落成,总装的第一架飞机已于 2009 年 6 月交付给四川航空公司。

　　空客公司在 2014 年 12 月 3 日发布公告称,空客天津总装线 (FALC)已组装完成第 200 架空客 A320 系列飞机。2014 年 3 月,空客公司、天津地方政府和中航工业同意将天津总装厂的合同从 2016 年延长到 2025 年。该工厂将启动名为"第二阶段"的扩建计划,计划从 2017 年起总装空客 A320neo 系列飞机并交付给亚洲客户(Airbus,2014)。

　　最初,天津总装厂所需的零部件均来自空客欧洲公司。但自 2010 年起,西飞在天津总装厂附近建厂,向总装厂提供机翼(具体是先在西安完成机翼的结构装配,再运至天津完成系统安装)。空客公司还在天津建立了物流中心,管理所有进出中国的零部件(信息来自 2012 年 10

---

　　① 译者注:2015 年 11 月 29 日,ARJ21 飞机交付首家客户成都航空有限公司,2016 年 6 月 28 日首次投入航线运营。

月的 FALC 访问）。

为了让中国跻身全球商用飞机主制造商行列,最终打破波音公司和空客公司在中型喷气式客机市场的双寡头垄断局面,中国商飞公司的 C919 窄体喷气式客机项目应运而生。该项目计划发展类似空客 A320 的系列化产品,并能够搭载 158 名到 174 名乘客。C919 项目于 2008 年启动,计划于 2014 年首飞,并于 2016 年交付。截至 2014 年底,第一架飞机尚未总装下线。

中国商飞公司表示,C919 的订单已超过 400 架,根据见过一些合同的内幕消息人士称,所签订的合同一部分为意向订单（Perrett,2014b）。所有的订单基本都来自中国（只有一个除外）,让人感觉这些订单都源于国家政策（Perrett,2014b）。C919 的一个问题是缺乏清晰的取证路径,并未能按最初设想获得 FAA 或 EASA 的适航认可。中国商飞公司表示,C919 是按照国际标准进行研发的（Perrett,2014b）,但是如果没有取得必要的国际适航认证,那么其市场将被限制在中国。中国商飞公司负责 C919 的系统集成,但项目仍须依靠大量的国外供应商。

8.5.1.5 生产和挑战

中国的商用飞机发展之路充满了机遇和挑战。在过去的几十年里,中国的飞机制造业已经取得了长足进步。这既归功于中国政府对本国飞机制造业日益提升的支持力度,也归因于中国飞机制造业越来越深地融入国际供应链、参与全球领先航空企业的联合项目,使自身的能力获得提升。

迄今为止,中国已生产的商用喷气式飞机（除运-10 外,见表 8.2）,基本都是国外飞机型号在中国本土的组装,其中涉及的部分零件也在中国本土生产。中国"首款"自主设计的 ARJ21 飞机,其所有的关键部件系统使用了大量外国供应商的产品。中国商飞公司负责系统集成,

表 8.2　中国生产的商用喷气式飞机

飞　机	飞机原产国	生产期	发　动　机	生产地点	最大载客量/人	建造数量/架
运-10	中国（波音707的"逆向"工程）	20世纪70年代—1983年（项目取消）	四发涡扇	上海	178	3；从未运营
麦道公司MD-82	美国	1986—1994年	双发后置式涡扇	上海	172	35
麦道公司MD-90	美国	1995年（存疑）	双发后置式涡扇	上海	172	3；原计划40
巴航工业ERJ145	巴西	2004—2011	双发后置式涡扇	哈尔滨	50	41
巴航工业莱格赛650公务机	巴西	2013年（还在继续生产）	双发后置式涡扇	哈尔滨	14	少数；35架订购中
空客A320系列	欧洲：空客	2008年开始生产，2009年首次交付	双发涡扇	天津	180（A320）	200；截至2014年12月初
中国商飞ARJ21	中国受MD-82/90的"影响"	2007年出厂，飞机还在继续生产	双发后置式涡扇	上海	105	6～7架正在进行飞行试验；已经生产出更多飞机，但到2014年还没有投入使用
中国商飞C919	中国	研发中	双发涡扇	上海	174	计划于2015年首飞

这同样是一项非常艰巨的任务。ARJ21可能存在潜在的市场风险，该机型实现交付时，很有可能对大多数航空公司来说已经过时。

中国"第二款"自主研制的喷气式客机C919项目是一项更加艰巨的任务，未来前景如何尚待观察，目前看来已遇到了一些问题。

中国生产的螺旋桨飞机中，除了较小的运-11和运-12之外，其他都是基于安-2的改型（见表8.3）。

较低的生产率和人员过剩的生产体系是中国飞机制造业在一定时期内一直面临的问题（Brömmelhörster & Frankenstein,1997）。基于西方国家的多份行业分析报告，中国式管理的飞机制造厂中人员过剩，且几乎没有提高效率的激励手段。这些工厂的共同问题在于管理者仍禁锢于苏联的思维模式，认为员工越多，所能创造的价值也就越高（Perrett,2013）。反之，参照西方的制造和管理体系建立的空中客车（天津）总装有限公司就与之不同（作者自己的观点）。如果这种差异得不到重视和改善，未来将对中国飞机制造业的生产效率和国际竞争力产生不利影响。

8.5.1.6 中国台湾地区的飞机制造业

1）简介和军工背景

众所周知，中国台湾地区是一个基于出口导向战略发展得非常成功的经济体。20世纪70年代初，台湾地区的内外部挑战日益加剧，出口导向战略难以保持其经济的持续增长。审视自身经济需求和能力，台湾地区提出了"工业巩固和新出口增长"计划（1973—1980年），更加强调基础设施投资建设、产业升级和次级进口替代（World Bank,1993）。

20世纪80年代，台湾地区经济表现出结构性疲软，尤其是金融系统无法满足日益增长的工业化和对外贸易需求。同时，台湾地区也开始取得贸易促进政策的经济红利，对外贸易顺差不断增加。20世纪80

表 8.3 中国生产的商用涡桨飞机(不包括老款运-5/安-2飞机)

飞 机	飞机原产国	生产期	发 动 机	生产地点	最大载客量/人	建造数量/架
运-7	苏联：许可制造安东诺夫安-24。运-7H是基于安-26的非许可证版本	1967/1968—？	双发涡桨	西安	44	100+
运-8	安东诺夫安-12的"逆向工程"	1981—21世纪初(存疑)	四发涡桨	汉中	100~120；运输机，主要用于军事用途，基本不商用	100+
MA60	运-7加长版	2000年，还在继续生产	双发涡桨	西安	60	80~100(存疑)
MA600	MA60改进型(新的航电设备，机舱和发动机)	2008年，还在继续生产	双发涡桨	西安	60	几乎没有
MA700	基于MA600开发	计划2018年	双发涡桨	西安	70~80	无
运-11	中国	1977—1983(存疑)	双发活塞式发动机	哈尔滨	8	约50
运-12	中国；基于运-11研发	1983年，还在继续生产；有10款衍生型号	双发涡桨	哈尔滨	19	100+(存疑)

年代末，由于台币升值和工资上涨，台湾地区的出口面临额外的竞争力损失。作为第一代亚洲新兴工业化经济体，台湾地区制造商不得不在从事劳动密集型生产的低工资水平新兴经济体和生产高科技产品的工业经济体之间的夹缝中求生存(Eriksson，2005)。

台湾地区再次调整经济结构，通过发展电子、信息和机械等资本和技术密集型产业，迈向第四阶段，即"高科技和现代化"(1981—1990年)阶段。接下来的"台湾六年计划"(1991—1996年)更加关注商用航空航天、生物技术和电子光学在内的高科技产业。台湾地区希望将民用航空航天产业发展成为经济增长新阶段工业领域最重要的业务之一(Eriksson，1995；Jiang，1997)，期望该领域带来就业、出口、创新和技术发展等方面的增长，并催生新的企业和产业集群。

台湾地区的飞机制造业可以追溯到 1946 年，当时的航空工业局(Bureau of Aircraft Industry)在南京成立，之后该部分产业和管理机构迁往台湾地区。台湾地区制造的第一架飞机是美国帕兹曼尼(Pazmany)PL - 1 教练机的小幅改装版。该飞机由航空研究实验室(Aeronautical Research Laboratory)在 1968 年完成装配。1969 年，航空工业发展中心(Aero Industry Development Center，AIDC)成立，之后成为中山科学研究院(Chung-Shan Institute of Science and Technology，CIST)的附属机构，从事与国防相关的研发工作(Eriksson，1995)。

20 世纪 70 年代，台湾地区开始加大对军用飞机产业的投入(Eriksson，1995)。

1974 年，中国台湾航空工业发展中心得到授权，许可生产美国诺斯罗普 F - 5 战斗机，并取名为"中正"。台湾地区最初只负责组装进口部件，后来部分部件逐渐被一些台湾生产的产品替代。第二年，航空工业发展中心在诺斯罗普公司的协助下，研发新型双座高级教练机，即后来的 AT - 3。到目前为止,台湾地区最大规模的飞机项目是在通用动力公司的协助下,研发"自制防御战机"(indigenous defence fighter,IDF),即后来的 F - CK - 1"经国"战斗机。"经国"战斗机在 20 世纪 80 年代末到 2000 年 1 月共制造了 130 架,随后便停产了。

2) 中国台湾地区民用飞机发展的早期阶段

民用航空航天产业发展的外在需求是国外先进的技术和大量的资金。当时有预测显示,整个台湾地区飞机制造业的产值在 1991—2000 年间有望增长 10 倍。为了发展商用喷气式飞机,台湾当局与波音公司、麦道公司和空客公司等国外飞机制造商达成了一系列抵销贸易协议。20 世纪 90 年代初,一批具有美国航空航天产业背景的学者和专家回到中国台湾,参与了台湾地区商用航空航天产业的发展(Eriksson,1995)。

台湾地区经济事务主管部门提出了作为行业发展指南的"航空航天产业发展方案"(也称为航太工业发展方案),成立"航空航天产业发展委员会"(航太工业发展推动小组,Committee for Aviation and Space Industry Development,CASID)。该委员会由政府单位、大学和研究机构的人员组成。在台湾地区试图建设具有竞争力的航空航天产业的进程中,航空航天产业发展委员会扮演了最重要的角色。

20 世纪 90 年代初,台湾地区只有少数制造商能够成为飞机部件供应商。它们认为需要有一个组织来整合不同分包商或供应商,因此在 1990 年成立了一家地区政府参与管理的企业——台翔航太工业股份有限公司(Taiwan Aerospace Corporation,TAC,以下简称"台翔航太工业公司"),并于 1991 年 7 月开始运营。台湾当局相关管理部门提供了 29% 的启动资金,银行和制造企业等私人投资者承担了其余部分。1996 年,航空工业发展中心改组为汉翔航空工业股份有限公司(Aerospace Industrial Development Corporation,保留缩写 AIDC,以下简称"汉翔航空工业公司"）。此后，这两家公司都发展成为台湾地区商用飞机产业的龙头企业（Eriksson，1995）。

早在 1991 年 11 月，新成立的台翔航太工业公司就与麦道公司签署了一份谅解备忘录，合作建立新的商用飞机联合体，共同研制 MD-12 宽体客机。麦道公司估计，MD-12 的研发成本将高达 50 亿美元，所以最初的提议是台湾地区提供现金投资，双方共同研发主要的机体部件。这对双方而言是一个双赢的机会，麦道公司可以获得急需的资金，而台湾地区也可以借此迈入全球飞机制造业。但到 1992 年夏天，整个"交易"最终被停止了（Eriksson，1995）。

1992 年 9 月中旬，台翔航太工业公司与英国宇航公司签署了一份谅解备忘录，计划成立合资企业，共同研制 RJ 系列喷气式支线机（BAe146 的改进型）。在此次合作中，台翔航太工业公司原本有可能成为风险分担合作伙伴（见本章的马来西亚部分），但到 1993 年底，谈判似乎已经破裂。1994 年底，台湾私人投资财团和美国史威灵（Swearingen）公司就开发 SJ30 公务机达成了一项协议，但最后也以失败告终。1995 年，台湾地区大力发展航空航天产业的计划再次受阻。

1995 年，航空工业发展中心考虑研制一种 6～9 座的军民两用涡桨飞机。在台湾地区经济事务主管部门和防务事务主管部门的资助下，中心下属的航空实验室开展了初步研究，但该项目也止步于设计阶段。

1997 年，汉翔航空工业公司与捷克沃多霍迪航空（Aero Vodochody）公司签署了一项协议，共同制造和销售 Aero Ae 270"伊比斯"（Ibis）飞机，这是一款最多可搭载 8 名乘客的单发涡桨通用飞机。项目初期，双方在生产、融资和发展方面存在分歧（该观点来自作者与航空航天产业发展委员会、汉翔航空工业公司和沃多霍迪航空公司等多位业内人员的讨论），导致项目后来被取消。

台湾地区民用飞机制造业头十年的发展告诉我们（Eriksson，

2006）：这条道路比预期的要困难得多。一方面，台湾地区飞机制造业极度缺乏民用产品方面的经验。与军机制造不同，商用飞机的研发和制造是极其复杂化、定制化和工程化的系统，这对大多数台湾地区企业来说都是陌生的。台湾地区企业曾使用模块化和分散化策略降低半导体行业进入门槛，并成功占据该行业的领先地位，但这种策略在飞机制造业却完全行不通。与飞机制造业相比，半导体产品的生命周期很短，企业资金周转迅速。另一方面，外国企业和台湾地区企业在商业文化上有明显的差异。20世纪90年代以后，商用飞机产业的准入壁垒也进一步提高了。

3）21世纪初①

虽然与欧美合作的商用飞机项目屡战屡败，但台湾地区仍然希望在全球航空航天产业中拥有一席之地。20世纪90年代，台湾地区的战略重点是进入商用飞机制造领域，但事实证明这一战略成本高昂又困难重重。之后，台湾地区商用飞机产业的步伐有所放缓，战略也有所调整，但航空航天产业发展委员会仍然致力于跻身该产业，并将实现制造和维修/大修业务各占50%作为其未来的发展目标。

经过10年发展，汉翔航空工业公司成为台湾地区唯一一家参与飞机制造业务的大型企业。从1996年起，它从台湾地区军事机构转为由经济事务主管部门管辖的以市场为导向的官方主管企业。由于军事项目的减少，它的主营业务从国防转为军民混合②。如今的汉翔航空工业公司已经实现了私有化目标，并在2014年8月转变为一家私有企业。2013年，汉翔航空工业公司商用飞机业务的收入已达到7.63亿美元，

---

① 有关台湾地区的材料主要来自2010年9月下旬至10月上旬为期两周的访问。2010年后，作者又联系了台湾地区的企业和相关组织，进一步获取信息。

② 在AIDC，我们采访了负责业务发展的副总经理庄秀美（Jennifer Chuang）、民用事务处的处长Carter Cheng以及处长助理Vic Chen。

占公司总营收的 32.6%[1]。

目前,汉翔航空工业公司的商用飞机生产项目可以概括为:

(1) 参与各种旋翼机项目,为贝尔 412、贝尔 429、欧直 EC120、西科斯基 S-76 和西科斯基 S-92 等直升机制造机身部件。

(2) 参与公务机和喷气式支线飞机项目,为庞巴迪"挑战者"300 生产后机身和翼梢小翼,为庞巴迪 C 系列生产升降舵、方向舵、水平安定面前缘、垂直安定面前缘,为庞巴迪里尔喷气(Learjet)40/45 生产后机身,为三菱喷气式支线飞机(MRJ)生产部件,为达索"猎鹰"(Dassault Falcon)900/2000 生产方向舵(如图 8.3 和图 8.4 所示)。

图 8.3　汉翔航空工业公司制造的三菱喷气式支线飞机(机腹整流罩/支撑结构、襟翼导轨整流罩、前缘缝翼、襟翼、升降舵、方向舵、副翼、扰流板)(经汉翔航空工业公司许可后使用)

(3) 参与波音公司项目,为波音 737 生产前服务门;为波音 747 生产主客舱门、驾驶舱门、设备舱门;为波音 757 生产货舱门框;为波音 787 生产水平安定面的辅助箱和前缘、舱门复合材料零部件。[2]

(4) 参与空客公司项目,为空客 A320 生产垂直尾翼的后缘壁板和

---

[1]　AIDC 民用事务处商务经理 Sylvia Chen 于 2014 年 12 月 30 日提供的信息。
[2]　AIDC 曾承担波音 717 后机身的制造,该业务于 2006 年结束。

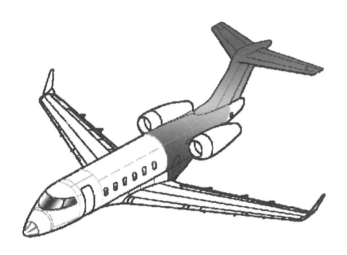

图8.4 汉翔航空工业公司制造的庞巴迪"挑战者"300(机身和尾翼)(经汉翔航空工业公司许可后使用)

机腹整流罩;为空客A321生产机身第16A筒段;为空客A380组装水平安定面的翼尖。

(5)参与巴航工业公司项目,为E190/195生产护罩面板,之前由川崎重工承包。

(6)参与庞巴迪公司项目,为环球(Global)7000和环球8000公务机生产主起落架舱门。

(7)制造发动机零件,为CF34、CFM56、V2500等航空发动机生产外壳;为罗-罗"遄达"XWB-97K发动机生产高压涡轮和中压涡轮外壳等。

(8)开展了一些商业MRO业务。

4)其他制造业务和MRO业务

20世纪90年代初期,台湾地区只有少数企业能够成为飞机部件的供应商。为了打造具有竞争力的地区商用飞机产业,台湾地区向潜在的供应商投入了大量的经济资源,帮助其建立基础设施。1990年,台湾地区开始大规模进军商用飞机产业之前,有6家台湾地区企业承担了小规模的军机零部件分包业务,这些企业都为当时的航空工业发展中心效力(Eriksson,2006),但都没有将航空航天生产作为其主营业务。此外,还有几家 MRO 企业也涉足航空制造业务,其中规模最大的是中国台湾桃园国际机场的台湾中华航空股份有限公司维修中心。

2001 年,涉足航空制造业务的台湾地区企业数量增加到 19 家(此处的航空制造覆盖商用和军用产品生产,不包括汉翔航空工业公司),包括 1990 年的 6 家(Eriksson,2006)。其中一些是专注于飞机制造业的新企业,另一些则有汽车、自行车、机械或金属行业背景。还有一些企业是从汉翔航空工业公司直接获得分包业务,换言之是从国外航空航天生产商间接获得分包业务。这其实可以看作汉翔航空工业公司借助外国企业的订单开拓自己的"新"供应商。

作者在 2010 年到访台湾地区期间,对这些台湾地区企业进行了跟踪研究(Eriksson,2006)。在 1990 年作为制造分包商参与飞机项目的 6 家企业中,只有 3 家在 2010 年还保持运营。在 2001 年确定的 19 家(不包括汉翔航空工业公司)制造企业中,只有 6 家还继续参与航空业务。大多数企业已经关闭,有些企业已转投其他行业。

汉翔航空工业公司仍然是台湾地区唯一的大型航空制造企业。在台湾地区,约有 5 000 人从事航空制造(2010 年的数据),其中 4 745 人在汉翔航空工业公司工作。从 2001 年起,也有其他企业进入这个领域,但这些企业都是汉翔航空工业公司的分包商。

与航空制造业相比,台湾地区的 MRO 行业发展态势良好。1990 年开展 MRO 业务的企业,在 2001 年仍然经营良好,台湾中华航空股份有限公司的 MRO 部门在 1990 年和 2001 年的两次调查中均牢牢占据龙头的位置。自 20 世纪 90 年代末以来,台湾中华航空股份有限公司的 MRO 部门一直保持稳定发展,国际客户群不断扩大。

成立于 1996 年的华普飞机引擎科技股份有限公司(ACTS)是航空

发动机领域高度专业化的 MRO 供应商。它是一家合资企业，普惠公司拥有 51％的股份，新加坡航空公司和台湾中华航空股份有限公司各持有 24.5％的股份。该公司专门从事 PW4000、PW2000/F117 和 CF6 系列发动机的高压压气机（HPC）和低压压气机（LPC）部件的修理和大修。

长荣航空股份有限公司（EVA Air）的 MRO 部门是台湾地区 MRO 领域的成功表率。长荣航空股份有限公司作为台湾长荣集团（Evergreen Group）的子公司，于 1991 年开始运营，此后发展成为一家国际航空企业，现在已成为台湾中华航空股份有限公司的主要竞争对手。最初几年，长荣航空股份有限公司仅有约 100 名技术人员，负责自家机队的"简单"维护和检查。1998 年发生了重大转变，美国通用电气公司与长荣航空股份有限公司的 MRO 部门成立合资企业。从那时起，长荣航空股份有限公司实现了稳健发展：2005 年员工数达 1 500 人，2008 年员工数增至 1 950 人[1]，2013 年增加到 2 200 人。长荣航空股份有限公司的 MRO 部门曾负责对波音 747‑400 实施大改，将其用于为全球制造商运输波音 787 的零部件，并将各个部段运往西雅图的总装厂。这款飞机被命名为波音"梦想运输者"（Dreamlifter），与空客 A300‑600ST"大白鲸"的概念相同。

图 8.5 展示了 1991—2013 年台湾地区航空航天业的总产值。2009 年，航空制造业产值占总产值的 44％，而 MRO 产值占总产值的 56％。在 MRO 产值中，84％来自民用 MRO 业务。从就业人数来看，航空制造业约有 5 000 人，而从事 MRO 业务的约有 8 700 人[2]。表 8.4 为中国台湾地区航空航天产业的主要分布情况。

---

[1] 长荣航空科技公司副总经理庄建雄博士（Dr Chong Kin-Hung）和初级副总经理 Own Wu-Cheng 在 2010 年 10 月 4 日的会议上提供的信息。

[2] 作者 2010 年 9 月赴 CASID 考察获得的信息。

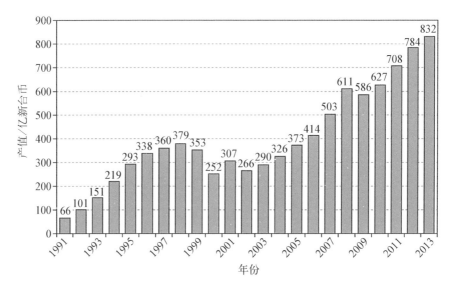

图 8.5　中国台湾航空航天业总产值（1991—2013 年）

（资料来源：台湾航空航天产业发展委员会）

表 8.4　中国台湾地区航空航天产业的主要分布情况

地　点	具体产业内容
桃园	主要 MRO 区
台中	汉翔航空工业公司制造和开展 MRO 业务
高雄	汉翔航空工业冈山综合体、航空发动机组装、零件生产和测试

8.5.2　韩国

8.5.2.1　简介

韩国、新加坡等国和中国香港及台湾地区均是第一代亚洲新兴工业化经济体，都取得了巨大的成功。其中，韩国采取了出口导向的经济战略。从 20 世纪 60—90 年代，韩国成为世界上经济增长最快的国家之一。在工业化早期,韩国经济产业政策的重点放在了初级进口替代工业化的基础之上,主要涵盖食品、饮料、纺织品、服装、鞋类、水泥和各种轻工制造业。之后的产业政策的重点转变为中级进口替代工业化和中级出口导向工业化,重点涵盖汽车、造船、钢铁和金属产品、石油化工、信息通信技术和消费电子产业(Eriksson,2005)。从 20 世纪 90 年代起,韩国更加关注高科技产业,如生物技术、新材料和飞机制造业。

20 世纪 50—60 年代,韩国通过提升军用飞机维修能力,开始涉足飞机制造业。20 世纪 70 年代初,政府决定支持韩国本土国防工业的发展,1973 年通过的《国防工业法》成为韩国发展航空制造业的首要推动力。20 世纪 80 年代,政府对飞机制造业的参与度有所增加。1984 年,国会出台了第 552 号法案——《韩国航空航天技术促进法》,将技术转移和抵销贸易作为产业发展战略的关键事项。20 世纪 90 年代初,飞机制造业成为韩国新经济发展计划中的优先事项,韩国有志于跻身全球飞机制造业的前列(Eriksson,1995)。

韩国的战略意图可以概括为:"韩国正试图通过一系列宏伟计划,将其不断增长的分包能力转化为完整的飞机项目,努力跻身亚洲飞机制造业联盟的前列。"

8.5.2.2　20 世纪 90 年代的商用飞机项目

1994 年,一些韩国企业宣布了支线飞机研制计划,其中一款相关研制机型被命名为"凤凰号"(Eriksson,1995:177)。该机型的外观设计与法国、意大利联合研制的 ATR 42 极为相似(仅代表作者在看到小尺寸模型后的看法)。该项目由三星(Samsung)公司牵头,大韩航空(Korean Air)公司和大宇(Daewoo)公司作为主要承包商,但该项目在建立模型之后就终止了。

大约在同一时期,韩国宣布了更为宏伟的 AE - 100 项目,该项目曾在新加坡和中国地区做过研讨。此外，韩国成立了专门机构——由三星公司牵头的韩国商用飞机发展联合体（KCDC），目的是在与中国联合研制飞机方面发挥主导作用。从一开始，中韩两方之间就出现了很多分歧，如项目主导权、工作分工和总装线选址等问题。中方合作伙伴——中航工业试图主导该项目，理由是中国在飞机生产方面的经验更多，而且国内市场也更大。经过几年的谈判后，韩国退出了该项目。该项目后来发展成为 AE31X 飞机项目（有新的合作伙伴加入），但项目最后还是中止了。

在韩国退出 AE-100 项目之前，戴姆勒-奔驰（Daimler-Benz）公司试图让当时陷入困境的子公司——荷兰福克（Fokker）公司参与 AE-100 项目，但未能成功。

1996 年 3 月，福克公司宣布破产后，戴姆勒-奔驰公司多次尝试将福克公司的飞机生产业务出售到国外（见本章马来西亚部分）。最初，福克公司计划让三星公司接管生产线。一旦荷兰政府批准韩国三星公司收购福克公司，福克公司有望在 1996 年 3 月底前恢复营业，双方也曾签署谅解备忘录（MOU）（O'Toole，1996a）。

有报道称，拟议的收购计划被暂时搁置，待韩国政府和韩国国内其他飞机制造商的研究结果再做决定（Lewis，1996c）。由大学、国家资助的研究所和业界代表共同组成的 15 人委员会，专门研判收购福克公司的可行性。一位高级航空管理人员表示，三星公司没有提供足够的信息，只准备了一份 15 页的提案，比通常的汇报材料还要简短（Lewis，1996c）。

由于三星公司未能在最后期限（10 月底）前完成对福克公司的收购，福克公司的管理层叫停了这一援救计划。随后，肖特（Shorts）北爱尔兰公司宣布取消福克公司的喷气式支线飞机机翼装配生产线（O'Toole，1996b）。如果机翼生产线可以安排在其他工厂，那么三星公

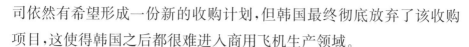

司依然有希望形成一份新的收购计划,但韩国最终彻底放弃了该收购项目,这使得韩国之后都很难进入商用飞机生产领域。

1997年,同其他许多亚洲经济体一样,韩国也受到了亚洲金融危机的巨大冲击,这一危机主要是由外国货币投机商引发的。实际上,韩国经济确实存在一些深层次问题,例如结构性扭曲,其原因既有内部的(如韩国大型企业集团,即财阀的过度借贷),也有外部的,甚至可以追溯到过去产业政策遗留下来的问题(Kim,2000)。通过实施一系列的结构改革和优化治理,韩国在短时间内消除了危机(Kim,2000)造成的影响。早在亚洲金融危机之前,韩国政府就已提出了针对公共领域、金融领域、财阀和劳动力市场领域的改革方案,但由于利益相关方的不响应和阻挠而未能实施。亚洲金融危机爆发后,该方案于1998年开始实施(Eriksson,2005)。其中一项针对财阀的改革,对飞机制造业造成了直接影响:政府指令三家飞机公司——大宇公司航空航天部(Daewoo Aerospace Division)、现代航天与飞机(Hyundai Space & Aircraft)公司和三星航空航天(Samsung Aerospace)公司合并,于1999年成立韩国航空航天工业(Korean Aerospace Industries,KAI)公司。在谈及韩国航空航天工业公司之前,先简单回顾1999年之前,上述三大财阀和"第四家"飞机制造业参与者大韩航空公司的飞机业务。

8.5.2.3 大韩航空公司

大韩航空公司(韩进集团)成立于1976年,是第一家成立航空航天部门(KAL ASD)的韩国企业。其首轮业务是组装美国的休斯(Hughes)500D/MD直升机,随后是组装美国的诺斯罗普(Northrop)F-5E/F战斗机。1990年开始,为军方组装美国西科斯基(Sikorsky)UH-60军用直升机。作为国家飞机制造业扶持政策的一部分,韩国科学技术部牵头启动了一个小型四座飞机项目,即后来的蓝天(Chang-Gong)91型单发下单翼飞机。大韩航空仅生产了3架原型机,且从未正式投产。20 世纪 80 年代末至 20 世纪 90 年代初,大韩航空公司发展了包括零部件制造在内的商用飞机分包业务,例如,生产波音 747 的整流罩和翼尖、麦道 MD-11 翼根边条和复合材料扰流板、MD-80/82 机头罩、球面框、舱门、蒙皮壁板和燃油箱(Eriksson,1995)。

随着时间的推移,波音公司与大韩航空公司的合作不断深化。目前,大韩航空公司为波音公司的多个机型生产部件,包括波音 737(尾翼、襟翼支撑整流罩)、波音 747-8(整流罩、延伸翼尖、雷达罩)、波音 777(结构部件)和波音 787(货舱门、翼尖、球面框、后机身和一些机身结构件),还将为新型的波音 737MAX 生产翼梢小翼(另一个供应商是英国 GKN 公司)。波音公司和大韩航空公司的航空航天部门在军事项目上也有大量合作(信息来自各种文献)。

与空客公司的合作则开始得比较晚。自 2012 年起,大韩航空公司成为空客公司图卢兹、汉堡和天津总装线生产的空客 A320"鲨鳍小翼"(一种用于节省燃料的翼尖装置)的唯一供应商。大韩航空公司的航空航天部门目前还生产空客 A330 机身蒙皮壁板和地板组件,以及空客 A350XWB 全复合材料货舱门(信息来自各种文献)。

大韩航空公司在韩国还拥有相当广泛的商用飞机 MRO 业务。

8.5.2.4　三星航空航天公司

1977 年,三星航空航天公司开始涉足飞机制造业,起初是为韩国空军提供发动机大修服务。尽管三星航空航天公司的起点在发动机,但韩国政府后来仍选择三星航空航天公司作为韩国战斗机项目(KFP)的主承包商,实际上是组装美国 F-16 战斗机,这一业务是三星航空航天公司在整个 20 世纪 90 年代的航空业务的主体。同时期,三星航空航天公司还承担一些零星的分包工作,包括生产 MD-11 的一些零件、波音 757 和波音 767 的机翼后缘、波音 747 的一些小部件(Eriksson,1995)。

8.5.2.5　大宇公司航空航天部

大宇公司于1983年成立航空航天部,1984年开始涉足飞机制造业,承担美国通用动力公司(现归洛克希德·马丁公司所有)F-16战斗机的分包业务,这是对当时韩国空军采购F-16的贸易补偿。1988年,大宇公司与德国道尼尔公司签订了新型涡桨飞机道尼尔328的合作协议,为该型飞机生产前、中和后机身部段(Eriksson,1995)。大宇公司还曾与俄罗斯军用直升机(Russian Mil)公司讨论过在韩国国内制造米-8和米-17,但该项目从未实施。

20世纪80年代末,大宇公司开始研制KTX-1涡桨军用初级教练机,研制工作一直延续至20世纪90年代,最终投入生产。该机型是韩国第一款进入批量生产阶段的国产飞机。

大宇公司是当时韩国第二大财阀,但受到1997年亚洲金融危机的冲击,公司在1998年陷入严重困境,1999年解体,其飞机生产业务被转移到新成立的韩国航空航天工业公司。

8.5.2.6　现代航天与飞机公司

现代集团是韩国飞机制造业的后起之秀,旗下负责航空航天业务的现代航天与飞机公司于1994年成立。1999年并入韩国航空航天工业公司之前,现代集团的航空业务范围较小,运营时间也较短,主要是为波音717(1997年波音公司与麦道公司合并前的MD-95)生产机翼,也生产一些其他部件,主要面向军用飞机领域。

8.5.2.7　韩国航空航天工业公司

韩国航空航天工业公司是目前唯一一家参与飞机制造的韩国企业,涉及军用(固定翼)飞机和直升机,且十分依赖于洛克希德·马丁公司和欧洲直升机(Eurocopter)公司等外国企业。韩国航空航天工业公司还从事MRO等其他业务。此外,韩国航空航天工业公司目前也在制造曾经由大宇公司自主研发的KTX-1涡桨军用初级教练机(现改名为 KT-1）。

虽然韩国在 20 世纪 90 年代未能跻身商用飞机领域,但是在成立韩国航空航天工业公司几年后就开始了新的尝试。2001 年,韩国航空航天工业公司与法国航空航天设计咨询企业 GECI 国际（GECI International）公司签署了一份谅解备忘录,对一款名为斯凯兰德（Skylander）的多用途飞机研制项目展开研究。根据计划,韩国航空航天工业公司向该项目投入 3 000 万美元;与此同时,韩国航空航天工业公司还与俄罗斯苏霍伊设计局（Sukhoi Design Bureau）研发一款 25～50 座客机。斯凯兰德项目止步于模型阶段,该项目在 2012 年 GECI 国际公司进入破产管理时终止。韩国航空航天工业公司与苏霍伊设计局的合作并没有产生任何实质性结果。

在一次采访中（Sobie,2005）,韩国航空航天工业公司的总裁兼首席执行官郑海召（Chung Hae Joo）表示,在出口量和商用飞机销量预期增长的拉动下,韩国航空航天工业公司的目标是成为世界十大航空航天企业之一。正如郑海召所说的,韩国航空航天工业公司在 2007 年开始规划自主研制支线飞机（Govindasamy,2007）,并计划于 2010 年进行首次公开募股,所募资金用于飞机研制。

根据郑海召的说法,韩国航空航天工业公司在 2007 年开始进行可行性研究,至于是研制一款 10 座的轻型飞机,还是研制一款 50～80 座的涡桨飞机（Govindasamy,2007）,并未公布。随后,该计划背后的主要动机被公开:"此项研究是韩国航空航天工业公司与韩国政府联合开展的,韩国政府的目标是发展本国的飞机制造业,也希望达到邻国日本的水平。"

据报道,2013 年,加拿大庞巴迪公司与来自韩国的 3 个潜在合作伙伴,围绕联合研制一款 90 座涡桨飞机开展谈判。谈判始于 2012 年初,但进展并不顺利,决策进度已出现延迟（Toh,2013）。尽管如此,韩国航空航天工业公司首席执行官向路透社表示(Reuters,2013),公司仍然希望成为空客公司和波音公司的商用飞机全球供应链更有力的参与者,减少对韩国军品市场的依赖。韩国飞机产业分布情况如表8.5所示。

表 8.5　韩国飞机产业分布情况

地　　点	具体产业内容
首尔	大韩航空公司总部和富川/金浦维修设施
仁川	大韩航空公司维修中心
大田	大韩航空公司研发中心
釜山/金海	大韩航空公司航空航天部门(技术中心)、飞机生产和MRO(大修)
泗川	韩国航空航天工业公司总部和生产设施

当前,韩国航空航天工业公司已发展成为空客公司和波音公司的机体分包商。2014年,韩国航空航天工业公司为以下波音飞机生产零部件(括号内为合同年份和时间跨度)(Korean Air,2014a):

(1) 波音 737(2004—2024 年):水平尾翼和垂直尾翼。

(2) 波音 747-8(2008 年):机身框架和纵梁。

(3) 波音 767(2009 年):机身上壁板,第 48 部段和固定后缘。

(4) 波音 777(1999—2016 年):短舱配件;(2013—2024 年)固定前缘。

(5) 波音 787(2005—2021 年):第 11 部段,中央翼盒和固定后缘。

(6) 波音 787(2012—2024 年):球面框。

大韩航空航天工业公司为以下空客飞机生产零部件(Korean Air,

2014b）：

（1）空客 A318/319/320/321（1997—2014 年）：机身第 15 部段上筒段。

（2）空客 A318/319/320/321（2012—项目生命周期）：机翼下壁板组件。

（3）空客 A318/319/320（2001—项目生命周期）：机翼上壁板组件。

（4）空客 A320（2006—项目生命周期）：机身第 16A 部段筒段。

（5）空客 A330（1997 年）：机翼纵梁。

（6）空客 A330（1998—项目生命周期）：机翼肋板。

（7）空客 A330（2001—项目生命周期）：底部纵梁。

（8）空客 A350XWB（2008—项目生命周期）：机翼肋板。

（9）空客 A350XWB（2009—项目生命周期）：前起落架舱门、前起落架舱。

（10）空客 A380（2002—项目生命周期）：机翼下壁板。

8.6　结论

本章阐述了亚洲新兴工业化经济体如何发展自己的商用飞机产业。这些经济体拥有不同的产业发展背景和起源。

无论哪一种情况，所有这些经济体在建立和发展商用飞机业务的过程中，实际上都或多或少借助了政府的经济和产业政策。政府也因为溢出效应、技术创新、产业自主等原因，愿意为这个产业进行投资。

只不过这些经济体的投入和努力换来的结果却各不相同。特别值得关注的是，除中国以外所有试图研制商用涡桨飞机和喷气式客机的其他亚洲新兴工业化经济体的努力结果都以失败告终。这其中有几点值得注意：一是陷入困境的西方企业会反复向新兴经济体兜售其飞机项目；二是新兴经济体的政府、政客、企业对发展商用飞机产业的困难缺乏认知。

有些国家为了提升执政者声望、赢得民族自豪感而发展飞机制造业，却忽略了市场分析和纯商业维度的考量。即使有考量，也是将其放在次要的位置。

显然，想要塑造一个成功的商用飞机产业远比预期困难得多。这个产业极其复杂，要想取得成功，不仅仅需要技术转移，还取决于大量的实践和技能等因素。例如，要学习和掌握管理的技能、市场营销的技能、工作方法和与物流相关的知识，还要在适航性和安全性上满足国际规则和规章的要求。此外，还要能够熟练地研发和整合所有先进而复杂的软硬件技术，从而真正实现系统集成。

中国是目前亚洲最大的新兴经济体，如今正怀着勃勃雄心，准备投身全球商用飞机的研制和生产业务。中国正在推进的国产喷气式客机项目，也依然没法完全脱离外国的供应商和先进技术，这一项目能否取得成功，还有待时间的检验。

新加坡采取的战略是发展成为全球商用飞机 MRO 业务的领导者。

从产业全球化的视角来看，上述所有新兴工业化经济体的国际分包业务都得到了开拓和广泛发展。

其中一部分得益于当地生产成本低廉，主要承担一些"简单"的生产业务，比如钣金加工、劳动密集型产品的生产，甚至是最基础的五轴机床机械加工。另一部分原因是上述经济体的主要业务正在朝着更先进、更复杂的零件和系统生产发展，这意味着它们要对研发、设计与制造过程开展更深入的功能性整合。然而，到目前为止，商用飞机的总装业务仍基本掌握在西方发达经济体手中。

参考文献

ACM (2014) Home page，www. acmsb. com. my，accessed 16 June 2014.

Aerospace Factsheet (2014) Singapore：Asia's home for aerospace, Singapore Economic Development Board.

Airbus (2014) Airbus celebrates 200th aircraft assembled in Tianjin，www. airbus. com/presscentre/pressreleases/press-release-detail/detail/airbus-celebrates-200th-aircraftassembled-in-tianjin，accessed 4 December 2014.

Airvectors (2014) Dornier civil aircraft，www. airvectors. net/avdojet. html，accessed 4 October 2014.

Amir，S. (2013) *The Technological State in Indonesia: The Co-constitution of High Technology and Authoritarian Politics*，London and New York：Routledge.

Antonov News (2007) News page. www. antonov. com/news/index. Xml?news5antk-main/news_20071224. xml，accessed 29 October 2011.

Apostolo，G. (1984) *The Illustrated Encyclopedia of Helicopters*，New York：Bonanza Books.

Association of Aerospace Industries (2014) *Singapore Aviation Industry Directory 2014*. Association of Aerospace Industries.

Aviacor (2014) Introducing AN-140 regional aircraft，www. aviacor. ru/files/AN_140_Presentation_in_English. pdf，accessed 15 January 2014.

Aviation Daily (2001) 'Embraer sells 40 jets to China in ＄1 billion order'，18 April.

Bailey，J. (1992)，'Habibie's grand design'，*Flight International*，19－25 February，pp. 51－55.

Blomqvist，H. C. (2005) *Swimming with Sharks: Global and Regional Dimensions of the Singapore Economy*，Singapore：Marshall Cavendish

Academic.

Bodeen, C. (2013) Delivery of the first China jetliner delayed again, http://bigstory.ap.org/article/delivery-first-china-jetliner-delayed-again, accessed 4 December 2014.

Bombardier (2014) Local partners and suppliers, http://cn.bombardier.com/local_partners.htm, accessed 28 November 2014.

Brömmelhörster, J. and Frankenstein, J. (1997) *Mixed Motives, Uncertain Outcomes: Defense Conversion in China*, Boulder, CO: Lynne Rienner Publishers.

Business Air (2014) RUAG Aviation contracts Tata Advanced Systems to manufacture Dornier 228 fuselage and wings, www.businessair.com/aircraft-press-releases/ruagaviation-contracts-tata-advanced-systems-manufacture-dornier-228-fuselage-andwings, accessed 15 November 2014.

Businessweek (2014) Company overview of Aerospace Composites Malaysia Sdn Bhd, http://investing.businessweek.com/research/stocks/private/snapshot.asp?privcapid=22127066, accessed 16 June 2014.

Changi Aiport (2014) Home page, www.changiairport.com, accessed 12 October 2014.

Chia, S. Y. and Lim, J. J. (2003) Singapore: a regional hub in ICT, in Seiichi Masuyama and Donna Vandenbrink (eds), *Towards a Knowledge-based Economy: East Asia's Changing Industrial Geography*, Tokyo: Numura Research Institute; Singapore: Institute of Southeast Asian Studies, pp. 259 – 298.

Chiang, J.-T. (1997) Defence conversion into a global system of proprietary technologies, *Technology Forecasting and Social Change*, 56, pp. 77 – 85.

Croft, J. (2008) NBAA 2008: Gulfstream know-how buoys G250 performance claims, www.flightglobal.com/news/articles/nbaa-2008-gulfstream-know-how-buoys-g250-performance-claims-316880, accessed 2 January 2014.

CTRM (2014) Home page, www.ctrm.com.my/main.php, accessed 12 August 2014.

David, A. (1994) Dornier scouts for Malaysian graduates. *New Strait Times*, 15 May.

Davidson, B. (1981) PT Nurtanio: the rising star of the orient, *Interavia*, 12, pp. 1236 – 1239.

Deccan Herald (2010) Human error, faulty design behind Saras crash: report, 27 April.

Dicken, P. (2011) *Global Shift: Mapping the Changing Contours of the World Economy* (6th edition) London: Sage.

Directorate General of Civil Aviation (DGCA) Final Investigation Report, http://dgca. nic. in/accident/reports/VT-Xrm. pdf, accessed 25 January 2014.

Donald, D. (1997) Bell Model 214ST, in *The Complete Encyclopedia of World Aircraft*, New York: Barnes & Noble.

Economic Committee, Singapore (1986) *The Singapore Economy: New Directions*, Singapore: Ministry of Trade and Industry.

EDB (2014a) Pratt & Whitney opens new engineering and repair centre at Seletar Aerospace Park, www. edb. gov. sg/content/edb/en/news-and-events/news/ 2014-news/prattand-whitney-opens-new-engineering-centre-at-seletar-aerospace-park. html, accessed 20 September 2014.

EDB (2014b) Aerospace Engineering Singapore, www. edb. gov. sg/content/ edb/en/industries/industries/aerospace-engineering. html, accessed 14 October 2014.

Elson, B. M. (1983) Nurtanio leads industrial modernization, *Aviation Week & Space Technology*, 26 December.

Eriksson, S. (1995) Global Shift in the Aircraft industry: a study of airframe manufacturing with special reference to the Asian NIEs, Thesis, Gothenburg University.

Eriksson, S. (2003) Indonesia's aircraft industry: technology and management impediments, *International Journal of Technology Transfer and Commercialisation*,

2 (2), pp. 207 – 226.

Eriksson (2005) *Innovation policies in South Korea and Taiwan*, Stockholm: Vinnova Analysis.

Eriksson, S. (2006) Cluster creation and innovation within an emerging Taiwanese hightech sector, *International Journal of Technology Transfer and Commercialisation*, 5 (3), pp. 208 – 236.

Eriksson, S. (2010) China's aircraft industry: collaboration and technology transfer – the case of Airbus, *International Journal of Technology Transfer and Commercialisation*, 9 (4), pp. 306 – 325.

Eriksson, S. (2011a) Can Singapore develop into a global media city? in C. Karlsson and R. Picard (eds), *Media Clusters: Spatial Agglomeration and Content Capabilities*, Cheltenham: Edward Elgar Publishing ltd, pp. 328 – 353.

Eriksson, S. (2011b) Globalisation and changes of aircraft manufacturing production/supply-chains – the case of China, *International Journal of Logistics Economics and Globalisation*, 2, pp. 70 – 83.

Eriksson, S. (2013a) The aircraft industry as a tool for economic and industrial development: the case of Indonesia, in S. Eriksson, *Clusters and Economic Growth in Asia*. Cheltenham: Edward Elgar Publishing Ltd, pp. 141 – 164.

Eriksson, S. (2013b) Foreign knowledge transfer in the development of aircraft industry clusters: the case of Chengdu, China, in S. Eriksson, *Clusters and Economic Growth in Asia*. Cheltenham: Edward Elgar Publishing Ltd, pp. 165 – 181.

Flightglobal (2014) How Iran's aerospace dream began and ended with the licence-built Ir-An 140, www. flightglobal. com/news/articles/analysis-how-iran39s-aerospacedream-began-and-ended-with-the-licence-built-406044/, accessed 28 November 2014.

Francis, L. (2011) Harbin Embraer nears end of ERJ-145 assembly: plans for E-190s uncertain, http://aviationweek. com/awin/harbin-embraer ncars-end-erj-145-assemblyplans-e-190s-uncertain, accessed 2 December 2014.

Freeman, C. (1988) Technology gaps, international trade and the problems of smaller and less developed economies, in C. Freeman and B. Å. lundvall (eds) *Small Countries Facing the Technological Revolution*, London: Pinter Publishers.

Fulgham, D. (2012) Reviving the technology engine: IAI boosts spending on R&D and advanced technologies to win foreign customers, *Aviation Week & Space Technology*, 23 July, pp. 48 – 50.

Globalsecurity (2014) IAI-201 Arava. www. globalsecurity. org/military/world/israel/arava. htm, accessed 20 February 2014.

Globes (1999) Israel's business arena, 3 October, www.globes.co.il/serveen/globes/docview. asp? did=378552, accessed 2 January 2014.

Goldstein, A. (2006) The political economy of industrial policy in China: the case of aircraft manufacturing, *Journal of Chinese Economics and Business Studies*, 4 (3), pp. 259 – 273.

Govindasamy, S. (2007) KAI seeks funding for Korean airliner, *Flight International*, 3 – 9 April, p. 4.

Güillouët, A. (1990) *Booming Economies of South East Asia*, Singapore: longman.

Gulfstream (2014) Gulfsteam history, www.gulfstream.com/history, accessed 2 January 2014.

HAL, Kanpur (2014) TAD-Kanpur Division, www. hal-india. com/TAD-Kanpur%20Division/M__120, accessed 5 November 2014.

Hashim, F. (2012) Embraer and China reach agreement on Legacy 650 line in Harbin, www. flightglobal. com/news/articles/embraer-and-china-reach-agreement-on-legacy-650-line-in-373358/, accessed 22 November 2014.

Hexcel (2013) Boeing, Hexcel expand Aerospace Composites Malaysia facility by 40 percent, www.hexcel.com/news/market-news/news-20131107, accessed 15 July 2014.

Hill, H. (1998) Introduction, in Hal Hill and Thee Kian Wie (eds) *Indonesia's Technological Challenge*, Singapore and Canberra: Institute of Southeast Asian Studies and Australian National University, pp. 1 – 52.

Jetadvisors (2014) Israel Aircraft Industries Astra SPX, http://jetadvisors.com/astra-spx/, accessed 22 February 2014.

Kim, K. S. (2000) The 1997 financial crisis and governance: the case of South Korea, Working Paper ♯272-March 2000, Kellog Institute.

Korean Air (2014a) Boeing business, www. koreaaero. com/english/product/boeing. asp, accessed 12 December 2014.

Korean Air (2014b) Airbus business, www. koreaaero. com/english/product/airbus. asp, accessed 12 December 2014.

Levin, M. (1993) 'Technology transfer as a learning and development process: an analysis of Norwegian programmes on technology transfer', *Technovation*, 13 (8), pp. 497 – 518.

Lewis, P. (1995) Seastar project could be sunk, *Flight International*, 19 – 25 July, p. 20.

Lewis, P. (1996a) China tackles S Korea on AE-100 leadership, *Flight International*, 24 – 30 January, p. 4.

Lewis, P. (1996b) China wants Airbus to join AE-100 programme, *Flight International*, 1 – 7 May, p. 5.

Lewis, P. (1996c) Fokker rescue plan on hold, *Flight International*, 20 – 26 November, p. 6.

Lewis, P. (1998) Airbus urges AE31X speed-up to compete with Boeing 717, *Flight International*, 4 – 14 February, p. 6.

Li, C. (2004) China's northeast: from largest rust belt to fourth economic engine? *China Leadership Monitor*, 9.

Ling, O. G. and Shaw, B. J. (2004) *Beyond the Port City: Development and Identity in 21st Century Singapore*, Singapore: Pearson/Prentice Hall.

Livemint and *The Wall Street Journal* (2014). India considers partnerships to end delays in aircraft project, www. livemint. com/industry/Fjdkqfucn0mBPk H7tx5Sti/indiaconsiders-partnerships-to-end-delays-in-aircraft-proje. html, accessed 5 February 2014.

Margolin, J. -L. (1993) Foreign models in Singapore's development and the idea of a Singaporean model, in Garry Rodan (ed.) *Singapore Changes Guard: Social, Political and Economic Directions in the 1990s*, Melbourne: Longman Cheshire.

McKendrick, D. (1992) Obstacles to 'catch-up': the case of the Indonesian aircraft industry, *Bulletin of Indonesian Economic Studies*, 28 (1), pp. 39 – 66.

Mondey, D. (1981) *The World's Commercial and Private Aircraft*, London: The Hamlyn Publishing Group.

Moscow Times (1996) Russian companies bid for bankrupt Fokker, 30 March.

Moxon, J. (2000) TAI adopts multi-product strategy to boost orders, *Flight International*, 13 – 19 June.

Moxon, J. and Lewis, P. (1998) Airbus industries and AVIC abandon AE31X, www. flightglobal. com/news/articles/airbus-industrie-and-avic-abandon-ae31x-39195, accessed 19 September 2014.

Munson, K. (1983) *Airliners from 1919 to the Present Day*, New York: Exeter Box.

Muravsky, A. (2013) Antonov receives an offer it can (not) refuse, www. day. kiev. ua/en/article/economy/antonov-receives-offer-it-cannot-refuse, accessed 16 January 2014.

Ng, H., Ndengabaganizi, D. and Shiou, J. (2012) *Singapore aerospace industry*, US Department of Commerce.

Osborne, T. (2014) Second try: Indonesia launches development program for a commuter aircraft, *Aviation Week & Space Technology*, 24 February, p. 30.

O'Toole, K. (1996a) Samsung steps closer to Fokker, *Flight International*, 13 – 19 November, p. 6.

O'Toole (1996b) Hopes fade for Fokker rescue, *Flight International*, 4 – 10 December, p. 5.

Oxford Economics (2011) Economic benefits from Air Transport in Singapore, Singapore Country report. www. iata. org/policy/Documents/Benefits-of-Aviation-Singapore-2011. pdf

Perrett, B. (2013) Many hands, *Aviation Week & Space Technology*, 9 September.

Perrett, B. (2014a) ARJ21 delayed again, due to enter service April – May 2015, *Aviation Week & Space Technology*, 30 January.

Perrett, B. (2014b) Into assembly, *Aviation Week & Space Technology*, 3 – 10 November.

Perry, M. , Kong, L. and Yeoh, B. (1997) *Singapore: A Developmental City State*, Chichester: John Wiley & Sons Ltd.

Phelan, P. (1993) Malaysia takes control of Eagle, *Flight International*, 5 – 11 May, p. 23.

Regnier, P. (1992) Singapore: *City-State in South-East Asia*, Kuala Lumpur: Majeed.

Rek, B. (1987) Singapore aims for increased aerospace activity, Interavia, 12, pp. 1269 – 1273.

Reuters (2012) Wing cracks, other flaws delay China jet manufacture, http://in. reuters. com/article/2012/06/08/uk-airlines-china-comac-idINLNE 85700Z20120608, accessed 28 November 2014.

Reuters (2013) S Korea's KAI eyes bigger role in aviation, http://news. asiaone. com/news/asia/s-koreas-kai-eyes-bigger-role-aviation, accessed 12 December

2014.

Rolls-Royce (2014) A strategic hub for Rolls-Royce, www. rolls-royce. com/ country/singapore. jsp, accessed 17 September 2014.

Sarsfield, K. (2012) Dornier Seawings earmarks 2015 for first Seastar amphibian delivery, *Flight International*, 12 – 18 June.

Singapore Aerospace (1990) *Annual Report*. Singapore: Singapore Aerospace/Singapore Technologies.

Smith, S. L. (1998) Batam Island and Indonesia's high-technology strategy, in Hal Hill and Thee Kian Wie (eds) *Indonesia's Technological Challenge*, Singapore and Canberra: Institute of Southeast Asian Studies and Australian National University, pp. 342 – 363.

Sobie, B. (2005) KAI keeps up fight to make top 10, *Flight International*, 5 – 11 April, p. 25.

Spirit Aerosystems (2014) Spirit's global locations, www. spiritaero. com/ About_Us/Locations/Malaysia. htm, accessed 20 October 2014.

ST Engineering (2014) Products and solutions, www. stengg. com/our-business/aerospace/products-solutions, accessed 16 September 2014.

Steenhuis, H. J. and de Bruijn, E. J. (2001) Developing countries and the aircraft industry: match or mismatch, *Technology in Society*, 23, pp. 551 – 562.

Steenhuis, H. J. and de Bruijn, E. J. (2002) Technology transfer and learning, *Technology Analysis & Strategic Management*, 14 (1), pp. 57 – 66.

Steenhuis, H. J., de Bruijn, E. J. and Heerkens, J. M. G. (2007) Technology transfer and catch-up: lessons from the commercial aircraft industries, *International Journal of Technology Transfer and Commercialisation*, 6, (2 – 4), pp. 250 – 277.

TAAL (2014) Taneja Aerospace and Aviation, www. taal. co. in/, accessed 2 June 2014.

TAI (2014) Company profile, www. tai. com. tr/en/about-us/company-profile, accessed 20 April 2014.

Tan, C. H. (1995) *Venturing Overseas: Singapore's External Wing*, Singapore: McGraw-Hill.

Todd, D. and Simpson, J. (1986) *The World Aircraft Industry*, London & Sydney: Croom Helm.

Toh, M. (2013) Bombardier, South Korea in joint development talks for 90-seat turboprop, www. flightglobal. com/news/articles/bombardier-south-korea-in-joint-development-talksfor-90-seat-381329/, accessed 12 December 2014.

UTC Aerospace Systems (2014) Home page, www. hamiltonsundstrand. com. sg/index. html, accessed 16 November 2014.

Vatikiotis, M. (1993) Fledgling industry: Malaysia's Mahathir pushed aerospace venture, *Far Eastern Economic Review*, 13 May, p. 62.

Vértesy, D. (2011) Interupted innovation: emerging economies in the structure of the global aerospace industry (doctoral dissertation), University of Maastricht.

Wanstall, B. (1990a) Top-grade F-16 from Turkey, *Interavia*, 3, pp. 257 – 261.

Wanstall, B. (1990b) Turkish aerospace industry ready for take-off, *Interavia*, 1, pp. 55 – 58.

World Bank (1993) *The East Asian Miracle: Economic Growth and Public Policy*, New York: Oxford University Press.

World Bank (2012) The World Bank's Logistics Performance index (LPI), http://lpi. worldbank. org/, accessed 12 November 2014.

第9章
俄罗斯和乌克兰的商用飞机产业

战略转型与前景

阿尔玛·洛扎诺和索伦·埃里克松

9.1 引言

飞机制造业的特点是技术复杂、高附加值、可军民两用、需持续创新且具有战略相关性。因此，掌控飞机产业关乎国家利益，能够服务于实现国家的经济和安全目标。然而，发展飞机生产能力需要投入大量研发资金，具备高水平工程专业能力、尖端技术工业资产和先进管理技能，所以鲜有国家能够具备整机制造能力。那些可进行整机制造的国家，当需求减少时，往往依靠政府干预来维持行业运转，并不断依靠政治支持来获得竞争优势、增加国际市场份额。事实上，飞机制造企业的经营环境是一种受政治因素影响的非典型寡头垄断市场，因此这些企业的经营状况取决于企业战略和政府政策两个方面。由于航空产业的发展通常与技术优势、国际声望以及军事和工业实力相关，苏联拥有非常强大的飞机制造系统就不足为奇了。在鼎盛时期，苏联生产了全球40%的军用飞机和25%的飞机平台(De Kort & Kluiters，2003：381)。这一高产能是以强大的军工生产能力为支柱的，因此也是高额国防支出(占苏联 GDP 的 25%)的结果(Gansler，2011：322)。

冷战时期，苏联政府基于中央计划体制控制着飞机生产的方方面面，致力于开发先进的技术以满足苏联的作战需求。当时，苏联飞机生产系统的特点是部门分工严苛、过于专业化，这导致生产过程中各组织效率低下、缺乏协同效应。苏联航空部负责协调整个产业的运作,下设6 个研发机构,分别致力于研究空气动力学、发动机、材料、设备、生产工艺和飞行性能。设计局负责提出具有竞争力的飞机设计方案,其中技术性能最佳的方案将脱颖而出,进入生产阶段。最后,制造厂负责生产,以满足政府指定的目标,但不会涉足飞机的研究、设计和研发阶段。在缺乏以市场为导向的激励机制的情况下,供应链建立在政治利益的基础上,这进一步影响了经济效率。显然苏联模式并未考虑经济理性,这种模式不需要考虑竞争,也不需要考虑盈利能力,需求由高额的国防预算和加盟国的垄断性国际市场来保证。在这种情况下,军事采购是苏联航空产业的基本支柱,不断推动其技术发展和产出。1989 年,苏联达到他国无可匹敌的军事产出水平,当年共生产了 650 架战斗机和攻击机(Harned,1995:43 - 53)。

当冷战戛然而止,一切都结束了。陡然间,世界不再划分为两个对立的势力集团,全球军费支出骤降,垄断市场基本消失。以成本、质量和性能为基础的国际竞争成为新的游戏规则。苏联解体为 15 个独立国家,尽管俄罗斯继承了苏联 85% 的飞机生产资产(De Kort & Kluiters,2003:384),但曾经集中协调的产业现在支离破碎,分散在各个独立国家。值得注意的是,专注发展空运能力的安东诺夫设计局是苏联飞机生产系统的关键一环,现归乌克兰所有。事实上,苏联 30% 的航空航天和防务设计、研发与生产设施位于乌克兰境内(Kuznetsov,1997:551)。因此,俄罗斯和乌克兰作为苏联工业实力的最大继承者,拥有自己的技术和工业资源,可以凭借自身的实力成为飞机生产的中心。然而,为了在苏联解体后得以生存,两国都面临着必须克服的严峻挑战。尤其是为能适应新的市场环境并在由商业规则统治的世界中保持主要飞机制造商的地位,俄罗斯和乌克兰必须对产业、组织和管理进行深度重组。

的确,世界各国都已感受到冷战结束对飞机生产的不利影响。为解决产能过剩问题,美国航空产业不得不进行整合。依靠兼并购战略,美国航空航天产业 50 多家公司缩减为四巨头,分别是波音公司、洛克希德·马丁公司、诺斯罗普·格鲁曼公司和雷神公司(Murman et al.,2002)。欧洲大陆也出现了类似现象,EADS 在 2000 年成立(2014 年重组为空客集团),对民机和军机的研发、营销部门以及通信系统、导弹、火箭、直升机、卫星和相关系统进行了整合①。

英国也受到影响,其国有飞机制造商英国宇航公司与马可尼电子系统公司合并为英国宇航系统公司。在冷战后的市场环境下,并非只有俄罗斯和乌克兰必须彻底重组本国航空产业,以求能成为有生存能力的商业实体国家②。俄罗斯和乌克兰之所以成为特例是由于其必须进行彻底转型。事实上,欧美的相关企业早已习惯在商业市场上竞争,但苏联的制造商并非如此。它们原本赖以生存的世界已彻底崩塌,不得不重新学习如何在一个全新的环境中经营。俄罗斯和乌克兰的飞机制造商没有在国际上销售产品的经验,因为在苏联时期产品出口都是由专业的出口公司负责。一直依赖中央计划的管理团队第一次需要对市场行为作出反应,满足基于商业利益的客户需求。而且,至关重要的是,没有了中央的统一管理,这些国家一时间很难在研究、设计、制造和采购间找到平衡点。

在这种情况下,该行业将如何生存？ 如何克服行业和组织障碍,才能在国际市场上开展有效竞争？ 本章将对这些问题进行解答。本章分析了曾作为中央计划经济一部分的俄罗斯和乌克兰的航空产业从受保

---

① 空客公司成立于 20 世纪 60 年代末,最初是一个名为"空中客车工业"的联合体,旨在研发和制造商用客机。空客公司研发的首款机型为空客 A300,随后又研发了一系列机型。空中客车工业公司于 1970 年 12 月正式成立。

② 第 10 章讨论冷战的影响及后果。

护的军火生产商转变为参与全球市场竞争的民用飞机制造商的一系列战略和过程。本章侧重于研究一种战略转型,即从过度依赖庞大的国内市场和利用政治力量获取国际市场份额,转型为在国家选择性干预的基础上与全球领先的飞机制造商开展战略性国际合作。本章第二节着眼俄乌于冷战结束时实施的现代化战略,第三节分析了两国基于产业整合和国际合作的政策改革,第四节探讨近期政治演进情况及其对航空产业的影响,分析了俄罗斯和乌克兰商用飞机产业的未来前景。

9.2 苏联解体后的生存环境

9.2.1 俄罗斯

1991年,俄罗斯航空产业经历了灾难性衰退,迫切需要进行重组和现代化建设。整个俄罗斯经济都面临这种状况,航空产业是受影响最大的行业(Daniels & Perez,2007)。俄罗斯政府大幅削减资金导致飞机产量骤降30%~40%(Elenkov,1995),当时全国官僚主义盛行,效率低下、产能过剩的现象十分泛滥。苏联解体后,俄罗斯航空部负责管理约400家全资国有飞机公司(De Kort & Kluiters,2003)。航空产业由少数精英设计局和制造商主导,它们拥有先进的技术和工业生产能力,但彼此之间的整合程度很低,阻碍了战略合作的开展。同时,由于许多长期合作且可信赖的供应商恰巧位于新独立的国家境内,从这些供应商处采购需要征收国际贸易关税并要求以不同货币支付,这将产生很高的物流成本。此外,俄罗斯管理人员不熟悉现代化管理规范,无法作出战略规划。从根本上来说,俄罗斯完全没有适合在国际市场上参与竞争的机制。但具备国际竞争力对任何一个想要跻身航空业的国家/企业来说是必需的,更是重要的;随着全球防务需求的下降,发展重点必须放在商用产品上。

　　然而，俄罗斯的飞机设计局和制造商主要从事军工生产。事实上，冷战结束前，苏联的航空产业每年可获得 20% 的年度国防预算（Shaw，1997：733），这使得大部分资金和研发项目都流向了军事部门。在这种情况下，苏联面临的主要难题是其飞机制造商在商用领域的专业能力有限，1990 年民用飞机产品仅占苏联飞机总产量的 20%（De Kort & Kluiters，2003）。在苏联解体之后，对民用飞机生产的忽视将使俄罗斯付出巨大的代价，因为 20 世纪 90 年代的经济危机大幅降低了国内需求，同时俄罗斯政府批准降低进口关税，促使俄罗斯航空公司将大部分订单交给了西方供应商①。

　　因此，俄罗斯飞机制造商发现自己处于相当不利的境地，一方面不得不争夺原本专属的国内市场，另一方面本土产品因可靠性低、质量差、使用寿命短、维护成本高并且缺乏国际认证而无法打入西方市场。这使得俄罗斯民用飞机的产量在 20 世纪 90 年代初期下降了 80%，甚至有几家公司的年产量只有 1~2 架飞机②（Ecorys Research and Consulting，2009：236）。正是在这种情况下，政府和企业层面都必须实施一系列战略，以确保俄罗斯制造商能够在冷战后的全球市场中占据一席之地，从而生存下来。当时的全球市场盛行商用产品，且呈现波音、空客双寡头垄断格局。

　　俄罗斯采取的第一项措施是将制造商私有化，从而提高生产效率。私有化进程始于 1992 年，到 1996 年只有 15% 的飞机制造商仍归国家所有（De Kort & Kluiters，2003）。然而，私有化并不足以提高竞争力。

---

　　① 关于飞机市场的损失，以及对发动机产业的影响，请参阅第 4 章。
　　② 飞机平台是一种结构或技术形式，用于研发当前或未来的飞机。它包括通用设计、工程设计和生产工作，以及主要零部件共享。平台共享是为了降低成本，拥有更高效的产品研发流程。例如，图-334 基于图-204 机身/平台，但与图-204 不同的是，图-334 有一个 T 型尾翼和后置发动机；图-334 只制造了两架，之后生产计划就被取消了。

在多数情况下,虽然俄罗斯航空产业的管理人员和工人成了私有化实体的新所有者,但其管理和经营方式基本上保持不变。俄罗斯政府意识到还有很多工作要做,因此承诺在 1993—2000 年投资 2 660 亿美元用于研发新项目以及对生产设施进行现代化改造(De Kort & Kluiters,2003)。此外,为了对各家设计和制造企业的战略加以协调,减少产能过剩,垂直整合与水平整合缺一不可(Bek & Bek,1998)。

1997 年,俄罗斯将飞机设计局和制造商归为国有控股公司,由此开启了行业整合之路。此举旨在通过集中化来产生规模经济,同时将稀缺的国家财政资源投入那些被认为有能力适应不断变化的环境并能在国际市场上成功竞争的大型实体。俄罗斯的这一战略效仿了欧美,约 50% 的俄罗斯飞机制造商被整合为股份制公司,并禁止出售个体所持的 125 家被认为具有战略意义的准上市公司的股份(De Kort & Kluiters,2003)。

虽然政府的支持的确帮助俄罗斯航空产业在苏联解体后得以存活下来,但并未使其具有国际竞争力。因此,在认识到转型对于该产业的长期生存和可持续发展必不可少之后,俄罗斯航空企业实施了自身层面的战略,以对政府实施的战略加以补充。这些战略包括促进非航空制造领域的多元化发展、投资研发和新技术开发、与国内供应基地建立协作网络,以及建立国际战略联盟。总之,目的就是以具有国际竞争力的价格向全球市场供应技术先进的飞机。

由于俄罗斯的研发和劳动力成本远低于美国和欧洲,所以与西方制造商相比拥有固定成本更低的优势。然而,俄罗斯缺乏营销方面的专业知识且不熟悉西方的生产和销售方式,因此俄罗斯航空产业必须参与国际合作。航空产业的龙头企业在 20 世纪 90 年代初期就已意识到这一点——当时,国际合作已成为俄罗斯乃至全球其他国家的航空制造商进入国外市场,获得竞争优势和填补技术、生产、管理能力差距的重要手段。

到 1995 年,俄罗斯航空企业在西方国家建立了子公司和外商直接投资型合资企业,并与外国企业签订了联合研发、合作生产、合作营销和交叉许可协议(De Kort & Kluiters,2003)。俄罗斯各个主要设计局和制造商都积极参与了数十项跨国业务(De Kort & Kluiters,2003)。如俄罗斯公有发动机设计局(Aviadvigatel)与私有公司 Perm Motors 合作,共同与美国普惠公司、德国 MTU 公司进行联合研发,还与通用电气公司、法国斯奈克玛公司签订了合作生产协议。

与之类似,苏霍伊设计局与美国湾流航空航天公司在联合研发项目中进行了合作。雅克夫列夫设计局与美国德事隆集团旗下的莱康明发动机公司签署了交叉许可协议,与意大利阿莱尼亚·马基航空公司和法国 ATR 公司进行了合作营销,与美国柯林斯运输公司进行了合作生产,还与以色列飞机工业公司开展了联合研发项目。同样地,米高扬设计局与法国斯奈克玛公司进行了合作研发,与英国 Hughes Rediffusion 公司和德国 MTU 公司签订合作生产协议,以及与法国汤姆逊无线电公司和达索航空公司开展合作营销。

在 1993 年 6 月的巴黎航展上,米高扬设计局宣布将与韩国大宇重工业股份有限公司合作生产米格-AT 军用喷气式飞机(Warwick,1993:26),但这一合作最终未能达成。

1991 年,雅克夫列夫设计局和意大利马基公司决定联合研发两座喷气式教练机/雅克-130 轻型攻击机。这是俄罗斯和西方制造商在军用飞机设计、制造和销售方面的首次合作[1]。

伊留申设计局在英国成立了子公司——伊留申欧洲飞机销售公司,并与几家美国企业签订了合作协议。此外,俄罗斯科学工业企业

---

① 该机型仍在生产中,意大利阿莱尼亚·马基航空公司研发了该机型的改装版本——M-346,专门改换采用西方制造商提供的设备。

Energia 与赫鲁尼契夫(Khrunichev)公司在美国成立子公司——NPO Energia,并分别与美国洛克希德·马丁公司和罗克韦尔公司建立外商直接投资型合资企业、开展合作生产项目。

离岸外包使俄罗斯飞机能够采用西方的飞机部件与子系统,由此增加了俄罗斯的国际合作伙伴。例如,伊留申设计局在 20 世纪 90 年代初就已在伊尔-96M 和伊尔-96T 飞机上配备普惠发动机。和图波列夫的图-204 一样,这两款机型配备了罗克韦尔·柯林斯公司研发的告警与防撞系统。图波列夫的图-204 配备了罗-罗发动机[①]和其他西方制造商生产的零部件。预计离岸外包会增强俄罗斯产品的国际竞争力,并推动国内制造商所不熟悉的产品和工艺技术向俄罗斯转移。最重要的是,通过将西方生产商纳入供应链,俄罗斯企业得以持续参与国际商业网络;这使得俄罗斯产品更容易获得国际认证,也使俄罗斯企业学会如何达到高质量标准(Shaw,1997)。

对这些俄罗斯企业而言,与深谙国际市场之道的先进西方企业合作确实是一项重要的增值战略,推动着依赖国家庇护的原苏联生产商向争夺全球飞机市场份额的现代化企业转变。但合作也将付出代价,因为西方企业与俄罗斯同行合作的目的是获取俄罗斯的工程技能、高性能技术和市场准入机会(Daniels & Perez,2007)。因此,波音公司和空客公司等西方制造商通过从俄罗斯供应商处采购零部件、在莫斯科开设子公司以及与当地航空公司签署订单,在俄罗斯市场站稳了脚跟。由于国内竞争激烈,俄罗斯航空企业别无选择,只能利用自身资源优势和国际联盟抢先研发新产品,打入国外市场。

9.2.2 乌克兰

俄罗斯的情况较为特殊。原因在于,俄罗斯虽然掌握了先进的航

---

① 这是俄罗斯客机首次配备西方制造商生产的发动机。

空技术和专业知识,足以与世界上最先进的制造商相媲美,但它缺乏西方企业所特有的丰富的营销专业知识以及对最佳国际实践的深入了解。因此,俄罗斯所制定的战略最大限度地利用其现有能力,以保持累积的工业和技术优势,同时,通过与外国企业合作获得开展国际竞争所需的专业知识,以填补与西方制造商之间的能力差距。这一战略之所以可行,是因为俄罗斯航空产业能够向外国合作伙伴提供富有吸引力的"资产"作为回报,如高科技产品、低成本制造以及一个巨大的市场。乌克兰虽然也继承了苏联的部分先进的工业技术能力,但情况明显不同。究其原因,与其说在于最初的基础设施条件,不如说是政府政策所致。事实上,乌克兰早已完全融入苏联时期的飞机生产体系,并可能与俄罗斯一同提升国际竞争力。此外,两国相似的经历使其面临相似的机遇和挑战。和俄罗斯一样,乌克兰也有强大的科学和工业基础、先进的制造能力、技术娴熟的劳动力并且专注于军用生产,但同样缺乏现代管理和国际营销技能。

然而,乌克兰航空产业还面临着另外一个挑战,即生产工厂不在国内,因此总装往往不得不分包给位于俄罗斯和其他加盟共和国境内的制造商。不同于俄罗斯,乌克兰在苏联解体后未能加速经济改革、私有化和产业整合的进程,进而使其航空产业的发展受阻。雪上加霜的是,尽管乌克兰在 20 世纪 90 年代初期就已制定了一项推动商用航空产业发展的计划,但缺乏足够的财力支持——可用于实施这一计划的资金仅为必需资金的 10%(Karnozov,2004)。

这些情况使乌克兰航空产业在很大程度上隔绝于外国合作伙伴,所能开展的国际合作基本局限于其他加盟共和国的制造商之间,进而导致整个乌克兰航空产业在 20 世纪 90 年代出现衰退,并过度地依赖俄罗斯供应商(Dominese,2005)。尽管如此,在意识到跻身商用市场对于长期可持续发展至关重要之后,安东诺夫设计局在 20 世纪 90 年代推出一款商用短程涡桨客机安-140,并开始研发商用喷气式支线客机安-148。尽管取得了一些成就,但乌克兰航空产业仍然专注于其核心优势:军用生产、向传统市场出口、与俄罗斯合作以及在数十个国家(特别是中国、印度、利比亚和俄罗斯)为安东诺夫设计局研发的飞机提供维护和升级服务(Karnozov,2004)。

在苏联解体10年后,政府和企业所做的努力显然不足以使俄罗斯和乌克兰的航空产业达到该领域的世界领先水平。事实上,尽管2000年俄罗斯70%的飞机制造活动由私有企业完成,但民用飞机的产量比10年前降低了90%(De Kort & Kluiters,2003)。此外,大部分国内的飞机需求订单并没有交给国内制造商。之所以出现这一现象,是因为一方面人们认为国外的飞机有更好的质量与可靠性;另一方面航空公司使用波音公司或空客公司的飞机更容易获得西方机场的运营认证和权限。因此,俄罗斯民用飞机生产商——伊留申设计局、图波列夫设计局和雅克夫列夫设计局不得不面对国内需求下降的问题。彼时存在的危险是,俄罗斯国内的飞机生产能力可能下降乃至最终丧失。为了避免出现这样的结果,俄罗斯方面必须研发新机型并实施更稳健的整合战略,以确保该产业一旦获得一线生机,便能成功参与21世纪的国际市场竞争。

9.3　推进整合与国际合作

9.3.1　俄罗斯

尽管俄罗斯在20世纪90年代进行了经济改革和产业结构调整,但直到1999年,其航空产业格局几乎没有发生变化,仍然过于庞大、未经整合且效率低下——包括335家企业和组织、9个设计局和19个主要制造商(Giles,1999：12)。此外,研发投资少、订单匮乏导致 1999 年俄罗斯航空产业产值仅占苏联总产值的 10％(Giles,1999：12)。由于油价下跌,俄罗斯政府只能承担所需研发资金的 14％,产能过剩达到 75％～80％(Giles,1999：12)。形势实属严峻。但这一情况在 21 世纪初期开始发生变化,俄罗斯的航空公司纷纷需要更换老旧飞机,同时民众对国际航空旅行的需求也有所增加,国内的订单需求迎来了增长。

要适应 21 世纪国际航空市场的激烈竞争,俄罗斯必须采用新的企业结构。20 世纪 90 年代俄罗斯在产的机型是"现代"商用喷气式飞机(伊尔-96、图-204/214 和安-148),而采用老旧设计的图-154 和雅克-42 已逐步停产。与较老的图-154 相比,就产量而言,新型商用喷气式飞机并不成功。伊尔-114 螺旋桨飞机也是如此,该机型截至 2012 年停产时一共只生产了 20 架(见表 9.1)。

研发新的机型已经迫在眉睫,尤其当 2005 年俄罗斯飞机年产量只有 10 架时,波音公司和空客公司的飞机订单均已超 1 000 架(US Department of Commerce,n. d.)[①]。因此,俄罗斯必须奋起直追,且俄罗斯政府认识到航空产业对俄罗斯经济发展至关重要(Komarov,2008：41),强有力的政府干预对塑造产业结构和促进研发项目产生积极作用。

与以往一样,追求主权和本土化是很现实的,但如今俄罗斯政府面临着国际合作和产业互联的双重压力。因此,在与特别委员会协商之后,普京政府认为,确保俄罗斯航空产业长期可持续发展和具有国际竞争力的最佳战略是以企业集团的形式分类整合所有主要设计局和制造商,从而进一步整合产业并实现产业结构合理化。因此,俄罗斯政府在 2006 年成立了俄罗斯联合飞机制造公司(UAC)。该公司由俄罗斯绝

---

① 相比之下,波音在同一年交付了 290 架商用喷气式飞机,空客交付了 378 架。

表 9.1　20 世纪 90 年代以来俄罗斯生产的商用飞机

客机型号	开始研发时间	投入使用信息	停产时间	发动机	最大载客量	生产数量
喷气式飞机						
伊尔-62 远程窄体客机	20 世纪 60 年代初期	俄罗斯航空公司，1967 年	1995 年	4 台后置涡轮风扇发动机	195 人	292 架
伊尔-86 中程宽体客机	20 世纪 70 年代中期	俄罗斯航空公司，1980 年	1994 年/1995 年	4 台涡轮风扇发动机	350 人	106 架
伊尔-96 远程宽体客机	20 世纪 80 年代中期	俄罗斯航空公司，1993 年	正在生产	4 台涡轮风扇发动机	300 人	到 2014 年约 30 架
SSJ100 支线客机	2000 年	亚美尼亚航空公司，2011 年	正在生产	2 台涡轮风扇发动机	108 人	到 2014 年 11 月约 75 架
图-154 中程窄体客机	20 世纪 60 年代中期	俄罗斯航空公司，1972 年	不清楚。客机可能停于 21 世纪初期停产，但直到 2013 年才为俄罗斯国防部建造了几架	3 台后置涡轮风扇发动机	180 人	1 000 架以上；可能 1 025 架或 1 026 架

客机型号	开始研发时间	投入使用信息	停产时间	发动机	最大载客量	生产数量
图-204/214	20世纪80年代中期	伏努科沃航空公司·1996年	正在生产	2台涡轮风扇发动机	215人（图-204SM）	2014年初76架
图-334中短程客机	20世纪90年代初期	无	项目于2009年被取消	2台后置涡轮风扇发动机	102人	2架
雅克-42	20世纪70年代初期	俄罗斯航空公司·1980年	2003年	3后置涡轮风扇发动机	120人	185架以上
涡桨飞机						
伊尔-114	1986年	乌兹别克斯坦航空公司·1998年	2012年	两台涡桨发动机	64人	约20架

注：苏联于1991年12月解体。本表数据统计时间止于2014年。译者翻译时对该表进行了修改。

大多数飞机设计和制造商组成,包括伊尔库特科学生产集团、米高扬设计局、苏霍伊设计局、伊留申设计局、图波列夫设计局、别列耶夫设计局和雅克夫列夫设计局。

目前,UAC 共有 23 家公司,且仅有这些公司能获得俄罗斯政府的财政支持(Ecorys Research and Consulting,2009)。政府之所以决定将所有财政资源投入到龙头企业,是因为坚信采用整合策略能克服设计局与制造商之间存在的诸多问题,从而提高效率,进一步发展规模经济以及扩大生产线(Matthews & Lozano,2012)。

将俄罗斯的航空企业整合为联合飞机制造公司,被视作一种再国有化行为,因为私有资本减少了,而政府方面的作用增加了。UAC 的董事会成员结构(任命的 14 名董事会成员中有 8 名是政府高官)体现了这一点。此外,虽然政府最初持有约 75% 的股份,但这一比例逐年攀升,截至 2013 年,俄罗斯政府持有 UAC 特许资本的 84.33%,市值达47 亿欧元(United Aircraft Corporation,2013a)。实际上,UAC 原本被定位为一家国有航空航天龙头企业,有志成为仅次于空客公司和波音公司的全球第三大飞机制造商。为实现这一目标,UAC 实施了一系列企业战略,特别是与国外企业开展密切合作,减少非优先级项目的投资,加大对 SSJ100[①] 和 MC-21 新型客机项目的工业和财政投资,积极进军售后服务市场(Ullrich,2008)。UAC 原计划在 2008—2025 年制造 2 600 架商用飞机,其中 60% 用于出口(Komarov,2009)。但这一设想很快败给了现实,虽说不至于无法实现,但至少过于宏大,尤其是到2013 年,SSJ100 客机只获得了 179 架订单,其中 30 架来自俄罗斯国际航空公司(Sukhoi Civil Aircraft Company,2013)。

SSJ 项目是 UAC 的重点商用项目,体现了俄罗斯航空产业的总体

---

① 有关 SSJ 的概述,请参见第 2 章。

战略：在紧密的国际合作和战略伙伴关系的支持下，由国家负责初始设计和产品生产。SSJ100 客机设计初衷是取代图-134 客机和雅克-42 客机，竞争机型为巴航工业公司的 E 喷气系列和庞巴迪公司的 CRJ系列飞机，其 25% 的研发费用来自俄罗斯政府（Antonova，2010）。该项目没有选择自主研发，而是采用了前所未有的合作方式。俄罗斯苏霍伊设计局和意大利阿莱尼亚·马基航空公司建立了国际战略伙伴关系，共同组建苏霍伊民用飞机公司研发 SSJ 系列支线客机，苏霍伊设计局持股 75%，阿莱尼亚·马基航空公司持股 25%。该项目体现了俄罗斯的战略，即通过国际合作机制提高本国的生产能力，确保本国龙头企业拥有飞机设计权并保持系统集成商的地位（Komarov，2008）。据估计，此次合作生产的 SSJ 飞机 50%～60% 的零部件从国外进口（ITAR‐TASS World Service，2010）。该项目最突出的一点是，UAC选择该产业的全球领先企业作为合作伙伴与供应商，减少了与俄罗斯本土产品相关的负面消息所带来的影响。

因此，该项目不仅聘任波音公司为顾问，而且所有主要子系统均由航空领域知名的欧美企业供应：法国泰雷兹集团供应航空电子设备，德国利勃海尔（Liebherr）公司供应飞行控制系统，美国霍尼韦尔公司（Honeywell）供应辅助动力装置，美国汉胜公司供应电气系统，法国佐迪亚克集团英特泰克（Intertechnique）公司供应燃料系统，美国派克宇航公司供应液压系统，法国赛峰集团（SAFRAN）供应起落架，美国古德里奇公司供应车轮制动器和制动控制装置。此外，SSJ 项目使用的SaM146 发动机由法俄合资的喷气动力公司（法国斯奈克玛公司与俄罗斯土星科学生产联合体等均出资组建）设计和生产，法国政府和俄罗斯政府分别向 SaM146 发动机项目提供了 1.68 亿美元与1.16 亿美元的资助（Ecorys Research and Consulting，2009）。在专属发动机成功集成装载之后，苏霍伊设计局为该机型打造的市场定位是"首款发动机与机体采取一体化设计,以优化性能的客机"
(Sukhoi Civil Aircraft Company,2013)。

尽管飞机销售量仍远低于期望值,但 SSJ 项目被俄罗斯合作伙伴
视为双方在工业发展上的成功。这一项目使俄罗斯航空产业能够利用
国际合作来弥补自身的不足,并研发出一款更具经济性的机型,据称该
款机型的运营成本比其主要竞争机型巴航工业公司的 E190/195 飞机
低 6%~8%(ATO. RU,2010)。SSJ 项目使俄罗斯有机会携一款新的
商用飞机进军国际市场。SSJ 项目成功的关键在于,其国际营销工作
并非由苏霍伊设计局负责,而是由意大利阿莱尼亚·马基航空公司和
苏霍伊设计局组建的合资企业超级喷气国际公司来承担。阿莱尼亚·
马基航空公司在合资企业中持有 51%的股份并合作提供全球售后服务。

俄罗斯将国内优势与国际伙伴优势相结合,成功解决了苏联时
期的遗留问题,最大限度地利用自己的资产和能力,同时集先进制造
商之所长,从战略上填补了自身先天能力的差距。迄今为止,结果较
为令人满意。UAC 报告称,从 2007—2013 年,公司收益增长 100%,年
增长率为 20%(SKRIN Newswire,2013)。此外,UAC 称已获得 740 架
飞机订单,尽管其中民用飞机仅占 33%(SKRIN Newswire,2013)。事
实上,UAC 产品总量的 80%都为军用产品,但其目标是扭转这一局
势,最终达到民用产品占产品总量的 75%(ITAR – TASS World
Service,2013)。

UAC 能否成功的一个根本因素是俄罗斯最雄心勃勃的民用飞机
项目——MC – 21 系列商用客机,在国际市场上与波音公司和空客公
司的飞机永久共存这一目标的实现程度。MC – 21 由伊尔库特设计
局、图波列夫设计局和雅克夫列夫设计局设计,旨在与波音 737、空客
A320 以及中国的 C919 竞争。根据俄罗斯产业战略,这一项目将通过
引进西方技术来助推国内设计和制造能力实现现代化。预期的确很

高,但看起来似乎是合理的,因为该项目的目标市场是单通道客机市场。据波音公司预测,到 2040 年单通道客机的市场价值将达到 2 万亿美元,其中大部分需求来自经济高速增长的亚洲国家(Sanati,2012)。

MC - 21 计划于 2017 年投入市场,且前景似乎很光明,尤其是该机型比西方同类机型价格低 2 000 万美元,运营成本降低 20%,效率提高 10%～15%(RIA Novosti,2008)。此外,为了提高该项目的竞争力,国内与国际的潜在买家都参与进飞机的设计和制造过程中,以确保客户的要求得到充分满足(United Aircraft Corporation,2013b)。与 SSJ 项目一样,离岸外包至关重要,因此飞机由普惠公司的 PW1000G 发动机提供动力,航空电子设备和集成控制系统分别由罗克韦尔·柯林斯公司和联合技术公司提供。然而,尽管广泛开展国际合作,俄罗斯的航空产业仍然严重依赖政府补贴。实际上,SSJ 项目和 MC - 21 项目都得到了政府的高额资助:SSJ 获得了 160 亿卢布(3.55 亿美元)的研发资金,MC - 21 的研发更是获得了超 1 000 亿卢布(23 亿美元)的预算(Komarov,2011:61)。

俄罗斯政府显然不愿意让市场的力量影响国家航空产业结构,当俄罗斯试图在本土生产和国际合作之间寻找平衡点时,政府的控制至关重要。

9.3.2 乌克兰

过度依赖政府干预是俄罗斯和乌克兰航空产业的共同点。但与 UAC 不同,安东诺夫设计局仍然为国有全资企业,乌克兰航空产业所用的约 70% 的零部件都由俄罗斯提供(Stockholm International Peace Research Institute,2004:443)。乌克兰航空产业高度依赖俄罗斯制造商的业绩。此外,俄罗斯瞄准的是国际商用市场,但乌克兰致力于为在役的军用飞机提供支持服务。然而,由于乌克兰生产的飞机只有 5%～

10%服务于国内市场（Aerospace Industries Association of Canada，2009），其航空产业仍然依赖出口。因此，安东诺夫设计局为了乌克兰的长期可持续发展，也必须凭借自主设计的安-140 客机、安-148 客机和安-158 客机在商用市场上进行竞争。如表 9.2 所示，俄罗斯生产商用飞机的制造点相当少。

表 9.2　目前俄罗斯商用飞机制造地点（主要装配厂）

地　　点	装配厂	主　要　业　务
沃罗涅日	沃罗涅日飞机制造厂	伊尔-96 客机和安-148 客机（俄乌共同研制和生产）
乌里扬诺夫斯克	航星-SP 飞机制造工厂	图-204 客机
喀山	喀山戈尔布诺夫航空生产联合体	图-214 客机
萨马拉	空中汽车（Aviakor）飞机制造厂	安-140 客机（由俄乌克兰联合研制生产）
阿穆尔河畔共青城	阿穆尔河畔共青城飞机制造联合体	SSJ100

鉴于此，乌克兰打算效仿俄罗斯的战略，2009 年乌克兰飞机制造厂（Aviant）并入安东诺夫设计局。但即使两家公司合并，安东诺夫设计局仍未具备对所有在产的飞机进行总装的能力，因此只能继续将系统集成工作外包给国外尤其是俄罗斯的制造商。在这种情况下，乌克兰航空产业担心，随着俄罗斯与西方企业的合作加强，俄罗斯与乌克兰制造商的联系可能会减少，进而削弱乌克兰的航空产业实力（Bilousova，2013）。然而事实上俄乌是相互依存的，因为俄罗斯还需要安东诺夫设计局、Aviant 和乌克兰发动机设计局、马达西奇发动机制造

公司产品的持续供应。

这种相互依存的关系的实际表现是 2010 年安东诺夫设计局和 UAC 建立了合作伙伴关系,开展合作投资项目,旨在加强民用飞机和军用飞机的设计与批量生产、加快技术现代化、提升售后服务和增加出口(Oreanda News Agency,2010)。一年后,UAC 和安东诺夫设计局成立了一家各持股 50% 的合资企业 UAC - Antonov,其主要目标是促进安系列飞机在研发、生产、营销和售后服务方面的合作。该合资企业或将成为俄乌航空产业深入一体化发展的平台。20 世纪 90 年代以来乌克兰生产的商用飞机如表 9.3 所示。

尽管俄罗斯和乌克兰政府都表示有意整合两国航空产业,谈判还是受到了国家安全顾虑和多起外交争端的严重阻碍。在可预见的未来,两国航空产业都可能保持独立,安东诺夫设计局正紧跟俄罗斯的步伐,利用国际合作和伙伴关系来实现产业现代化并研发具有国际竞争力的产品。不过,与俄罗斯不同的是,乌克兰的主要合作伙伴不是西方国家,而是俄罗斯、中国和印度。但这种情况可能很快就会改变,因为商业压力迫使安东诺夫设计局走出舒适区,引进西方先进技术并与外国合作伙伴建立商业联系。尤其是在拉丁美洲和东南亚,这些地区是安-148 和安-158 支线客机的主要目标市场。

迄今为止,安东诺夫设计局面临的主要挑战来自其所有权结构——100% 国有的企业属性妨碍了企业管理人员对企业开展高效的管理,因为乌克兰政府全面控制安东诺夫设计局的运营,每项战略决策都必须经过复杂的法律程序后才能得到政府批准。而企业未采用法人制度,官僚主义的做法是企业发展的障碍:官僚主义会导致项目延迟,不可避免地降低了企业的国际竞争力。俄罗斯通过实施基于部分私有化、整合及与西方合作的战略,成功地将国家控制与商业驱动的企业运行逻辑结合了起来。

表 9.3　20 世纪 90 年代以来乌克兰生产的商用飞机

喷气式客机型号	开始研发时间	投入使用时间	停产时间	发动机	最大载客量	建造数量
安-148/158 喷气式支线客机/涡桨飞机	20 世纪 90 年代	Aerosvit，2009 年	正在生产	2 个涡扇发动机	85 人（安-148）99 人（安-158）	截至 2014 年 10 月，共生产 34 架
安-38 运输机	1990 年；该型号的飞机基本上是一架加长的安-28 运输机	2000 年（存疑）	虽然没有正式停产，但自 2004 年以来似乎没有再制造任何一架该型号的飞机	2 个涡桨发动机	27 人	11 架；建于俄罗斯新西伯利亚飞机制造协会
安-140 支线客机	1993 年	21 世纪初	正在生产	2 个涡桨发动机	52 人	30 余架

注：本表数据统计时间止于 2014 年。

相比之下，以俄罗斯为战略伙伴、以政府和俄罗斯银行为资金来源的乌克兰则落于人后。融合可能需要的不仅仅是双边合作。事实上，也许有必要将安东诺夫设计局部分私有化，以便使之适用一些经济激励措施。即使在乌克兰政府的严格管控下，私有制也能使公司获得一些私有资金，从而克服其无法向潜在购买者提供低息信贷的问题——这一问题正使俄罗斯相关企业不得不成为国际交易的中介。

由于自给自足的成本过高，俄乌航空企业难以存活，因此需要将国家所有权、国内设计制造与国际合作相结合，形成一种混合"模式"，这种模式正如俄罗斯和乌克兰的历史经验与官僚体制一样独特。这一模式能使乌克兰将其航空产业的国际竞争力提升到何种水平，既取决于政府政策和企业战略，也取决于国际市场动态和美欧竞争对手的战略。目前乌克兰商用飞机的制造点（主要装配厂）如表 9.4 所示。

表 9.4　目前乌克兰商用飞机的制造地点（主要装配厂）

地　　点	装　配　厂	主　要　业　务
基辅	安东诺夫飞机制造厂	安-148/158
哈尔科夫	哈尔科夫飞机制造厂	安-140，该机型也在俄罗斯萨马拉的空中汽车制造厂进行生产，在伊朗飞机制造工业公司 HESA 授权下进行装配
扎波罗热	马达西奇航空发动机公司	航空发动机

9.4　政治和未来前景

航空产业的特点是市场处于波动状态，订单会受到各种金融和政治因素的影响(Eriksson,2010)。该产业与国内及国际政治环境密切相关,很少有其他行业会与众多国家的政治制度存在如此紧密的联系,尤其是与苏联和俄罗斯存在关系。2014 年乌克兰"革命"及其余波严重影响了乌克兰与其他国家,尤其是乌克兰与俄罗斯的经济和政治关系。这场"革命"加剧了乌克兰与俄罗斯的紧张局势,随后乌克兰东南部地区爆发抗议活动,俄罗斯对克里米亚半岛进行军事干预并将其纳入版图。乌克兰与俄罗斯分裂分子之间的冲突也直接影响了全球航空产业,并致使从阿姆斯特丹飞往吉隆坡的马来西亚航空公司 MH17 航班疑似在冲突地区上空被击落。

俄罗斯的举动使其与美国和欧盟的关系持续恶化。例如,英国"未能"及时为参加 2014 年 7 月英国范堡罗航展的 350 名俄罗斯代表团成员中的半数成员颁发签证(DiMascio et al.,2014),并对俄罗斯实施了各种经济制裁和行业制裁。

在苏联解体二十多年后,乌克兰与俄罗斯的航空航天和防务产业仍然息息相关。这可能是普京总统反对乌克兰与欧盟建立更密切的经济与政治关系的原因之一。如前所述,乌克兰飞机制造业在零部件供应方面高度依赖俄罗斯制造商,但发动机的供应情况恰恰相反。乌克兰马达西奇(Motor Sich)航空发动机公司最能体现俄罗斯在发动机领域对乌克兰的依赖性,该公司生产了几乎所有用于俄罗斯军用直升机和运输直升机的发动机(Birnbaum,2014)①。

早在 2014 年"冲突"爆发之前,两国之间的政治局势就开始变得紧

① Zaporozhye Motor Sich Public Joint Stock Company 是乌克兰唯一一家飞机和直升机发动机公司。除了乌克兰飞机和直升机的发动机外,该公司还为许多俄罗斯民用飞机、军用飞机和直升机制造发动机。由于自 20 世纪 90 年代以来俄罗斯制造的客机和运输机数量急剧下降,俄罗斯对乌克兰的依赖程度也有所下降。马达西奇航空发动机公司还为退役的图-334 客机制造了发动机,该项目于 2009 年被取消,此前仅制造了 2 架。目前生产的少数俄罗斯客机使用俄罗斯、西方或联合制造的发动机。请参阅本书发动机一章的内容。

张了，这一点也体现在航空航天产业上。普京总统曾签署总统令，令梅德韦杰夫总理考虑最迟于 2013 年 8 月 1 日开始对外国（即乌克兰）研发的飞机机型进行现代化改造。这一决定并未征得外国制造商（型号合格证持有者）的同意。乌克兰陆军转换与裁军研究中心主任瓦连京·巴德拉克（Valentyn Badrak）认为，这份文件是对乌克兰飞机制造商的直接攻击（*The Day*，2013）。2014 年事态发展后，乌克兰暂停了与俄罗斯的多项协议以及国防设备的出口。

因此，有明显迹象表明，在可预见的未来，两国之间密切的产业联系与合作将会减弱，并会在管理、经济和技术等方面出现一系列问题。除了俄乌"内部"的问题，其对外联系，也就是与国际市场的联系也会受到各种影响。

俄罗斯和乌克兰目前在商用飞机和发动机市场上都没有竞争力。尽管近几十年来俄罗斯研发了多款商用飞机，但无一成功：要么产量很少，要么项目已经被终止。即便是据称取得了成功的 SSJ100，也只有少数几家外国航空公司购买，交付数量仍然相当低[①]。乌克兰目前有几款机型可供选择：安-140 客机（已在乌克兰、俄罗斯和伊朗境内出售）和安-148/158 支线客机（销往俄罗斯、乌克兰、古巴和朝鲜），但产量都较低。

即使俄罗斯和乌克兰能够制造出与西方最好的产品具有同样性能和质量的飞机与发动机，它们也缺少相关的商业经验。技术的日新月异和激烈的竞争使那些有志于进入全球市场的企业进退两难，且没有一个行业能免受世界级企业设定的质量和价格技术标准的影响。对俄

[①]　截至 2014 年 11 月 10 日，SSJ00 共生产了 75 架，交付了 48 架（Sukhoi Superjet 100 - Production list and backlog，2014）。在交付的 48 架中，只有 3 家外国航空公司购买了 SSJ100：老挝中央航空公司（1 架）、墨西哥英特捷航空（Interjet）公司（11 架）和印度尼西亚天空航空公司（3 架）。

罗斯和乌克兰而言的另一个障碍是，两国的航空领域制造商尚未为使用其飞机和发动机的航空公司建立任何高效的或足以覆盖全球的服务网络（售后服务）。这是需要花费数年时间、斥巨资才能建立起来的"必需品"。在整个航空航天产业中，信任也是一个非常重要的因素，不仅适用于企业、飞机交付、可靠性、服务水平，也适用于更广泛的政治环境[①]。当前俄乌经济政治形势很可能会对进军全球主要商用市场的可能性产生长期影响。

那么，俄罗斯和乌克兰的选择和战略是什么？俄罗斯对这一产业仍然抱有巨大的野心，似乎持有一个重返苏联时代地位的战略目标。2014 年，俄罗斯政府决定向其航空产业投入 280 亿美元，助推俄罗斯跻身世界前三大飞机制造商行列（*Moscow Times*，2014）。根据这项由工业部和贸易部设计并经内阁批准的计划，俄罗斯政府将投资 200 多亿美元，其余资金为私有资金。根据计划，到 2025 年，俄罗斯将生产 3 000 多架飞机和 5 500 架军用及民用直升机，目标是提高俄罗斯制造的飞机、直升机和发动机的全球市场份额。

要取得成功，仅靠巨大的经济投资和先进的航空技术是不够的，仍须考虑其他诸多方面才能求得长远发展。除了前述因素，还需要具备顶级的管理技能和营销技能。

俄罗斯和乌克兰都继承了苏联的技术和产业资产，成为独立国家后，基础设施和政策的不均衡导致了两国航空产业的发展不同。俄罗斯继承了苏联的大部分设计和生产资产，并认同国际合作和开放的必要性。俄罗斯的政策在某种程度上已经启动了一项产业转型的战略，以提高其商业活力，而乌克兰尚未这样做。显而易见，两国一直在努力克服苏联的"历史包袱"，并且都没有准备好让市场机制来决定它们飞

---

① 这也可以归为安全问题。2012 年 5 月，SSJ100 在印度尼西亚（萨拉克山）的一次演示飞行中坠毁，可能对其声誉产生消极影响。

机制造业的表现，这一点从两国政府对航空产业发展的强有力控制和干预中可见一斑。

乌克兰和俄罗斯或许都需要进一步加强国际合作和产业联系，以实现能力（技术能力、管理能力等）现代化并研发具有国际竞争力的产品。这也与两国未来的经济和政治发展状况有关。乌克兰似乎趋向于与西方国家建立更紧密的经济与政治合作关系，这也意味着在航空航天等领域的密切合作。尽管目前俄罗斯与西方之间存在分歧和紧张局势，但情况可能会发生变化，意味着它们在航空航天领域的合作也将会增加。对俄罗斯实施的各种经济和技术制裁可能会促使俄罗斯与中国加强合作，而中国在航空航天领域也有远大的抱负。最近，众多媒体都披露了俄罗斯航空航天产业跟中国合作的意向日益增强。俄罗斯需要提高其研发和制造电子元器件的能力，而中国在许多领域都有需求，尤其是发动机。

虽然俄罗斯和乌克兰继承了傲人的航空／飞机制造产业资源，但它们还面临另一项挑战，即过去几十年里全球产业的变革。许多新兴经济体在航空／飞机产业投入巨资，并建立起先进的制造能力，致力于成为西方主制造商的分包商，或者如巴西一样发展成为飞机制造商，参与市场竞争。俄罗斯和乌克兰必须考虑到这些变化。从战略角度来看，这些新兴国家既可以是竞争对手，又可以是合作伙伴。

参考文献

Aerospace Industries Association of Canada（2009）'Ukrainian Aerospace and Aviation Market Overview'，www. aiac. ca/uploadedFiles/News_and_Events/Calendar_of_Events/Ukrainian％20Aerospace％20market％20overview％20June％2010_eng. pdf，accessed 3 September 2013.

Antonova，M.（2010）'New Orders but No Lift for Superjet'，*Moscow*

Times，22 July，www. themoscowtimes. com/news/article/new-orders-but-no-lift-for-superjet/411118. html，accessed 2 September 2013.

ATO. RU (2010) 'Regional Aircraft for International Market'，www.ato.ru/content/regional-aircraft-international-market，accessed 2 September 2013.

Bek，M. and Bek，N. (1998) 'Strategic Planning and Management of Russia's Aerospace Industry Enterprises Development: State，Tendencies，and Problems'，*Acta Astronautica*，Vol. 43，No. 1，pp. 47 – 49.

Bilousova，N. (2013) 'Russia has Gone on the Offensive Against Ukrainian Aircraft Industry'，11 April，www. day. kiev. ua/en/article/day-after-day/russia-has-gone-offensive-againstukrainian-aircraft-industry，accessed 2 September 2013.

Birnbaum，M. (2014) 'Ukraine Factories Equip Russian Military Despite Support for Rebels'，www. washingtonpost. com/world/europe/ukraine-factories-equip-russian-militarydespite-support-for-rebels/2014/08/15/9c32cde7-a57c-4d7b-856a-e74b8307ef9d_story. html，accessed 2 October 2014.

Daniels，J. and Perez，R. (2007) 'Environmental Dynamics and Collaboration: Case Studies of U. S. – Russian Aerospace Joint Ventures'，*The Journal of High Technology Management Research*，Vol. 17，pp. 175 – 185.

De Kort，J. and Kluiters，S. (2003) 'Reforming the Russian Aviation Industry'，*European Business Review*，Vol. 15，No. 6，pp. 381 – 389.

Dimascio，J.，Buyck，C. and Pyadushkin，M. (2014) 'For Russia，No Love'，*Aviation Week & Space Technology*，21 July，p. 26.

Dominese，G. (2005) 'Ukraine Economy and Finance in the Reform Process and the European Partnership: A Focus on Aerospace Industry'，Transition Studies Review，Vol. 12，No. 2，pp. 257 – 292.

Ecorys Research and Consulting (2009) 'FWC Sector Competitiveness Studies: Competitiveness of the EU Aerospace Industry with a Focus on: Aeronautics Industry'，Final Report for European Commission，Munich，15 December.

Elenkov, D. (1995) 'Russian Aerospace MNCs in Global Competition: Their Origin, Competitive Strengths and Forms of Multinational Expansion', *The Columbia Journal of World Business*, Vol. 30, No. 2, pp. 66 – 78.

Eriksson, S. (2010) 'China's Aircraft Industry: Collaboration and Technology Transfer – The Case of Airbus', *International Journal of Technology Transfer and Commercialisation* (IJTTC), Vol. 9, No. 4, pp. 306 – 325.

Gansler, J. (2011) *Democracy's Arsenal: Creating a Twenty-First-Century Defense Industry*, Cambridge, MA: MIT Press.

Giles, R. (ed.) (1999) *Russia's Aerospace Industry*, Surrey: Jane's Information Group.

Harned, D. (1995) 'Can Russian Aerospace Rise Again?', *The McKinsey Quarterly*, Vol. 3.

ITAR-TASS World Service (2010) 'Sukhoi Supports Further Localising Superjet-100 Production – CEO', 23 November.

ITAR-TASS World Service (2013) 'United Aircraft Corporation to be Seriously Changed over Next 15 Years – OAC President', 28 August.

Karnozov, V. (2004) 'State of Change', *Flight International*, 14 – 20 September, p. 40.

Komarov, A. (2008) 'Russia Lays out Grand Strategy for Aerospace: The Issue Will be its Delivery', *Aviation Week & Space Technology*, Vol. 168, No. 9, p. 41.

Komarov, A. (2009) 'Russia's United Aircraft Corp. Reconsiders Commercial Aviation Plans', *Aviation Week & Space Technology*, 23 February, p. 26.

Komarov, A. (2011) 'The Russian Aerospace Industry has Big Plans for its Commercial Aircraft Sector, But Bringing Them to Fruition is Proving Difficult', *Aviation Week & Space Technology*, Vol. 173, No. 28.

Kuznetsov, E. (1997) 'Ukraine: Space Management for Industry Success',

Acta Astronautica, Vol. 41, No. 4, pp. 551–558.

Matthews, R. and Lozano, A. (2012) 'The Mercurial Development of Russia's United Aircraft Corporation', *Defense & Security Analysis*, Vol. 28, No. 2, pp. 152–162.

Moscow Times (2014) 'Russia's Aviation Industry gets $28 Bln to Become Global Powerhouse', www. themoscowtimes. com/business/article/russia-s-aviation-industrygets-28bln-to-become-global-powerhouse/500331. html, accessed 14 September 2014.

Murman, E., Allen, T., Bozdogan, K., Cutcher-Gerschenfeld, J., Mcmanus, H., Nightingale, D., Rebentisch, E., Shields, T., Stahl, F., Walton, M., Warmkassel, J., Weiss, S. and Widnall, S. (2002) *Lean Enterprise Value: Insights from MIT's Lean Aerospace Initiative*, Basingstoke and New York: Palgrave.

Oreanda News Agency (2010) 'UAC, Vnesheconombank, Antonov signed Cooperation Agreement', 3 November.

RIA Novosti (2008) 'Sukhoi wins Bid to Build wings for New MS-21 Passenger Plane', 13 March.

Sanati, C. (2012) 'In Aerospace Wars, Don't Count Russia Out Yet', *Fortune*, 16 May.

Shaw, B. (1997) 'The Role of Marketing in Managing the Transition from a Command Economy to a Market Economy with Special Reference to the Russian Aerospace Industry', Hills, G., Giglierano, J. J. and Hultman, C. M. (eds), *Research at the Marketing/Entrepreneurship Interface*, Chicago, IL: Institute for Entrepreneurial Studies.

SKRIN Newswire (2013) 'United Aircraft Corporation Doubles Revenues in Six Years', 19 June.

Stockholm International Peace Research Institute (2004) 'The Arms Industry of Ukraine', In *SIPRI Yearbook 2004*, Oxford: Oxford University Press.

Sukhoi Civil Aircraft Company (2013) 'Sukhoi Superjet 100 in Partnership with Alenia Aermacchi', www.scac.ru/en/products/sukhoi-superjet100, accessed 2 September 2013.

Sukhoi Superjet 100 – Production list and backlog (2014) http://superjet100. info/registryenglish,accessed 10 November 2014.

The Day (2013) 'Russian has Gone on the Offensive Against Ukranian Aircraft Industry', www.day.kiev.ua/en/article/day-after-day/russia-has-gone-offensive-against-ukrainianaircraft-industry, accessed 15 September 2014.

Ullrich, W. (2008) 'Mergers and Growth', *MS&T Magazine*, Vol. 1.

United Aircraft Corporation (2013a) 'About UAC', www.uacrussia.ru/en/corporation/,accessed 2 September 2013.

United Aircraft Corporation (2013b) 'MS-21', www.uacrussia.ru/en/models/civil/ms-21/, accessed 2 September 2013.

US Department of Commerce (n.d.) 'Russia: Consolidation of the Aerospace Industry', www.trade.gov/mas/manufacturing/oaai/build/groups/public/@tg_oaai/documents/webcontent/tg_oaai_003738.pdf, accessed 3 September 2013.

Warwick, G. (1993) 'Military Meetings', *Flight International*, 30 June – 6 July.

第 10 章
中东欧国家航空产业的转型

捷克共和国和波兰

兹比格涅夫·博赫尼亚什、兹比涅克·赫鲁斯卡、
艾米莉亚·芭芭拉·西恩科-库瓦科沃斯卡、
格热戈日·皮萨尔奇克和约瑟夫·兹博里尔

10.1　中东欧经济和航空产业转型简介

在过去的 20 年里,中东欧地区作为从计划经济向市场经济转型的历史典型,在全球范围内颇受关注。在进行政治和经济改革的同时,中东欧地区还进行了重大的环境改革以及根本性的体制变革,影响到公共生活的各个方面。因此,这类转型通常被称为带有某些独特中东欧特征的系统性转型(Archibald et al.,2009;Dabrowski et al.,2001),与俄罗斯或中国改革模式(Stieglitz,1999)具有不同之处。中东欧转型的成功激励了该地区以外许多国家特别是东欧和南欧的领导层,并使一些中东欧国家于 2004 年加入欧盟(EU)(包括捷克、爱沙尼亚、匈牙利、拉脱维亚、立陶宛、波兰、斯洛伐克和斯洛文尼亚;保加利亚和罗马尼亚于 2007 年加入欧盟)。通过这种方式,既完成了体制转型,又与欧盟的民主治理体系和成熟的市场经济接轨。尽管存在文化、经济和民族差异,但这 10 个新的欧盟成员国(EU-10,中东欧 10 国)与其他转型经济体特别是苏联经济体有许多共同之处。然而,与其他苏联成员国相比,这些中东欧国家的经济状况要好得多,环境得到显著改善,政治也更加稳定(Archibald et al.,2009;Bochniarz & Radzilowski,2003;Gemma,2000)。

关注中东欧 10 国成功实现体制转型的人或许会问: 中东欧 10 国的产业重组,尤其是航空产业成效如何? 这个问题正是本章要说明的主要内容。

为了回答中东欧经济转型对航空产业的影响,本章重点聚焦于两个最大的中东欧经济体——捷克(1993 年以前是捷克斯洛伐克的一部分)和波兰。在转型之初,这两个国家人口总数占中东欧 10 国总人口的近 50%,GDP 占中东欧 10 国 GDP 之和的 70% 以上。就此而言,这两国可作为整个中东欧地区的典型代表。此外,捷克与波兰接壤,可以说"血脉相连"。直到 1918 年,第一批航空产业出现之时,整个捷克斯洛伐克和波兰的大部分地区(加利西亚)一直处于奥匈帝国的统治之下。第一次世界大战(以下简称"一战")的结束给中东欧带来了巨大的变化(1918 年捷克斯洛伐克和波兰在被长期占领后恢复独立),并极大地推动了包括航空产业在内的产业发展。在获得独立后的短短几年,这些国家的航空产业就达到了成熟的水平,能够生产大量自主设计的飞机,提供给本国的空军使用——这是当时的主要客户。尽管本书专注于商用航空,但军事生产多年来一直是这些国家航空供应链的核心。如果不承认军事生产这一航空产业基本驱动力的作用,就不可能了解商用航空产业的发展动态,特别是在第二次世界大战前的早期和战后的头 45 年这个时间段内的发展。

这些中等规模国家在 20 年的时间里研发了 30 款成熟的机型并制造了 4 000 多架飞机,这是中东欧地区航空产业活力的有力证明(Mietelski,2005)。虽然生产背后的驱动力是战争的威胁,但值得注意的是,在此期间超过 100 种不同类型的飞机问世,却只有少数机型获得了实际订单。将 1919—1939 年全球范围内航空产业专利数量(62 类)作为创新的衡量标准可以看到,该时期内共 419 项专利,其中波兰为 103 项,仅次于法国的 107 项,但远远领先于英国(59 项)、德国(55 项)、美国(31 项)、意大利(20 项)和捷克斯洛伐克(13 项)(Chmiel,2005:186 - 187)。随着第二次世界大战爆发,这些富有创造力的人才大多离开波兰,经罗马尼亚前往西方,最终来到美国。回顾两次世界大战之间的那段时期,可以发现,这些富有创造力的工程师是中东欧航空产业发展的重要驱动力。当他们在本国无法找到合适的条件来实现其发明时,就会搬去那些能够给他们提供最佳条件的国家。

尽管许多有才华的工程师离开了波兰和捷克斯洛伐克,但那里的航空制造设施被纳粹用来加码生产战争机器——起初用于制造本地还未完工的飞机,然后这些设施被改造用以生产、修理和维护德国飞机,那里有超过 35 万名员工。因此,在战争后期的大规模轰炸以前,这些航空产业基础设施都被保留了下来,一些地区甚至还得到了扩充。航空产业的重建工作在 1945 年之后缓慢启动,并随着冷战的开始和军方需求的迅速增长加速推进。与一战后(1919—1939 年)的情形不同,二战后(1945—2005 年)波兰和捷克斯洛伐克仅有 12 款自主设计和生产的机型,这是因为迫于苏联的压力,它们生产了数千架不同类型的米格战斗机来满足华沙条约组织的需要。

虽然二战后飞机生产的绝对数量是一战后的两倍,但二战后时间跨度(61 年)约是一战后时间跨度的 3 倍,也就是说二战后这段时间的飞机平均年产量为 147.5 架,远远低于一战后的 247.9 架。这些数据表明,苏联基本全面控制了中东欧国家的军用航空生产,并抑制了这些国家的内在创造力。非军用领域的生产情况要好很多,例如农用飞机、运动型多用途飞机,以及直升机、滑翔机等。然而,这些领域的飞机生产不能代表中东欧航空制造业的主流,直到 20 世纪 90 年代,这些类型的飞机仍由效率低下的国有企业负责生产。

政治和经济自由化是 1989 年以来中东欧国家体制改革的主要特征。随着 1991 年《华沙条约》和经济互助委员会(CMEA)的废除,以及 1991 年苏联的解体,中东欧国家获得了期待已久的"自由"。因此可以观察到,在经历了转型之初的冲击之后,整个地区及所有行业的创造和创新都在加速。

本章第 2、第 3 节由捷克（Josef & Zbyněk）和波兰（Barbara & Grzegorz）的航空产业专家与航空爱好者共同撰写，探讨这些新机遇是如何在 20 世纪 90 年代初出现的，以及中东欧的商业领袖和行政领导人是如何利用这些机遇的。作者将尝试回答下面几个问题：

首先，航空生产和设施发展的主要驱动力是什么？用西方飞机取代苏联制造的客机，能否让中东欧航空产业与它们的西方合作伙伴，特别是空客公司、波音公司、庞巴迪公司和巴航工业公司开展可持续性合作？1990 年前以军用为主的生产在向民用制造转型后是否有重大转变？

其次，人力资本尤其是管理类人员，在市场经济中建立新的竞争优势方面表现如何？外国投资者在发现中东欧航空产业的独特能力方面发挥了怎样的作用？在推动产业私有化时，行政领导人的前瞻性和对可持续性的关注程度如何？

再次，转型带来的政府制度和政策变化如何满足航空产业的特定需求，以及这些变化的效果如何？它们是否有助于提高竞争力和减少垄断行为？政府政策是否鼓励与大学和研究机构加强合作，以发展支持性产业？

最后，目前中东欧国家航空产业的创新能力和竞争力如何？中东欧航空产业在主制造商的国际供应链中的参与程度有多深？航空产业集群有多强大？它们在构建社会资本，特别是合作信任方面进展如何？中东欧航空产业未来 5 年、10 年或 20 年的前景如何？

本章第 4 节将总结国家层面的答案和结论。

10.2 捷克航空产业的转型

10.2.1 1945 年以前航空产业的根源和发展

捷克航空产业的历史甚至可以追溯到捷克斯洛伐克独立之前，当时波希米亚王国(今南、北摩拉维亚州以外的捷克)还是奥匈帝国的一部分。20 世纪初，一些航空爱好者开始对他们自己设计的飞机进行试验，其中最有名的是扬·卡什帕和欧根·奇哈克。卡什帕研发和制造了一架飞机，并于 1911 年在波希米亚完成了首次长距离飞行，从帕尔杜比采(Pardubice)飞到了布拉格(Prague)。他和表弟奇哈克根据他们自己的设计又研发了另一架飞机，之后成立了一家私人飞机制造公司。

1913 年，捷克飞行员俱乐部(Český Aviatický Klub)成立，这是捷克航空产业历史上另一个重要事件。俱乐部几乎将所有捷克未来的航空设计师们聚集在一起，为他们提供了一个讨论和工作的平台，其中包括帕维尔·贝内什、米罗斯拉夫·海因和阿洛伊斯·什莫利克。

1918 年捷克斯洛伐克独立后，该国立即开始建设航空产业。当时的波希米亚境内，仅在布拉格有一家叫作 Al - Ma 的小型军用飞机修理站和生产航空发动机的 Breitfeld - Daněk 公司，除此之外并没有航空产业。然而，由于 1918 年波希米亚王国是奥匈帝国内工业最发达的地区之一，有较多的熟练工人和经验丰富的技术人员，为航空产业的发展提供了良好的基础。很快，Al - Ma 维修站发展成为航空兵工厂(Letecký Arsenál)，并成为整个产业的基础，几位著名的技术人员和设计师的职业生涯都是从这里开始的。

1919 年，Aero 公司成立，该公司是捷克斯洛伐克航空产业的第二家私有企业。除了著名的 A‑100 和 A‑101 轰炸机外,该公司还携 A‑35 飞机成功地进入客机市场。A‑35 最初为跨大西洋飞行而设计,但最终 Aero 公司只获得捷克斯洛伐克航空公司(ČSA)的 7 架飞机订单和巴塔(Bata)公司的 4 架飞机订单(作为私人机队)。

同样在 1919 年,第三家公司阿维亚(Avia)工厂成立,并开始生产阿维亚 BH‑Exp(Exp 为英文"experimental"的缩写)单翼运动飞机。该款机型后来发展成更成熟的 BH‑5 和军用型号 BH‑9/11,这些机型于 20 世纪 20 年代早期在航空市场竞争中取得了巨大的成功,并在欧洲大放异彩。阿维亚工厂凭借特技飞行飞机 B‑122 系列取得了令人瞩目的成就,并在 1938 年研制了捷克斯洛伐克在被德国侵占前最现代化的战斗机阿维亚 B‑35/135。

除了上述的三巨头之外,捷克斯洛伐克还有其他几家航空制造商,这些制造商都位于波希米亚或摩拉维亚地区。

为了支持捷克斯洛伐克空军开展新飞机的试验,军事技术航空研究所(VTÚL)于 1922 年成立,并配备了风洞和其他研究设备,以支持整个产业的理论研究。为了满足快速发展的航空产业对更多设计师和技术人员的需求,捷克斯洛伐克的工科院校早在 1929 年就专门开设了航空学专业。

第二次世界大战之前,捷克斯洛伐克航空产业蓬勃发展的特点之一是向东扩张,主要是向摩拉维亚地区扩张。另一特点则是飞机设计和原型机种类繁多,但其总体能力略有不足。特别是在 20 世纪 30 年代后期,单家制造商只有集中所有资源才能满足军方的需求,雇员人数也不超过 4 000 人。

1939 年 3 月 15 日,德国入侵捷克斯洛伐克,当时德国人发现该国的航空产业发展得非常壮大,成熟且富有创新性和多样性。于是德国立即利用捷克斯洛伐克的航空产业为其军用需求提供支持。

这样一来，由于强征劳工[1]，航空领域的雇员人数扩增到约 12 万人。

10.2.2 产业向计划经济转型(1945—1990 年)

二战后，解放的捷克斯洛伐克的航空产业拥有 14 000 多名雇员，但缺乏一个合理的项目来推动产业发展。许多工厂被迫在航空领域之外寻找其他的生产项目。战后航空产业的转型可分为三个时期：1945—1948 年、1948—1954 年和 1954 年后。

第一个时期，从 1945—1948 年，以整合和逐步过渡到计划经济为特征。1945 年，捷克斯洛伐克政府决定将所有主要的航空制造商国有化，但在该时期，这些制造商仍然作为独立公司存在。

第二个时期，从 1948—1954 年，最显著的变化便发生在这一时期。1948 年，捷克斯洛伐克成为苏联阵营的一员。国家经济体制采用计划体制，除阿维亚工厂之外的所有航空制造商被整合成一家国有企业莱特(Let)公司，所有的发动机制造商则被合并，成立莫托勒(Motorlet)公司(原沃尔特公司)。

第三个时期，始于 1954 年后紧张局势的缓和时期。航空产业的民用领域得到恢复和扩大，并重启了自主设计和研发工作。从 1960 年开始，捷克斯洛伐克中央设计办公室被划归到特定的制造公司，但其航空研究和测试研究所(VZLÚ)保留了部分联合设计能力。此外，航空产业完成了向中央集权的转型。1965 年 VHJ Aero 公司成立并管理以下公司：沃多霍迪航空(Aero Vodochody)公司、Rudý Letov 公司、Let Kunovice 公司、Moravan Otrokovice 公司、Motorlet 公司、Technometra 公司、Mesit 公司、Jihočeské Strojírny 公司、Čenkovské Strojírny 公司和 Strojmetal Kamenice 公司。这意味着由 VHJ Aero 管理的这些特定公

---

① 译者注：二战时期，德国占领捷克斯洛伐克后，强征了 40 万捷克人去德国劳动。

司不能再自主决定自己的生产计划。

20 世纪 80 年代后期，捷克斯洛伐克的航空产业由 Aero 公司管理，雇员超过 35 000 人；制造计划遵循欧洲经济互助委员会的战略概念，专注于两个主要的细分市场：喷气式教练机和小型客机，包括农用飞机和运动飞机的生产。在这一时期，航空产业被认为是一个战略性的工业部门，因此得到政府的全力支持。主要制造商及其最终产品如表 10.1 所示。

表 10.1　1954—1990 年捷克斯洛伐克主要制造商的飞机产量

制　造　商	飞　机　类　型	交付数量/架
沃多霍迪航空公司	L - 29 教练机	3 500
	L - 39	2 800
莱特·库诺维采 (Let Kunovice)公司	L - 410 客机	1 138
	L - 610	7
兹林飞机(Zlin Aircraft)公司	Z - 26/126/226 运动飞机	1 400
	Z - 37 农用飞机	800
	Z - 42/43	800
Orličan in Choceň 公司	L - 13 滑翔机	2 600

捷克斯洛伐克航空产业的其他公司为飞机集成商生产零部件或设备。其国内的航空产业总共包含 19 家公司：

(1) 3 家公司致力于飞机的研发和系列化生产。

(2) 1 家公司致力于涡桨发动机的研发和系列化生产。

(3) 11 家公司致力于飞机与发动机设备的研发和生产。

（4）1家公司致力于喷气发动机的研发和系列化生产。

（5）1家公司提供研究和试验服务，研发弹射座椅、航空电子设备和飞行数据记录器。

（6）1家公司专门负责飞机的大修和维护。

（7）1家公司提供发动机的大修和维护。

上述企业生产的产品，近90%销往国外市场，特别是苏联市场。

10.2.3　1990年以后的产业重组

捷克斯洛伐克的航空产业非常发达，在20世纪90年代初，仍然保持相当高的产能。但由于1990年以后的政治和经济变化，这一能力没有得到充分利用，开始逐步衰退。

1990年秋，捷克斯洛伐克政府决定将Aero公司转变为一家股份（控股）公司，更名为Aero股份（Aero Holding）公司。股份公司自成立之初，共设立了11家子公司，其余的业务部门变成了独立的公司。这种变化破坏了某些公司之间的关系，切断了它们传统的现金流、供应链，使其失去了许多市场准入机会。1991年，Aero股份公司被纳入首批凭证私有化的队伍。不幸的是，私有化进程花了几年时间，直到1996年，仍未取得成功。在新的所有权结构中，持股比例从高到低分别为国家、私人投资者（主要是个人股东）和投资基金。虽然企业和政府层面都抱有很高的期望，也进行了广泛协商，但没有一个强有力的外国战略伙伴参与私有化进程并购买股份。在这种情况下，特别是随着传统市场的消失，几乎所有的航空产业公司，包括Aero股份公司，都迅速陷入债务之中。一些公司走向破产，其股份归债权人（主要是银行）所有。

美国艾尔斯（Ayres）公司收购了莱特·库诺维采公司，波音公司收购了沃多霍迪航空公司，诺维斯（Novus）公司收购了沃尔特（Walter，即莫托勒公司，已恢复原名称）公司。但不幸的是，这些新东家并没有给捷克斯洛伐克的航空产业带来多少好处,它们未能重振销售辉煌,也没有将捷克斯洛伐克纳入自己的供应链。尽管有这一趋势,但一些捷克斯洛伐克的公司仍然在寻求新的机会和新的市场。它们试图按照西方的标准,对航空电子设备和其他设备进行改进,从而对一些老旧飞机进行现代化改装。它们还试图设计符合西方标准的机型。经过努力,几款机型获得美国或欧洲适航当局的认证。1992年底捷克斯洛伐克分裂后,捷克共和国(以下简称"捷克")成为欧洲联合航空局的成员,该机构承诺会促进非传统市场的销售。

深入分析会发现,捷克航空产业面临的最大问题之一显然是资金体系的改变。过去,组成 Aero 公司的公司都是由国家预算提供资金,但1990年以后,这些公司不得不从市场盈利中筹措资金。通过这种方式,它们从面临软(国家)预算约束转向面临硬(市场)预算约束,这正是 J. 科尔瑙伊(J. Kornai)在多年前就描述的经济现象(Kornai,1980)。不幸的是,前一种体制没有为生产结构调整和现代化发展留下任何储备资金。莱特·库诺维采公司未能获得完成 L-610 飞机取证或出售项目所需的资金。尽管如此,莱特·库诺维采公司还是研发了 L-410 飞机的新型号 L-420。该机型符合美国联邦航空条例(FAR)23 部的要求,并获得了 FAA 的型号合格证。艾尔斯公司收购莱特·库诺维采公司后宣布,要为美国联邦快递公司的集装箱业务研发和生产一款运输飞机。但在完成一些研发工作后,艾尔斯公司遇到了财务问题并很快破产倒闭。这样一来,不但承诺的新机型没有研发出来,艾尔斯公司对 L-610 项目也鲜有贡献,到最后,它几乎拖垮了整个莱特·库诺维采公司。

沃多霍迪航空公司在1998年之前的表现相当不错。1990年以后,沃多霍迪航空公司在全新的市场(如埃及、突尼斯和泰国)售出了近200架喷气式教练机。为了研发一款民用飞机来替代军事项目飞机,它们与台湾汉翔航空工业公司联合研发了一款新的涡桨通用飞机 Ae 270。1997 年,两家公司成立了一家合资企业——中捷航太公司,负责提供营销和生产支持。该公司在持续的重新设计过程中,从 2000 年到 2004 年共生产了 7 架原型机。不幸的是,这些原型机都没有满足设计要求,因此该项目于 2008 年被取消。分析其失败的主要原因之一,是沃多霍迪航空公司管理层对 Ae 270 的资源分配不足,他们更乐于优先研发军用飞机。新东家波音公司对军事或民用项目都不感兴趣。在波音公司的帮助下,西科斯基直升机的装配线被转移到了沃多霍迪工厂,尽管产能有所削减,但这一决策最终使该公司得以生存。

由于其余公司是飞机制造商供应链的组成部分,因此它们的经营状况取决于飞机的整体销售情况。当飞机的产量减少时,供应链上的公司也会遇到财务问题。产量的减少通常会造成员工数目的减少,最终导致生产能力的下降。例如,曾经是沃多霍迪航空公司重要分包商的莱托夫(Letov)公司被一分为四:模拟机公司(Letov Simulátory)破产倒闭;工具厂(Letov Nástrojárna)被拆分成了几家小公司;航空制造(Letov Letecká Výroba)已并入法国拉泰科雷(Latécoere)集团,为其他欧洲或全球飞机制造商(空客公司、巴航工业公司等)生产零部件和组件;沃尔夫斯堡航空工厂(Wolfsberg-Letecká Továrna)成为私有企业。沃尔夫斯堡航空工厂研发并制造了"乌鸦"(Raven)257 运输机的原型机,但在多年的努力之后,该公司永久搁置了该项目,转而生产超轻型飞机。上述其他公司则削弱了各自的研发能力,专注于开发航空产业以外的新市场。

美欧航空产业呈现资本更加集中的趋势,捷克的航空产业表现却经历了相反的过程,原本紧凑的产业反而分割开来。雇员数量减少 60%,公司数量却增加了一倍多。为了减轻这一发展趋势带来的影响,捷克在 1996 年成立了航空制造商协会,旨在有效地协调成员公司之间的活动。

10.2.4　捷克航空产业的现状和机遇

如今,捷克航空产业由 40 多家公司组成,拥有超过一万名员工。这些公司仍然能够提供各种各样的服务(见表 10.2)。

表 10.2　2013 年捷克主要航空服务业务分配情况

航空服务业务	公司数量/家	主　要　公　司
飞机的研发、原型机制造和系列化生产	6	Aircraft Industries、Czech Sport Aircraft、Evektor、Jihlavan Airplanes、Wolfsberg - Letecká Továrna、Zlin Aircraft
零部件的研发和生产	2	Aero Vodochody、Letov Letecká Výroba
喷气和涡轮螺旋桨发动机的研发和系列化产品的生产	2	Walter/General Electric、PBS VB
螺旋桨的研发和系列化产品的生产	2	Avia Propeller、Woodcomp
设备的研发与生产	26	
科学与应用研究和测试	4	VZLÚ、Technical University in Brno、SVÚM、VTÚL
维修与大修	2	CSA Technics、LOM Prague

注:原文作者未列出设备的研发与生产业务的主要公司名单。

捷克航空产业的现状可以概括为:

(1) 所有的公司都是独立的,各自经营管理。除了某些大型项目存在相互间的协调管理之外,没有中央管理。

(2) 几乎所有的公司都有自己的设计团队,能够独自进行设计、技

术开发和试验；设计人员和研发预算的比例普遍低于同类的欧洲公司。

（3）研发资金几乎全部来自特定公司。

捷克航空产业在过去积累了大量研发制造经验，特别是在喷气式教练机、通勤飞机、运动飞机、通用飞机以及无人机（UAV）的研发生产方面。

这些公司很快就在起落架、辅助动力装置（APU）、电子设备、机载仪器、液压设备、应急设备和飞行记录器等项目上展开合作。为了能够更好展现捷克航空产业的能力，有几个项目值得一提。飞机工业公司（The Aircraft Industries Corporation）由原来的莱特•库诺维采公司改制而成，后者找到了一个能够稳定公司并为新发展提供支持的新"掌门人"。莱特•库诺维采公司的主要产品 L-410 通勤飞机仍有不错的市场需求，特别是俄罗斯市场。另外，缩写为 MOSTA 的增强型型号的研发工作已经启动。新型飞机 L-410NG 将拥有一些更具吸引力的特点，如速度更快、航程更长和在高温环境下性能更佳，融可靠设计与时新特色为一体。与此同时，L-410UVP-E 已恢复生产，每年产量大约为 15 架，其中大部分将交付给俄罗斯。

一家名为欧飞（Evektor）的私企在摩拉维亚地区成立，该公司聘用了许多因公司缩小规模而遭解雇的专家。欧飞公司以生产超轻型飞机起家，后来，其得益于经验丰富的员工，研发出了 4 座的 VUT 100"眼镜蛇"（Cobra）多用途飞机。该公司还开始为 MISTRAL 项目生产 EV-55 双发运输机，该机型目前正在进行军事取证①。EV-55 是一款用于多种军事用途的轻型运输机，也有计划之后将其改装成可搭载 14 名乘客的民用通勤飞机。

沃尔特公司经历了几次所有权变更，现在属于通用电气公司。通用电气公司对最初的 M-601 涡轮螺旋桨发动机进行改进后，研

---

① 译者注：该项目于 2018 年获得 EASA 型号合格证。

发了最新型号 H80,并已取得认证。该款发动机预期装备到 L-410NG 和 L-410UVP-E 飞机上。

沃多霍迪航空公司不再隶属于波音公司,波音公司已将其股份出售给了捷克政府。沃多霍迪航空公司的新东家奔达(Penta)投资集团一直凭借西科斯基直升机的组装工作来实现公司的稳定运营。该公司与阿莱尼亚航空(Alenia Aeronautica)公司成功签订了合作协议,为阿莱尼亚航空公司的斯巴达运输机生产机翼中段。沃多霍迪航空公司还与巴航工业公司合作研发一款新飞机,并打算生产其机翼的一部分。

兹林飞机公司由之前的莫拉万(Moravan)公司转型而来,并恢复了其历史名称。Z-42/43 系列运动飞机仍保持其最新型号的量产,并可选配不同品牌和型号的发动机。日前,配备玻璃驾驶舱的最新型号的飞机已经获得认证。

布尔诺第一工程公司(The First Brno Engineering Company)位于布尔诺市附近的 Velká Bíteš。该公司为原用于 L-39 飞机的辅助动力装置研发了几种替代方案,并已经成功实现多个市场的供应。该公司还计划研发适用于动力滑翔机或无人机的 TJ100 发动机。该发动机自重仅 19 千克却可产生 102.06 千克的推力。该公司正领导着欧洲小型飞机节能与推进系统项目(efficient systems and propulsion for small aircraft,ESPOSA)的实施。该项目旨在研发适用于通用飞机或运动飞机的小型涡轮发动机。

表 10.3 捷克目前在产的飞机

类　　别	机　　型	制　造　商
超轻型飞机	欧洲之星 Skyleader 200/500 TL 2000 Sting	Evektor-Aerotechnik Jihlavan Airplanes TL-Ultralight

类　　别	机　　型	制　造　商
甚轻型/轻型运动飞机 VLA/LSA	Harmony Skyleader 600 PS-28 巡洋舰	Evektor-Aerotechnik Jihlavan Airplanes Czech Sport Aircraft
滑翔机	Duo Discus Discus CS	Schempp-Hirth Výroba Letadel
常规构型飞机	兹林 Z 143 LSI 兹林 Z 242 L VUT 100 Cobra(原型机)	兹林飞机 Evektor-Aerotechnik
通勤飞机	L-410UVP-E20 EV-55 Outback(原型机)	Aircraft Industrie Evektor-Aerotechnik

注：本表仅为系列生产；为了表述的更清晰，较小的制造商和定制飞机不包括在内。

美国霍尼韦尔国际收购了位于摩拉维亚地区的 Mora 公司，并成立了一家子公司，即霍尼韦尔航空航天（Honeywell Aerospace）集团。该集团生产喷气发动机的热端部件，并与全球多家公司开展合作。霍尼韦尔航空航天集团还在布尔诺建立研发分部，在布拉格建立物流和管理中心，聘请了一批来自捷克航空产业的高素质人才。

应该指出的是，捷克的航空产业能力虽然相当高，但参与欧洲内部甚至跨大西洋的研发项目的进程仍然缓慢。许多公司只专注于数量普通的生产合作。这种方式虽然为公司经营提供了足够的短期现金流，但使它们失去了长远的发展前景。事实上大多数公司仍然依赖于生产最终产品。另外，因财务水平受限，这些公司只能部分参与更大的研发项目。因此，捷克航空产业需要一个财力雄厚的战略合作伙伴，能够将小型制造商集中到一个大型的开放式项目上，或是为本国航空产业发展提供大力支持，研发出一款能够打入新市场的飞机。不过，理想情况下，应该两者兼顾。

10.3　波兰航空产业的转型

10.3.1　波兰航空产业的开端

波兰航空产业几乎从"飞行"诞生之日起就已经存在了。1910 年，华沙飞行协会(Awiata)成立，目的是培训飞行员和开办飞行学校。同年，斯坦尼斯瓦夫·西文斯基和切斯瓦夫·兹别兰斯基两人在华沙的飞行协会机库中建造了第一架波兰飞机(Babiejczuk & Grzegorzewski，1974：8 - 26)。

波兰航空产业的发展之路走得比法国、德国、英国、美国和俄罗斯等国家更为艰难。由于被邻邦分割，波兰在 20 世纪初甚至还未以一个独立国家的身份正式存在。然而早在 20 世纪 10 年代，波兰就尝试建设飞机制造厂，第一批著名的飞行员也出现在波兰领土上(Banaszczyk，1972：17 - 20)。

第一次世界大战期间，在德国的占领下，比利时信天翁(Albatros)公司在华沙成立了一家分公司。1916—1918 年，这家分公司制造了约 200 架"信天翁"BⅡ教练机并完成了 120 多架飞机的常规修理。这些维修车间成为战后波兰航空产业的第一块基石。一种有趣的发展路径出现了：受第一次世界大战对经济的影响，许多国家开始放缓各自航空产业的发展，而新独立的波兰通过生产用于防务的飞机，开始从无到有建设自己的航空产业(Konieczny，1983：24 - 27)。

在一战结束二战爆发之前，波兰建立了一个规模较大且现代化的航空产业，到 20 世纪 30 年代末该产业拥有约 13 000 名雇员。与当时拥有 12 万名员工的德国航空产业相比，波兰航空产业规模较小，但这是新生的波兰的一项重大成就。截至 1939 年 9 月，波兰制造了超过 4 100 架飞机，包括 1 400 架滑翔机和 1 100 架根据外国许可制造的飞机(Bondaryk et al.，2011)。

在 20 世纪 30 年代末，波兰航空产业取得了几项显著的成就，包括由普瓦夫斯基、东布罗夫斯基、普劳斯、鲁德利斯基和亚基姆朱克等设计师草拟的先进设计和创新飞机解决方案(例如著名的 PZL‑37"麋鹿"中型轰炸机和 RWD‑6 观光单翼机)。华沙及周围城市修建了重要的制造基地，包括波兰国家航空工厂(State Aviation Works，PZL)，位于帕鲁奇(Paluch)的第一飞机制造厂(Airframe Factory Nr 1)，位于奥科齐(Okęcie)的第一发动机制造厂(Engine Factory Nr 1)，以及在卢布林和比亚瓦‑波德拉斯卡(Biała Podlaska)的一些工厂。此外，中部工业地区(Centralny Okrêg Przemysłowy)包括位于梅莱茨(Mielec)的第二飞机制造厂(Airframe Factory Nr 2)和位于热舒夫(Rzeszów)的发动机工厂(Engine Factory)(Hypki，1995：33‑34)。

在两次世界大战之间，波兰航空产业的一个重要组成部分是发动机生产。波兰于 1927 年开始根据获得许可的设计生产发动机，最终在华沙和热舒夫制造了自主设计的发动机(Majewski，2006：45‑57)。

回顾两次世界大战期间波兰航空产业的发展情况，可以得出如下结论：波兰国产战斗机、轰炸机和民用飞机在质量和技术上都可以与领先的外国制造商相媲美。

通过分析波兰航空产业从萌芽到二战爆发期间的发展状况，我们可以说，波兰航空产业的发展主要是由非官方人士推动的，比如那些在 1910 年通过建造第一架飞机而实现梦想的人。尽管资金不足，他们还是研发出了先进、具有创新性的飞机，并在国际竞争中取得了成功。波兰航空产业竞争优势的主要来源是设计师和高技能工程师的创新能力，他们研发出了许多创新产品和技术，专利已逾 100 项。这一数字占一战和二战期间全球专利总数的约 25%(Chmiel,2005)。基于这一事实,可以说波兰是全球航空产业的创新引擎。两次世界大战期间的波兰航空产业,充分证明了人力和智力资本对经济发展的重要性。对独立和自由的追求,正是推动波兰航空产业发展的重要动力。

二战的爆发使波兰航空产业陷入困局。彼时的波兰航空产业正从生产轰炸机过渡到生产先进战斗机和战斗轰炸机,但其大部分飞机在机场和仓库中被德国空军摧毁。

由于第二次世界大战,波兰的航空产业几乎被彻底摧毁,运营中的飞机被撤走,大量工人被杀害或离开波兰。其中最具破坏性的损失是,波兰失去了一大批优秀的设计师、工程师和机械师。

战后,整个航空产业不得不从零开始重建,重建的重点是制造民用、军用、农用和运动飞机,以及直升机和滑翔机(Banaszczyk,1972:19-25)。

10.3.2 1945—1990 年波兰航空产业的发展

第二次世界大战后,波兰航空产业发生了重大变化。其战略方向不再由有才华的设计师决定,而是受到了政治和与华沙条约组织密切合作的影响,主要是基于从苏联获得的许可开展生产制造活动。1950—1966 年,波兰航空产业生产了 3 000 多架滑翔机、10 000 多架飞机和直升机以及 21 000 台飞机发动机。在华沙条约组织国家以外的地区,出口额也出现了强劲增长。

不幸的是,1966—1970 年,波兰航空产业遭遇了严重的问题,生产和出口双双受挫,甚至导致部分生产被取消、工厂被关闭。这是一次前所未有的挫折,主要原因是随着产业迅速发展,专家和人才严重短缺。对此,波兰政府决定在华沙、克拉科夫(Kraków)、弗罗茨瓦夫(Wrocław)和热舒夫等地的生产中心大力扩大教育和培训工程师的力度。

　　除了上述这些大城市，较小的城市也在努力发展成为航空制造中心，并遵循类似的发展模式，这反映了整个产业的状况。位于梅莱茨的波兰国家航空工厂就是一个例子。波兰国家航空工厂建造的第一架飞机是一款简单的教练机 PZL S-1。该机型于 1945 年 11 月 15 日首飞，仅生产了 1 架。这是二战后在波兰制造的第二款飞机（Hypki，2007：18-19）。这家工厂发展迅速，很快成为波兰最大的飞机制造商。波兰国家航空工厂获得许可，可生产米格-15（波兰称为米-1）、米格-15bis（米-2）、米格-17（米-5）和由波兰研发的上述机型的改型飞机。到 1964 年，波兰国家航空工厂大约生产了 1 500 架米系列飞机。TS-11"花火"（Iskra）喷气式教练机于 1963 年开始生产，成为波兰空军的初级教练机（Mętrak et al.，1991）。

　　在梅莱茨波兰国家航空工厂，生产数量最多的机型是苏联特许生产的安东诺夫设计局安-2 双翼运动飞机，波兰国家航空工厂自 1960 年以来已经生产了几种不同的改型机。到 1991 年，该机型已经生产超过 13 000 架，大部分交付苏联，同时也在波兰使用并出口到许多国家。1984 年，梅莱茨波兰国家航空工厂成为苏联短距起降（STOL）运输机安-28 的独家生产商。随后，梅莱茨波兰国家航空工厂研发了装备西方先进航空电子设备的现代化改型机 PZL M28"空中卡车"（Skytruck），作为民用机型供应国内外客户；并向波兰海军提供军用的布莱扎（Bryza）型飞机（Chojecki & Oleksiak，2013：120-180）。

　　该工厂还与美国公司合作，推出了一款成功的农用飞机 M18"单峰驼"（Dromader）。该机型于 1976 年首飞，截至 2009 年已经生产超过 740 架，大部分出口到西方国家（Hypki，2009：4 11）。M18"单峰驼"专门适用于大型农田和森林的空中农业作业、灌木和农作物的空中消防作业，已获得 15 个外国适航当局的型号认证，包括美国、加拿大、澳大利亚、巴西、EASA 等。

1951年,第三家国有航空航天工厂希维德尼卡航空(WSK-Świdnik,1957年更名为 WSK PZL-Świdnik)在卢布林附近的小镇希维德尼卡成立。自1956年开始,该工厂根据苏联许可生产直升机,现已成为世界上主要的直升机制造商之一,其生产的第一款机型便是米-1(SM-1)。希维德尼卡航空是米-1直升机的主要制造商和米-2直升机的独家制造商。米-2在国外广泛使用。截至1985年停产,希维德尼卡航空工厂生产了约7 200架米-2直升机,大部分用于出口,约1/3交付军事客户。波兰工程师通过研发塑料旋翼桨叶对米-2的初始设计进行了现代化改进,宽体米-2M的载客人数从8人提高到了10人。自20世纪80年代末以来,希维德尼卡航空工厂生产了波兰设计的中型直升机 PZL W-3"猎鹰"(Sokół)(Sobczak,2010:20-21)。

对波兰上述这一时期的航空产业的分析表明,飞机、直升机、发动机、备件、设备生产所需的必要基础设施和人力资本得到了发展,但这一发展主要针对非竞争性的军事市场和计划经济。波兰航空产业进入了一个转型期,通过组建专业设施网络来提供最终产品、部件和专业服务。毫无疑问,这一时期最大的成就是成功推出多款轻型飞机,如通用飞机威尔加(Wilga)、教练机奥尔利克(Orlik)、农用飞机 M18"单峰驼"和运输机"空中卡车"等。这些机型的特点是设计简单、具有可靠性,采购和运营成本都相对便宜。这一产业为发展飞机修理和维护业务提供了基础,并为现代化准备了条件。

10.3.3　1990年后波兰航空产业的转型

1990年波兰航空产业开始转型,这为该产业发展带来了新机遇和新挑战。波兰航空制造商和政府必须应对这些挑战从而规避潜在的发展放缓甚至破产等现象,最重要的战略挑战是决定如何选择可靠的战略投资者(提供大量投资资本的公司)，抑或考虑所有权转移的其他方法。波兰政府较为青睐的方法是战略投资者私有化(即收购)，如此便必须签订私有化协议来表明待出售公司的实力和竞争优势。战略部门当时的研究和市场分析表明，波兰可以利用几个方面来表现各待售公司的实力与竞争优势——成熟的航空产业生产基础设施、过去的诸多成绩以及在轻型飞机市场的潜在竞争优势等(Słotwiński,2002：26)。

波兰航空产业转型的过程中，拥有 7 家主要的国有公司(见表 10.4)。

表 10.4　1990 年波兰主要国有航空制造商的生产情况

序号	航空制造商	主要产品
1	PZL WSK Mielec	M28"空中卡车"运输机
		伊瑞达(Iryda)高级喷气式教练机
		"单峰驼"农用飞机
		"小花火"(Iskierka)教练机
2	PZL Warszawa-Okęcie	轻型飞机威尔加
		(涡轮发动机)奥尔利克教练机
3	WSK PZL-świdnik	"猎鹰"直升机家族
4	PZL WSK-Rzeszów	"花火"(Iskra)教练机的喷气发动机
		伊瑞达飞机
		"猎鹰"和米-2 等直升机发动机
		发动机改装

(续表)

序号	航 空 制 造 商	主 要 产 品
5	PZL WSK Hydral	为其他航空企业提供零部件
6	WZL no. 1 in Łódź	直升机改装和现代化改进
7	WZL no. 2 in Bydgoszcz	喷气式飞机,如米格-29与苏-22的改装和现代化

波兰退出华沙条约组织和苏联解体让波兰航空产业陷入困境,一夜之间失去了近75%的航空客户,导致主要制造业基础设施大幅贬值。这样一来,以实力和竞争力为基础的私有化战略顿时黯然失色,所有权转让成为一个复杂和耗时的过程,整个产业均受到负面影响。

在转型时期(1990—2010年),波兰航空产业有许多发展机会,其产品组合进入新市场时有成功也有失败(见表10.5)。

表 10.5 主要项目业绩分析

序号	项 目	成 功	失 败
1	出口 W-3"猎鹰"直升机	150架出口到12个国家	
2	将威尔加飞机升级至威尔加2000型		PZL Warszawa-Okęcie出售给EADS公司后,该机型停产
3	将米-2直升机升级到PZL卡尼亚(Kania)型		由于取证问题和海外市场推广不力,只生产了19架

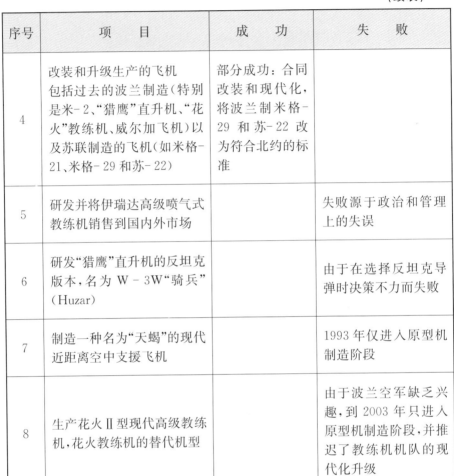

（续表）

序号	项　　目	成　　功	失　　败
4	改装和升级生产的飞机包括过去的波兰制造（特别是米-2、"猎鹰"直升机、"花火"教练机、威尔加飞机）以及苏联制造的飞机（如米格-21、米格-29和苏-22）	部分成功：合同改装和现代化，将波兰制米格-29和苏-22改为符合北约的标准	
5	研发并将伊瑞达高级喷气式教练机销售到国内外市场		失败源于政治和管理上的失误
6	研发"猎鹰"直升机的反坦克版本，名为W-3W"骑兵"（Huzar）		由于在选择反坦克导弹时决策不力而失败
7	制造一种名为"天蝎"的现代近距离空中支援飞机		1993年仅进入原型机制造阶段
8	生产花火Ⅱ型现代高级教练机，花火教练机的替代机型		由于波兰空军缺乏兴趣，到2003年只进入原型机制造阶段，并推迟了教练机机队的现代化升级

　　表10.5的示例证明，波兰航空制造商要在竞争激烈的全球航空市场中谋求立足之地非常困难。由于产品宣传推广能力弱、决策效率低下（其中包括作为所有者的政府决策者的干预）以及依赖波兰空军作为主要客户，波兰错失了种种机遇。因此，不管是对于在20世纪90年代由于政局不稳而频繁变动的政府决策者，还是对于大多数进入自由市场未知领域的企业经营者来说，都是一个边做边学的过程。

10.3.4　波兰航空产业的现状和发展前景

波兰后来举世闻名,不仅因为它是 1989 年东欧剧变的第一国,还因为它是实施这种改革最成功的案例之一——波兰经济持续增长,即便在金融危机(2007—2010 年)时期也是欧盟内经济增长率最高的成员国之一。这些亮眼的成就吸引了大量外商直接投资,显著增加了国际商务合作,为经历短期负增长(1990—1991 年)后的可持续发展作出了重要贡献。在转型时期,波兰航空产业随着整个国家经济一起转向西方,向着这个更具竞争性的世界市场转移。而今,波兰航空企业可以提供先进产品和服务,并参与了所有主要的供应链,几乎世界上所有的客机都至少装有一件波兰制造的零件。

从经济指标上看,2012 年波兰所有航空企业总销售额超过 15 亿欧元。该产业一直迅速发展,销售额在 2003—2008 年首次翻了两番,接着在 2008—2012 年翻了一番。这一前所未有的发展态势与外商直接投资紧密相关,因为大部分销售额来自那些被大型跨国集团私有化的公司（Polish Information and Foreign Investment Agency,2012; Sienko-Kułakowska,2014）。

波兰现有航空工厂所涉及的主要领域是固定翼飞机(农用、训练和公务)、商用和军用直升机、滑翔机、组件和零部件(铝、复合材料和陶瓷纤维)以及大量配件。多数航空产品出口到诸如美国、加拿大、西班牙、德国、希腊、印度尼西亚、意大利、韩国、委内瑞拉和越南等竞争激烈的市场。

由于全球市场结构(大型商用飞机实际上是空客公司和波音公司的双寡头垄断格局)和中型商用飞机领域少数寡头垄断市场,波兰航空产业生产的最终产品数量很有限,通常为小型飞机和直升机。这些产品主要由大型公司如 PZL Mielec、EADS PZL Warszawa-Okęcie 和

PZL‒Świdnik 生产①。也有一些小企业制造自主设计的最终产品，包括技术先进的小型飞机和滑翔机。例如 Margański & Mysłowski 飞机厂(Zakłady Lotnicze)生产的 EM‒11C Orka 飞机和 MDM‒1 FOX 滑翔机；Metal-Master 公司生产的超轻型 FLARIS 喷气式飞机，MSP Marcin Szender 与军用航空联合体 (Wojskowe Zakłady Lotnicze, WZL)2 号工厂及 AM Technologies Polska 合作生产的无人机和超轻型双座 OSA 飞机。

总体上说，波兰航空产业以中小型企业为主，这些企业主要为波兰人所有，少数大中型企业属于跨国公司(见图 10.1 和表 10.6)。

图 10.1　2014 年波兰的主要航空企业

(资料来源：由航空谷集群提供)

WSK PZL-Rzeszów 是波兰最大的飞机发动机零部件制造商，负责

---

① 译者注：上述公司多次经历并购，公司名称在上下文描述时会有不同。

生产大多数普惠公司（联合技术公司的子公司）的发动机的钣金件、精密金属铸件和齿轮。

表 10.6　部分航空及相关产业的外资企业

公司名称	城市	雇员/人	产品
WSK PZL‑Rzeszów/Pratt&Whitney	热舒夫	4 000	发动机零部件
WSK PZL‑Świdnik/Augusta Westland	希维德尼卡	2 900	空客 A129 舱段、空客A149、SW4、W‑3"猎鹰"、W‑3PL Głuszec（武装）直升机
Pratt & Whitney Kalisz	卡利什	1 400	发动机零部件
PZL‑Mielec/Sikorsky	梅莱茨	1 400	S70I 黑鹰、M28"空中卡车"/Bryza、M18"单峰驼"
GE 工程设计中心（波兰分部）	华沙	1 000	研究改进发动机零部件
EADS PZL Warszawa‑Okęcie	华沙	533	C295 和空客 A320 零部件，奥尔利克教练机
PZL Wrocław/汉胜公司	弗罗茨瓦夫	500	小型飞机零部件
Avio Polska	别尔斯科-比亚瓦	400	APU 组件、直升机零件、喷气发动机组件及零件制造
古德里奇公司克罗斯诺分部	克罗斯诺	400	飞机零部件
Hispano‑Suiza	小波兰地区森济舒夫	400	小型飞机零部件
MTU 宇航发动机公司波兰分部	热舒夫	270	飞机零部件
汉胜公司波兰分部	热舒夫	250	飞机零部件
Gardner 公司波兰分部	特切夫	100	小型飞机零部件

资料来源：Polish Information and Foreign Investment Agency（2012）。

另一个跨国公司子公司的例子,也是在波兰航空领域应用先进研发流程的最佳例证之一:Avio Polska 和 GE 工程设计中心波兰分部参与的革命性喷气发动机 GEnx 模块的研发。这款发动机将用于波音747-8 和波音 787 梦想飞机上。Avio Polska 是 GEnx2 涡轮叶片模块的设计方和唯一制造商,GE 工程设计中心波兰分部则负责工程工作(Polish Information and Foreign Investment Agency,2012)。

古德里奇公司克罗斯诺分部也隶属于大型跨国公司,主要为波音公司(如波音 777 和 F-16)、湾流公司和庞巴迪公司等主要航空制造商制造起落架;最近也开始为空客 A380 生产起落架。

值得一提的是,大约 80% 的制造工厂位于波兰东南部,主要分布在喀尔巴阡山省(Podkarpackie)和卢布林省(Lubelskie),以中小企业为主。因此,波兰政府过去做了很多努力希望将这些企业联合起来,形成协作性的产能集群,截至 2014 年已建成了三个航空产业集群(见表 10.7)。

表 10.7 波兰的航空产业集群

集 群 名 称	运营中心	成员数量/个	雇员人数/人	计划销售额(2013)/亿欧元
航空谷	热舒夫,波兰东南	112	23 000	15
西里西亚航空集群	别尔斯科-比亚瓦,波兰西南	23	2 500	1.05
大波兰地区宇航集群	卡利什,波兰西部	24	2 100	未提供

资料来源:根据集群代表处所获信息整理(2014 年 11 月)。

工商业界和政界领袖都对集群聚合进程寄予厚望。他们常常把波兰航空产业前景同航空产业集群的运作联系起来。迄今为止,航空谷(Aviation Valley)集群作为波兰少数富有活力的产业集群之一树立了一个良好的榜样。这个集群包括了一些创新型制造企业,负责为全球最重要的航空制造商的航空发动机、滑翔机和直升机提供零部件、主要组件和配件等大量航空产品。航空谷的企业也制造最终产品,如"黑鹰""猎鹰"和SW4直升机,同时设计了多款轻型、超轻型飞机。其合作伙伴在各自领域都是全球领先企业,如普惠公司、西科斯基公司、奥古斯塔·韦斯特兰(Augusta Westland)公司、西斯帕罗-苏扎(Hispano-Suiza)公司、古德里奇公司、MTU宇航发动机公司和汉胜公司等。

发展航空产业集群的一项关键任务是使中小企业达到波兰和外国领先制造商的生产标准,并使它们与潜在投资者和/或合作伙伴建立联系。如此,产业集群才能推进新企业的发展,并在这些新企业中应用新技术,从而在大的、通常是国际性的供应链中占有一席之地。全球最大产业集群的经验表明,这种组织形式可有效发挥协同效应,提升效果、效率、创新和竞争力。目前,诞生于2002年的航空谷已经吸引超过100家企业、院校和组织入驻,包括最大和技术最先进的企业。参与集群活动对大企业也是有利的,因此联合技术公司在最初就支持建立这一产业集群。以MTU宇航发动机公司为例,该公司是德国领先的民机和军机喷气发动机零件制造商,近期在邻近波兰热舒夫的Jasionka建立了一个先进制造和研发中心。其他航空谷的企业,包括位于森济舒夫(Sędziszów)的光学元件制造商B&M OPTIK,运输公司M&M空海货运、西斯帕罗-苏扎公司和Creuzet,都赢得了国际市场的认可。

人们普遍认为,研发(R&D)将在塑造波兰航空产业未来发展中起到重要作用。航空谷是先进技术中心"AERONET——航空谷"的成员和创立者,该中心由波兰的6所科技型大学(华沙科技大学、卢布林科技大学、罗兹科技大学、热舒夫科技大学、琴斯托霍瓦科技大学和格利维采科技大学)以及其他高校、组织,如热舒夫大学、航空研究所、空军技术学院和波兰科学院所属的两家研究所(流体流动机械研究所、基础技术研究所)等组成的联盟。该联盟的主要目标是开展学术研究,同时在航空工程领域建立创新解决方案。航空谷也是"波兰航空技术平台"的成员和创立者,该平台加深了波兰航空企业和高等院校在一些欧洲研究项目中的合作和参与程度(European Aeronautics,2010)。

航空产业的发展离不开受过良好教育的从业者。每年有超过11 000名工程师(其中650名为航空专业)从波兰的工程技术类大学毕业。

由于各公司在研发方面与各研究中心通力协作,在参与国际项目、激发人类潜能以及活跃地发展产业集群方面投入巨额资金,航空产业成为波兰经济体系中最具创新性的行业之一。此外,诸如 AERONET 之类的倡议也促使工业界、地方政府和大学之间开展更紧密的合作。AERONET 倡议旨在对相关人员进行更加有效的培训。

波兰航空产业的优势可概括为(Polish Information and Foreign Investment Agency,2012):

(1) 历史悠久。

(2) 产品质量优良。

(3) 生产成本具有竞争力。

(4) 高素质的劳动力。

(5) 不断发展的研发、教育和培训活动。

(6) 发达的供应商网络。

(7) 三个航空产业集群。

(8) 完善的国内与国际机场网络。

波兰航空产业面临的机遇有:

(1) 经济繁荣时期的产能增长。

(2) 小企业和大企业间的合作加强。

(3) 外国企业推动波兰国内供应链进一步发展。

（4）研发活动的发展。

（5）对工程和服务中心的投资。

（6）新型飞机发动机的研发。

（7）制造新型直升机、轻型飞机，包括无人机。

总而言之，波兰航空企业的竞争优势在于高质量的产品（在材料处理、铸造、机械工程和电子领域尤为突出）和富有竞争力的劳工成本及劳动技能。波兰生产与服务企业构成的网络，结合研发中心，创造出潜在的合作机会，也带来航空备件和最终产品的订单。上述事实说明，波兰航空产业在过去 25 年里迈出了历史性的一步，成功地从以军工和非竞争性驱动力为主导的市场转向了竞争激烈的商用市场。因此，近期宣布的波兰直升机机队的现代化虽然重要，但重要性与转型之前比已经有所降低（Budżet MON et al.，2013）。目前，该产业已经与全球领先的供应链建立了良好的联系，并拥有经验丰富的，且充分准备参与全球竞争的商业领袖。它们能够为企业找准市场定位，凭借高质量和技术先进的产品与服务，在其优势领域成为世界领导者。考虑到波兰航空产业近期取得的成就、对现有产业集群的持续支持、波兰经济的坚实地位、稳定的政府，以及因其欧盟和北约成员国身份而能自由进入主要市场，波兰航空产业可谓前景光明。

10.4　成就和未来的挑战

捷克和波兰航空产业最令人印象深刻的成就，是能够在 20 世纪 90 年代激进的系统性变革中生存下来，当时作为航空产业主要驱动力的军方采购随着冷战结束几乎在一夜之间就消失了，航空产业在短时间内失去了 75% 的市场。产业内的众多企业管理者和商业领导者不得不很快学会如何从近乎完全依赖中央政府巨额补贴(软预算约束)的企业,向硬预算约束的独立企业转变。尤其是捷克斯洛伐克和罗马尼亚,两国的几乎整个航空产业都由一家国有控股公司掌控。它们学会了如何有效地从"东方走向西方",从没有竞争的经济互助委员会(COMECON/CMEA)市场走向竞争激烈的全球市场。此外,该产业的转型经常受到两个因素的干扰而中断,一是政府的更迭,政府最初作为航空企业多数股权的所有者保持控制权;二是工人对私有化和重组提议的抗议(因其会导致大规模裁员)。如今,这 3 个国家(捷克、斯洛伐克和波兰)航空产业的雇员人数已不再是冷战时期的 70 000 人,而是 35 000 人,这使其航空产业具有竞争力,与全球市场和领先供应链的联系日益紧密。军方不再是航空产业的主要客户,但加入北约后,国家空军被要求进行装备升级以满足军事装备的新标准,许多战略性进口壁垒也被取消,军事技术得以在国家间更自由地交流分享。波兰将米格-29、苏-22 战斗机和图波列夫客机更换为 F-16 战斗机和波音客机,由此吸引了一些战略性的美国投资者,如通用电气公司、普惠公司(喷气发动机)、西科斯基("黑鹰"直升机)和古德里奇公司(航空零部件)。中东欧国家纷纷用西方飞机取代苏联制造的客机,吸引空客公司、波音公司、庞巴迪公司和巴航工业公司等主要制造商前往当地购买航空产品、拓展维修业务。

在经历了转型初期的冲击之后,这些国家的管理者和商业领袖立即开始学习,寻求新的市场和战略伙伴,用以升级自己的产品,提高对外商投资者的吸引力。这些变化在波兰表现得比在捷克更为剧烈。在捷克,外商投资者出现了一些失误,从而导致公司破产(艾尔斯公司的案例)或被转售给国家(波音公司的案例)。这类国家的政府对这些公司没有明确的战略计划,因为政府更迭的速度太快,以致无法制订足够详细的计划,或者没有足够的时间来实施这些计划。它们所能做的最好的事情就是创造一个有吸引力的环境,让投资者和企业家在该产业中能够"主动出击"。根据一国及其航空产业吸引多少国内外投资者,以及建立了多少中小企业来考量,波兰政府的表现最好,尽管其政局也在频繁变化。波兰政府在工程、经济和管理领域对人力资本投资的支持也值得赞誉,因为人力资本的投资对产业成功重组有重大贡献(Archibald et al. ,2009)。此外,政府在研发和基础设施方面的投资也大力促进了产业发展——这使管理层和工厂层面的人力资本都得到了显著改善。

值得一提的是,与地区和地方政府的作用相比,中央政府的作用往往被高估。在波兰的例子中,地区政府在吸引投资者和支持航空产业集群发展方面发挥了关键作用,特别是在喀尔巴阡山和西里西亚(Silesian)地区。它们还经常倡导加强航空产业和地方大学之间的联系。地区发展机构在提供结构性资金方面也至关重要,特别是支持产业集群活动的欧盟区域发展基金(EU Regional Development Fund)。到目前为止,波兰的三个产业集群和捷克的摩拉维亚产业集群得到了这一支持。尤其在波兰喀尔巴阡山地区和航空谷,我们会发现,欧盟的支持是一种有效且高效的地区发展政策工具。

观察中东欧航空企业参与全球市场的趋势,可以发现,这些企业正在逐步从供应链的低端向更高端迈进,这也与该地区的高技能劳动力更加匹配。还有几家中东欧航空企业已经处于供应链上层。捷克航空(Czech Aero)公司就是其中之一,目前正与巴航工业公司合作研发一款新飞机。美国著名的防务公司霍尼韦尔国际也将其管理和物流业务转移到捷克。来自波兰阿维奥(Avio Polska)公司的工程师是通用电气GEnx2发动机涡轮叶片的设计者和唯一制造商,GE工程设计中心波兰分部在该发动机的设计阶段也提供了帮助。这些例子表明,中东欧国家的企业正在全球供应链中向上移动,向更具创新性、报酬更高的工作转移,从而提高竞争力并为其产业群体带来繁荣。

为了延续以上实例所展现的趋势,并保持供应链向上发展,中东欧国家必须继续对教育、培训以及研发进行公共和私有投资。中东欧国家在研发支出方面仍落后于最先进的国家,但在人力资本建设方面已经相当接近,甚至有时会领先。这是一个向好的迹象,但需要进一步投资建设更好的基础设施,特别是电信方面,以便在全国范围内实现宽带互联网接入。

不幸的是,仅对人力资本和基础设施的投资并不是建立和维持竞争优势的全部必要条件。正如最发达国家的例子所显示的那样,创新且有竞争力的经济体需要丰富的社会资本,而这些资本通常是在运转良好的产业集群中产生的(例如,美国华盛顿州的航空航天产业集群)。波兰航空谷的案例表明,中东欧地区也有这样的实践典范,并且它们的优秀表现正是来自集群合作。其他中东欧产业集群,特别是波兰的西里西亚航空产业集群和捷克的摩拉维亚航空产业集群,遵循了这一做法并有建设高性能的能力。这应该会鼓励捷克的另外两个协会——捷克航空产业联合会(CCAI)和捷克航空制造商协会(ALV)效仿摩拉维亚产业集群,建立一个或两个产业集群。由于过去极权主义体制的经历,许多人因缺乏信任而无法建立协作网络以及交换信息,这就是为什么尽管建立产业集群具有内在优势却依然在这个地区进展缓慢。主要的挑战是克服来自过去体制的陈旧偏见,使中东欧的航空产业走上21世纪条件下的发展快车道。只有高技能的人力资本、先进的技术和基于信任与良好沟通的强大产业网络,才能使该产业在全球市场上具有竞争力。转型的成功将为今后的发展奠定坚实的基础。

参考文献

Antras PF. 2010. Czech Aerospace Companies：The Main Players. www.

czechinvest. org/en/czech-suppliers (accessed December 15, 2012).

Archibald S, Bochniarz Z, Gemma M, Srebotnjak T. 2009. Transition and Sustainability: Empirical Analysis of Kuznets Curve for Water Pollution in 25 Countries in Central and Eastern Europe and the Commonwealth of Independent States, *Environmental Policy and Governance*, Vol. 19, No. 2: 73 – 98.

Babiejczuk J, Grzegorzewski J. 1974. *Polski przemysł lotniczy 1945 – 1973*, Warszawa: Wydawnictwo MON.

Baczko T. 2011. *Report on Innovativeness of the Aviation Sector in Poland in 2010*, Warszawa: Wydawnictwo Key Text.

Banaszczyk E. 1972. *Pierwsze skrzydła*, Warszawa: Wydawnictwo MON.

Baron Al. 2010. *Samolot szkolno-bojowy I-22 " IRYDA ', wymagania, realizacja, ocena*, Warszawa: Wydawnictwo Naukowe Instytutu Lotnictwa.

Bartosik S, Łaz M, Senkowski R. 2001. *Monografie Lotnicze no. 1-TS-11 Iskra*, Warszawa: LAF.

Bochniak D. 2012. *Mielec -w PZL-u coś się kroi*. http://gazetylokalne. pl/a/mielec-w-pzl-u-cos-sie-kroi/print (accessed August 13, 2013).

Bochniarz Z, Radzilowski J. 2003. As a New EU Member, Poland has Lessons for the World, *Detroit Free Press*, October 8, 2003, p. 13A.

Bondaryk P, Gruszczyński J, Klosowski M, Kopański TJ, Matusiak W, Ruchała P, Rusiecki M, Witkowski R. 2011. *Historia lotnictwa w Polsce*, Warszawa: Wydawnictwo Carta Blanca.

Budżet MON na 2013 rok (Budget of the Ministry of Defence). www. mon. gov. pl/pl/artykul/13368 (accessed January 4, 2013).

Chmiel M. 2005. Polskie patenty lotnicze w latach 1919 – 1939. Radwan, K. (ed.) *Srodkowoeuropejskie dziedzictwo lotnicze*, Acta Aeronautica-Muzeum Lotnictwa Polskiego, Krakow.

Chojecki J, Oleksiak J. 2013. *Mieleckie samoloty na niebie świata*, Warszawa: Wydawnictwo Naukowe Instytutu Lotnictwa.

Cumft O, Kujawa H. 1989. *Księga lotników polskich*, Warszawa: Wydawnictwo MON.

CzechInvest. 2008. Aerospace Industry in the Czech Republic. www. czechinvest. org (accessed January 10, 2013).

CzechInvest. 2011. Czech Republic: Aerospace Industry. www. czechinvest. org (accessed January 5, 2013).

CzechInvest (n.d.) Aerospace. http://aerospace. czechinvest. org (accessed December 20, 2012).

Dabrowski M, Gomulka S, Rostowski J. 2001. Whence Reform? A Critique of the Stiglitz Perspective, *Journal of Policy Reform*, Vol. 4, No. 4: 291 – 324.

European Aeronautics. 2010. *European Aeronautics: A Vision for 2020*. Luxembourg: EU.

FDI Report 2013. 2013. http://ftbsitessvr01.ft. com/forms/fDi/report2013/files/The_fDi_report_2013. pdf (accessed March 12, 2014).

Gemma M. 2000. Industrial Development in Transition Economies: Lessons and Implications, *Waseda Studies in Social Sciences*, Vol. 1, No. 10: 19 – 31.

Glass A. 1980. *Samoloty PZL 1928 – 1978*, Warszawa: Wydawnictwo Komunikacji i Łączności.

Grzegorzewski J. 1979. *Śmigłowiec MI-2. T. nr 60*, Warszawa: Wydawnictwo MON.

Hypki T. 1995. Bez propagandy sukcesu, *Skrzydlata Polska*, Vol. 9.

Hypki T. 2007. Przekręt stulecia w Mielcu, *Skrzydlata Polska*, Vol. 3, No. 2329.

Hypki T. 2009. Karmienie nowotworu, *Skrzydlata Polska*, Vol. 1, No. 2351.

Jaxa-Małachowski R. 1996. 'OFFSET ważna figura na szachownicy', *Skrzydlata Polska*, Vol. 2.

Konieczny RJ. 1983. *Kronika lotnictwa polskiego 1945 – 1981*, Warszawa:

Biblioteczka Skrzydlatej Polski.

Kornai J. 1980. *Economics of Shortage*, Amsterdam: North Holland Publishing.

Kłosiński P. 2005. Plusy z problemami, *Skrzydlata Polska*, Vol. 8, No. 2310.

Kučera P. 1999. *Aero 1919 - 1999*, Prague: GT Club — Motormedia.

Majewski M. 2006. *Samoloty i zakłady Lotnicze II Rzeczypospolitej*, Warszawa: ZP Poli-grafia.

Małkowski T. 1993. *Samolot dzieło człowieka*, Wrocław, Warszawa, Kraków: Wydawnictwo Zakład Narodowy im. Ossolińskich.

Malecki A. 2013. *Inwestycje zagraniczne w sektorze lotniczym*. www. paiz. gov. pl/files (accessed February 28, 2013).

Mietelski M. 2005. Od Berga do Grippena — Czy istnieje srodkowoeuropejska szkola tworzenia samolotow mysliwskich, in: Radwan K. (ed.) *Srodkowoeuropejskie dzied-zictwo lotnicze*, Acta Aeronautica-Muzeum Lotnictwa Polskiego, Krakow.

Mętrak P, Makowski T, Żurek K. M. 1991. *I -22 Iryda. Seria Przegląd Konstrukcji Lotniczych 3*, Warszawa: Wydawnictwo Altair.

Němeček V. 1983 - 1984. *Československá letadla 1 & 2*, Naše Vojsko, Prague: Naše Vojsko.

Polish Information and Foreign Investment Agency. 2012., *Invest in Poland*, Aviation. www. paiz. gov. pl/sectors/aviation (accessed June 23, 2013).

Sienko-Kułakowska E. B. 2014. Analiza motywów decyzji lokalizacyjnych na Podkarpaciu — na przykładzie dużych firm lotniczych z klastra Dolina Lotnicza. The report from the research project titled: Effective Clusters — basis for innovation and source of sustainable regional development (not published), Rzeszow.

Sobczak G. 2010. Świdnik na chińskim rynku, *Skrzydlata Polska*, Vol. 4,

No. 2366.

Słotwiński A. 2002. W obronie polskiego przemysłu lotniczego, *Skrzydlata Polska*, Vol. 6, No. 2272.

Stieglitz J. 1999. Whiter Reform? In 1999 ABCDE Conference, World Bank. http://worldbank.org/knowledge/ (accessed July 7, 2012).

Wojnicka E. (ed.). 2006. *Perspektywy rozwoju małych i średnich przedsiębiorstw wysokich technologii w Polsce do 2020 roku. Ekspertyza dla Polskiej Agencji Rozwoju Przedsiębiorczości.* www.parp.gov.pl/files/74/75/76/perspektywy_rozwoju_msp.pdf (accessed March 25, 2013).

Zdancewicz, M. 2013. FLARIS LAR, Nie znajdziesz w nim lodówki na szampana. *Motoszybowce. pl kwartalnik lotniczy* 1 (5).

第 11 章
环境治理政策方针与表现

航空公司视角

玛丽-乔西·罗伊、伊莎贝尔·
多斯塔勒和约翰·菲塞特

　　随着公众对社会问题的敏感度不断提高，各企业均努力成为更好的企业公民。一些龙头企业认识到推动可持续发展对企业长期盈利的重要性，对这些问题给予了更多关注。它们认识到，利益相关方在企业运作过程中享有合法的利益，需要将它们的诉求纳入日常管理决策，并努力平衡和实现利益最大化。许多企业已经制定了相关政策和措施，管理和改善自身活动对社会的影响。

　　航空运输业经常被指控为造成温室效应的主要帮凶，因此免不了要在经济效益、环境治理和社会影响方面努力找到平衡点。经合组织（OECD）在 2012 年估计，航空业占全球碳排放总量的 2％～3％，在不久的将来，这一比例可能会更高（OECD，2012；ICAO，1999）。同样，国际民用航空组织（ICAO）曾在 1999 年预测，航空运输排放的二氧化碳量将以每年 3％～4％的速率增长（ICAO，1999）。航空领域的利益相关方对这些担忧非常重视，并采取了积极行动，世界航空运输行动小组（Air Transport Action Group，ATAG）应运而生。ATAG 属于非营利性组织，在世界范围内拥有 40 多个成员，包括国际航空运输协会（IATA）、国际机场理事会、民用航空航行服务组织（CANSO），以及波音、空客、庞巴迪和巴航工业等公司。ATAG 在其"航空：超越国界的效益"（Aviation Benefits Beyond Borders）网站以及社交账户上发布"商业航空运输部门关于可持续航空的最新消息"①。该网站称，航空业

---

① @enviroaero on Twitter.

在 2008 年一致赞同制订全球第一批针对特定行业的气候改善目标。ATAG 对航空业取得的进展持积极态度,并认为航空公司"已经实现了第一个目标,即在 2020 年之前,每年将机队燃油效率提高 1.5％"。同时,ATAG 也非常乐观,预测航空运输的净碳排放量将在 2020 年达到峰值,并承诺"到 2050 年,航空业净碳排放量将比 2005 年减少 50％"(Aviation/Benefits Beyond Borders,2010)。

有人认为 ATAG 过于乐观,但有证据表明,航空公司近年来已经在采取行动减少碳排放。本章将研究一些航空公司为实现其环境治理目标而实施的具体政策和措施。由于公司董事会被要求在环境问题上发挥更大的作用,我们也将调查航空公司的董事会在环境治理方面的参与情况。事实上,企业与环境相关的成本支出和负债不断上升,这些曾经司空见惯的运营问题已成为需要董事会监督的高级战略性问题。

本章结构如下:首先,我们将识别出一些关键的行业团体和组织,它们塑造了航空公司运营的制度环境,而且越来越重视环境问题。其次,我们将探讨公司董事会以及其所属的环境委员会在航空运输的碳减排过程中扮演的角色。接下来,我们将关注航空公司为应对社会和制度压力而降低自身对环境影响的具体措施。另外,我们还将对已经更进一步地建立起环境管理体系(EMS)并在其官方网站宣传的航空公司进行分析。最后,我们认为,除了制度上的压力外,环境治理和经营业绩之间的因果关系也是促使航空公司减少碳排放的关键驱动力之一。本章的结构如图 11.1 所示,航空公司运营的制度环境将影响它们建立可持续发展举措和环境管理体系。公司董事会在制度压力下,能够在这项"绿色环保"进程中发挥重要作用,并影响航空公司的可持续发展举措。

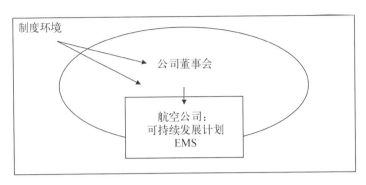

图 11.1　推动航空公司绿色发展

11.1　制度环境

航空运输可以被看作是一个包含众多活动的系统,从飞机设计开始,到旅客到达最终目的地结束。该系统内的所有参与者都越来越关注环境和社会问题,并意识到航空对气候变化的影响。例如,发动机制造商和飞机设计师正在努力提高产品的环保效率。行业媒体最近报道称,空客公司、波音公司和巴航工业公司正在合作开发测试航空燃油(jet fuel)的替代品(McCurry,2012)。一些国家也在携手合作:美国、澳大利亚、新西兰和日本都参与了亚太地区的减排倡议。为此,日本和美国航空当局试行了新的空中交通管理程序,希望提高跨太平洋航班的效率(Schofield,2009)。同样,航空公司也在检查空中和地面运营活动的各个环节,寻找更清洁、更安静的方法。

如上所述,环境问题促使 ATAG 成立。表 11.1 列出了主要的航空业环境治理协会和团体,其他抱有这一共同目标的机构和利益相关方也行动了起来。如表 11.1 所示,这些组织在航空绿色发展进程中发挥了突出作用,其中许多组织对发展可替代燃料尤为感兴趣。这些利益相关方机构对航空公司及其董事会施压,要求它们在环境治理和社会影响方面有更好的表现。

表 11.1 航空业环境治理协会和利益团体

航空运输行动小组(ATAG)	ATAG 是一个代表航空运输行业所有领域的非营利性协会,自称是唯一的全球航空业全行业机构,汇聚所有航空业参与者,统一对外发声。ATAG 致力于促进航空业可持续发展,造福全球
航空全球协定集团(AGDG)	AGDG 是一个行业联盟,包括领先的国际航空公司、航空相关企业和气候组织。其目标是推动制定务实、公平和有效的政策方案,将国际航空碳排放纳入新的全球气候变化协议
商业航空替代燃料计划(CAAFI)	CAAFI 是一个广义的协会,包括航空公司、飞机/发动机制造商、能源公司、研究人员和美国一些政府机构。目标是促进航空替代燃料的开发,使替代燃料与石油基航空燃料的安全水平相当,成本更低,同时还能改善环境,保障航空能源供应
国际航空运输协会(IATA)	IATA 是由世界各国航空公司所组成的行业协会,代表全球 240 家航空公司(截至 2012 年)。协会会员的航空运输量占全球总量的 84%。IATA 为多领域的航空活动提供支持,并围绕关键航空问题协助制定行业政策
国际民用航空组织(ICAO)	ICAO 是联合国下属的专门机构,成立于 1944 年,旨在促进全球国际民航事业安全有序发展。ICAO 为航空安全、安保、效率和规律以及航空环境保护等方面制定了必要的标准和规定;为其成员国提供民用航空各领域的合作论坛平台
可持续生物燃料圆桌会议(RSB)	RSB 是一项国际性的多重利益相关方联盟,将农民、企业、非政府组织、专家、政府和政府间机构聚集在一起,以确保生物燃料生产和加工的可持续性
可持续航空生物燃料用户组(SAFUG)	SAFUG 于 2008 年 9 月成立,得到了自然资源保护委员会(Natural Resources Defense Council)和可持续生物燃料圆桌会议等世界主要环境组织的支持和建议,专注于加速可持续航空生物燃料的开发和商业化

（续表）

世界绿色航空理事会（WGAC）	WGAC 是一个非营利性环保组织，为世界各地的航空公司、机场和企业提供 Fly - 360 - Green™ 绿色认证，以表彰它们在可持续发展方面的努力。其宗旨是在考虑到尽管利益相关方采取各种环境保护措施，但航空绝对排放量仍在不断上升的情况下，通过尖端技术的进步，建立可持续航空的国际标准

11.1.1　公司董事会的作用

在过去的几十年里，公司董事会的角色随着利益相关方的期望而发生了重大变化（Anderson et al. , 2007）。过去它们的职责主要侧重于监督管理层，现在愈发地被要求承担咨询角色，积极参与战略管理过程（Adams & Ferreira, 2007；Sundaramurthy & Lewis, 2003）。这使董事会更多地参与公司的战略决策，包括与环境问题有关的决策。

公司董事会通过设立专门委员会，让一部分董事会成员加入其中，从而发挥咨询作用。对于一些致力于更高效地承担其基本责任的大企业，这种董事会委员会结构非常合适（Business Roundtable, 2005；Hall et al. , 2005）。与许多国家的监管要求一致，董事会通常设立 3 个委员会：审计委员会、提名/治理委员会[①]和薪酬委员会。而有些董事会有 3 个以上的委员会，最常见的是增加了执行委员会和财务委员会，以及专注于特定领域的委员会，如环境与风险委员会。就航空业而言，公司董事会通常设有安全委员会。

关注社会和环境问题的委员会通常会监督企业在处理这些问题时的规划和表现，以及这些问题对企业声誉的影响。这些委员会通常被称为企业社会责任委员会或公共事务委员会。里卡特等人的研究指

---

① 提名/治理委员会在有职位空缺时提名候选人。

出，道琼斯可持续发展指数（Dow Jones sustainability world index）的上榜公司更有可能创建以利益相关方为导向的董事会（Ricart et al.，2005）。然而，法国航空-荷兰皇家航空集团（以下简称"法荷航集团"）的情况却并非如此。2013 年，道琼斯可持续发展指数连续第五次将法荷航集团列为运输行业的领导者。但是，法荷航集团董事会中仍仅有审计委员会、提名委员会和薪酬委员会 3 个常设委员会。根据法荷航集团在其网站上所发布的内部规定，公司董事会有时可能会成立特别委员会。如图 11.2 所示，法荷航集团如果有涉及环境方面的相关问题，会直接向全体董事会提出审议事项。

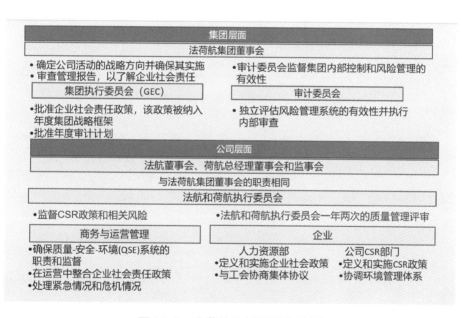

图 11.2　法荷航集团董事会设置

国泰航空（Cathay Pacific）有限公司的做法略有不同，该公司于 2013 年首次被纳入道琼斯可持续发展指数。如图 11.3 所示，国泰航空有限公司现有的董事委员会承担了图中这些责任，而董事会的管理委员也要负责与可持续发展有关的事务。

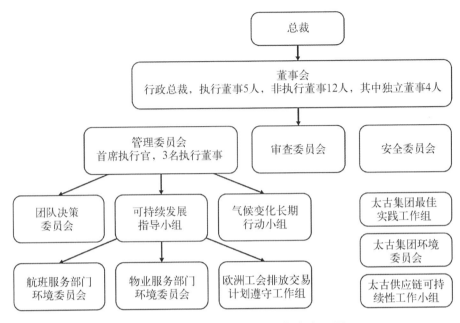

图 11.3　国泰航空有限公司董事会设置

　　阿拉斯加航空公司董事会设立了安全委员会,职责包括定期审查航空安全的各方面情况,包括健康、安全和环境政策。另外,加拿大航空公司董事会增加了审计、财务与风险委员会的职责,该委员会负责审查与环境相关的企业政策、程序和报告。

　　设立具有特定社会责任的委员会颇有益处。其一,委员会可以增强企业的法律合规性,加强企业向利益相关方的责任落实(Harrison,1987)。成立委员会也可以传达出一个明确的信号,表明公司对参与社会问题治理的承诺(Davidson & Worrell,2001)。其二,委员会可以将公司针对社会问题治理所采取的举措规范化,并建立有用的制度(Addy,2006)。一些研究发现委员会的存在与社会问题的治理表现之间存在正向关系(Ricart et al.,2005),一些研究却对此质疑。麦肯德尔等人发现,设立董事会层面的委员会,并没有帮助减少企业的违规行为

(Mckendall et al.，1999)。卡森的研究指出，设立董事会委员会，或许只是为了提升公司治理的外在形象，而没有任何实际作用(Carson，2002)。这些委员会可能还给企业多增加了一个管理层级，导致重复、浪费精力且无用的额外监督。此外，支持董事会层面委员会的运行需要额外花费费用、占用董事宝贵的时间、影响公司其他举措的实施、耗费高级管理人员的精力(Addy，2006；Charan，2005)。以上发现表明，必须对委员会的内部运作和可能阻碍委员会效能的潜在问题进行透彻检查。

委员会的职责如表11.2所示，有些航空公司设有专门关注环境和社会问题的委员会。观察表11.2可以发现委员会参与了各种活动，例如审查社会问题、监测合规情况、制定政策方针和标准。这些活动之间的区别，对应体现了航空公司围绕落实董事的监督和咨询责任设立不同委员会，具体职责也有不同侧重(Adams & Ferreira，2007；Anderson et al.，2007；Sundaramurthy & Lewis，2003)。董事会的咨询职责主要集中体现在审查与制定公司章程，而监督的重点是关注企业的管理要求和内部目标是否符合章程。

表 11.2　航空公司董事层面委员会的职责

美国联合大陆控股有限公司：公共责任委员会	负责审查企业在社会责任和公共政策方面制定的政策方针和定位。委员会应监督经理层识别、评估和检测影响或可能影响企业声誉、经营活动和业绩，以及影响企业贡献的国内外社会、政治和环境的问题及趋势
中国东方航空公司：安全和环境委员会	主要职责：贯彻执行与国家航空安全和环境保护有关的法律法规；检查和监督航空安全管理工作；研究和讨论航空安全措施的规划；建议和监督安全措施的实施；检查和监督国内、国际航空碳排放的重要问题，并对环保措施的实施进行咨询和监督

（续表）

泰国航空公司：企业社会责任委员会	负责为企业社会责任活动提供咨询和指导。委员会应制定政策和指令,通过绿色旅行项目推动绿色发展,履行社会责任
加拿大西捷航空公司：安全健康与环境委员会	监督企业对于安全、健康和环境规章的执行情况,对企业章程提出建议,以督促企业最大限度遵守规章;负责定期审查规章及标准,对规章的执行情况进行量化评估,提出改进意见
澳洲航空公司：安全、健康、环境与安保委员会	负责审查和监测澳洲航空公司实施并报告安全、健康、环境、安保和风险管理方面的战略、制度、方针和流程管理

11.1.2 航空公司提高环境治理成效的措施

航空公司设计并实施了多种类型的举措,希望改善环境治理成效。这些举措可分为六大类：绿色采购、飞机设计和维护、空中交通管理、绿色起航、调度（优化负载）与航线管理、燃油管理。下文将逐一阐述。

11.1.2.1 绿色采购

维珍美国（Virgin America）航空公司和国泰航空公司在绿色采购方面有一些值得关注的做法。维珍美国航空公司在供应商选择环节更青睐当地或地理位置与其较近的供应商,以降低运输成本,减少燃油消耗,从而减少碳排放。该公司在 2009 年《气候与可持续发展报告》中表示,公司通过使用环保的办公材料,并通过合并装运的购买方式来降低采购成本。报告中也列出了该公司其他绿色发展实践案例（Virgin America,2009）：

（1）由当地企业承接计算机、设备和软件订单。

（2）由 50% 的可再生材料制成供客人使用的冷热水杯均可回收再利用。

（3）机载枕头质量从 99.225 克减少到 85.05 克,减少包装和运输中的碳排放。

（4）耳机由赠送改为购买，减少免费的一次性耳机使用后遭丢弃的数量。

（5）实施毛毯清洁计划，毛毯可重复使用10次（含清洗）。

一些航空公司已经为它们的供应商制定了行为准则。例如，国泰航空公司希望供应商建立有效系统，测量和报告生产活动对环境的影响。根据国泰航空公司《供应链永续责任守则》，供应商须证明已经采取正式举措，限制自身业务对环境的影响并且对环境问题持谨慎态度。

国泰航空公司声明，公司"偏向选择能够显著降低国泰航空对环境的影响的产品或服务"[①]，"想与国泰航空开展业务的供应商须先填写一份详细问卷，由国泰评估供应商遵守《守则》的程度"。选定的供应商将签署继续遵守国泰航空公司社会及环境标准的约定合同。

11.1.2.2 飞机设计和维护

航空公司对自然环境的破坏主要发生在飞机运营环节，因此须对飞机的设计和维修给予重点关注。在2012年举行的第27届联合国可持续发展大会的筹备文件中，经合组织指出，航空公司减少碳排放的主要措施之一是对机队进行技术改进。在机身结构和其他部件中使用轻质材料，在翼梢增加小翼，提高发动机燃油效率，这些都是可行之选。经合组织还指出，飞机制造商和航空公司一样，都有减少环境破坏的利益动机：

> 随着航空燃油价格上涨，航空领域的主要供应商都在探索提高飞机性能的各种技术。这种探索的热忱源于技术改进能为客户带来更低的成本，从而在竞争极其激烈的市场中掌握真正的优势（OECD，2012：16）。

---

① http://downloads.cathaypacific.com/cx/CSr/CSr_Code_of_Conduct.pdf.

在可持续发展成为焦点之前制造的那些老式飞机,往往会拖累航空公司的环境治理成效。为现有飞机换装新发动机是一种出路,经合组织认为,与制造全新的飞机相比,这是一种"成本高而减排潜力低的方案",因为老式飞机上能应用更轻材料的地方有限(OECD 2012:17)。

11.1.2.3　空中交通管理

飞机设计对其燃油效率和整体环境经济性有重要影响,而实施空中交通管理也有利于提高飞机在运营时的环境经济性。比如确定高度和方向变化少的省油航路就是一种可行的方式。然而,经合组织表示在这一领域还需更多努力,"仅欧洲领空每天就有数以千计的航班,航空公司和空中交通管制人员目前还无法优化飞行路线,以减少燃油使用和温室气体排放"(OECD,2012:15)。下一代卫星空中交通管理(air traffic management,ATM)系统有望使用能够处理大量数据的高性能计算机,但其研发进展有些缓慢。由于美国削减公共开支,预计于2012—2025年投入使用的下一代航空运输系统(NextGen)的研发速度正在放缓。NextGen项目的责任团队被要求"优化"(缩减)项目规模,并审查优先事项①。欧洲也在研究自己的下一代交通管理系统,该系统被称为欧洲天空一体化ATM研究计划或SESAR。鉴于国家的领空主权,奥地利、保加利亚、立陶宛、波兰和斯洛文尼亚等中欧国家最近(译者注:2013年11月6日)签署了合作协议(Gate One),创建了一个在空中交通管理方面拥有"更大发言权"的区域实体,这也表明空中交通管理缺少一体化整合,各自分散②。下一代卫星ATM系统应用后,将产生每吨二氧化碳当量109.2欧元的碳减排边际成本,总减排量将

---

① www.airtrafficmanagement.net/2013/10/nextgen-executives-told-to-rightsize-and-review/.

② www. ainonline. com/aviation-news/ain-air-transport-perspective/2013-11-25/eastern-central-european-ansps-align-stronger-voice.

达到 2 190 万吨二氧化碳当量(OECD,2012:15)。国际贸易和可持续发展中心(ICTSD)预测这一目标可能需要比预期更长的时间才能实现,以 2020 年为时间节点似乎过于乐观。

表 11.3 列出的航空公司同时实施了飞机层面的举措和 ATM 相关措施,并在公司网站上进行了公示。尽管航空公司推崇绿色 ATM 方案,但 ATM 主要掌握在航空导航服务供应商、机场和国家航空当局甚至空管员所在工会的手中,在很大程度上超出了航空公司的控制范围。

表 11.3 飞机层面和 ATM 相关举措

航空公司	飞机设计与维修	空中交通管理(ATM)
日本全日空航空公司(ANA)	公司减少有害废气排放的最有效措施是引进最新、最先进的飞机,并配备最先进的发动机。目前在役飞机的排放均符合国际民航组织附件 16 规定的排放标准	2002 年起正式使用区域导航(RNAV)。RNAV 是一种通过无线电导航设备、卫星和机载设备来导航飞机并确保预定飞行路径的程序。RNAV 不仅实现了更快、更短的飞行,同时减少了燃油消耗和二氧化碳排放,还降低了机场周围的噪声。公司计划扩大 RNAV 在日本和海外的使用
中国东方航空股份有限公司	公司通过每年退租旧飞机,引进新飞机,以及维修、更换发动机和开展日常维护工作,来保证机队正常的机械性能。2011 年公司通过转让、引进新飞机、替换等方式淘汰了部分旧机型。更年轻的机队有助于提高航空燃油效率	公司推动应用 DOC(direct operation control)系统,并通过实现航段信息管理来优化长途航线。选择多条航线中最经济的一条,从而减少飞行时间,有效降低燃油消耗,由此每年节省燃油约 34 200 吨
澳洲航空公司	集团正在投资更新或更换更省油的飞机,这是提高燃油效率的一种非常有效的方法。新型飞机的燃油效率和低排放技术将有力推动集团在 2020 年实现燃油效率目标	应用先进的飞机导航技术,使用精密导航技术(RNP)确定最省油的飞行路径

航空公司	飞机设计与维修	空中交通管理（ATM）
爱尔兰航空公司	持续对发动机进行监测、维护和检修，最大限度提高燃油效率和减少排放，并在大修时升级环保性能。监测发动机状态的目的是预警将发生的部件老化，进行预防性维修，有助于确保发动机的效率，利于排放控制和提高燃油效率	在可能的情况下，持续减少燃油消耗

11.1.2.4　绿色起航

众所周知，飞机在起飞和降落时会消耗大量燃料。ATAG 报告称，一些航空公司和机场目前正在试验"绿色起航"方案。传统上，飞机爬升到巡航高度需要分几个步骤进行，而绿色起航方案可以使飞行员在一个平稳、持续的上升过程中起飞并爬升到最佳的巡航高度。ATAG 称，这种方法在哥本哈根机场一年节省了 10 000 吨燃油、减排32 000 吨二氧化碳（Aviation/Benefits Beyond Borders，2010）。

与之类似，维珍航空的《气候与可持续发展报告》评论"RNAV 起飞"技术可以使飞机更快地爬升到一个更省油的高度（Virgin America，2009：12）。RNAV 是区域导航（area navigation）的首字母缩写，是一种可以大大改善机场交通流量，从而有助于减少碳排放的导航系统。

11.1.2.5　调度与航线管理

调度与管理航线也是航空公司能运用的重要减排手段——通过提高载客率来改善环境治理成效。事实上，更高的载客率意味着每个乘客的碳排放减少了，因为乘客要分摊总排放量，乘客少则意味着每个人分摊到的碳排放份额更大。例如，捷蓝航空公司在 2010—2011 年的环境与社会报告中自豪地宣称，其航班安排近乎实现了最大运力，与许多航空公司不同,它们不使用超售策略,而是"通过确保飞机装载更充分,实现资产价值最大化,并将温室气体排放强度降至最低"①。挪威航空公司在 2012 年的年度报告中也提到了这一问题,指出公司基于高载客率和高载客量的商业模式降低了每位乘客的碳排放量,从而使运营更加环保和可持续。挪威航空公司甚至大胆宣称,它们的客千米碳排放量远低于行业平均水平,也低于许多海陆运输形式②。

11.1.2.6 燃油管理

根据 ATAG 的数据,全球航空公司 2010 年在燃油上花费了 1 400亿美元,占总运营成本的 26%(Aviation/Benefits Beyond Borders,2010)。人工成本历来是航空公司最大的支出,但根据国际航空运输协会(IATA)的数据,2010 年洛杉矶到纽约的航班平均费用为 506.62 美元,其中 95.33 美元为人工成本,97.85 美元为燃油成本③。近年来燃油价格剧烈波动,迫使航空公司减少燃油消耗或寻找生物燃料等新能源。

ATAG 在 2009 年出版的《航空生物燃料入门指南》中指出,人们对航空生物燃料的兴趣日益浓厚。这些燃料是由可再生生物资源,如植物材料(而非传统的化石燃料,如煤炭、石油和天然气)生产的(ATAG,2009)。生物燃料吸收和释放温室气体的循环为"植物生长时从大气中吸收二氧化碳,然后作为燃料燃烧时释放二氧化碳到大气中"(ATAG,2009:2)。根据文献,使用生物燃料似乎是在减排方面最有前景的绿色举措之一。通过不断改进生产技术,提高生产规模,降低成本,研究人员正在努力使生物燃料更具经济可行性。ATAG 报告称,交通运输、家庭供暖、发动机发电和烹饪已经使用第一代生物燃料多年。然

① www.jetblue.com/p/ErS-091412.pdf.
② http://annualreport.norwegian.no/2012/board_of_director_s_report/pdf.
③ http://money.cnn.com/magazines/fortune/storysupplement/airline_costs.

而,这些燃料还不具备必要的安全性和用于喷气发动机所必需的性能特质。也有一些批评者表达了他们对生物燃料与粮食供应争夺资源的担忧。幸运的是,可用于航空运输的第二代生物燃料并无此忧。这些燃料包括从盐生植物、藻类、亚麻荠和麻风树等原料中提取的生物油,这些资源有可能提供大量更环保的航空燃料。第二代生物燃料的原料可以在沙漠和高盐水域等不同地点大规模种植,因此它们的供应价格更稳定。

维珍航空公司在一份 2009 年的文件中概述了它们支持低碳航空业的观点和行动。文件指出,提高燃油和空中交通管理效率,可以使整体效率每年提高 1.5%,尽管实现这一设想尚存在重大技术挑战。此外,联合国政府间气候变化专门委员会(IPCC)在 1999 年发表的《航空与全球大气特别报告》①中提到,"我们需要采取使用类似可持续生物燃料等效果更为明显的举措,只有这样,环境治理效率增益才不会被航空业每年 4%的碳排放预期涨幅所抵消"(Virgin America,2009)。

正如许多航空公司在各自网站上披露的,它们都参与了生物燃料的研究工作。例如,国泰航空公司表示,它们正在与可持续航空生物燃料用户组(SAFUG)合作,加快推进可持续航空燃料的商业化进程。合作内容包括签署一套可持续标准,确保航空生物燃料不会与食品和饮用水供应、生物多样性以及当地人口竞争。同样,美国联合航空公司正在与商用航空替代燃料倡议(CAAFI)组织合作,探寻石油燃料的近期与长期替代品。日本全日空航空公司在公司官网上自豪地宣布,首次使用生物燃料实现了跨太平洋飞行:

一架波音 787 飞机使用掺混了 15%生物燃料的航空燃油进行

---

① www.ipcc.ch/pdf/special-reports/spm/av-en.pdf.

了交付飞行。这些生物燃料主要由废弃的食用油提炼而成。凭借前沿科技协同、低环境影响及采用生物燃料等措施,波音787的碳排放比波音767减少了30%。

日本全日空航空公司还谈到了与波音公司及其他机构共同开展生物燃料开发的情况,目标是推动可替代航空生物燃料于2020年投入使用。

11.1.3　环境管理体系

在上一节中,我们研究了航空公司为减少其活动对环境的影响而采取的一些措施。各行各业的企业都依赖于环境管理体系帮助实施环保战略,确保绿色实践活动整合进一个整体计划中。环境管理体系提供了一种将环境问题纳入组织决策过程的严谨且系统的方法。该体系包含适当的数据和工具,将公司的环保使命和政策转化为行动计划、目标和程序以评估问题解决的进展,亦能激励员工共同努力实现环境治理目标。

韩亚航空公司、新加坡航空公司和大韩航空公司采用的环境管理体系如图11.4所示。这些环境管理体系围绕制定、实现、审查和维持环境政策,设置了组织结构、规划活动、职责、惯例、程序、过程和资源有关的要素。如图11.4所示,大韩航空公司的环境管理体系可以理解为一个动态的过程,在外部影响和内部监测下,制定并定期更新计划。

环境管理体系强调环境战略的实施过程取决于航空公司为采取的每一项行动确定一套适当措施的能力。事实上,当航空公司实施新的计划来改善它们的环境治理成效时,它们必须确定指标,将其与实际成效进行比较,并评估进展。表11.4及图11.5列举了航空公司的环保目标。评估确实至关重要,因为它将绩效与战略联系起来,推动绩效不

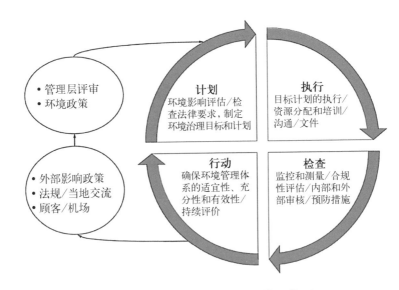

图 11.4　大韩航空公司环境管理体系

（资料来源：大韩航空公司，《2013 年可持续发展报告：持续卓越》）

断提高。航空公司可以将这些指标与实际成效进行比较，衡量成功与否。航空管理人员必须不断利用反馈来确认他们对各种决策可行性的假设，以及他们对航空公司与社会的长期影响。

表 11.4　日本全日空航空公司的环境治理目标

项　　目	目　　标
气候变化对策	减少飞机燃料的二氧化碳排放	年度目标： 2021 年，与截至 2006 年 3 月的财政年度相比，每收入吨千米的二氧化碳排放量减少 20％ 总目标： 在 2013 年 3 月至 2021 年 3 月的财政年度，将国内航线的年二氧化碳排放量保持在 440 万吨以下

项　　目		目　　标
气候变化对策	减少地面能源消耗	所有工作地点的能源消耗每年减少1%
	引进航空生物燃料	在公司2020"ANA FLY ECO"中长期环保计划实施期间,开展全面使用飞机生物燃料的研究
空气污染对策	符合飞机排放标准,引进低污染交通工具	积极引进混合动力、电动等低污染交通工具,并研究使用生物燃料
抑噪措施		所有飞机,包括租用飞机,应符合国际民航组织第4章噪声标准
资源节约		减少浪费,鼓励无纸化操作;推广3R活动,包括闭环回收飞机上的杂志和其他物品
为当地社区环境作出贡献		通过Team Tyura Sango瑚瑚再生计划,加强开展环境教育活动;植树造林,为社区和社会提供新的价值

澳洲航空集团的减排目标

　　澳洲航空集团95%以上的碳排放来自飞行过程中的燃油消耗。集团的目标是到2020年,燃油效率平均每年提高1.5%(以每百千米的航空燃油油耗计算)。2020年后,集团的目标是实现"碳中和与绿色增长",并争取到2050年净排放量比2005年减少50%。

2010 燃油效率每年提高1.5%

2020 到2020年,我们的排放量增长趋于平稳

2050 净排放量比2005年减少50%

图11.5　澳洲航空公司的环境治理目标

（资料来源：www.qantas.com.au/travel/airlines/climate-change/global/en)

11.1.4 航空公司的环保承诺和经营业绩

在本节中,我们将探讨推动航空业改善环境管理的因素。通过对北欧航空公司进行案例研究,莱恩斯和德雷克确定了促成该航空公司环境管理承诺的五种主要驱动力: ① 环境管理的财务成本效益;② 监管设置;③ 成为"优秀企业"的愿望;④ 航空公司形象;⑤ 与航空业的关系(Lynes & Dredge,2006)。一些可持续发展研究人员指出,在各个行业,影响企业实施环境管理这一决定的突出驱动力是日益增多的环境立法、责任意识以及不合规造成的直接与间接成本(Haddock-Fraser & Tourelle,2010;Delmas & Montiel,2009;Delmas & Toffel,2008;Kassinis & Vafeas,2006;Christmann & Taylor,2002)。这些因素表明,企业在某种程度上是被迫审视环境问题的。实际上,很多企业仍然认为执行环境管理政策将对财务成本造成负面影响(Coles et al.,2009)。然而,维珍航空公司一直努力鼓励航空业参与者"改变它们所持有的这种观念,即以负责任和可持续的方式经营企业意味着牺牲增长率和利润"(Vrigin,2011)。维珍航空公司认为,通过不断组织讨论、提高标准、迎战竞争对手以及游说政府,企业可以在实现可持续发展的同时提高经济效益(Vrigin,2010)。

越来越多的文献研究社会和环境投资所带来的经济回报。虽然针对存在这种关系的证据尚不清楚,但大型航空公司已经认识到可持续性原则对公司长期盈利至关重要,并对此愈发关注。然而,对于企业和社会来说,在制定可持续发展战略时,理解社会治理表现与股东价值之间的关系,并确定哪些做法能获得最大净收益,无疑是一个重大挑战(Hillman & Keim,2001;King & Lenox,2002;Martin,2002;McWilliams & Siegel,2001)。为了实施环境战略,企业面临如何量化企业社会行动与经营业绩之间联系的挑战。国泰航空公司在其报告中强调了这一过程的困难程度：

> 虽然很难找到在操作上和经济上都可行而又不损害环境的解决办法，但国泰航空始终坚持，并获得了创新和思考的新思路。凭借公司员工的智慧、创造力和奉献精神，以及合作伙伴的通力协作，我们有能力打好基础来实施许多举措——有些较为细微，有些意义重大——这些举措正在为公司创造价值，也将为社会和环境带来积极效益(Cathay Pacific，2012)。

不幸的是，许多领域的企业，包括航空业在内，并没有把重点放在量化环境治理措施和经营业绩之间的联系上，也没有从商业角度提出企业须承担社会责任的理由。企业以对社会负责的方式行事，仅仅是因为它们认为这是"该做的事"。但以此为理由而实施的计划很脆弱，在实施过程中企业会受到各种影响，诸如公共优先事项的摇摆不定、高级管理层的变动以及金融周期的变化。此外，航空公司的管理层当然更关心长期盈利和价值创造的问题，而不是含糊不清地、情绪化地讨论社会和环境问题。

为了呈现一个清晰的商业模式，航空公司管理者需要确定参与社会治理的驱动因素，以及参与社会治理将如何影响企业的整体长期盈利能力。这种对全面识别与度量绩效驱动因素的重视，在一些通用的管理框架中得到了体现，如平衡计分卡和价值管理等。此类管理框架侧重于更好地理解组织内部的因果关系和相互联系，以及管理者如何提高客户和企业的盈利能力(Epstein & Westbrook，2001；Kaplan & Norton，2000)。

制定一套适当的措施也是必要的，此举有利于管理者量化一种因素对另一种因素的影响，最终在经营业绩中将之体现出来。管理者需要具体的指标来对企业社会治理、环境治理与经营业绩相关的中期目标和最终目标进行评估和监测。在检查公司报告时，我们发现许多航空公司都提到通过环保措施节省的燃油量。例如：

> 2010 年，（美国西南航空）公司为 102 架符合条件的波音 737-300 飞机安装了翼梢小翼，估计每年可节省燃油 600 多万加仑[①]。波音 737-700 机队也已安装了翼梢小翼，每年为（西南航空）公司节省燃油共计超过 4 200 万加仑（Southwest Airlines，2011）。

此外，维珍美国航空公司在 2011 年的一则新闻中宣布，公司已为 30 架空客 A320neo 新机选装 CFM 国际公司先进的 LEAP 发动机，该批飞机计划于 2016 年交付：

> 空客 A320neo 和 LEAP 发动机承诺联合交付世界上最省油的商用飞机，其燃油效率提高 15% 以上，碳使用效率提高，氮氧化物排放量呈两位数百分比下降。维珍美国航空公司估计，公司每年每架飞机可节省 190 万美元的燃油成本（Virgin America，2011）。

为了量化环境治理和经营业绩之间的联系，公司必须详细而明确地"绘制"推动提升环境治理成效的企业模式和基本假设。通过赋予环境治理战略价值，航空公司把宝押在了改善环境治理效果必将带来利润增长上。例如，高层管理人员相信，一套明确的管理措施可以改善环境治理成效，这将提高公司的声誉，鼓励旅客乘坐该公司的航班，届时

---

① 译者注：英、美计量体积或容积的单位。1 英加仑 ≈ 4.546 升；1 美加仑 ≈ 3.785 升。

市场份额增加,公司长期盈利能力提高。或者说,企业改善环境治理效果的意愿可能由多种因素驱动,如降低成本或减少负债,从长远的角度应对市场趋势,以及假设改善环境和社会治理成效与改善经营业绩之间存在联系等。

我们建议,航空公司的管理人员需要更好地理解其决策的影响,以及可以用来提高环境治理成效和长期经营业绩的手段。一些航空公司已经认识到,在商业决策过程中,识别和衡量环境问题对企业的影响极为重要,特别是有关环保支出方面的问题。诚然,改善环境治理效果常常由监管要求所推动,但越来越多的航空公司注意到,改善环境方面的举措往往会降低运营成本,增加收入。

11.2　总结

建设绿色航空运输体系的压力来源于社会的整体影响,但也受到制度环境,包括行业和利益集团的影响,如 ATAG、ICAO 和 IATA。在本章中,我们可以在不同的层面观察到航空公司面临环保压力所做出的反应。航空公司董事会在航空绿色发展方面发挥着重要作用,最明显的体现就是成立可持续发展委员会。航空公司已经实施了一系列环保措施,建立了环境管理体系,此举有利于用系统的方法来实现精确的环境治理目标。此外,如上所述,如不是生存所迫,航空公司作出环境治理承诺的一个关键驱动因素是希望为企业增加收入和长期经营业绩。大多数人认为,环境管理的核心基于这一假设——承担环境治理责任有助于企业提高长期效率、树立环保形象,进而提高盈亏底线(Uecker-Mercado & Walker,2012:3)。

有证据表明,航空业正走在正确的环保道路上。国际航空运输协会最近表示,航空运输业是为数不多致力于实现碳减排期望的行业之一。该协会似乎对绿色发展战略的"四大支柱"——① 新技术;② 更高效的运营;③ 更好的基础设施;④ 积极的经济措施——将产生积极的结果充满信心。IATA 自豪地表示,航空运输供应链的关键参与者,包括航空公司、机场、航空导航服务供应商和飞机制造商都在"四大支柱"战略中协调配合(IATA,2013)。英国维珍航空公司 2009 年和 2010 年的可持续发展报告体现了该公司所作的努力。维珍航空公司表示,通过购买新飞机使机队整体的碳效率比美国平均水平高出 25%。维珍航空公司针对飞机技术和运营的改进包括:最大限度减少使用辅助动力装置、单发滑行、空转着陆、利用先进航电设备提高飞行效率,以及成本指数飞行——调整巡航速度减少燃油消耗(Virgin America,2009:5)。该航空公司似乎扮演着航空绿色发展"啦啦队"的角色,呼吁所有航空利益相关方共同努力(Virgin,2010:22),并特别强调了飞机制造商的重要作用,因为航空业主要依靠飞机制造商来减少碳排放。

必须牢记,虽然有相当多的措施能减少航空碳排放,但未来几年所预期的航空运输需求增长很可能抵消这些措施的正面效应。正如经合组织指出的:

> 仅亚洲预期增长的航空需求量,意味着改善飞行路线、增加翼梢小翼、提高滑行和喷气发动机的燃油效率——所有这些努力都将被航班和乘客里程的急剧增加产生的碳排放量所抵消(OECD,2012:1)。

经合组织认为,生物燃料可能是目前减少温室气体排放、抵消航空运输需求增长所致负面环境影响的唯一途径。但或许也有可能,为了保护自然环境,人类可能最终会被迫回归一种迁徙较少的生活方式。

参考文献

Adams，R. B. and D. Ferreira. 2007. A Theory of Friendly Boards，*The Journal of Finance* 62：217 - 250.

Addy，J. A. 2006. View from the Boardroom：Corporations and Public Responsibility. John F. Kennedy School of Government，Harvard University，Cambridge，MA. Available at：www. ksg. harvard. edu/m-rcbg/CSri/publications/studentpaper_1_Addy. pdf［Accessed November 14，2013］.

Air Nippon. 2013. Medium-term Targets and Results. Available at：www. anahd. co. jp/en/csr/environment/objective. html［Accessed April 13，2013］.

Anderson，D. W. ，S. J. Melanson and J. Maly. 2007. The Evolution of Corporate Governance：Power Redistribution Brings Boards to Life，*Corporate Governance: An International Review*，15：780 - 797.

ATAG. 2009. Beginner's Guide to Aviation Biofuels. Available at：www. cphcleantech. com/media/2450696/beginnersguide. pdf［Accessed February 24，2013］.

Aviation/Benefits Beyond Borders. 2010. Environmental Efficiency：Aviation's Global Environmental Profile in 2010. Available at：http：//aviationbenefitsbey-ondborders. org/environmental-efficiency/overview［Accessed February 26，2013］.

Business Roundtable，2005. Principles of Corporate Governance，2005. Business Roundtable. Available at：www. ibm. com/ibm/governmentalprograms/pdf/BRT Corpgov-Principles2005. pdf［Accessed December 16，2013］.

Carson，E. 2002. Factors Associated with the Development of Board Sub-Committees，*Corporate Governance: An International Review*，10：4 - 18.

Cathay Pacific 2012. Cathay Pacific CSR Code of Conduct. Available at：http：//downloads. cathaypacific. com/cx/CSR/CSR_Code_of_Conduct. pdf［Accessed February 26，2013］.

Charan，R. 2005. *Boards that Deliver*. San Francisco，CA：Jossey-Bass.

Chen，F. Y. 2013. Managers' Views on Environmental Management：An Examination of the Taiwanese Airline Industry. *Journal of Sustainable Development*，

6：65 - 75.

Christmann，P. and G. Taylor. 2002. Globalization and the Environment：Strategies for International Voluntary Environmental Initiatives. *The Academy of Management Executive*，16：121 - 135.

Coles，T.，C. Dinan and E. Fenclova. 2009. Corporate Social Responsibility：Issues for Future Development in the Low-Fares Airlines Sector. Centre for Sport，Leisure and Tourism research，University of Exeter.

Davidson，W. N. I. and D. L. Worrell. 2001. Regulatory Pressure and Environmental Management Infrastructure and Practices. *Business and Society*，40：315 - 342.

Delmas，M. and I. Montiel. 2009. Greening the Supply Chain：When is Customer Pressure Effective? *Journal of Economics & Management Strategy*，18：171 - 201.

Delmas，M. and M. W. Toffel. 2008. Organizational Responses to Environmental Demands：Opening the Black Box. *Strategic Management Journal*，29 (10)：1027 - 1055.

Epstein，M. J. and R. A. Westbrook. 2001. Linking Actions to Profits in Strategic Decision Making，*MIT Sloan Management Review* (Spring)：39 - 49.

Haddock-Fraser，J. E. and M. Tourelle. 2010. Corporate Motivations for Environmental Sustainable Development：Exploring the Role of Consumers in Stakeholder Engagement. *Business Strategy and the Environment*，19：527 - 542.

Hall，R. F.，T. P. Keane，C. McConnell and S. Becker. 2005. The 21st Century Board：Structure，Responsibility，Assessment. *Journal of Leadership & Organizational Studies*，11：62 - 71.

Harrison，J. R. 1987. The Strategic Use of Corporate Board Committees. *California Management Review*，30：109 - 125.

Hillman，A. J. and G. D. Keim. 2001. Shareholder Value，Stakeholder Management，and Social Issues：What's the Bottom Line. *Strategic Management*

Journal, 22: 125 - 139.

IATA. 2013. Annual review 2012. Available at: www. iata. org/about/ Documents/annual-review-2012. pdf [Accessed February 24, 2013].

ICAO. 1999. Air Transport Bureau. Environment Branch—Aircraft Engine Emissions. Available at: http://legacy.icao.int/env/aee.htm [Accessed February 26, 2013].

JetBlue 2011. Environmental and Social Report. Available at: http:// annualreport. norwegian. no/2012/board _ of _ director _ s _ report/pdf [Accessed February 24, 2013].

Kaplan, R. S. and D. P. Norton. 2000. *The Strategy-Focused Organization: How Balanced Scorecard Companies Thrive in the New Business Environment*, Cambridge, MA: Harvard Business School Press.

Kassinis, G. and N. Vafeas. 2006. Stakeholder Pressures and Environmental Performance. *Academy of Management Journal*, 49: 145 - 159.

King, A. and M. Lenox. 2002. Exploring the Locus of Profitable Pollution Reduction, *Management Science*, 48: 289 - 299.

Lynes, J. K and D. Dredge. 2006. Going Green: Motivations for Environmental Commitment in the Airline Industry: A Case Study of Scandinavian Airlines. *Journal of Sustainable Tourism*, 14: 116 - 138.

Martin, R. L. 2002. The Virtue Matrix: Calculating the Return on Corporate Responsibility, *Harvard Business Review* (March): 68 - 75.

McCurry, J. 2012. Striving for a greener alternative. *Air Cargo World*, 102: 40 - 46.

McKendall, M. , C. Sanchez and P. Sicilian. 1999. Corporate Governance and Corporate Illegality: The Effects of Board Structure on Environmental Violations. *International Journal of Organizational Analysis*, 7: 201 - 223.

McWilliams, A. and D. Siegel. 2001. Corporate Social Responsibility: A Theory of the Firm. *Academy of Management Review*, 26: 117 - 127.

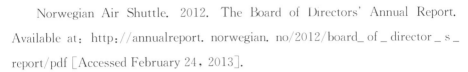

Norwegian Air Shuttle. 2012. The Board of Directors' Annual Report. Available at: http://annualreport. norwegian. no/2012/board_ of _ director _ s _ report/pdf [Accessed February 24, 2013].

OECD. 2012. Green Growth and the Future of Aviation. Paper prepared for the 27th Round Table on Sustainable Development.

Qantas. 2013. Qantas Sustainability Review 2012. Available at: www. qantas. com. au/infodetail/about/investors/qantas-sustainability-review-2012. pdf [Accessed February 20, 2013].

Ricart, J. E. , M. Á. Rodríguez and P. Sánchez. 2005. Sustainability in the Boardroom: An Empirical Examination of Dow Jones Sustainability World Index Leaders. *Corporate Governance*, 5: 24 – 41.

Schofield, A. 2009. Japan Signs on to Green Flight Program. *Aviation Daily*, 378: 5 – 7.

Southwest Airlines. 2011. We Conserve Jet Fuel, Ground Support Equipment Fuel, Electricity, and Water to Reduce our Impact on the Planet. Available at: www. southwestone-report. com/2011/♯ ! /planet/energy-and-resource-use/energy-and-resource-conservation [Accessed February 17, 2013].

Sundaramurthy, C. and M. Lewis. 2003 Control and Collaboration: Paradoxes of Governance', *Academy of Management Review*, 28: 397 – 415.

Uecker-Mercado, H. and M. Walker. 2012. The Value of Environmental Social Responsibility to Facility Managers: Revealing the Perceptions and Motives for Adopting ESR. *Journal of Business Ethics*, 110: 269 – 284.

Virgin. 2009. Aviation in a Low Carbon World. Available at: www. virgin. com/unite/business-innovation/aviation-low-carbon-world [Accessed February 23, 2013].

Virgin. 2010. Virgin Group's Corporate Responsibility and Sustainable Development Report. Available at: www. virgin. com/unite/business-innovation/virgin-groups-corporate-responsibility-and-sustainable-development-report [Accessed February

23,2013].

Virgin. 2011. People & Planet: Governance. Available at: www. virgin. com/ people-and-planet/governance [Accessed February 10, 2013].

Virgin America. 2009. Climate and Sustainability Report. Available at: www. virginamerica. com/html/Virgin _America _Climate_& _Sustainability_ report _ 2009. pdf [Accessed December 17, 2013].

Virgin America. 2011. Virgin America Leaps into the Future as Launch Customer for New CFM Engine. Available at:www. virginamerica. com/press-release/2011/Virgin-America-Leaps-Into-the-Future-As-Launch-Customer-for-New-CFM-Engine. html [Accessed February 23, 2013].